북부에서 남부까지
라오스 구석구석 누비는

라오스
여행백서

북부에서 남부까지 라오스 구석구석 누비는
라오스 여행백서

초판 1쇄 인쇄 2017년 1월 5일
초판 1쇄 펴냄 2017년 1월 15일

지은이　이주영
펴낸이　유정식

책임편집　박수현
편집/표지디자인　이승현

펴낸곳　나무자전거
출판등록　2009년 8월 4일 제 25`00-2009-000024호
주소　서울 노원구 덕릉로 789, 2층
전화　02-6326-8574
팩스　02-6499-2499
전자우편　namucycle@gmail.com

ⓒ이주영 2017
ISBN : 978-89-98417-24-6
　　　978-89-964441-7-6(세트)
정가 : 18,000원

파본이나 잘못 인쇄된 책은 구입하신 서점에서 교환해드립니다.

이 책은 저작권법에 따라 보호받는 저작물이므로 무단전재와 복제를 금합니다.
이 책 내용의 일부 또는 전부를 이용하려면 반드시 저작권자와 나무자전거의 서면동의를 받아야 합니다.

이 도서의 국립중앙도서관 출판시도서목록(CIP)은 e-CIP홈페이지(http://www.nl.go.kr/ecip)와 국가자료 공동목록시스템(http://www.nl.go.kr/kolisnet)에서 이용하실 수 있습니다.(CIP제어번호: CIP2016029712)

북부에서 남부까지, 라오스 구석구석 누비는

라오스
여행백서

이주영 지음

나무자전거

PROLOGUE

2010년부터 약 3년 가까이 라오스에 살았습니다. 짧지 않은 시간이었지만 지나고 보니 그리 긴 시간도 아니었습니다. 그 이후 쭉 캄보디아에서 지내면서 라오스가 그리워질 때면 짐을 꾸리곤 했습니다. 자주 방문했던 곳이지만 책을 집필하면서 취재라는 이름으로 라오스를 다시 찾았을 때는 새로운 모습의 라오스를 만날 수 있었습니다.

이제는 동남아시아 여행지의 단골코스로 자리 잡아가는 라오스. 라오스 땅에 도달하면 가장 먼저 느리게 흘러가는 시간을 생각합니다. 유독 라오스에서는 그 어느 곳과도 다른 시간 주기로 하루를 시작하고 하루를 보내며 또 하루를 마무리합니다. 그래서 라오스 여행의 즐거움은 그 시간의 흐름을 잘 다스리는 것에 달려 있습니다. 조급하게 시간의 흐름에 가속을 붙이거나 그 시간에 역행하기 시작하면 라오스 여행의 리듬은 뒤죽박죽 뒤엉켜버리기 십상입니다. 한국에서 온 여행객은 짧은 일정을 충분히 즐기기 위해 동분서주하면서 라오스의 매력을 발견하느라 바쁩니다. 내 여행이 제 속도로 가고 있는지 의심스럽다면, 잠시 눈을 감고 들려오는 소리에 귀를 기울이거나 지금까지 라오스에서 본 가장 아름다운 풍경을 떠올리며 숨을 고르는 것도 좋습니다. 얼마나 많은 도시를 구경했느냐가 아니라, 어느 곳을 얼마나 깊이 만나보았느냐가 결국 여행에서 남는 것이기 때문입니다.

라오스의 매력은 자연을 되도록 그대로 둔다는 것입니다. 최소한의 시설로 만든 산책로, 충분히 어두운 동굴, 강수량으로 수위를 바꾸는 강물 등 특별할 것 없는 풍경은 자연 그대로의 빛깔과 그 원시적인 시간의 연속성 덕분에 한껏 빛을 발합니다. 내가 없어도 이 절정의 풍경이 소리도 없이 광활한 대지를 휘감고 있다는 어떤 깨달음은, 나라는 존재의 유한함과 자연의 경이로움을 되새기게 합니다. 쾌적하고 편안한 것과는 조금 동떨어질 수 있지만 흙먼지 날리고 덜컹거리는 도로 위에서, 유유히 흙빛으로 흘러가는 메콩강 위에서 그동안 누려온 삶의 가치도 동일하게 의미 있다는 확신도 라오스에서 넉넉히 얻어갈 수 있습니다. 라오스의 매력은 라오스 아닌 곳에서는 결코 맛볼 수 없고 그래서 충분히 매력적입니다.

라오스 여행에 대한 팁은 많고 많지만 가장 강조하고 싶은 것은 '야간버스(Night Bus)'를 타지 말라는 것입니다. 야간버스를 피해야 하는 이유는 안전에만 국한되지 않습니다. 차창 밖으로 빚어지는 라오스의 풍경은 엽서사진으로 삼고 싶을 정도로 장관을 이룹니다. 거기에 노을빛이 물드는 시간이 되면 온 세상이 마술에 걸린 듯 빛과 어둠의 밀고 당기기를 구경할 수 있습니다. 야간버스를 타면 제대로 잠을 이루지 못한 피곤함과 에어컨버스의 한기로 그야말로 녹초가 되어버리기 때문에 아무리 근사한 풍경에도 무감각해져 버리기 일쑤입니다. 이동으로 인한 시간 낭비를 줄이려는 원래의 목적은 퇴색되고 다시 숙소를 찾아 지난밤 못다 이룬 잠을 청해야 하므로 결과적으로 손해가 이만저만이 아닙니다.

짧은 시간 동안 외국인의 시선에서 라오스의 진가를 발견하기는 쉽습니다. 베트남과 중국, 캄보디아와 태국, 미얀마와 국경을 접하고 있으면서 각기 또 다른 역사적 배경과 민족성을 지니고 있어 확연히 구분되는 이곳에서 라오스를 어림하려면 그곳에서 시간을 보내야 하고, 그 보낸 시간만큼 이해의 깊이도 달라지는 것 같습니다. 3년 가까이 라오스에 머무는 동안 그리고 여러 차례 라오스를 여행하는 동안, 제가 마주친 라오스 사람들은 우리가 이상적으로 그리는 순박하기만 한 모습은 아니었습니다. 그럼에도 불구하고 동시대에 살아가는 나와 라오스사람이 그리 멀지 않다는 어렴풋한 믿음을 얻었습니다.

이 책에서 가장 많이 신경을 쓴 것은 라오스를 여행할 때 유용한 실질적인 정보입니다. 가이드나 여행사를 통하지 않고 자유여행으로 라오스를 찾아갈 때, 놓치지 말아야 할 명소와 아직까지 한국에 많이 소개되지 않은 각 도시의 구석구석을 찾아갈 수 있는 팁을 수록하는 데 주안점을 두었습니다. 그리고 라오스 일생일대의 풍경은 메콩강과 각 도시를 지나가는 소소한 강에서 찾았습니다. 저마다 다른 풍경으로 라오스를 수놓는 메콩강은 자연으로서의 풍경만이 아니라 식탁에 올릴 생선을 잡고, 논에 물을 대고, 아이를 씻기고, 하루의 더러움을 닦고, 빨래를 하고, 마을과 마을을 오고가는, 생활의 터전으로 삼고 있는 것이기에 더 살아 있는 듯 보였습니다. 그래서 라오스를 생각하면 메콩강이 가장 먼저 떠오릅니다.

혼자라면 쉽지 않았을 라오스 여행길에서 기억하면 든든해지는 얼굴이 많습니다. 라오스에 대해 속속들이 알고 계신 두 분, 라오-코리안컬리지의 지영선선생님, 이정환학장님, 라오스에 있는 동안 가까이 지낸 차동민선생님, 라오스의 우리 집까지 다녀간 호영언니와 민지, 오랫동안 나를 지켜봐 준 수나, 언젠가 함께 여행하고 싶은 연이, 현지에서 더 빛을 발하는 윤정이 그리고 Thanks to Elvira, Chery & Meredith, Agnieszka, Iza & Piotr. 책을 펴내는 내내 도움을 주신 출판사 관계자 분들께 감사의 마음을 표합니다.

항상 라오스와 베트남, 캄보디아와 그 이외의 나라를 혼동하시며 내가 안전하게 귀가하기 바라는, 사랑하는 아빠와 여행 중 지칠 때 무작정 전화를 걸 수 있는 성창이는 언제나 제 마음의 집입니다. Special thanks to Mathias and Elias Namu whom I always miss on my trips.

이들과 함께 본 라오스, 이들과 함께 다 가보지 못한 라오스가 아직 그곳에 있음에 감사하며, 이 책을 선택한 당신도 당신만의 라오스를 찾길 기원합니다.

이주영

PREVIEW

총 4개 파트에 라오스 여행계획부터 현지에서 꼭 필요한 정보까지 바로 파악할 수 있도록 구성하였습니다. 1파트에서는 라오스를 이해할 수 있는 전반적인 내용과 여행준비 과정을 소개하였습니다. 또한 2~4파트에서는 라오스의 대표 여행지를 지역별로 구분하여 볼거리, 먹거리, 쇼핑거리, 숙소 등의 섹션으로 나눠 세세한 정보를 담았습니다.

추천도
지역별 볼거리, 먹거리, 놀거리, 쇼핑을 별점으로 표시하여 해당 지역을 한눈에 파악할 수 있도록 하였습니다.

쳅터별 구성
인접한 지역을 하나의 챕터로 묶어서 동선을 짜기 쉽도록 하였습니다.

반드시 해봐야 할 것들
해당 지역에서 꼭 해봐야 할 것들을 추천하였습니다.

사진으로 미리보는 동선
여행지의 스팟들을 효율적으로 둘러보기 위한 동선을 제시합니다.
어디를 가야 할지, 무엇을 먹어야 할지 등이 고민된다면 베스트코스를 참고하세요.

책 중간중간에는 방비엥 오토바이 셀프투어, 물놀이 시 주의점, 탁밧을 볼 때 지켜야 할 예의, 쿠킹클래스, 투어상품 선택 시 주의사항 등의 실용적인 정보를 스페셜페이지로 소개하였습니다. 또한 타켁루프, 볼라웬루프, 콩로마을 등의 독립적인 여행지도 스페셜페이지로 담았습니다.

섹션별 구성
원하는 스팟을 바로 찾아볼 수 있도록 해당 여행지의 볼거리, 먹거리, 쇼핑거리 등을 섹션으로 묶어 소개하였습니다.

제목
해당 스팟을 큰제목으로, 그에 대한 간략한 설명을 부제목으로 정리하여 제목만 봐도 어떤 곳인지 미루어 짐작할 수 있습니다.

스팟 정보
해당 스팟에 대한 정보를 일목요연하게 정리하였습니다. 주소, 찾아가는 방법, 운영시간, 가격, 추천메뉴, 전화번호, 홈페이지 등의 세세한 정보가 수록되어 있습니다. 또한 저자가 알려주는 깨알 팁을 귀띔 한마디로 정리하였습니다.

TIP
본문에서 미처 다루지 못한 정보를 팁으로 정리하였습니다.

PREVIEW

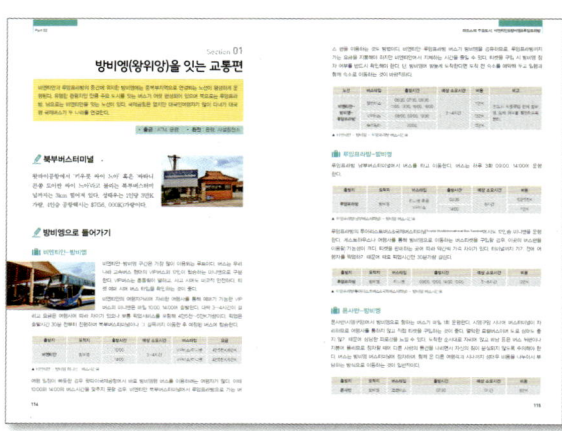

한눈에 보는 교통편
해당 지역을 여행하는 데 필요한 교통정보를 확인할 수 있습니다.

저자 강력추천 일정 및 일정별 동선
여행자의 일정과 예산, 동행 등에 따라 여행일정은 천차만별로 짤 수 있습니다. 먼저 1파트에서 제시한 동선을 참고하여 굵직한 동선을 짜고, 세부 동선은 지역별 베스트코스를 참고하여 짠다면 여행자에게 가장 효율적인 동선을 쉽고 빠르게 짤 수 있습니다.

스페셜페이지
방비엥 오토바이 셀프투어, 물놀이 시 주의점, 탁밧을 볼 때 지켜야 할 예의, 쿠킹클래스, 투어상품 선택 시 주의사항 등의 실용적인 정보를 스페셜 페이지로 소개하였습니다. 또한 타켁루프, 볼라웬루프, 콩로마 등의 독립적인 여행지도 스페셜페이지로 담았습니다.

지도

라오스 여행백서는 인접한 지역을 소개하는 챕터마다 해당 지역의 지도를 배치하였습니다. 지도에는 교통편과 섹션에서 소개한 스팟의 정보를 담아 이동경로를 한눈에 파악할 수 있습니다.

지도 아이콘

포인트	볼거리	음식점	숙소
쇼핑	버스정류장	공항	선착장
매표소	대여소	랜드마크	사원
학교	관공서	나이트라이프	분수대
주요건물	다리	표지판	쿠킹스쿨
우체국	투어사	안내소	ATM
은행	환전소	병원	폭포
동굴	주유소	대형안테나	마사지샵
공원			

Part01
라오스 여행 제대로 준비하기

MAP 라오스전체 지도 · 22

LAOS BEST 사진으로 살피는 라오스 여행 추천 베스트 10 · 24

Section01 **라오스 여행 계획하기 28**
잠깐 짚고 넘어가는 라오스 간략정보 · 28 | 한눈에 살펴보는 라오스의 근현대사 · 29 | 라오스의 소수민족 · 32 | 라오스 여행정보 수집하기 · 34 | 라오스 여행에 유용한 애플리케이션 · 35 | 라오스의 날씨와 여행 최적기 · 36 | 여권과 비자 준비하기 · 37 | 라오스행 항공권 예매하기 · 38 | 알뜰살뜰 환전하기 · 39 | 여행에 필요한 라오스어 · 41 | 여행 중 사건·사고에 대처하는 방법 · 42 | 라오스 여행의 필수 아이템 · 44 | 데이터 사용을 위한 준비 · 46

Special01 **동남아 여행의 적, 모기와 뎅기열 바로 알기 47**
뎅기열의 증상과 예 · 47 | 모기퇴치제 알고 사용하자! · 47 | DEET 알고 사용하기 · 48 | DEET 관련 국내외 규제 · 48

Special02 **동남아시아의 젖줄, 메콩강을 낀 여행지 49**

Section02 **행복한 여행을 위한 일정별 동선과 예산 짜기 51**
알찬 라오스 여행을 위한 일정 · 51 | 나만의 스타일로 즐기는 라오스 · 57 | 라오스와 이웃나라를 함께 돌아보는 2개국 여행 일정 · 60 | 라오스 여행 예산 짜기 · 62

Special03 **라오스의 공휴일과 흥겨운 축제 64**
라오스의 공휴일 · 64 | 라오스의 축제와 명절 · 65

Section03 **출국부터 라오스 도착까지 66**
한눈에 살펴보는 출국과정 · 66 | 국제선을 운항하는 공항까지 이동하기 · 66 | 발권부터 출국심사까지, 출국과정 살펴보기 · 68 | 면세점 이용하기 · 70 | 공항시설 이용하기 · 72 | 항공기 탑승하기 · 73

Section04 **라오스로 입국하기 74**
한눈에 살펴보는 입국과정 · 74 | 출입국카드 작성하기 · 74 | 입국심사 · 75 | 수하물 찾기와 세관검사 · 75

Section 05 **공항에서 시내로 이동하기** 76
왓따이국제공항에서 시내로 이동하기 · 76 | 루앙프라방국제공항에서 시내로 이동하기 · 76

Section 06 **라오스의 교통편 이용하기** 77
썽태우(툭툭) · 77 | 자전거 · 77 | 오토바이 · 78 | VIP버스&미니밴 · 78 | 항공 · 79 | 크루즈&보트 · 79 | 기차 · 79

Special 04 **라오스 주변국가로 이동하기** 80
라오스의 국내선 항공편 이용하기 · 80 | 항공편으로 국경 넘기 · 81 | 육로로 국경 넘기 · 82

Section 07 **라오스의 음식** 84
라오스의 대표 음식 · 84 | 라오스의 음료와 주류 · 86 | 라오스음식, 알고 먹자 · 87

Section 08 **라오스에서 즐기는 쇼핑** 88
수공예품의 천국 · 88 | 라오스의 야시장 · 89

Special 05 **알고 가면 더 좋은, 라오스 여행 상식** 90

Part 02
라오스의 주요도시,
비엔티안&방비엥&루앙프라방

Chapter 01 **달빛도 쉬어가는 넉넉한 수도, 비엔티안(위앙짠)**
비엔티안(위앙짠)에서 이것만은 꼭 해보자 · 94 | 사진으로 미리 살펴보는 비엔티안(위앙짠) 베스트코스 · 95
MAP 비엔티안(위앙짠) · 96

Section 01 **비엔티안(위앙짠)을 잇는 교통편** 98
왓따이국제공항에서 비엔티안 시내로 들어가기 · 98 | 버스터미널에서 이동하기 · 99

Section 02 비엔티안(위앙짠)에서 둘러봐야 할 명소 100

빠뚜싸이 · 100 | 왓시사켓 · 101 | 호파캐우(호프라캐우) · 102 | 탓담 · 103 | 왓시므앙 · 103 | 탓루앙 · 104 | 차오아누웡공원 · 104 | 대통령궁 · 105 | 란쌍대로 · 106 | 프랑스문화원 · 106 | 부다파크(시엥쿠안) · 107 | 콥비엔티안 · 108 | 라오스국립박물관 · 108

Section 03 비엔티안(위앙짠)에서 가볼 만한 맛집 109

막펫 · 109 | 컵짜이더 · 110 | 쌍쿠레스토랑 · 110 | 암폰 · 111 | 아드레스퀴진 바이티나이 · 111 | 한똔딤섬국수 · 112 | 퍼쌥 · 112 | 비아비아레스토랑 · 112 | 코코카페 · 113 | 남푸커피 · 113 | 커먼그라운드 · 114 | 르트리오커피 · 114 | 카페씨눅 · 114 | 프루트헤븐 · 115 | 프리코페 · 115 | 르바네통 · 116 | 조마베이커리카페 · 116

Section 04 비엔티안(위앙짠)에서 소문난 나이트라이프 117

아이빔 · 117 | 보빽양 · 118 | 재지브릭 · 118 | 스티키핑거스 · 119 | 쏙디카페 · 119

Section 05 비엔티안(위앙짠)에서 즐기는 쇼핑 120

비엔티안야시장 · 120 | 딸랏싸오몰(아침시장) · 121 | 티숍라이갤러리 · 121 | 카마크래프트 · 122 | 프렌즈앤스터프 · 122 | 라오텍스타일 · 123 | 사트리라오 · 123

Section 06 비엔티안(위앙짠)에서 누리는 여유, 스파 124

만다리나마사지 · 124 | 오아시스 · 124 | 참파스파 · 125 | 화이트로터스 · 125

Section 07 비엔티안(위앙짠)의 추천 숙소 126

세타팰리스호텔 · 126 | 안사라호텔 · 127 | 봉캄센호텔 · 127 | 바야콘인 · 128 | 바야콘게스트하우스 · 128 | 스포츠게스트하우스 · 129 | 리버사이드팰리스호텔 · 129 | 니니백팩커호텔 · 129 | 미싸이파라다이스게스트하우스 · 130 | 마노롬부티크호텔 · 130 | LV씨티리버너호텔 · 130 | 다바라호텔 · 131 | 시티인 · 131

Chapter 02 협곡을 배경으로 흐르는 쏭강, 방비엥(왕위앙)

방비엥(왕위앙)에서 이것만은 꼭 해보자 · 132 | 사진으로 미리 살펴보는 방비엥(왕위앙) 베스트코스 · 133

MAP 방비엥(왕위앙) · 134

Section 01 **방비엥(왕위앙)을 잇는 교통편** 136
왓따이국제공항에서 비엔티안 북부터미널 가기 · 136 | 방비엥으로 들어가기 · 136 | 방비엥에서 다른 도시로 이동하기 · 138 | 방비엥 내에서 이동하기 · 138

Section 02 **방비엥(왕위앙)에서 둘러봐야 할 명소** 140
블루라군(탐푸캄) · 140 | 유이폭포 · 141 | 탐남 · 142 | 탐쌍 · 143 | 탐짱 · 143 | 뷰더탑(뷰포인트) · 144 | 탐룹&탐호이 · 144 | 왓탓, 왓캉, 왓씨수망, 왓씨미싸이야함 · 145 | 딸랏싸오(아침시장) · 145

Special 06 **혼자 돌아보는 방비엥 구석구석, 오토바이 셀프투어** 146
누가 · 146 | 언제, 어디서 · 146 | 무엇을 · 146 | 어떻게 · 147 | 이용시간&대여료 · 147 | 그밖에 · 147

Section 03 **방비엥(왕위앙)을 만끽하는 액티비티** 148
튜빙 · 148 | 클라이밍 · 148 | 슬로우보트(롱테일보트) · 150 | 카야킹 · 150 | 사이클링 · 150 | 모토바이크라이딩(오토바이) · 151 | 하이킹 · 151 | 버기카 · 152 | 집라인 · 152 | 열기구 · 153

Special 07 **방비엥에서 물놀이 시 주의할 점** 154

Section 04 **방비엥(왕위앙)에서 가볼 만한 맛집** 155
피자루카 · 155 | 르카페드파리 · 156 | 아미고스 · 156 | 오가닉팜 · 157 | 노께오레스토랑 · 157 | 더엘리펀트크로싱 · 158 | 더키친 · 158 | 밤부트리바&카페 · 158 | 리버선셋바&레스토랑 · 159 | 반파싸이레스토랑 · 159 | 누들숍(아침쌀국수식당) · 160 | 미타팝신닷 · 160 | 남쏭가든레스토랑 · 160 | 나짐레스토랑 · 161 | 루앙프라방베이커리 · 161

Section 05 **방비엥(왕위앙)에서 소문난 나이트라이프** 162
정글파티 · 162 | 비바 · 162 | 얼스바 · 163 | 룸101 · 164 | 라라랜드 · 164 | 자이디바 · 164 | 게리스아이리시바 · 165 | 캥거루선셋바 · 166 | 사쿠라바 · 166

Section 06 **방비엥(왕위앙)의 추천 숙소** 167
리버사이드부티크리조트 · 167 | 더엘리펀트크로싱호텔 · 168 | 타비숙호텔&리조트 · 168 | 비엠타라빌라 · 169 | 인티라호텔 · 169 | 캄폰호텔&게스트하우스 · 170 | 빌레이봉호텔 · 170 | 판플레이스 · 170 | 리버뷰방갈로 · 171 | 그랜드뷰게스트하우스 · 171 | 메이린게스트하우스 · 172 | 도몬게스트하우스 · 172 | 오가닉팜 · 173 | 아더사이드게스트하우스 · 173

CONTENTS

Chapter03 메콩강의 여유가 넘실대는 곳, 루앙프라방
루앙프라방에서 이것만은 꼭 해보자 · 174 | 사진으로 미리 살펴보는 루앙프라방 베스트코스 · 175
MAP 루앙프라방 중심가 · 176 | 루앙프라방 전체 · 178

Section01 루앙프라방을 잇는 교통편 179
루앙프라방국제공항에서 시내로 들어가기 · 179 | 루앙프라방에서 다른 도시로 이동하기 · 179

Section02 루앙프라방에서 둘러봐야 할 명소 181
꽝시폭포 · 181 | 빡우동굴 · 182 | 땃세폭포 · 183 | 푸시 · 184 | 루앙프라방야시장 · 184 | 딸랏싸오(아침시장) · 185 | 왓씨엥통 · 186 | 왓마이 · 187 | 왓호씨엥 · 188 | 왓탓 · 188 | 왓쌘수카람(왓쌘) · 189 | 왓쑤완나키리(왓키리) · 189 | 왓위쑨나랏 · 190 | 왓아함 · 190 | 왓마노롬 · 191 | 왓씨엥무안 · 192 | 왕궁박물관(호캄) · 192 | 왓호파방 · 194 | 민속학센터 · 194

Special08 탁밧, 우리가 지켜야 할 예의 195

Special09 루앙프라방의 여행사 투어상품 196
주얼트래블라오스 · 196 | 그린디스커버리 · 196 | 라오스아웃도어 · 197 | 화이트엘리펀트 어드벤처투어 · 197

Section03 루앙프라방에서 가볼 만한 맛집 198
탐낙라오 · 198 | 타마린드 · 198 | 블루라군 · 199 | 라오애스닉카페&다이닝 · 200 | 루앙프라방아티산스카페 · 200 | 사바이디레스토랑 · 201 | 빅트리카페 · 201 | 로젤라퓨전레스토랑 · 202 | 씨엥통누들수프 · 202 | 카오소이 · 202 | 르엘레팡 · 203 | 솔트&페퍼 · 203 | 뷰켐콩레스토랑 · 204 | 코코넛가든 · 204 | 카이팬 · 204 | 다오파비스트로 · 205 | 라카사라오 · 205 | 탕고 · 206 | 쿨러카페레스토랑 · 206 | 인디고카페 · 207 | 샌드위치노점 · 207 | 야시장먹자거리 · 208 | 파니노테카 일누라체 · 208 | 조마베이커리카페 · 208 | 르카페반왓쌘 · 209 | 카페드라오 · 209 | 샤프란에스프레소커피 2호점 · 210 | 에트랑제북스&티 · 210

Special10 루앙프라방에서 배우는 라오 쿠킹클래스 211
탐낙라오 쿠킹클래스 · 211 | 밤부트리 쿠킹스쿨 · 212 | 타마린드 쿠킹스쿨 · 212 | 카페뚜이 쿠킹프롬더하트 · 213

Section 04 **루앙프라방에서 소문난 나이트라이프** 214

유토피아 · 214 | 아이콘클럽 · 215 | 하우스레스토랑 · 215 | 오페라하우스 · 216 | 셰맷 · 216 | 인디고테라스 · 216 | 라오라오가든 · 217 | 하이브바&레스토랑 · 217

Section 05 **루앙프라방에서 즐기는 쇼핑** 218

옥폽톡프래그십스토어 · 218 | 아나카 · 219 | 제이드 · 219 | 오렌지트리 · 220 | 바이올렛 · 220 | 요말라사페이퍼 · 220 | 나가크리에이션 · 221 | 산티부티크 · 221 | TAEC부티크 · 222 | 카루소라오 · 222 | 마테사이 · 222 | 왓쌘갤러리 · 223 | 라오텍스타일 내추럴다이 · 223

Section 06 **루앙프라방의 추천 숙소** 224

쓰리나가스 · 224 | 더압사라 · 225 | 키리다라빌라 반킬리 · 225 | 인디고하우스호텔 · 226 | 메콩레지던스 · 226 | 마이라오홈부티크호텔 · 227 | 오우이스게스트하우스 · 227 | 빌라라오듬남칸뷰 · 228 | 빌라산티호텔 · 228 | 빌라솜퐁 · 229 | 더생추어리호텔 · 229 | 부라사리헤리티지 · 230 | 세이남칸호텔 · 230 | 사요리버 · 231 | 빌라참파 · 231 | 암마타게스트하우스 · 232 | 빌라듀리비에레스호텔 · 232 | 메콩홀리데이빌라 · 233 | 콩캄빌라 · 233 | 라오우든하우스 · 233 | 씨엥무안게스트하우스 · 234 | 찬타폰게스트하우스 · 234 | 루앙프라방리버로지 · 235 | 로터스빌라 · 235 | 탓사폰게스트하우스 · 236 | 뷰켐콩게스트하우스 · 236 | 빌라반락캄 · 237 | 속디레지던스 · 237

Part 03
신록이 우거진 라오스 북부지역

Chapter 01 **라오스 역사와 상처를 엿보다, 폰사반(시엥쿠앙)**

폰사반(시엥쿠앙)에서 이것만은 꼭 해보자 · 241 | 사진으로 미리 살펴보는 폰사반(시엥쿠앙) 베스트코스 · 241

MAP 폰사반(시엥쿠앙) · 242

Section 01 **폰사반(시엥쿠앙)을 잇는 교통편** 243

폰사반공항에서 시내로 들어가기 · 243 | 폰사반에서 다른 도시로 이동하기 · 243

Section 02	**폰사반(시엥쿠앙)에서 둘러봐야 할 명소 244**	

MAG(Mines Advisory Group) · 244 | 왓피아왓 · 244 | 카시캄마켓 · 245 | 항아리평원(텅하이힌) · 246 | 탓푼 · 247

Section 03	**폰사반(시엥쿠앙)에서 가볼 만한 맛집 248**	

밤브즐레스토랑&바 · 248 | 폰네케오레스토랑 · 249 | 라오파랑레스토랑 · 249 | 크레어터스 · 250 | 심마리 · 250

Section 04	**폰사반(시엥쿠앙)의 추천 숙소 251**	

남짜이게스트하우스 · 251 | 리피게스트하우스 · 252 | 나이스게스트하우스 · 252 | 아누락켄라오호텔 · 253 | 콩케오게스트하우스 · 253

Chapter 02	**푸른 산과 강 그리고 낭만이 있는, 농키아우**	

농키아우에서 이것만은 꼭 해보자 · 254 | 사진으로 미리 살펴보는 농키아우 베스트코스 · 255

MAP 농키아우 · 256

Section 01	**농키아우를 잇는 교통편 257**	

농키아우버스터미널에서 시내로 들어가기 · 257 | 농키아우에서 다른 도시로 이동하기 · 257

Section 02	**농키아우에서 둘러봐야 할 명소 258**	

뷰포인트 · 258 | 파톡동굴 · 259 | 마을다리 · 260 | 왓농키아우&왓반솝훈 · 260

Special 11	**농키아우의 액티비티와 여행사 투어상품 261**	

주얼트래블라오스 · 261 | 라오스아웃도어 · 262 | NK어드벤처 · 262 | 타이거트레일 · 263 | 그린디스커버리 · 263

Section 03	**농키아우에서 가볼 만한 맛집 264**	

딘레스토랑 · 264 | 알렉스레스토랑 · 265 | 봉마니레스토랑 · 265 | 씨티레스토랑 · 266 | 조이스레스토랑 · 266 | 코코홈레스토랑 · 267 | 비낫레스토랑 · 267 | 델릴라 · 268 | 하이브바&클럽 · 268

Section 04	**농키아우에서 머물 만한 숙소 269**	

농키아우리버사이드 · 269 | 선셋게스트하우스 · 270 | 파노이게스트하우스 · 270 | 생다오게스트하우스 · 270 | 선라이즈방갈로 · 271 | 남훈리버사이드 게스트하우스 · 271

Chapter 03   여유를 낚는 곳, 므앙응오이

므앙응오이에서 이것만은 꼭 해보자 · 273 | 사진으로 미리 살펴보는 므앙응오이 베스트코스 · 273

MAP 므앙응오이 · 274

Section 01   므앙응오이를 잇는 교통편 275

므앙응오이로 들어가기 · 275 | 므앙응오이에서 다른 도시로 이동하기 · 275

Section 02   므앙응오이에서 둘러봐야 할 명소 276

남우(우강) · 276 | 탐캉&탐파깨우 · 277 | 마을장터 · 278 | 왓오깟사야람 · 278

Special 12   므앙응오이에서 찾는 마이웨이, 셀프트레킹 279

므앙응오이가 품은 작은 마을 훼이보, 반나, 훼이센 셀프트레킹 · 280 | 정보와 조언을 구할 수 있는 여행사 · 282

Section 03   므앙응오이에서 가볼 만한 맛집 283

베란다레스토랑 · 283 | 비트리푸드&바 · 284 | 라타나웽사레스토랑 · 284 | 아침노점 · 285 | 리버사이드레스토랑 · 285 | 레인보우레스토랑 · 286 | 팍폰싸바이북스앤아트 · 286 | 밈레스토랑 · 287 | 펫다반레스토랑 · 287 | 오케이100레스토랑 · 288 | 게코 · 288

Section 04   므앙응오이에서 머물 만한 숙소 289

라타나웽사게스트하우스 · 289 | 렛케오선셋게스트하우스 · 290 | 닉사플레이스 · 290 | 싸이롬게스트하우스 · 290 | 레인보우게스트하우스 · 291 | 수아파오게스트하우스 · 291

Chapter 04   호젓한 세상 끝 동네, 루앙남타

루앙남타에서 이것만은 꼭 해보자 · 292 | 사진으로 미리 살펴보는 루앙남타 베스트코스 · 293

MAP 루앙남타 · 294

Section 01   루앙남타를 잇는 교통편 296

루앙남타공항 · 296 | 신규(메인)버스터미널 · 296 | (구)루앙남타버스터미널 · 297

Section 02   루앙남타에서 둘러봐야 할 명소 298

남디폭포 · 298 | 남하국립공원 · 299 | 남타&대나무다리 · 299 | 렌텐소수민족마을 · 300 | 왓삼마키싸이&탓루앙남타 · 300 | 탓품푹 · 301 | 루앙남타박물관 · 302 | 왓루앙콘 · 302

CONTENTS

Special 13 트레킹 투어상품 선택 시 주의사항 303
참가인원과 비용 · 303 | 현지인 가이드와 언어 · 303 | 출발시간과 도착시간, 점심식사 포함 여부 · 303 | 준비물 · 303

Special 14 남하국립공원트레킹 여행사 알아보기 304
포레스트 리트리트라오스 · 304 | 어롱더남타 · 305 | 그린디스커버리 · 305 | 남하에코 가이드서비스 · 306 | 크무족디스커버리 · 306

Section 03 루앙남타에서 가볼 만한 맛집 307
마이너리티레스토랑 · 307 | 루앙남타야시장 · 308 | 딸랏싸오(아침시장) · 308 | 마니콩베이커리카페 · 309 | 밤브라운지 · 309 | 쿠루타이패스트푸드 · 310 | 마이찬레스토랑 · 310

Section 04 루앙남타에서 머물 만한 숙소 311
포우Ⅲ방갈로 · 311 | 툴라싯게스트하우스 · 312 | 유라난게스트하우스 · 312 | 아만드라빌라 · 312 | 주엘라게스트하우스 · 313 | 아룬씨리게스트하우스 · 313

Chapter 05 메콩강크루즈의 출발점이자 도착지, 훼이싸이
훼이싸이에서 이것만은 꼭 해보자 · 315 | 사진으로 미리 살펴보는 훼이싸이 베스트코스 · 315
MAP 훼이싸이 · 316

Section 01 훼이싸이를 잇는 교통편 318
국제&국내버스터미널 · 318 | 훼이싸이(신규)보트선착장(슬로우보트선착장) · 318

Section 02 훼이싸이의 명소와 액티비티 320
메콩강 · 320 | 메콩강크루즈 · 321 | 왓촘카우마니랏 · 322 | 카놋요새 · 322 | 허브사우나&마사지 · 323

Section 03 훼이싸이에서 가볼 만한 맛집 324
다우홈레스토랑 · 324 | 므앙노이 · 324 | 누들숍 · 325 | 카오소이노점식당 · 325 | 밍매웅레스토랑 · 326 | 바하우? · 326 | 마이라오스 · 327 | 드림베이커리 · 327 | 리버사이드 훼이싸이레스토랑 · 328 | 보케오카페 · 328

Section 04 훼이싸이에서 머물 만한 숙소 329
다우홈 · 329 | 리버사이드 훼이싸이호텔 · 330 | 게이트웨이 빌라게스트하우스 · 330 | 쏨분쏨게스트하우스 · 331 | BAP게스트하우스 · 331 | 컵짜이게스트하우스 · 332 | 사바이디게스트하우스 · 332 | 프랜드십게스트하우스2 · 333 | 우돔폰게스트하우스 · 333

Part 04
대자연을 만나는 라오스 남부지역

Chapter 01 천연동굴 대탐험, 타켁

타켁에서 이것만은 꼭 해보자 · 337 | 사진으로 미리 살펴보는 타켁 베스트코스 · 337

MAP 타켁 · 338

Section 01 타켁을 잇는 교통편 340

타켁버스터미널 · 340 | 팻마니성태우버스터미널 · 340

Section 02 타켁에서 둘러봐야 할 명소 341

타켁광장&메콩강 · 341 | 탐파파(부다케이브) · 342 | 탐쌍(코끼리동굴) · 342 | 타파랑 · 343 | 탐시엥리압 · 344 | 탐파인 · 344 | 탐낭엔 · 345

Special 15 오토바이를 타고 즐기는 타켁루프 346

타켁루프의 여정 · 347 | 오토바이 대여하기 · 347 | 주의사항 · 348

Section 03 타켁에서 가볼 만한 맛집 349

미즈탕 · 349 | 미스터블랙커피 · 350 | 더키친 · 350 | 강변노점 · 351 | 그릴덕식당가 · 351 | 디디비스트로&카페 · 352 | 르부통더허레스토랑 · 352

Section 04 타켁에서 머물 만한 숙소 353

인티라호텔 · 353 | 호텔리베리아 · 354 | 르부통더허부티크호텔 · 354 | 수티다게스트하우스 · 354 | 타켁트래블로지 · 355 | 까무안인터게스트하우스 · 355

Chapter 02 자연의 경이로움을 마주하는, 콩로마을

콩로마을에서 이것만은 꼭 해보자 · 357 | 사진으로 미리 살펴보는 콩로마을 베스트코스 · 357

MAP 콩로마을 · 358

Section 01 콩로마을을 잇는 교통편 359

비엔티안에서 콩로마을로 들어가기 · 359 | 콩로마을에서 다른 도시로 이동하기 · 359

CONTENTS

Section 02 콩로마을에서 둘러봐야 할 명소 360
탐콩로(콩로동굴) · 360 | 콩로공원 · 361 | 마을산책 · 362

Section 03 콩로마을의 맛집과 숙소 363
콩로에코로지 · 363 | 쿠메레스토랑&게스트하우스 · 364 | 폰숙게스트하우스 · 364 | 찬타하우스 · 365 | 싸이롬옌2 · 365

Chapter 03 왓푸와 볼라웬의 관문, 팍세
팍세에서 이것만은 꼭 해보자 · 366 | 사진으로 미리 살펴보는 팍세 베스트코스 · 367

MAP 팍세 · 368

Section 01 팍세를 잇는 교통편 370
팍세공항 · 370 | 여행사버스 · 370 | 팍세남부버스터미널 · 370 | 북부버스터미널 · 371 | 칫파송버스터미널 · 371 | 다오흐엉마켓 내 성태우터미널 · 371

Section 02 팍세에서 둘러봐야 할 명소 372
왓푸 · 372 | 왓루앙 · 374 | 다오흐엉마켓(탈랏다오흐엉) · 374 | 더트리탑 익스플로어 · 374 | 볼라웬(볼라벤)고원 · 375

Special 16 오토바이를 타고 즐기는 볼라웬루프 376
볼라웬(볼라벤)루프 · 377 | 버스로 이동하기 · 377 | 오토바이 대여하기 · 377 | 주의사항 · 378 | 볼라웬루프에서 만나는 명소 · 378

Special 17 탓로마을에 머물기 383
버스편 · 384 | 탓로마을 산책하기 · 384 | 맛집과 숙소 · 384

Section 03 팍세에서 가볼 만한 맛집 388
르파노라마 · 388 | 란캄쌀국수 · 388 | 아테네레스토랑 · 389 | 참파디바이다오커피 · 390 | 자스민레스토랑 · 390 | 르테라스 · 391 | 더라오레스토랑&바 · 391 | 쑤언마이레스토랑 · 392 | 사바이디팍세레스토랑 · 392 | 피다오카페&레스토랑 · 392 | 피자보이 · 393 | 다오린레스토랑 · 393 | 파리지앵카페 · 394 | 비다베이커리카페 · 394 | 카페씨눅 · 394

Section 04 팍세의 추천 숙소 395
팍세호텔 · 395 | 레지던스시숙 · 396 | 알리사호텔 · 396 | 쌀라참파호텔 · 397 | 피다오호텔 · 397 | 생아룬호텔 · 398 | 캄퐁호텔 · 398 | 타룽호텔 · 398 | 란캄호텔 · 399 | 포레스트호텔 · 399

Special 18   커피향이 넘실대는 볼라웬고원, 라오스의 커피 400

Chapter 04   사천 개의 섬 위에서 하룻밤, 시판돈
시판돈에서 이것만은 꼭 해보자 · 402 | 사진으로 미리 살펴보는 시판돈 베스트코스 · 403
MAP 시판돈 · 404

Section 01   시판돈을 잇는 교통편 406
돈콩으로 들어오고 나가기 · 406 | 돈뎃, 돈콘 들어오고 나가기 · 406 | 돈뎃과 돈콘을 잇는 돈뎃–돈콘다리 · 407 | 돈콩–돈뎃 드나들기 · 407

Special 19   돈콩, 돈뎃, 돈콘 매력 비교 408
돈콩 · 408 | 돈뎃 · 408 | 돈콘 · 409

Section 02   섬마을의 일상을 엿보는 돈콩 410
왓푸앙깨우 · 410 | 왓쫌통 · 411 | 콩마니호텔&레스토랑 · 411 | 돈콩게스트하우스&레스토랑 · 412 | 콩뷰게스트하우스 · 412 | 폰아레나호텔 · 412 | 폰즈게스트하우스&레스토랑 · 413 | 속싸바이게스트하우스 · 413

Special 20   급류가 굽이치는 콘파팽폭포 414

Section 03   세계각지의 여행자로 흥겨운 돈뎃 415
돈뎃–돈콘다리 · 415 | 증기기관차 · 416 | 미즈닝 · 416 | 다롬레스토랑 · 417 | 스트릿뷰레스토랑 · 417 | 아담스 · 418 | 킹콩 · 418 | 원러브레게바 · 419 | 4000아일랜드바 · 419 | 조니레스토랑&바 · 420 | 마마로아레스토랑&게스트하우스 · 420 | 리틀에덴 · 421 | 마마로아선셋게스트하우스 · 421 | 선셋방갈로 · 422 | 레비주게스트하우스 · 422 | 바바게스트하우스 · 422 | 크레이지게코 · 423 | 마마피앙 · 423

Section 04   시판돈의 떠오르는 여행지, 돈콘 424
리피폭포(솜파핏폭포) · 424 | 파사이레스토랑 · 425 | 라오롱레스토랑 · 425 | 생아룬레스토랑&리조트 · 426 | 파카게스트하우스 · 426 | 살라돈콘 · 427 | 농삭게스트하우스 · 427 | 판플레이스 · 428 | 솜파밋게스트하우스 · 428 | 선셋파라다이스방갈로 · 428 | 프라사야 사이몬트리빌리지 게스트하우스 · 429 | 독참파게스트하우스 · 429

Special 21   돈뎃&돈콘에서 즐기는 액티비티 430
튜빙 · 430 | 카야킹 · 430 | 사이클링 · 431 | 선셋투어 · 431

Index · 432

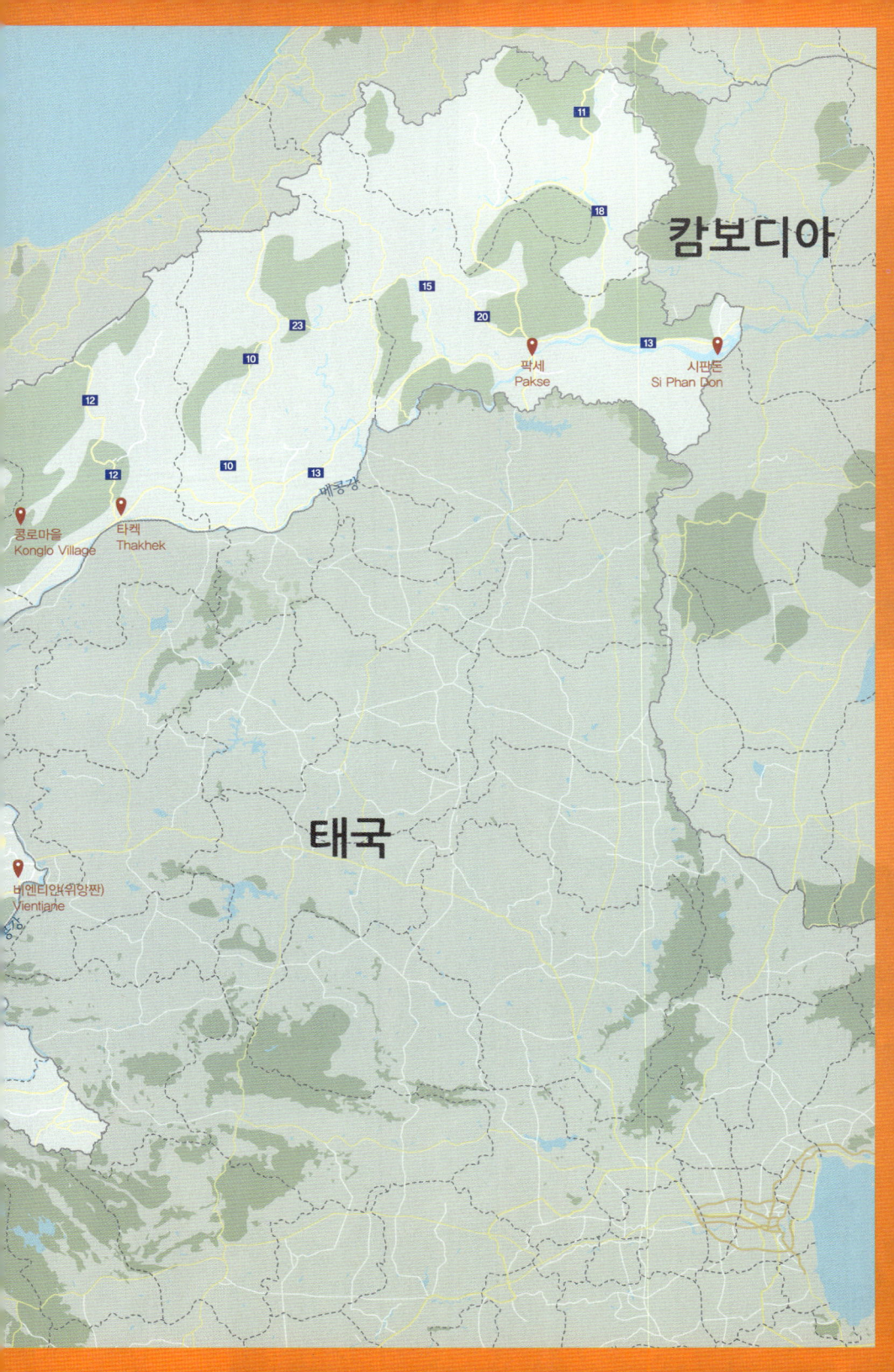

1 방비엥 뷰더탑(뷰포인트)에 올라 전경 감상하기 2 루앙프라방의 꽝시폭포나 땃세폭포에서 에메랄드빛 폭포수 즐기기 3 폰사반(시엥쿠앙)에서 푸안왕국의 유적 왓피아왓 둘러보기 4 콩로마을에서 마을산책하다 여유 즐기기 5 사천 개의 섬 시판돈에서 메콩강 즐기기 6 루앙남타 정글 트레킹하기 7 소수민족 만나기

LAOS BEST

사진으로 살피는 라오스 여행 추천 베스트 10

8 빠뚜싸이에 올라 비엔티안 전경 감상하기 9 농키아우의 마을다리에서 남우와 협곡 내려다보기 10 오토바이를 타고 타켁루프 즐기기 11 탓로마을에 머물며 폭포 탐방하기 12 세계문화유산 왓푸 방문하기

라오스 여행 제대로 준비하기

Section01. 라오스 여행 계획하기
Special01 동남아 여행의 적, 모기와 뎅기열 바로 알기
Special02 동남아시아의 젖줄, 메콩강을 낀 여행지
Section02. 행복한 여행을 위한 일정별 동선과 예산 짜기
Special03 라오스의 공휴일과 흥겨운 축제
Section03. 출국부터 라오스 도착까지
Section04. 라오스로 입국하기
Section05. 공항에서 시내로 이동하기
Section06. 라오스의 교통편 이용하기
Special04 라오스 주변국가로 이동하기
Section07. 라오스의 음식
Section08. 라오스에서 즐기는 쇼핑
Special05 알고 가면 더 좋은, 라오스 여행 상식

Section 01
라오스 여행 계획하기

라오스를 찾는 이유는 사람마다 다르다. 하지만 대부분의 여행자는 꾸미지 않은 자연 속에서 힐링하기 위해 라오스를 다녀간다. 종종 미디어에 노출되었지만 아직 알려지지 않은 부분이 많은 라오스는 여행 준비가 철저할수록 더 많은 편리함을 챙길 수 있다. 생소한 나라 라오스로 향하기 전 라오스에 대해 알아보자. 라오스에 대해 알게 될수록 설렘도 커질 것이다.

잠깐 짚고 넘어가는 라오스 간략정보

라오스는 인도차이나반도 중앙에 자리한 나라로 태국, 중국, 미얀마, 캄보디아, 베트남과 국경이 닿아 있다. 라오스를 종단하는 메콩강이 미얀마와 태국, 캄보디아와 국경을 이룬다. 1893년부터 프랑스의 지배를 받다가 1954년 독립한 후 1975년 사회주의국가가 되었다. 인구의 다수가 불교를 숭상하고 토착신앙을 믿는다. 여러 소수민족이 살고 있으며, 덥고 습기가 많은 열대기후를 보인다.

국가명	라오스(Lao People's Democratic Republic, LAO P.D.R.)
수도	비엔티안(Vientiane)
인구	약 6,912,000명(2016년 기준)
면적	236,800km²
언어	라오어(공용어는 라오어이고 각 소수민족은 82가지의 고유 민족언어를 사용)
정부	라오스인민민주공화국
종교	불교 66.8%, 기독교·천주교 1.5%, 애니미즘 및 토착신앙 31.7%
비행시간	인천-비엔티안 직항 5시간 20분
시차	2시간(우리나라가 오전 9시이면 라오스는 오전 7시)
통화	Kip(킵)
전압	240V, 50Hz(오래된 건물에는 콘센트 모양은 납작한 110V 형태인 곳이 많지만 웬만한 게스트하우스에는 220V 플러그가 설치되어 있다. 어댑터를 쓰는 일은 적다. 단, 사용하지 않을 때는 콘센트를 뽑아두는 것이 좋다.)
국가번호	856
비자	15일 무비자로 체류가능하며 15일 경과 후 재신청하여 체류할 수 있다(1일에 입국했다면, 최종 출국일자는 늦어도 15일이다. 체류만료일자는 입국 시 스템프에 찍어주는 '날짜'를 확인하자.).
국가형태	사회주의공화국
정치체제	사회주의단원제(라오인민혁명당 1당 체제)
주요기관 운영시간	월~금요일 08:30~12:00, 14:00~17:00(은행 업무는 16:00에 종료)

한눈에 살펴보는 라오스의 근현대사

라오스의 역사는 우리에게 생소할 수 있지만, 조금이나마 이해하고 여행하면 더 많은 것을 깊이 볼 수 있다. 특히 비엔티안과 루앙프라방의 사원이나 유적의 역사적 배경을 알고 방문하면 더 흥미진진하다. 여기서는 란쌍왕조에서부터 라오스인민민주공화국 성립까지의 역사를 간략하게 살펴보자.

란쌍왕조

국가 형태를 갖춘 라오스 최초의 독립국 란쌍왕조 kingdom of Lan Xang는 파응움 Fa Ngum왕에 의해 1354년에 세워졌다. '100만 코끼리의 땅'을 뜻하는 란쌍왕조는 비엔티안, 폰사반(시엥쿠앙), 루앙프라방을 통일했다. 크메르공주와 결혼한 파응움왕은 남방불교를 받아들이고 황금불상인 파방 Prabang(혹은 프라방)을 가져오면서 도시 이름을 루앙프라방으로 개칭한다. 파응움왕의 아들인 삼쎈타이 Samsenthai왕이 뒤를 이어 교역을 확대하고 행정을 개편하는 등 43년간 태평성대를 누렸고 16세기 위쑨나랏 Wisunarat왕에 이르기까지 사원을 건설하는 등 문화를 꽃피우며 치세를 펼쳤다.

위쑨나랏왕을 이은 포티싸랏 Photisarath왕 때는 왕자(셋타티랏 Setthathirath왕)를 가까운 란나왕국의 공주와 결혼시켜 치앙마이까지 다스린다. 포티싸랏왕이 갑자기 승하하자 치앙마이에 있던 왕자는 장례식에 참석하기 위해 루앙프라방으로 돌아오는데, 이때 치앙라이에서 발견된 에메랄드불상(프라캐우)을 들고 왔다. 란쌍왕국으로 돌아온 셋타티랏왕은 아버지의 왕위를 이어받았다. 란나왕국이 버마(미얀마)의 속국이 되자 위협을 느낀 셋타티랏왕은 1563년 수도를 루앙프라방에서 비엔티안으로 천도하였다. 셋타티랏왕은 라오스사람들에게 존경받

셋타티랏왕 동상

는 왕으로 꼽히는데, 그는 루앙프라방의 왓씨엥통 Wat Xieng Thong과 비엔티안의 호파캐우 Haw Pha Kaew, 탓루앙 That Luang을 건설하는 업적을 일구기도 했다. 탓루앙 앞에서 셋타티랏왕의 동상을 만나볼 수 있다.

셋타티랏왕이 승하한 후 혼란에 휩싸인 1574~1637년에는 미얀마의 침략을 받는 등 불안정한 상태로 혼란한 정국 속에 놓였다. 란쌍왕국은 쑤리야웡사 Suriya Vongsa왕의 긴 재임기간(67년)을 끝으로 통일국가에서 3개의 왕국으로 갈라졌다. 1707년에는 루앙프라방왕국과 비엔티안왕국이 들어서고 1713년에는 남부에 참파삭왕국이 세워졌다. 왕국이 세 갈래로 분리되면서 주변국의 세력이 거세졌는데, 1765년 미얀마는 루앙프라방왕국과 비엔티안왕국을 함락시키고 1779년에는 시암군(지금의 태국)이 비엔티안을 침략하였다. 이때 에메랄드불상인 프라캐우가 비엔티안에서 방콕으로 옮겨졌으며 비엔티안 내의 많은 사원이 훼손되는 등 수난을 겪었다. 라오스의 정신적 지주인 황금불상, 파방도 이때 시암군에게 빼앗겼다가 1867년 다시 라오스로 보내졌고, 현재는 루앙프라방 왕궁박물관에 보관되어 있다.

비엔티안왕국의 차오아누웡 Chao Anouvong왕은 시암에 맞서 아누반란을 일으켜 라오스의 독립을 이끌고자 하였다. 1828년에 이르러 전면적인 전쟁에 돌입했으나 시암의 반격에 밀려 독립전쟁은 수포로 돌아가고, 차오아누웡왕은 방콕으로 잡혀가 처형된다. 이로써 비엔티안왕국의 마지막 국왕은 형장의 이슬로 사라진다. 이 전쟁에서 패해 라오스 땅 일부가 시암(태국)에 넘어간다. 비엔티안 메콩강변 차오아누웡공원에는 그의 동상이 세워져 있다.

차오아누웡왕 동상

프랑스령의 라오스와 독립

1893년~1954년은 열강의 침략으로 동남아시아가 폭압에 시달렸던 프랑스의 강제점령기이다. 중국의 남쪽과 인도의 동쪽에 위치하여 흔히 인도차이나반도라고 불리는 일대에서 라오스는 베트남, 캄보디아와 함께 프랑스령이 된다. 프랑스 관료가 라오스의 메콩강 하류 유역을 조사한 후, 루앙프라방에 부영사관을 설치하면서 단계적으로 식민화 준비과정을 밟았다. 1893년 프랑스와

프렌치콜로니얼 건축양식 건물

시암(태국)의 조약체결로 프랑스는 메콩강 동쪽의 라오스, 즉 란쌍3왕국의 통치권을 시암으로부터 넘겨받았다. 지금도 루앙프라방과 비엔티안, 타켁, 팍세 등에서 손쉽게 프렌치콜로니얼 건축양식을 볼 수 있는 것은 프랑스식민의 영향 때문이며 관공서와 병원 등이 프랑어로 명기된 것도 프랑스 지배의 잔재이다. 바게트에 속을 채워 먹는 식습관 역시 당시에 유입된 것이라 볼 수 있다.

프랑스의 인도차이나반도로의 진출은 1860년대에 시작되었다. 1864년 캄보디아를 프랑스령 보호국으로 삼고, 1884년에는 베트남 남부의 메콩델타지역을 점령하면서 베트남 전체를 손아귀에 넣었다. 프랑스가 베트남 북부 통킹을 차지하는 이 과정에서 청나라와 대립해 청불전쟁을 벌이기도 했다. 라오스는 당시 시암(태국)에 속한 상태였는데, 1893년 프랑스군이 방콕 앞바다에 군대를 배치하여 위협을 가했고 태국은 메콩강 동쪽의 영토 지배권을 프랑스에게 할양한다. 이로써 시암에 속했던 라오스의 영토는 프랑스령으로 귀속된다.

왕궁박물관

프랑스는 라오스 전역을 지배하고자 참파삭과 폰사반(시엥쿠앙)의 왕을 주지사급으로 강등하는 대신 루앙프라방의 왕을 라오스 국왕으로 승격시켰다. 라오스의 마지막 왕인 씨사왕웡Sisavangvong왕은 프랑스 지배하에서 루앙프라방에 새로 건축한 왕궁(지금의 왕궁박물관)에서 생활했다. 루앙프라방의 왕궁박물관에는 당시의 생활 모습이 보존되어 있다. 식민지배를 가속화하기 위해 프랑스는 베트남의 관료와 전문기술자를 라오스로 불러 콜로니얼스타일의 건물을 짓고 법원, 베트남관료의 숙소, 교도소, 프랑스영사의 공관 및 사택 등으로 사용한다. 하지만 라오스는 인구가 적고 내륙국가라는 이유로 베트남에 비해 상대적으로 개발을 등한시했고, 도로는 물론 고등교육기관도 세우지 않았다.

1939년 제2차세계대전이 발발해 독일군이 프랑스를 파죽지세로 장악해가면서 프랑스의 인도차이나 지배력은 급속히 약해졌다. 1937년 대륙침략의 야욕을 가시화한 일본은 프랑스 병력이 인도차이나에서 철수한 것을 틈타 라오스를 비롯한 인도차이나반도를 점령해 나간다. 프랑스는 일본의 요구에 따라 라오스를 일본-프랑스 공동지배하에 놓았으나 라오스의 일본 지배를 우회적으로 방어하기 위해 1942년 라오스에 첫 라오어 신문이 발행되도록 돕고, 첫 라오인 보병부대를 창설하는 등 민족주의를 부추긴다. 한편 일본은 제2차세계대전 후기로 접어들면서 전세가 기울자 인도차이나의 프랑스 축출을 목표로 공동지배체제를 종식하고 1945년 라오스의 독립을 선언한다.

1945년 8월, 일본의 패망으로 라오스의 잠재되어 있던 독립 요구는 새로운 국면을 맞았다. 자유라오스를 뜻하는 라오이사라Lao Issara는 1945년 펫사랏Phetsarath왕자가 주도하여 라오스의 독립을 쟁취하기 위해 조직된 단체이다. 반프랑스 민족해방운동에 앞장선 라오이사라는 프랑스가 인도차이나로 돌아와 식민지 재정복을 넘보자 이에 맞서 독립을 선언하고 나섰으나 오래 가지 못한다. 프랑스는 1945년 베트남

민주공화국이 수립되자 베트남에 대한 간섭을 강화하기 위해 라오스에 자치권을 주고 1949년 라오스를 독립시켰지만 국방, 외교, 재정권을 쥐고 놓지 않았다.

비밀전쟁과 라오스인민민주공화국

1950년 수파누웡은 라오이사라를 전신으로 한 민족통일전선. 즉 빠텟라오Pathet Lao를 결성한다. 라오스말로 '라오스의 나라'를 뜻하는 빠텟라오는, 베트남민주공화국과 손잡고 미국의 지원을 등에 업은 왕립정부에 대항하였다. 당시 8년간 지속된 프랑스와 베트남의 제1차인도차이나전쟁(1946~1954년)에서 1954년 베트남군이 결정적으로 디엔비엔푸전투를 승리로 이끌자 제네바협상이 진행되었다. 제네바협정은 프랑스령 인도차이나의 평화유지를 타결하기 위함이었으나, 베트남이 남북으로 나뉘는 불운과 라오스 내의 프랑스군 철수를 이끌어내고 영세중립국이라는 지위를 얻는 결과를 낳았다.

1956년 시행된 총선에서 빠텟라오(라오 공산당)가 많은 수의 의석을 차지하자 원조 중단을 내세운 미국은 왕립정부를 압박하기 시작한다. 친미파 내각이 세워지면서 미국 구미에 맞는 정책이 추진되고 왕립정부와 빠텟라오 사이의 갈등은 라오스 내전으로 번졌다. 냉전시대의 이념갈등은 미국이 라오스 정부군의 물자를 지원하고 북부베트남이 빠텟라오를 지원하면서 두 진영 간의 갈등으로 첨예화된다.

특히 북부베트남이 3만 명의 병력을 동원해 라오스 북동부와 캄보디아를 지나는 호찌민트레일을 만들어 병력과 물자를 이동하자 미국은 라오스 북동부와 동부 일대에 무차별적인 폭격을 가한다. '비밀전쟁Secret War'라고 불리는 이 전쟁은 베트남전쟁에 비해 많이 알려지지 않았으나 1964년 6월부터 1973년 3월까지 무려 50만 회의 폭격이 이뤄졌고 200만 톤의 폭탄이 쓰였으며, 수치상 '8분마다 폭탄투하'가 이루어진 것으로 파악된다. 현재까지도 불발탄 사고로 해마다 많은 사상자가 발생하는데, 1964년부터 2008년까지 줄잡아 5만 명이 죽거나 부상을 당했다. 비밀전쟁 이후, 미군이 퇴각한 1973년부터 최근까지의 사상자 수는 2만 명에 이르며 이 중 40%는 어린이라고 한다. 미국은 베트남전쟁이 끝날 때까지 라오스에 가한 이 공습을 인정하지 않아 '비밀전쟁'이라는 이름이 붙여졌다.

1954년부터 시작된 베트남전쟁(1954~1975, America War)은 1973년에 가서야 정전을 선언하는 파리협정, 즉 '베트남전쟁의 종결 및 평화 회복에 관한 협정'으로 베트남의 승리로 끝맺고 인도차이나반도에는 평화의 분위기가 조성된다. 라오이사라Lao Issara와 빠텟라오를 전신으로 한 라오스애국전선은 1972년 라오인민혁명당으로 개칭하고, 1975년 12월 라오스인민민주공화국을 수립해 현재에 이르고 있다. 비엔티안의 국립박물관, 루앙프라방의 왕궁박물관에 사료와 유적을 전시해 놓아 라오스의 역사를 살펴볼 수 있다. 또한 폰사반(시엥쿠앙)Phonsavan(Xieng Khouang) 제1번항아리평원 입구의 여행자안내소와 비엔티안 콥비엔티안COPE Vientiane에서는 비밀전쟁 관련 전시물을 살펴볼 수 있다.

프랑스령하에서 임의적으로 재단된 국경은 소수민족의 지역적 분리를 야기했다. 라오스 북부와 남부에 걸쳐 흩어진 각 소수민족은 태국이나 베트남에도 지역사회를 구성하였다. 라오스 소수민족 관련 전시는 루앙남타박물관에서 소규모로 진행되며 체계적인 전시는 루앙프라방의 민속학센터TAEC(Traditional Arts&Ethnology Centre)에서 살펴볼 수 있다. 가옥과 복식 등의 특징, 실제 생활을 반영하는 전시물과 각 민족의 특징 등 다양한 내용을 소개하고 있다.

📝 라오스의 소수민족

라오스는 동남아시아에서 인구수가 가장 적지만 다양한 소수민족으로 구성된 나라이다. 특히 라오스 북부의 험준한 산악지대에는 고유한 풍습과 문화를 유지하고 있는 고산족이 다수 분포한다. 또한 라오스 남부의 볼라웬고원 일대에도 우리에게 잘 알려지지 않은 소수민족이 거주한다. 1995년 시행한 대대적인 인구조사를 통해 라오스 정부는 47개의 소수민족이 있다고 발표했으며, 라오국가건설전선 LFNC(Lao Front for National Construct)은 49개의 소수민족이 있다고 공식화했다.

라오스의 민족은 다양한 기준으로 분류된다. 보통 살고 있는 지역의 높낮이를 기준으로 저지대, 중간지대, 고지대로 나누어 라오룸 Lao Loum, 라오퉁 Lao Theung, 라오쑹 Lao Sung 으로 구분한다. 아직도 민족을 분류할 때 이 기준을 널리 따른다. 그러나 민족구성을 해발 높이에 따라 구분하는 방식은 역사와 관습, 문화적 다양성을 간과하거나 지나치게 단순했다는 지적을 받는다. 때문에 한편에서는 언어적 공통점, 종교, 역사와 전통관습 등을 바탕으로 크게 4개의 민족으로 나누어 타이카타이족 Tai Kadai, 오스트로아시아틱족 Austroasiatic, 몽야오족 Hmong Yao, 시노-티베탄족 Sino-Tibetan 으로 구분한다.

라오스에서 이들 소수민족을 만날 기회는 비교적 많다. 트레킹을 통해 소수민족마을을 가이드와 함께 둘러볼 수 있으며 루앙남타와 루앙프라방, 농키아우와 므앙응오이 등에서도 이들의 모습을 종종 마주할 수 있다. 루앙프라방에는 민속학센터 TAEC(Traditional Arts & Ethnology Centre)가 있어 직접 센터를 방문하거나 웹사이트를 통해 비교적 체계적으로 라오스의 소수민족에 대한 정보를 얻을 수 있다.

🧳 지대로 구분하는 소수민족

저지대에 사는 것으로 구분되는 라오룸은 강 가까이에 거주하며 쌀농사를 짓고 찹쌀(카우니야오)을 주식으로 한다. 우리가 흔히 라오스의 주요 도시 등에서 마주치는 대다수의 라오스사람이며 라오스 전체 인구의 68%를 차지하고 경제적으로 가장 우위에 있다. 전통가옥은 지상 2.5m 높이에 나무로 만든 형태이며 주로 불교를 믿고, 이른 새벽에 탁밧(승려에게 음식을 공양하는 의식)을 하는 이들의 모습에서 어깨에 두른 전통의상 형태를 엿볼 수 있다. 남자의 경우 12살 이상이 되면 일정기간 절에 들어가 불교 교의를 익히며 스님으로 생활하는 풍습이 있다.

→ 라오퉁

라오쑹   라오룸

라오퉁은 구릉지대, 즉 중간지대인 해발 300~900m에 살고 있으며 라오스 전체 인구의 약 22%를 차지한다. 카투족 Katu, 크무족 Khmu, 몬족 Mon 크메르족 Khmer을 포함한 40여 종족이 있으며, 농업과 유목이 혼합된 생활방식을 유지하고 애니미즘 Animism을 신봉한다. 라오쑹은 고지대인 해발 800~1,600m에 살고 있으며 흔히 고산족으로 통칭한다. 몽족 Hmong과 야오족 Yao을 포함하며 라오스 인구의 약 9%에 해당한다. 이들은 독자적인 문화를 유지하려 하고 자급자족하는 경제방식으로 생활한다.

언어, 종교, 역사, 전통관습 등으로 구분하는 소수민족

타이카타이족Tai Kadai은 가장 주류의 민족으로 라오스 전체 인구의 65%를 차지하며 타이담Tai Dam(Black Tai), 타이루Tai Lue, 타이뎅Tai Deng(Red Tai)도 이에 속한다. 그 중 타이루는 중국 윈난성에서 유래했으며 라오스의 북부인 싸이냐부리, 루앙프라방, 퐁살리에 거주한다. 타이루는 직

타이카타이족

조를 잘하는 여성을 좋은 아내와 어머니로 인정하며, 실크로 직물을 짜고 천연염색하는 것으로 유명하다. 남성은 일생에 한 번 스님이 되는 의례를 치른다. 타이뎅은 베트남 탄호아지역에서 100~200년 전에 라오스로 이주했다. 붉은 옷을 즐겨 입고, 유래한 지역에 홍강이 흘러 이 같은 이름으로 불린다. 실크와 면으로 직조를 하고 옷감에 동물, 나무, 잎사귀, 사람 등의 독특한 문양을 새겨 넣는다. 라오스 북서부인 후아판, 퐁사리, 폰사반(시엥쿠앙)에 살고 있다.

오스트로아시아틱족

오스트로아시아틱족Austroasiatic은 카투족Katu, 크무족Khmu, 몬족Mon, 크메르족Khmer이 속하는 라오퉁과 공통의 구성이다. 이 민족은 라오스 인구의 22%가량을 차지하며 4개의 민족 구분 가운데 가장 다양한 소수민족이 분포한 것이 특징이다. 몬크메르족MonKhmer이라고도 불리는데, 이중 가장 많은 수를 차지하는 것은 크무족이다. 라오스 전체 인구의 10%가 넘는 크무족은 대부분 라오스 북부지역에 거주하며 루앙남타의 타강 근방에 많은 수가 있다. 크무족은 땅의 신이 있다고 믿으며, 마을을 에워싸는 긴 담장을 치고 서너 개의 문으로 드나드는 전통이 있다. 주술 활동을 중시하며 종교적인 이유로 몸에 문신을 새기기도 한다.

몽야오족Hmong Yao(Hmong-Iu Mien)은 몽족과 미엔야오족, 라텐족을 포함하며 몽족Hmong(Miao)과 미엔야오족Mien(Yao)이 대다수이다. 라오스 이외에 태국과 베트남 등에 널리 분포해 있으며 중국 황하유역에서 남하했다. 몽족은 라오스 내전 당시 라오스 공산반군인 빠텟라오Pathet Lao에 맞서 싸웠는데, 1975년 빠텟라오가 정권을 잡자 몽족 수만 명이 태국에 망명을 신청하고 태국 난민캠프에 머물거나 세계 각지로 흩어졌다. 몽족은 지금까지도 라오스 인구 가운데 세 번째로 많으며 전체 인구의 약 8%를 차지한다. 자부심이 강한 것이 특징인 몽족은 음력 12월이나 1월에 열리는 '노뻬짜오Nor Pe Chao'라는 새해축제로도 잘 알려져 있다. 10여 일간 이어지는 축제에서는 팽이치기, 활쏘기 등의 행사와 일종의 남녀 만남을 주선하는 성격의 공놀이(여러 명의 남녀가 서로 마주 보고 줄을 서서 작은 공을 주고받는 놀이) 등이 벌어진다.

몽야오족

시노-티베탄족Sino-Tibetan은 티베트-미얀마어로부터 어족을 두고 있으며 문자가 없다. 주로 화전을 일구어 곡물을 얻고 산속에서 채집을 하는 등의 특징을 보인다. 아카족Akha, 라후족Lahu, 푸노이스족Pounoys 등이 시노-티베탄족에 속하며 라오스 전통방식과 달리 빈 공간 없이 땅 위에 바로 목조나 대나무집을 짓는다.

아카족Akha은 문자가 없는 대신 남성들은 60세대를 거슬러 올라가는 혈통을 기억할 정도로 씨족 중심의 민족정체성을 보인다. 아카족 여성은 머리에 은장식을 즐기며 손에 인디고로 문양을 그려 넣고, 인디고로 염색한 짙은 남색 옷차림에 무릎 아래까지 화려한 색으로 치장한 다리 토시를 착용한다. 이들은 애니미즘과 정령을 숭상하는데, 마을에 커다란 문을 세워 악귀가 침입하는 것을 막는다. 외부인은 특히 이 문에 손을 대지 않도록 주의해야 한다. 아카족은 200년 동안 중국에서 유입되었는데 지금도 태국, 미얀마, 라오스는 물론 중국 윈난성에 널리 분포해 있으며 대표적인 고산족으로 알려졌다.

라오스 여행정보 수집하기

짧은 휴가기간을 알차게 보내기 위해서 여행정보는 무척 중요하다. 교통편과 숙소, 날씨와 관련된 내용을 여행 전에 계획하고 여행 중에 확인하는 등 항상 정보수집에 만전을 기해야 한다.

라오스에서 바라본 라오스의 관광정보, 라오스관광청

라오스 여행을 앞둔 사람이라면 한 번쯤 방문해야 할 라오스관광청. 밀려드는 한국인관광객을 위해 한국어를 지원하고 있어 라오스 전체 여행정보는 물론 세부 지역에 대해서도 검토해 볼 만한 내용이 가득하다. 축제나 공휴일 정보는 물론, 찾아가 볼 만한 행사와 세계문화유산으로 등록된 곳, 트레킹을 할 만한 도시 정보 등 지역 내 특화된 자료가 일목요연하게 정리되어 있다.

- 라오스관광청 www.tourismlaos.org

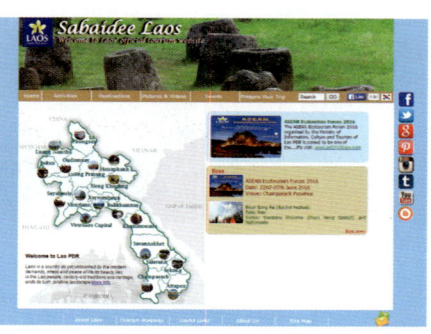

동남아여행자의 집합소, 태사랑

동남아여행자의 정보 공유 커뮤니티인 태사랑에서도 라오스에 대한 조언을 구할 수 있다. 태국뿐만 아니라 캄보디아, 베트남 등 인근 국가에 대한 살아 있는 정보가 가득하다. 앱으로도 접속할 수 있어 여행지에서 궁금한 점을 바로 올려 답변을 구하는 데 유용하다.

- 태사랑 www.thailove.net

🧳 라오스의 관문, 왓따이국제공항&루앙프라방국제공항

국제공항 홈페이지도 챙겨보면 유용하다. 공항 내부 지도를 제공하며 기상악화 등으로 지연될 수 있는 출국, 입국시간 등의 정보를 검색할 수 있다. 또한 도착예정이거나 도착한 항공편 정보를 바로바로 확인할 수 있다.

- 왓따이국제공항 www.vientianeairport.com
- 루앙프라방국제공항 www.luangprabangairport.com

✏️ 라오스 여행에 유용한 애플리케이션

라오스 여행 시 다음 애플리케이션을 잘 사용하면 유용하다. 특히 우기인 6~10월에는 매일 한 차례씩 내리는 폭우를 피하기 위해 날씨 정보를 확인해야 한다.

🧳 안전을 위한 애플리케이션, 해외안전여행

대한민국 외교부에서 운영하는 앱으로, 해외에서 생길 수 있는 각종 사고를 대비한 대처방안과 긴급연락처 정보를 공유하는 앱이다. 구글맵과 연동하여 현재 위치에서 공관 위치를 찾거나 영사콜센터와 전화를 연결할 수 있다.

🧳 구글맵과 함께, 맵스미

여행 전 미리 다운받아 놓으면 현지에서 상세지도를 확인할 수 있는 맵스미는 구글맵과 더불어 해외여행의 동반자로 꼽힌다. 오프라인에서도 작동하는 GPS 덕에 여행 중 자신의 위치를 확인하거나 목적지 위치를 체크할 수 있어 요긴하다. 선택국가에서 라오스를 검색해 다운받으면 라오스에서 바로 사용할 수 있다.

🧳 길 찾기 걱정하지 말자, 구글맵

와이파이를 이용할 수 있는 곳에서 목적지 검색이 용이하고, 미리 목적지를 북마크해 놓으면 와이파이 없이도 길 찾기가 가능하다. 진행방향을 따라갈 수 있어 길을 잃을 부담도 덜 수 있다.

🧳 라오스어 사전, Bilguun Yoon

1만여 단어를 내장하고 있는 라오스어 사전으로, 간편하게 한국어로 단어를 검색해 바로바로 활용할 수 있다. 대도시에서보다는 영어가 잘 통하지 않는 지역에서 유용하다.

🧳 현지인과 대화를, 라오스어 한국어 영어 길라잡이 7200

한국어로 라오스어를 검색하고, 동시에 라오스어로 한국어를 검색할 수 있어 라오스사람과 대화할 경우에 어휘 범위를 넓힐 수 있다. 일상에 필요한 기초어휘와 단어로 구성되어 있어 세부적인 사항을 전달할 때 사용한다.

🧳 일기예보 확인하고 일정 잡자, AccuWeather

라오스는 대부분 날씨가 맑지만 우기에는 한 차례씩 비가 쏟아지고, 11월에 접어들면 기온이 떨어진다. 미리 날씨정보를 확인하여 여행지에서의 변수를 고려해 보자. 일주일 후 날씨를 검색할 수 있고, 시간대별로도 날씨를 예측할 수 있어 유용하다.

라오스의 날씨와 여행 최적기

인도차이나 반도 내륙에 남북으로 길게 뻗어 있는 라오스는 11~3월까지는 건기, 4월 중순부터 10월까지는 우기로 구분한다. 라오스 새해가 시작되는 4월을 기점으로 우기가 시작되며, 특히 5월에 고온 현상을 보인다. 10월까지가 우기이긴 하지만 하루 한 차례 오후 4시 무렵 소낙비가 내리는 우기는 3달 정도 이어지는 것이 특징이며, 비가 온 후에는 더위가 한풀 꺾인다. 비가 온 다음에는 물이 고여 길이 질퍽거리는 곳이 많다. 따라서 비가 적고 기온이 많이 떨어지는 11~1월까지가 라오스 여행의 최적기라 할 수 있다. 이 시기에 라오스 북부지역을 여행하려면 두툼한 옷가지를 챙기는 것이 좋다. 또한 11~1월이 아닌 시기에 여행을 떠나더라도 에어컨 바람을 막기 위한 카디건 등을 준비해 가면 도움이 된다.

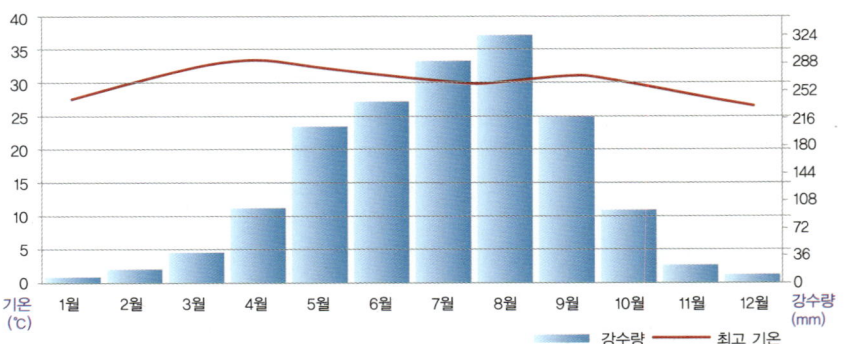

온도 상승	고온	최고 기온	기온이 높지만 하루 한 차례 소낙비			저온			기온 상승
우기와 건기	우기					건기			
월	4월	5월	6월	7월	8월	9월	10월	11월	12월	1월	2월	3월

우기에 주의할 점

라오스는 국토 전역에 강줄기가 이어져 있어 우기에는 수량이 늘어나므로 강물을 조심해야 한다. 우기에 여행한다면 특히 방비엥의 남쏭, 루앙프라방의 메콩강, 남칸 등지에서 래프팅이나 튜빙 등 수중스포츠에 참가할 때 수량 증가로 인한 급류사고에 대한 주의가 필요하다. 천둥·번개를 동반하는 우천시에는 야외활동을 잠시 중단하고 실내에서 비가 그치기를 기다리는 것이 상식이다.

✏️ 여권과 비자 준비하기

해외여행의 필수품인 여권은 여행의 시작과 끝이라고 해도 과언이 아니다. 여권을 이미 소지하고 있다면 여권만료일이 6개월 이상 남아있는지 확인해두자. 만약 만료일이 6개월 미만으로 남아있다면 반드시 기간연장신청을 해야 비행기 탑승에 문제가 없다. 또한 만료일이 경과한 지 1년이 넘었거나 여권이 없다면 새로 발급받아야 한다. 여권은 시청과 구청, 군청의 여권과에 직접 방문하여 신청할 수 있다.

외교통상부 여권안내 홈페이지

여권을 발급받기 위해서는 6개월 이내에 촬영한 여권용 사진 1~2매(3.5cmX4.5cm, 흰색 배경에서 양쪽 귀가 나오도록 촬영한 정면 사진)와 주민등록증 또는 면허증, 수수료를 지참해야 하며 여권과에 비치되어 있는 여권발급신청서를 작성해야 한다. 또한 25~27세의 병역미필 남성일 경우 국외여행허가서, 미성년자일 경우 법정대리인동의서가 필요한데 가족관계기록사항에 관한 증명서와 병역관계서류는 행정전산망을 통해 확인 가능한 경우 제출을 생략할 수 있다.

일반적으로 사용하는 전자여권(ePassport)은 여권만료일까지 횟수에 제한 없이 사용할 수 있는 복수여권과 1년에 1번 사용할 수 있는 단수여권으로 나뉜다. 또한 복수여권은 사증란을 48쪽에서 24쪽으로 줄이고 수수료가 저렴한 알뜰여권으로 발급받을 수도 있다. 보통 발급신청을 한 후 4~5일 정도면 발급이 완료된다. 여권에 관련한 더 자세한 내용은 외교통상부 여권안내 홈페이지 (www.passport.go.kr)를 방문하여 알아보자.

여권종류	유효기간	사증면수	금액	대상
복수여권	10년	48/24면	53,000/50,000원	만 18세 이상
	5년	48/24면	45,000/42,000원	만 8세부터 만 18세 미만
	5년	48/24면	33,000/30,000원	만 8세 미만
단수여권	1년		20,000원	1회 여행 시에만 가능
잔여 유효기간 부여			25,000원	여권분실, 훼손으로 인한 재발급
기재사항 변경			5,000원	사증란을 추가하거나 동반 자녀 분리할 경우

라오스는 무비자로 체류할 수 있는 국가이므로 따로 비자를 준비하지 않아도 된다. 단, 체류할 수 있는 기간은 15일이며 15일째 날, 즉 체류만료기한일이나 그 전에 육로 국경으로의 입출국도 무방하다. 1회 이상 국경을 넘어 다시 육로 및 항로로 입국할 수 있다.

라오스행 항공권 예매하기

저렴하게 항공권을 구입하기 위해서는 출국일 몇 달 전에 항공권을 검색해 예약하는 것이 좋다. 라오스를 비롯한 동남아시아는 보통 12월 15일 즈음해서 새해축제(삐마이라오)가 있는 4월 중순까지를 성수기로, 크리스마스 시즌부터 연말연시까지를 극성수기로 분류한다. 설 연휴에는 중국의 춘절과 맞물려 엄청난 인파가 몰린다. 따라서 7~8월 여름휴가 기간이 비수기에 해당하는 편이지만, 한국인의 여름 휴가기간이 조밀하게 정해져 있어 임박한 시기에 항공권을 알아보면 티켓을 구하기가 쉽지 않고 성수기 가격을 부담해야 하는 불이익이 생긴다.

직항노선과 경유노선

현재 인천국제공항에서 비엔티안 왓따이국제공항 Wattay International Airport까지는 대한항공, 진에어, 라오항공, 티웨이항공이 직항노선을 운항하며 베트남항공, 타이항공, 중국동방항공이 경유노선을 운항한다. 직항의 경우 비행시간은 약 5시간 20분이다. 인천-비엔티안간 항공권은 세금포함 28~40만 원 선에서 예매할 수 있다.

많은 여행객이 선호하는 루앙프라방까지는 직항이 없어 하노이, 호찌민, 방콕(수완나폼국제공항), 비엔티안 등을 경유한다. 인천국제공항에서 출발할 경우 베트남항공, 타이항공, 라오항공이 경유노선을 운항하는데, 예약 전 경유지에서의 체류 시간이 너무 길지 않은지 체크하여 이동시간에 따른 부담을 줄이는 것이 좋다. 그러나 태국이나 베트남을 함께 여행할 계획이라면 예약 시 경유지의 체류기간을 결정하여 스탑오버의 장점을 최대한 살릴 수도 있다. 인천-루앙프라방 간 항공권은 50만 원대에서 시작한다.

인천-비엔티안		인천-루앙프라방	
직항	경유	직항	경유
대한항공	베트남항공	없음	베트남항공
진에어	타이항공		타이항공
라오항공	중국동방항공		라오항공
	티웨이항공		

저렴하게 항공권 구입하기

항공권을 원하는 날짜로 검색하여 가격순으로 확인할 수 있는 인터파크와 투어익스프레스 등의 가격비교 사이트를 방문해 보자. 또한 네이버 항공권, 구글플라이트 등의 사이트에서는 전 세계 항공사의 항공권 가격(유류할증료 포함)을 비교하여 저렴한 순서로 살필 수 있다. 항공권을 구입할 때는 세금과 유류할증료가 포함된 최종 가격인지를 확인해야 하며, 항공권마다 환불규정이 다르므로 반드시 꼼꼼히 살펴보아야 한다.

저가항공권 찾기, 스카이스캐너

출발지와 목적지를 선택해 저가항공권 정보를 찾을 수 있는 사이트이다. 인천과 부산에서 출발해 라오스로 입국하는 항공편은 물론, 태국과 베트남 등 이웃국가로 오가는 항공권 정보를 얻을 수 있다. 자신에게 맞는 출발시간과 체류시간, 도착시간도 확인할 수 있다. 앱을 설치하여 여행지에서 이웃국가로 오가는 항공권을 찾는 것도 좋다.

- www.skyscanner.co.kr

🖊 알뜰살뜰 환전하기

라오스의 통화는 킵Kip이다. 통용되는 지폐는 5백K, 1천K, 2천K, 5천K, 1만K, 2만K, 5만K, 10만K이며 동전은 사용하지 않는다. 환율은 $1=8,169K이며 1만K=한화 1,432원(2016년 12월 기준)이다. 라오스 국경에서 가까우면 이웃한 나라의 화폐도 사용이 가능하며 비엔티안의 경우 태국화폐 밧Baht도 대략적인 환율에 따라서 주고받는다. 태국화폐 환율은 THB10=2,295K(2016년 12월 기준)이다.

📒 한국에서 미국달러로 환전하기

한국에서 미국달러로 환전한 후 현지화폐로 환전하는 것이 일반적이다. 라오스 현지에서는 한국 원화를 취급하지 않는 환전소가 있으므로 안전하게 미국달러를 챙겨가자. 같은 액수라도 $100 고액권의 환율을 더 높게 쳐 주므로 고액권으로 준비하는 것이 좋다. 늦은 시간 라오스에 도착할 경우, 공항에서 숙소까지 교통편을 이용할 정도의 $1, $5짜리 소액권도 챙기자. 화폐 가운데가 구겨지거나 귀퉁이가 손상된 경우 현지에서 환전이 불가능할 수 있으므로 미국달러 환전 시 유의하자.

한국에서 미화로의 환전은 환율표에서 '현찰 살 때'의 가격을 참고하여 금액을 정한 후 가까운 은행에 방문하여 진행한다. 이때 환전수수료가 발생하므로 인터넷에서 미리 환율우대쿠폰을 다운받아 가는 것이 좋다. 주거래은행을 이용하면 우대환율을 적용받을 수 있으며, 일정 금액 이상 환전할 경우 여행자보험을 무료로 가입해 주는 경우도 있으니 미리 알아보자. 은행까지 직접 가기가 어렵다면 사이버환전을 이용할 수도 있다. 이를 이용하면 수수료를 할인받을 수 있으며 출국 시 공항지점 은행에서 바로 찾을 수 있어 편리하다.

📒 라오스에서 현지화폐로 환전하기

현지에서는 은행이나 사설환전소에서 환전할 수 있는데, 5만K 이하의 화폐로 바꾸는 것이 편리하다. 현지에서 환전할 때 혹은 거스름돈을 받을 때는 훼손된 지폐가 없는지 꼼꼼히 살펴보자. 훼손된 지폐는 상점에서 지불을 거부당할 수 있다. 또한 라오스화폐는 한국에서 다시 환전할 수 없으므로 여행경비로 사용할 만한 액수를 미리 계산해서 바꾸도록 한다. 비엔티안과 루앙프라방에서는 환전이 손쉽고 제대로 된 환율로 거래되지만, 시골마을로 갈수록 환율이 나빠지기 때문에 이동 전에 대도시에서 환전해두도록 한다. 방비엥은 여행객이 많이 찾는 곳이지만, 비엔티안과 환율 차이가 크므로 비엔티안이나 루앙프라방에서 환전할 것을 권한다.

사설환전소는 대부분 여행자거리에 있는데, 비엔티안은 남푸분수대가 위치한 셋타티랏거리 Thanon Settha thirath에서 쉽게 찾을 수 있다. 루앙프라방 역시 왕궁박물관이 있는 씨사왕웡거리 Thanon Sisavangvong 곳곳에 자리하며, 특히 우체국 옆 환전소는 환율이 약간 더 좋아 여행객이 즐겨 찾는다.

현지에서 ATM 이용하기

라오스에서 ATM 현금인출 시 변수가 많이 발생한다. 지방의 경우, ATM 자체의 오류로 현금이 인출되지 않은 상태에서 거래가 종료되기도 하는 등 당황스러운 상황이 이따금 일어난다. 따라서 라오스에서 인출카드만 맹신했다가는 어려움이 생길 수 있다.

라오스 여행기간이 열흘 이상이어서 현금을 소지하는 것이 부담된다면, 현지 ATM에서 인출하는 방법도 고려할 수 있는데 BCEL은행이 가장 인지도가 높다. BCEL은행 앞에 개설된 BCEL ATM을 사용하길 권한다. 라오스 남부 시판돈의 돈뎃과 돈콘, 북부 므앙응오이 등의 외진 지역에는 ATM이 없어 미리 현금을 준비하지 않으면 낭패를 당하기 쉬우니 주의해야 한다.

ATM 인출 수수료
1. 내가 거래하는 은행의 인출수수료 : $1~3
2. 네트워크 수수료(제휴사 수수료) : 인출금액의 1%
3. 현지 ATM 수수료 : $2

그러나 비엔티안, 방비엥, 루앙프라방, 팍세 등 주요 도시에서는 ATM을 통해 라오스통화로 해외현금 인출이 가능하다. CIRRUS, MAESTRO, PLUS 로고가 있는 현금카드, 직불카드, 체크카드 등 국내에서 발급받은 카드는 해외에서 사용하는 일반적인 인출카드이다. 보통 해외에서 현금 인출 시 세 가지의 수수료가 발생한다. 인출하는 금액과 무관하게 은행의 인출수수료만 보통 $1~3를 지불하고, 수수료는 인출금액의 1%로 책정되므로 $500를 인출할 경우, $509(인출수수료 $2+네트워크 수수료 $5(1%)+현지 ATM 수수료 $2)가 실제 결제된다.

라오스 내의 ATM은 1회 인출 한도액이 보통 100만K이며 ATM 인출수수료는 건당 2만~4만K이다. 따라서 인출 횟수를 줄이는 것이 지출을 줄이는 방법이다. 동일한 은행의 ATM이라도 인출이 되는 경우도, 되지 않는 경우도 있고 오류가 자주 발생한다. 만약 전산상의 오류로 인출이 완료된 상태로 종료되었으나 현금을 받지 못했다면, 영수증을 지참하여 해당 은행을 방문하도록 한다. 단, 평일 영업시간(월~금요일 08:00~16:00)에 한해 은행 업무를 볼 수 있다.

✏️ 여행에 필요한 라오스어

간단한 현지어를 사용하는 것은 사람들과 더 가까워질 수 있는 가장 손쉬운 방법이다. 흥정할 때도 현지어로 숫자를 알면 훨씬 능숙한 거래가 가능하다. 다음은 라오스 여행 중에 사용할 수 있는 인사말 표현과 기본 문장이다.

💬 인사말과 기본 표현

한국어	발음	라오스어
안녕하세요?	싸바이디	ສະບາຍດີ
(매우) 감사합니다.	컵짜이(라이)	ຂອບໃຈເດີ
실례합니다.	커톳	ຂໍໂທດເດີ
만나서 반갑습니다.	디 짜이 티 후 깝 짜우	ຍິນດີທີ່ໄດ້ຮູ້ຈັກ
안녕히 가세요.	라껀	ລາກ່ອນ
또 만나요.	뽑깐마이	ພົບກັນພັບໃໝ່
행운을 빌어요.	쏙디	ໂຊກດີ
죄송합니다.	커톳	ຂໍໂທດເດີ
괜찮습니다.	버뺀양	ບໍ່ເປັນຫຍັງ
당신의 이름은 뭐예요?	짜우 쓰 냥?	ເຈົ້າຊື່ຫຍັງ?
제 이름은 OO예요.	커이 쓰 OO	ຂ້ອຍຊື່ວ່າ OO
저는 한국에서 왔어요.	커이 마짝 까올리 따이	ຂ້ອຍມາຈາກ Korea.
어떻게 지내세요?	싸바이 디 버?	ສ່ວງນີ້ເປັນແນວໃດ?
잘 지냅니다.	싸바이 디	ສະບາຍດີ
무슨 뜻인지 이해하시나요?	카오 짜이 버?	ເຂົ້າໃຈແລ້ວບໍ່?
이해했어요.	카오 짜이	ເຈົ້າເຂົ້າໃຈແລ້ວ
이해하지 못했어요.	버 카오 짜이	ບໍ່ເຂົ້າໃຈແລ້ວ
화장실은 어디 있습니까?	헝남 유 싸이?	ຫ້ອງນ້ຳຢູ່ໃສ?

🚌 교통편 이용하기

한국어	발음	라오스어
어디 가세요?	빠이 싸이?	ເຈົ້າຈະໄປໃສ?
저는 OO에 가려고 합니다.	커이 약 빠이 OO	ຂ້ອຍຢາກລົງຢາກຫາໂຮງແຮມ OO
걸어서 얼마나 걸릴까요?	양빠이 짝 나티?	ຍ່າງໄປຕົນປານໃດ?
몇 시에 도착하나요?	퉁짝몽?	ຈັກໂມງມາຮອດ?
이 버스 OO로 가나요?	롯메니 빠이 OO?	ລົດເມນີ້ໄປໃສ OO?
OO은 어디에 있나요?	OO 유 싸이?	ເປັນ OO ບ່ອນໃດ?
이 버스가 OO에 가나요?	롯메 니 빠이 OO 버?	ຫານຈະໄດ້ຮັບລົດເມໄປ OO?
우회전/좌회전	리아우 쿠아/리아우 싸이	ເບື້ອງຂວາ/ເບື້ອງຊ້າຍ
직진	빠이 쓰쓰	ໄປຊື່
공항/시장/병원	싸남빈/딸랏/홍머	ສະໜາມບິນ/ຕະຫຼາດ/ໂຮງໝໍ
한국대사관/경찰서	싸탄톳 까올리 따이/싸타니 땀루엇	ສະຖານທູດເກົາຫລີໃຕ້/ສະຖານີຕຳຫຼວດ

식당, 쇼핑숍에서

이거 얼마예요?	타오 다이?	ອັນນີ້ລາຄາເທົ່າໃດ?
너무 비싸요!	팽 라이!	ແພງຫຼາຍ
깎아주세요.	코롯다이버?/롯라카다이버?	ລົດລາຄາໄດ້ບໍ?
고수를 넣지 마세요.	버 싸이 팍치	ບໍ່ໃສ່ຜັກຊີ
인공조미료를 넣지 마세요.	버 싸이 빽누와	ບໍ່ໃສ່ແປ້ງນົວ

숫자

0	1	2	3	4	5	6	7	8	9	10
쑨	능	썽	삼	씨	하	훅	쨋	뺏	까오	씹
ສູນ	ໜຶ່ງ	ສອງ	ສາມ	ສີ່	ຫ້າ	ຫົກ	ເຈັດ	ແປດ	ເກົ້າ	ສິບ

11	12	13
씹엣	씹썽	씹삼
ສິບເອັດ	ສິບສອງ	ສິບສາມ

20	30	40	50	60	70	80	90	100
싸오씹	삼씹	씨씹	하씹	훅씹	쨋씹	뺏씹	까오씹	능로이
ຊາວ	ສາມສິບ	ສີ່ສິບ	ຫ້າສິບ	ຫົກສິບ	ເຈັດສິບ	ແປດສິບ	ເກົ້າສິບ	ໜຶ່ງຮ້ອຍ

화폐와 관련된 수 표현

라오스 화폐를 주고받을 때 수 표현을 알아두면 이해가 빠르다. 화폐단위인 킵(Kip)을 뒤에 붙여 말하면 상대방이 이해할 수 있다.

500	1,000	2,000	5,000	10,000	20,000
하러이	판(판능)	썽판	하판	씹판	싸오판
ຫ້າຮ້ອຍ	ໜຶ່ງພັນ	ສອງພັນ	ຫ້າພັນ	ສິບພັນ	ຊາວພັນ
25,000	30,000	40,000	45,000	50,000	55,000
싸오하판	쌈씹판	싸씹판	싸씹하판	하씹판	하씹하판
ຊາວຫ້າພັນ	ສາມສິບພັນ	ສີ່ສິບພັນ	ສີ່ສິບຫ້າພັນ	ຫ້າສິບພັນ	ຫ້າສິບຫ້າພັນ

여행 중 사건·사고에 대처하는 방법

라오스는 동남아시아 중 여행하기 안전한 나라로 꼽힌다. 다만, 현금을 소지한 여행객을 상대로 날치기 사고가 있을 수 있으니 기본적인 경계는 늦추지 말자. 한쪽 어깨에 걸치는 가방이나 핸드백이 주요 타깃이 된다. 양쪽 어깨에 메는 배낭이 더 안전하다.

긴급 연락처

• 주라오스 대한민국영사관

주소 Embassy of the Republic of Korea(Consular Section), Vientiane Plaza Hotel 7F, Sailom Road, Ban Hatsady Neua, Chanthabouly District, Vientiane, Lao PDR **업무시간** 월~금요일 08:30~12:00, 14:00~17:00

문의 **사건사고** (856) 020 5557 0527 **공증·여권·사증** (856) 021 255 770~1 **공휴일 및 업무시간 외** (856) 020 5839 0380 **찾아가기** 영사과가 위치한 비엔티안플라자(홍햄 위앙짠 플라싸)는 라오스이민국, 라오텔레콤, 우체국과 인접해 있다. **홈페이지** lao.mofa.go.kr

- 루앙프라방 영사협력원 문의 (856) 020 7777 6748
- 방비엥 영사협력원 문의 (856) 020 5665 9398
- 팍세 영사협력원 문의 (856) 020 9630 8732

여권을 분실한 경우

라오스에서 여권을 분실한 경우, 밟아야 하는 절차가 상당하다. 경찰서(분실한 지역), 이민국(비엔티안), 주라오스 대한민국대사관(비엔티안), 라오스영사관(비엔티안)을 방문해야 하는 번거로움이 뒤따르며 이 모든 절차를 완료하기까지 5~10일가량이 소요된다. 출국일이 얼마 남지 않았을 경우, 항공권 변경이 불가피할 수 있다.

❶ **여권분실신고(사건경위서 발급)** : 분실한 지역의 관할경찰서를 방문하여 여권분실신고를 한다. 이때 의사소통에 어려움이 있는 것이 보통이므로 대사관으로 연락하여 도움을 받도록 한다. 라오스어로 작성된 사건경위서(2부)를 받는다.

❷ **분실증명서 발급** : 비엔티안에 있는 이민국을 방문한다. 경찰서에서 발급받은 사건경위서 1부를 제출하고 영문 서류를 기재하여 분실증명서를 받는다. 이때 증명사진 2장이 필요하다.

❸ **여행증명서 발급** : 비엔티안에 있는 대한민국대사관 영사과를 방문하여 분실신고서, 재발급사유서, 재발급신청서를 작성하고 여행증명서를 발급받는다. 이때 증명사진 2장과 수수료가 필요하다.

❹ **출국비자 발급** : 여행증명서와 분실증명서 사본을 지참하여 라오스영사관을 찾아가 출국비자를 받는다.

❺ **출국** : 여행증명서, 분실증명서 원본을 출입국장에서 제출한다.

카드를 분실한 경우

신용카드나 체크카드를 잃어버렸다면 바로 분실신고를 하여 추가적인 피해를 막도록 하자.

카드사	연락처	카드사	연락처
KB국민카드	82-2-6300-7300	NH농협카드	82-2-3704-1004
비씨카드	82-2-330-5701	씨티카드	82-2-2004-1004
하나카드	82-1800-1111	삼성카드	82-2-2000-8100
신한카드	82-1544-7000	롯데카드	82-2-2280-2400
우리카드	82-2-2169-5001	현대카드	82-2-3015-9000

몸이 아프거나 부상을 입은 경우

라오스는 의료서비스의 질이 높지 않은 편이나 큰 도시를 중심으로 병원이 있어 긴급한 상황에는 방문할 수 있다. 진료비는 높지 않으나 여행자보험에 가입했다면 증빙서류를 꼼꼼히 챙기자. 최대한 병원에 방문할 일이 없도록 하는 것이 최선이며, 외상을 대비해 미리 비상약을 준비해 가는 것이 좋다. 라오스 내의 약국에서는 유통기한이 지난 약을 취급하거나 높은 기온에 방치된 약품을 판매하는 경우가 있으니 주의하자.

🧳 여행자보험

여행지에서는 아무리 조심한다 해도 크고 작은 사고의 위험이 있으므로 여행자보험에 반드시 가입해야 한다. 성별, 나이, 목적지, 여행기간 등에 따라 여행자보험 금액이 다르지만, 보통 1주일 이내의 단기여행이라면 1~3만 원 선에서 가입할 수 있다. 여행 시 가장 흔한 사고는 휴대폰 절도사고와 의료사고를 꼽을 수 있다. 때문에 여행자보험 상품을 고를 때는 휴대폰 사고 시 보상이 적절하고 사망 시 보상보다는 일반 치료비 보상이 큰 상품을 선택하는 것이 현실적이다. 여행자보험을 통해 보상을 받기 위해서는 관련 기관에서 발급받은 증빙서류와 영수증을 제출해야 한다.

🧳 라오스의 치안과 주의사항

라오스에서 외국인여행객을 상대로 자주 일어나는 사고로 오토바이날치기를 꼽을 수 있다. 라오스의 오토바이날치기 사고는 라오스 명절(신년축제, 물축제)을 전후하거나 늦은 밤에 한국인을 겨냥해 발생했지만 현재는 평상시 낮에도 발생한다. 식당이나 카페에서 가방을 의자에 걸어 놓는 등의 한국인들이 하는 행동을 주시하다가 방심한 틈을 타서 2인 1조로 가방을 갖고 달아나는 것이 보통이며 수법이 점점 다양해지고 있다. 오토바이를 타고 지나가면서 길을 걷는 사람의 가방이나 휴대폰을 날치기하거나 자전거 혹은 오토바이 바구니에 담긴 여행객의 소지품을 탈취한다. 자전거나 오토바이를 탄 여행자를 뒤에서 발로 차 넘어뜨린 후 가방을 가로채기도 한다.

특히 한쪽 어깨에 걸치는 가방은 타깃이 되기 쉽고, 가방을 뺏기지 않기 위해 다툼을 벌이는 경우 더 큰 부상으로 이어질 수 있어 각별한 주의가 필요하다. 또한 ATM에서 현금을 인출하는 여행객을 노리기도 하므로 현금인출기 앞에서는 긴장을 늦추지 말아야 한다. 축제를 맞이하면 강변 주위에 인파가 몰리는데, 버스정류장이나 야시장 등 사람이 많은 곳에서는 분실사고가 자주 발생하므로 소매치기 등에 대비해 가방에 채울 소형 자물쇠 등을 준비하는 것이 좋다.

거리를 걸을 때는 차도에서 떨어져 걷고, 현금과 여권 등 분실하기 쉬운 물건은 복대 등을 이용해서 노출을 최소화해야 한다. 분실을 항상 염두에 두고 귀중품은 분리하여 지니는 것이 좋다. 특히 범인이 범행을 시도할 때 섣불리 대항하다가 부상당할 수 있으니 주의하자.

✏️ 라오스 여행의 필수 아이템

일 년 내내 일조량이 많으므로 선크림과 모자, 선글라스는 필수품이다. 이 외에도 팔과 목 등 노출 부위를 가릴 스카프, 햇볕 차단용 우산, 긴 소매 옷 등을 챙기는 것도 좋다. 선크림은 물이나 땀으로도 지워지지 않는 워터프루프 타입이 야외활동을 하려는 여행자에게 적당하다. 또한 곳곳에서 만나게 되는 모기를 물리칠 퇴치제도 하나쯤 준비하는 것이 좋다. 뎅기열은 동남아시아에서 항상 조심해야 한다. 해가 지기 시작하는 오후 5~6시에는 모기가 극성이므로 이 시간대에는 모기에 물리지 않도록 각별히 신경 쓰고 야외활동을 잠시 쉬는 것이 현명하다.

11~1월까지가 라오스 여행의 최적기라 할 수 있다. 북부지역은 이 시기에 아침저녁으로 체감온도가 상당히 낮고, 숙소에 난방시설이 없으므로 두툼한 옷가지를 반드시 챙겨야 한다. 또한 남부의 콩로마을 등 고원지대를 방문할 예정이라고 추위를 막을 옷을 챙기자.

🧳 짐 꾸리기 리스트

분류	품목	체크	비고
여권과 경비	여권	☐	여권과 신용카드는 분실에 대비해 복사본을 챙겨둬야 한다.
	여권사본과 여권용 사진 4매	☐	
	항공권	☐	
	여행자보험	☐	
	여행 경비	☐	
	신용카드	☐	
전자제품	카메라와 메모리카드 여분	☐	
	스마트폰, 방수팩, 이어폰	☐	
	충전기	☐	
의류 및 기타	상의 및 하의	☐	
	속옷, 양말	☐	
	수영복	☐	
	바람막이 재킷	☐	
	모자	☐	
	선글라스	☐	
	운동화, 샌들 혹은 슬리퍼	☐	
	햇볕을 가릴 스카프	☐	
	에어컨 버스에서 덮을 담요나 카디건	☐	
위생물품	작은 수건	☐	
	칫솔, 치약	☐	
	샴푸, 비누, 클렌징	☐	
	선크림	☐	
	손톱깎이	☐	
	여성용패드 및 티슈	☐	
비상약	해열제, 감기약	☐	
	반창고 및 상처치료연고	☐	
	두통·생리통약	☐	
	모기퇴치제	☐	
기타	책이나 전자책	☐	
	소형 손전등 2개(건전지)	☐	동굴 방문 시 유용
	휴대용 칼	☐	열대과일 구입 시 유용
	소형자물쇠	☐	
	안경	☐	
	우산, 배낭 방수커버, 우비	☐	

데이터 사용을 위한 준비

라오스의 주요 도시에서는 대부분 인터넷 사용이 가능하다. 게스트하우스와 식당 등에서 손쉽게 와이파이를 사용할 수 있어 여행 중에 필요한 정보를 검색할 수 있다. 숙소나 카페 이외의 장소에서 인터넷을 사용해야 하는 경우라면, 다음 소개하는 서비스 중에서 선택하도록 하자. 또한 스마트폰은 분실 위험이 높으므로 휴대 시 주의가 필요하며 물놀이 등을 할 예정이라면 한국에서 방수팩을 미리 준비해 가는 것이 좋다.

로밍서비스

라오스의 게스트하우스나 식당, 카페에서 무료로 와이파이를 사용할 수 있어 로밍서비스 이용은 선택 사항이다. 무료 와이파이만 이용하기로 결정했다면 데이터로밍을 차단해야 하며, 로밍서비스를 받기로 결정했다면 정액권 혹은 무제한 로밍서비스를 신청해야 한다.

○ 데이터로밍 차단

애플리케이션 업그레이드, 위치 확인 등으로 데이터가 소비되므로 로밍서비스를 이용하지 않을 것이라면 데이터로밍 차단 부가서비스를 신청하자. 로밍을 차단하더라도 해외에서 와이파이를 연결해 자유롭게 사용할 수 있어 불편함은 적다.

○ 데이터로밍 정액권

급하게 데이터를 이용해야 할 때를 대비하고 싶다면 정액요금제를 고려할 만하다. 일주일 내외의 짧은 여행기간 동안 정해진 데이터를 사용할 수 있다. SK와 KT는 20MB, 100MB, 300MB를 각각 1만 원, 3만 원, 5만 원에 이용할 수 있으며, LGU+는 100MB, 150MB, 250MB를 각각 3만 원, 4만 원, 5만 원에 이용할 수 있다. 정해진 용량을 초과하거나 사용기간이 만료되면 접속이 자동으로 차단된다.

○ 무제한로밍서비스

제한 없이 데이터를 사용하고 싶다면 무제한로밍서비스를 신청하자. 사용시간(24시간)을 현지에서 직접 지정할 수 있다.

통신사	요금제명	요금	가입 및 이용안내
SKT	T로밍 데이터무제한 OnePass	9,900원/일	153-112
올레KT	데이터로밍 무제한	11,000원/일	1588-0608
LGU+	무제한 데이터로밍 요금제	11,000원/일	1544-2996

유심칩

라오텔레콤Lao Telecom, 유니텔Unitel, M폰M phone 등 공항판매대나 편의점, 도시의 작은 슈퍼에서 구입할 수 있다. 개통하려면 여권이 필요하며, 유심을 장착하고 1.5G(2만K)나 5G(5만K)를 선택한 후 비용을 지불하면 일주일에서 30일 동안 해당 데이터를 이용할 수 있다. 일종의 선불충전방식인데, 충전할 때는 번호와 코드 등을 입력해야 하며, 판매자에게 번호 입력을 부탁하거나 적혀 있는 순서를 따라 버튼을 눌러 실행하면 된다.

Special 01 동남아 여행의 적, 모기와 뎅기열 바로 알기

일 년 내내 20도 이상을 유지하는 기온 탓에 모기에 물리는 일은 다반사이다. 일주일이나 한 달 이내의 일정으로 라오스를 여행하는 경우, 예방접종 등에 대해 판단하기가 쉽지 않다. 모기로 인한 질병인 뎅기열에 대해 미리 알아보고 예방하는 방법도 확인하자.

뎅기열의 증상과 예

뎅기열 Dengue fever 은 모기에 의해 감염 및 전염되는 바이러스성 질환으로, 9월을 전후로 발병률이 가장 높게 나타난다. 뎅기열 예방백신은 현재 개발되지 않은 상태이므로 모기에 물리지 않도록 주의하는 것이 유일한 예방책이다. 특히 해 질 녘인 오후 5시를 전후한 시간대에 각별한 주의가 필요하다. 노을이 질 때는 야외에서 모기가 왕성하게 활동하는 시간이므로 모기퇴치제와 패치 등을 잘 활용해야 하며, 긴바지를 입는 것이 좋다.

모기에 물린 후 3~8일의 잠복기를 거치며 초기에는 감기증상으로 오인할 수 있다. 뎅기열은 급성발열과 오한, 두통, 근육통, 관절통을 동반하며 식욕부진과 구토증상이 나타난다. 이런 증상이 나타나면 바로 가까운 병원을 방문해 전문의에게 진단받는 것이 좋다. 뎅기열 자체 치사율은 1%가 되지 않으나, 라오스 의료시설의 열악한 위생 및 환경이 취약점이다. 어린이와 노인 등 면역력이 약한 경우, 모기에 노출되지 않도록 특별한 주의가 필요하며 뎅기열증상을 보이면 치료를 받는 것이 급선무이다. 뎅기열감염 후 고열이 호전되는 데까지는 3~4일이 걸리는데, 이때도 완전히 회복된 것은 아니다. 때문에 뎅기출혈열 DHF 로 악화되지 않도록 지속적인 수분공급과 영양보충을 해야 하며 혈소판 수치와 혈액 점도를 주의 깊게 점검해야 한다.

모기퇴치제 알고 사용하자!

현재 국내에는 218개 제품이 허가돼 있다. 대부분 다이에틸톨루아마이드 DEET (106개 제품), 정향유(57개 제품), 이카리딘(27개 제품), 시트로넬라오일(10개 제품) 등을 주성분으로 사용한다. 하지만 살충제의 일종이기도 한 모기퇴치제의 주요성분에 대해서는 잘 알지 못하는 경우가 많다. 곤충의 신경계를 공격하는 약품은 생명체를 죽이기 위한 화학물질이므로 인체에도 유해하며 잠재적인 독성을 포함한다. 때문에 모기퇴치제를 남용하지 않도록 하고 구입할 때도 안전성 및 효과 지속시간, 주요성분의 농도 등을 꼼꼼하게 확인하는 것이 안전한 여행의 지름길이다.

DEET 알고 사용하기

모기퇴치제 주성분 가운데 가장 폭넓게 사용하는 DEET(디에 칠톨루아미드)는 국가마다 성분농도와 사용자의 연령에 따른 사용 제한범위가 다르다. 이는 유아와 임산부에게 부작용을 일으킬 수 있어 주의가 필요하다. 임산부가 장시간 DEET가 함유된 모기퇴치제를 사용하면 태아에 선천성심장병, 요도하열, 근긴장저하증, 청력손상 등의 선천성기형을 유발할 수 있으며, 임신 12주 이내에 DEET 농도 30% 이상의 모기퇴치제를 매일 바르면 기형아를 출산할 가능성이 매우 높다는 보고도 있다. 따라서 임산부는 사용을 삼가고 12세 이하의 어린이는 모기퇴치제 사용 시 각별한 주의를 해야 하며, 장기간 또는 상습적으로 사용하지 말아야 한다.

DEET 이외 유효성분을 사용한 제품 중 연령제한 표시가 기재된 제품은 찾기가 어려워 스스로 판단해야 한다. 라오스에서는 천연모기퇴치제 등을 편의점에서 판매하는데 이 역시도 약품이므로 적당한 양을 사용하는 것이 바람직하다. 낮에 모기퇴치제를 사용했다면 잠자기 전에 반드시 물로 닦아내야 한다는 것도 기억하자. 또한 피부 또는 눈에 자극을 줄 수 있으므로 얼굴에는 사용하지 않는 것이 안전하다.

DEET 관련 국내외 규제

	한국 (식품의약품안전처)	미국 (EPA)	캐나다 (HealthCanada)	유럽연합 (EUCommission)
6개월 미만	사용금지		사용금지	
6개월~2세	감염 우려 높은 상황에서 사용, 1회/1일, 10% 이하	FDA:2개월 미만 유아 사용금지 함량에 따른 연령 사용 제한 없음	감염 우려 높은 상황에서 사용, 1회/1일, 10% 이하	2세 미만 사용 금지
2세~12세	1~3회/1일 손과 얼굴 제외, 10%이하		3회/1일 초과 금지, 10% 이하	제한적 사용
12세~성인	30% 이하		30% 이하	15% 이하
배합가능농도	7~30%	4~100%	30% 이하	15% 이하

▲ 출처 한국소비자원

Special 02
동남아시아의 젖줄, 메콩강을 낀 여행지

때로는 여행에 대한 기억이 강에 대한 기억이 되기도 한다. 한강을 떠올리면 서울이 있는 것처럼 메콩강은 동남아시아 여행에서 아로새겨지는 풍경의 한 컷이다. 삶의 터전으로서의 메콩강은 라오스를 이해할 수 있는 코드, 더 나아가 동남아시아를 설명하는 첫 단추가 되기도 한다. 라오스 여행을 자신만의 스타일로 계획할 때, 메콩강이라는 주제를 따라가는 여정은 그래서 충분히 매력적이다.

- 남타 — 루앙남타
- 남우 — 므앙응오이
- 남우 — 농키아우
- 훼이싸이
- 메콩강&남칸 — 루앙프라방
- 메콩강 — 방비엥
- 메콩강 — 비엔티안
- 메콩강 — 타켁
- 메콩강&쎄돈강 — 팍세
- 남쏭
- 메콩강 — 시판돈

메콩강은 티베트Tibet에서 발원하여 중국의 윈난성을 지나고 미얀마 일부 지역, 라오스, 태국, 캄보디아를 거쳐 베트남 남부지역의 델타(삼각주)를 통해 남중국해로 빠져나간다. 이렇게 여러 나라를 두루 흐르는 메콩강은 나라를 가르는 국경이 되기도 하고, 양국 교역의 무대가 되기도 한다. 4,350km 길이를 자랑하는 메콩강은 세계에서 12번째, 아시아에서 7번째로 긴 강이라는 타이틀을 가지고 있다.

라오스에서는 메콩강을 메남콩Mea Nam Khong이라고 부르는데, '어머니의 강, 콩'이라는 뜻이다. 메콩강에는 식물 20,000종, 포유류 430종, 조류 1,200종, 파충류와 양서류 800종, 어류 850종이 서식하는 것으로 추산된다. 특히 아마존강에 이어 세계에서 두 번째로 다양한 담수어가 살고 있기도 하다. 라오스 인구 가운데 290만 명이 강에서 잡은 물고기와 기타 노획물을 통해 생활한다는 점에서 어머니의 강이라는 사전적 의미는 실질적 의미이기도 하다. 결국 메콩강은 생명의 보고이며, 생계의 공간이자 생존의 원천인 셈이다.

메콩강에서 할 수 있는 다양한 수중스포츠는 라오스 여행의 특권이기도 하다. 이틀간 메콩강크루즈를 즐길 수 있는 훼이싸이-루앙프라방, 혹은 루앙프라방-훼이싸이루트는 베트남 호찌민시티에서 손꼽히는 메콩델타투어와 함께 메콩강의 매력을 가슴 깊이 담아갈 수 있는 알짜배기 여정이다. 메콩강의 섬 시판돈에서의 일정 역시 메콩강의 매력을 만끽하기에 부족함이 없다. 해지는 풍경이 황홀한 타켁과 팍세는 남부여행에서 빠뜨리지 말아야 할 필수코스이다. 물론 루앙프라방의 메콩강과 남칸, 농키아우와 므앙응오이의 남우, 방비엥의 남쏭 역시 강변의 휴식을 취하기에 좋은 여행지이다. 노을 지는 메콩강의 풍경은 라오스에 대한 가장 강렬한 기억으로 남을 것이다.

라오스 여행 제대로 준비하기

Section 02
행복한 여행을 위한 일정별 동선과 예산 짜기

라오스는 육로를 통해 이동하면 시간이 오래 걸리고 체력소모가 큰 편이어서 동선을 어떻게 짜느냐에 따라 여행의 질이 달라진다. 여행기간과 여행자 개인의 취향에 따라 다음 동선을 참고하여 효율적인 일정을 짜보자. 라오스 여행의 목적이 '유유자적'이라면 서두르지 않는 여정으로 힐링의 정점을 찍어보는 것도 좋다.

알찬 라오스 여행을 위한 일정

국민루트, 방비엥과 루앙프라방 4박 5일

방비엥과 루앙프라방에 가기 위해서는 루앙프라방으로 입국해 방비엥을 거쳐 비엔티안으로 빠져나오는 일정이 가장 무난하다. 방비엥의 경우, 현지에 도착해서 투어상품을 상담하고 예약하는 하는 것이 일반적이기 때문에 미리 너무 빡빡한 계획을 짜는 것은 오히려 부담으로 작용할 수 있다.

1일차
루앙프라방
땃세폭포 or 꽝시폭포 ⋯ 왓씨엥통 ⋯ 왓푸 ⋯ 야시장

2일차
루앙프라방
탁밧 ⋯ 아침시장 ⋯ 빡우동굴 ⋯ 민속학센터(TAEC) or 왕궁박물관 ⋯ 메콩강변

3일차
방비엥
블루라군 ⋯ 탐짱 ⋯ 남쏭

4일차
방비엥
유이폭포 ⋯ 오가닉팜 ⋯ 뷰포인트 ⋯ 남쏭

5일차
비엔티안
탓루앙 ⋯ 빠뚜싸이 ⋯ 탓담 ⋯ 왓시사켓&호파캐우 ⋯ 메콩강&차오아누웡공원 ⋯ 야시장

유유자적 휴식을 즐기는 라오스 남부 8박 9일

라오스 남부는 북부에 비해 도로 포장상태가 좋은 편이다. 비엔티안에서 출발해 콩로마을과 타켁, 팍세와 탓로마을을 거치는 남부 일정은 자연을 벗 삼아 시골마을 풍경과 여유로운 분위기를 즐기며 휴식을 취할 수 있는 여정이다. 비엔티안에 도착해 라오스의 수도를 여유 있게 둘러보고, 시내에서 예약한 락싸오행 버스를 타고 콩로마을로 향한다. 창밖 풍경이 멋지므로 야간이동은 피하고 오전 일찍 출발할 것을 권한다. 7.5km의 길이를 자랑하는 동굴 콩로가 있어 콩로마을이라 불리는 작은 마을은 여행자를 끌어안는 평온한 풍경이 매력적인 곳이다. 콩로마을에서 하루를 보내고 타켁으로 이동한 후 오토바이를 대여해 카르스트지형을 따라 각기 다른 모습을 뽐내는 동굴을 둘러보며 자연의 신비를 느껴보자. 타켁 루프를 따라가면 자연스럽게 타켁의 여러 동굴을 만날 수 있다. 팍세로 이동해 크메르왕국의 사원 왓푸를 둘러보고 폭포를 끼고 자리한 탓로마을로 향하자. 한적한 탓로마을을 산책하며 여행을 마무리하고 팍세에서 항공편을 타고 비엔티안으로 이동한다.

1일차 비엔티안
탓루앙 ⋯ 빠뚜싸이 ⋯ 메콩강&차오아누웡공원 ⋯ 야시장

2일차 콩로마을
마을산책 ⋯ 콩로 ⋯ 노을감상

3일차 타켁
오토바이 대여 ⋯ 탐파파(부다케이브) ⋯ 탐쌍 ⋯ 탐시엥리압

4일차 타켁
오토바이 대여 ⋯ 타파랑 ⋯ 탐낭엔 ⋯ 메콩강변

5일차 팍세
왓푸 ⋯ 왓루앙 ⋯ 쎄돈강 ⋯ 르파노라마

6일차 탓로마을
탓항 ⋯ 탓로 ⋯ 마을산책

7일차 팍세
공항

8일차 비엔티안
탓담 ⋯ 왓시사켓&호파캐우 ⋯ 출국

자연을 만끽하는 라오스 중북부 9박 10일

조금 더 적극적으로 자연을 만끽할 수 있는 중북부는 라오스의 대자연을 만날 수 있는 지역이다. 신발 끈을 조여 매고 맑은 공기처럼 가볍게 자연을 만나려는 이들에게 최적인 곳이다. 루앙프라방에서 농키아우로 향하는 길에서는 창밖 풍경을 놓치지 말아야 한다. 굽이굽이 이어진 라오스 북부의 매력을 십분 느낄 수 있기 때문이다. 농키아우와 루앙남타는 마을 규모가 작고, 여러 여행업체가 시내에 모여 있어 가격을 비교하기도 어렵지 않다. 우거진 산기슭에서 불어오는 바람을 맞으며 트레킹을 즐기는 것이 자연을 만끽할 수 있는 가장 좋은 방법이다. 트레킹 난이도를 비교하면 루앙남타보다 농키아우가 훨씬 수월하다. 시간이 부족하다면 농키아우와 루앙남타 중 한 곳만 선택하여 돌아보는 것도 좋다. 루앙프라방에서 비엔티안으로의 육로이동은 시간이 많이 소요되므로 항공편을 예약하면 시간절약에 도움이 된다.

1일차 루앙프라방
땃세폭포 ⋯ 왓씨엥통 ⋯ 푸시(노을)

2일차 농키아우
마을다리 ⋯ 트레킹

3일차 농키아우
파톡동굴 ⋯ 왓농키아우&왓반 솝훈 ⋯ 뷰포인트 트레킹

4일차 루앙남타
남하국립공원 트래킹

5일차 루앙남타
자전거 셀프투어

6일차 루앙프라방
아침시장 ⋯ 빡우동굴 ⋯ 민속학센터 ⋯ 메콩강(노을) ⋯ 야시장

7일차 루앙프라방
탁밧 ⋯ 트레킹 ⋯ 왕궁박물관 ⋯ 옥폽톡

8일차 루앙프라방
꽝시폭포 ⋯ 왓씨엥통 등 사원 ⋯ 남칸(노을) ⋯ 바 or 펍

9일차 비엔티안
왓시사켓&호파캐우 ⋯ 차오아누웡공원 ⋯ 출국

라오스의 역사와 자연을 두루 살피는 중북부 8박 9일

라오스 여행에서 빠뜨릴 수 없는 것은 단연 자연과 유적지이다. 이 모두를 품은 란쌍왕국의 옛 수도 루앙프라방을 출발점으로 삼아 항아리평원이 있는 폰사반(시엥쿠앙)과 블루라군의 에메랄드 물빛이 출렁이는 방비엥을 거쳐, 수도 비엔티안을 끝으로 마무리하는 여정이다. 국민루트에 양념을 더한 알찬 동선으로, 라오스의 자연과 역사를 살필 수 있다. 루앙프라방에서 보내는 첫 3일은 한껏 여유를 즐길 수 있고 여행객이 비교적 적은 폰사반에서는 라오스 소도시의 한적함을 엿볼 수 있다. 루앙프라방에서 폰사반, 폰사반에서 방비엥으로 향하는 버스는 매일 운행한다. 다만, 폰사반에서 방비엥으로 향하는 버스는 오전에 1대만 있으므로 아침 일찍 예약을 해두어야 한다.

1일차 루앙프라방
땃세폭포 ⋯ 왓씨엥통 ⋯ 푸시(노을)

2일차 루앙프라방
아침시장 ⋯ 빡우동굴 ⋯ 민속학센터 ⋯ 메콩강(노을) ⋯ 야시장

3일차 루앙프라방
탁밧 ⋯ 꽝시폭포 ⋯ 왕궁박물관 ⋯ 옥폽톡 ⋯ 남칸(노을)

4일차 폰사반
MAG ⋯ 카시캄마켓

5일차 폰사반 ⋯ 므앙쿤
1번 항아리평원 ⋯ 2번 항아리평원 ⋯ 3번 항아리평원 ⋯ 므앙쿤 왓피아왓&탓푼

6일차 방비엥
사원(왓탓, 왓캉, 왓씨수망, 왓씨미싸이야함) ⋯ 탐짱 ⋯ 남쏭(노을) ⋯ 바 or 펍

7일차 방비엥
유이폭포 ⋯ 블루라군 ⋯ 뷰더탑 트레킹 ⋯ 남쏭(노을)

8일차 비엔티안
왓시사켓&호파캐우 ⋯ 차오아누웡공원 → 출국

📋 부모님 또는 아이와 함께하는 느긋한 라오스 여행 14박 15일

비교적 치안이 좋은 라오스는 아이 또는 부모님과 함께하는 가족 여행지로 단연 으뜸이다. 폭포와 동굴 등 자연을 벗 삼아 동심으로 돌아갈 수도 있고, 부모님의 옛 시절을 떠올리는 풍경 속에서 이야기꽃을 피울 수도 있다. 전체적으로 루앙프라방에서 시작해 비엔티안에서 마무리하는 국민루트를 따르고 있지만, 소도시와 유적지도 챙겨보고 방비엥의 경치를 만끽하며 관광하는 기분도 느낄 수 있다. 가족이 함께하는 만큼 적당한 가격의 숙소를 검색해 두고, 일반적인 일정보다 체류기간이 긴 만큼 건강에 무리가 가지 않는 선에서 여행 중 이동을 탄력적으로 조율하는 것도 잊지 말자.

- **1일차** **루앙프라방** 땃세폭포 ⟶ 푸시 ⟶ 야시장
- **2일차** **루앙프라방** 왓씨엥통 ⟶ 빡우동굴 ⟶ 왕궁박물관
- **3일차** **농키아우** 마을다리 ⟶ 파톡동굴 ⟶ 왓반숩훈
- **4일차** **농키아우** 뷰포인트 트레킹 ⟶ 왓농키아우
- **5일차** **므앙응오이** 남우 ⟶ 왓오깟사야람 ⟶ 탐캉&탐파깨우
- **6일차** **므앙응오이** 자전거 셀프투어(바나, 훼이보, 훼이센)
- **7일차** **루앙프라방** 꽝시폭포 ⟶ 민속학센터(TAEC) ⟶ 메콩강
- **8일차** **폰사반** MAG ⟶ 카시캄마켓
- **9일차** **폰사반** 1번 항아리평원 ⟶ 2번 항아리평원 ⟶ 3번 항아리평원 ⟶ 므앙쿤 왓피아왓&탓푼
- **10일차** **방비엥** 블루라군 ⟶ 뷰더탑 트레킹 ⟶ 남쏭(노을)
- **11일차** **방비엥** 탐쌍 ⟶ 탐남 튜빙 ⟶ 오가닉팜 ⟶ 탐짱
- **12일차** **방비엥** 유이폭포 ⟶ 사원(왓탓, 왓캉, 왓씨수망, 왓씨미싸이야함) ⟶ 남쏭(노을)
- **13일차** **비엔티안** 콥비엔티안 ⟶ 빠뚜싸이 ⟶ 탓담 ⟶ 야시장
- **14일차** **비엔티안** 부다파크 ⟶ 왓시사켓&호파캐우 ⟶ 메콩강&차오아누웡공원 ⟶ 출국

📋 트레킹에서 튜빙까지, 라오스 일주 28박 29일

방비엥과 시판돈에서 즐기는 튜빙, 농키아우와 므앙응오이 그리고 루앙남타에서 즐기는 트레킹, 탓로마을의 동굴, 콩로마을과 팍세를 잇는 폭포의 행렬, 마지막으로 루앙프라방의 고찰까지. 어느 하나 놓치고 싶지 않은 욕심 많은 여행자라면 라오스 종단일주를 계획해 보자. 한 달이라는 시간이 고스란히 발자국으로 남겨진다. 입국할 때 처음부터 비자를 발급받아 체류기간에 대한 걱정 없이 일정을 계획하는 것이 효율적이다. 입국할 때 신청해서 발급받을 수 있는 관광비자는 발급 비용이 $30(육로, 항로 동일)이다. 관광비자는 30일간 라오스 체류가 가능하기 때문에 무비자 15일이라는 제한 기한보다 조금 더 여유롭게 라오스 일주를 할 수 있다.

한편 무비자로 입국해서 15일 체류 스템프를 받았다면 체류 기한일까지 한 차례 비엔티안 등의 도시에서 국경을 통과해 이웃나라에 나갔다가 재입국하여 다시 남은 15일 일정을 이어갈 수 있다. 여정이 긴 만큼 변수가 생길 가능성이 크므로 숙소 등을 예약하는 것보다 도착 후 객실을 살펴보고 체크인하는 것이 좋다. 무엇보다 일정을 소화할 수 있는 마음의 여유와 체력이 필요하다.

1일차 루앙프라방 땃세폭포 ⋯ 왓씨엥통 ⋯ 푸시(노을)

2일차 루앙프라방 아침시장 ⋯ 빡우동굴 ⋯ 민속학센터(TAEC) or 사원 ⋯ 메콩강(노을) ⋯ 야시장

3일차 루앙프라방 탁밧 ⋯ 광시폭포 ⋯ 왕궁박물관 ⋯ 옥폼톡 ⋯ 남칸(노을)

4일차 농키아우 마을다리 ⋯ 트레킹

5일차 농키아우 파톡동굴 ⋯ 왓농키아우&왓반솝훈 ⋯ 뷰포인트 트레킹

6일차 므앙응오이 남우 ⋯ 왓오깟사야람 ⋯ 탐캉&탐파깨우

7일차 므앙응오이 자전거 셀프투어(반나, 훼이보, 훼이센)

8일차 루앙남타 남하국립공원 트레킹

9일차 루앙남타 자전거 셀프투어(남디폭포 ⋯ 렌텐소수민족마을 ⋯ 루앙남타박물관 ⋯ 남우&대나무다리)

10일차 루앙남타 왓루앙콘 ⋯ 렌텐족 수공예품 ⋯ 탓품푹 ⋯ 탓루앙남타&왓삼마키싸이

11일차 폰사반 MAG ⋯ 카시캄마켓

12일차 폰사반 1번 항아리평원 ⋯ 2번 항아리평원 ⋯ 3번 항아리평원 ⋯ 므앙쿤 왓피아왓&탓푼

13일차 방비엥 블루라군 ⋯ 뷰더탑 트레킹 ⋯ 남쏭(노을) ⋯ 바

14일차 방비엥 탐쌍 ⋯ 탐남 튜빙 ⋯ 오가닉팜 ⋯ 탐짱

15일차 방비엥 아침시장 ⋯ 유이폭포 ⋯ 사원(왓탓, 왓캉, 왓씨수망, 왓씨미싸이야함) ⋯ 남쏭(노을)

16일차 비엔티안 빠뚜싸이 ⋯ 탓담 ⋯ 야시장

17일차 비엔티안 부다파크 ⋯ 왓시사켓&호파캐우 ⋯ 메콩강&차오아누웡공원

18일차 콩로마을 콩로공원 ⋯ 마을산책

19일차 콩로마을 콩로 ⋯ 노을감상

20일차 타켁 오토바이 대여 ⋯ 탐파파(부다케이브) ⋯ 탐쌍 ⋯ 탐시엥리압

21일차 타켁 오토바이 대여 ⋯ 타파랑 ⋯ 탐낭엔 ⋯ 메콩강

22일차 팍세 왓루앙 ⋯ 쎄돈강 ⋯ 르파노라마

23일차 팍세 왓푸 ⋯ 다오흐엉마켓 ⋯ 쎄돈강(노을)

24일차 탓로마을 탓항 ⋯ 탓로 ⋯ 마을산책

25일차 탓로마을 탓파인 ⋯ 코피스카페 ⋯ 탓파수암

26일차 시판돈 자전거 셀프투어(리피폭포 ⋯ 돈뎃–돈콘 다리 노을)

27일차 시판돈 증기기관차 ⋯ 마을산책

28일차 팍세 공항

29일차 비엔티안 탓루앙 ⋯ 콥비엔티안 ⋯ 딸랏싸오 ⋯ 메콩강변

나만의 스타일로 즐기는 라오스

빠듯한 시간에 라오스를 이해하기 위해서는 자신만의 테마를 정해보는 것도 좋다. 액티비티, 자연, 쇼핑, 나이트라이프, 문화유산 등의 테마를 정해 일정을 꾸리면 더 의미 있는 시간을 보낼 수 있을 것이다.

액티비티를 사랑하는 당신의 라오스

방비엥은 물론 라오스 북부와 남부에서 다양한 액티비티를 즐길 수 있다. 액티비티를 통해 자연을 깊이 느끼는 특별한 시간을 보내고, 하루 또는 이틀 일정의 트레킹이나 집라인과 같은 담력을 요하는 액티비티도 경험해 보자. 액티비티에 참가하면 다양한 국적의 여행자와 만날 수 있으며, 가이드를 따라 안전하게 라오스의 자연을 만끽할 수 있다. 보통 참가인원에 따라 가격이 조정되며, 발품을 팔아 서너 업체의 가격을 비교해 보는 것이 좋다.

- **루앙남타** : 라오스 북부에 위치한 루앙남타는 훼손되지 않은 밀림을 만날 수 있는 보석 같은 곳이다. 남하보호구역은 생태지구로 엄격하게 관리되며 전문 가이드와 동행하여야만 트레킹을 할 수 있다. 맑은 공기를 마시며 밀림의 생명력을 느낄 수 있는 트레킹은 어느 정도 체력이 필요하지만 참가자 대부분 평범한 여행자이니 부담을 가질 필요는 없다.

- **농키아우** : 루앙남타에서의 트레킹보다 난이도가 낮지만 라오스 북부의 산간지형을 십분 활용해 트레킹을 즐기는 여행자가 많다. 산속 깊은 곳의 폭포를 방문하여 물놀이를 즐기며 진행하는 트레킹은 하루일정으로 충분하다. 동행이 있다면 맞춤 일정으로 반나절 코스도 문의할 수 있다.

- **방비엥** : 방비엥에서는 어떤 액티비티를 즐기느냐에 따라 여행의 빛깔이 결정된다. 쏭강에서 즐기는 튜빙이나 블루라군에서의 물놀이가 가장 인기 높은 액티비티이며, 오토바이(모토바이크라이딩)나 산악자전거(마운튼바이크사이클링), 집라인 등도 최근 인기몰이 중이다. 액티비티는 취향에 따라 하루에 하나만 즐기고, 저녁에는 체력을 보강할 수 있도록 충분한 휴식을 취하자.

- **타켁** : 시원하게 펼쳐진 아름다운 풍경과 연이어 늘어서 있는 동굴을 만날 수 있어 모토바이크라이딩을 즐기기에 좋다. 타켁은 지형이 완만하여 초보자도 어렵지 않게 오토바이를 탈 수 있지만, 1박 이상 일정의 타켁루프는 난이도가 무척 높으므로 지나친 욕심을 부리는 것은 금물이다. 타켁을 중심으로 오토바이 실력에 따라 질주의 자유를 만끽해 보자.

- **팍세** : 타켁과 마찬가지로 모토바이크라이딩을 즐기기에 최적의 환경이다. 팍세에서 탓로마을까지 다녀오는 코스는 보통 1박 2일의 시간이 걸리는데, 여행자의 컨디션에 따라 2박 3일 이상으로 일정을 조율하는 것이 현명하다. 안전수칙을 준수하고 동행을 구해 함께 이동하는 것이 좋다.

🍃 물길 따라 사색하는 당신의 라오스

라오스를 여행하는 것은 물길을 여행하는 것으로 보아도 무방하다. 어느 도시를 방문하든지 강을 끼고 있으며, 강을 따라 가옥이 이어진 풍경이 펼쳐진다. 물가에서 얼마나 다양한 활동을 할 수 있느냐, 혹은 얼마나 강을 즐길 수 있느냐의 차이가 있을 뿐이다. 액티비티를 즐기는 일정 또는 강을 붉게 물들이는 일몰을 보며 사색을 즐기는 여정 등 다채로운 여행을 만끽해 보자.

- **시판돈** : 4천 개의 섬이라는 뜻의 시판돈은 돈콩, 돈뎃, 돈콘 어디로 가든지 유유히 흐르는 강물을 만날 수 있어 튜빙, 선셋투어 등을 즐길 수 있다. 자전거를 타고 오솔길을 따라가거나 메콩강이 보이는 저렴한 숙소를 잡아 해먹에 누워있는 것만으로도 섬의 정취를 느낄 수 있다.

- **므앙응오이** : 농키아우나 므앙쿠아에서 보트를 타고 므앙응오이로 들어가기 때문에 라오스 물길의 매력을 한껏 느낄 수 있다. 특히 므앙쿠아에서 므앙응오이로 들어가는 물길에서 바라보는 까마득한 절벽의 풍경은 여행자의 마음을 한껏 부풀린다.

- **농키아우** : 농키아우는 작은 마을이지만 협곡 사이를 잇는 다리에서 바라보는 풍경이 무척이나 아름답다. 카야킹 Kayaking을 즐길 수 있으며 강을 조망할 수 있는 게스트하우스가 저렴하여 장기여행자라면 오래 머물기에도 좋다. 농키아우는 므앙응오이를 오가는 경유지로, 비교적 여행자가 적어 한적하다.

- **방비엥** : 마을 중심이 쏭강을 따라 형성되어 있어 어디서든 한가로운 강 풍경을 즐길 수 있다. 강과 어우러진 산을 배경으로 가볍게 카야킹을 즐기거나 수영에 자신 있다면 튜빙을 계획하자. 에메랄드빛으로 눈부신 블루라군에서 즐기는 스윙 역시 색다른 즐거움이다. 생각보다 물이 깊으니 어디서든 구명조끼를 반드시 착용하자.

- **루앙프라방** : 메콩강과 남칸이 휘감은 루앙프라방은 강 풍경이 모든 것을 넉넉하게 한다. 빡우동굴로 향하는 길에서 만나는 강 풍경과 강을 붉게 물들이는 석양 풍경은 여행자에게 특별한 여유를 선물한다. 또한 꽝시폭포나 땃세폭포에서 만나는 맑은 물은 청명한 빛깔로 청아함을 뽐낸다.

🛍 쇼핑리스트를 간직한 당신의 라오스

명품브랜드 쇼핑은 아니지만 라오스만의 스타일이 담긴 핸드메이드제품이 여행객을 유혹한다. 공장에서 찍어낸 것이 아니라 세상에 하나밖에 없는 상품이기 때문에 라오스에서의 쇼핑을 더 특별하게 한다. 정성이 가득 담긴 아날로그 감성을 만나보자.

 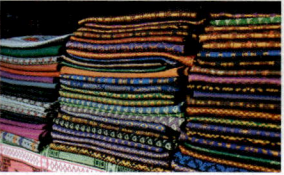 

- **루앙프라방** : 라오스 최대의 야시장이 열리는 루앙프라방. 해가 어스름하게 지기 시작하면 국립박물관 앞 거리를 중심으로 상인이 모여들어 자리를 편다. 베틀로 짠 옷감 위에 손바느질로 수놓은 수공예품과 천연염색한 가방이나 인형 등의 패브릭제품이 많으며 목공예품, 은장식품도 찾아볼 수 있다. 야시장 외에도 민속학센터(TAEC)와 옥폽톡에는 세련된 디자인의 품질 좋은 제품이 많아 여행자의 마음을 사로잡는다.

- **비엔티안** : 메콩강변 야시장은 오래전부터 자리했지만 공원이 조성되어 더 쾌적한 환경에서 쇼핑을 즐길 수 있게 되었다. 위치적 특성으로 인해 태국에서 건너온 제품과 루앙프라방에서 취급하는 제품이 함께 판매되며, 수공예품과 함께 동남아시아 풍의 옷이 많이 거래된다.

- **팍세** : 팍세를 찾는 여행객이 늘어남에 따라 조금씩 기념품숍이 생겨나고 있다. 주요 관광지 입구에서 패브릭제품을 만나볼 수 있는데, 다양성은 떨어지지만 품질은 만족스럽다. 흥정을 통해 가격을 조율하자.

★ 나이트라이프를 즐기는 당신의 라오스

정형화되지 않은 밤 문화가 라오스의 밤을 수놓는다. 비어라오 한 병을 손에 쥐고 음악에 몸을 맡기는 자유는 방비엥을 비롯한 여러 도시에서 만끽할 수 있다. 과거 버킷위스키로 악명을 떨치던 밤 문화는 이제는 옛말이 되었으나, 가벼운 마음으로 여행담을 나누며 라오스의 밤을 즐겨보자.

- **방비엥** : 라오스에서 뜨거운 밤을 보내려는 이들이 찾는 방비엥은 나이트클럽 분위기의 바가 새벽까지 불을 밝힌다. 세계 여러 곳에서 모인 여행자가 춤을 추며 여행의 고단함을 잊는다. 강물로 뛰어들어 발생했던 사건·사고는 정부의 과감한 제재로 급감했으며, 음주 후 호기 어린 행동은 단속대상이어서 건전한 분위기가 유지되고 있다.

- **루앙프라방** : 여러 타입의 펍과 바가 즐비하다. 취향에 따라 시간 보낼 곳을 선택하여 루앙프라방의 밤을 즐겨보자. 일찍부터 잘 알려진 '유토피아'나 옆 사람과 어깨가 부딪힐 정도로 규모가 작은 '아이콘클럽', 과감한 무대로 열대의 밤을 물들이는 '하이브바'까지 각기 다른 콘셉트로 여행객의 발걸음을 재촉한다. 루앙프라방의 고고한 분위기는 어둠과 함께 차분하게 가라앉는다.

- **비엔티안** : 루앙프라방이나 방비엥과 비교하면 밤 문화가 활발하진 않지만 띄엄띄엄 바가 위치하여 갈증을 해소할 수 있다. '보빼냥'이나 '스티키핑거스'에서는 메콩강변의 운치와 낭만이, '컵짜이더'나 '아이빔'에서는 조명 아래 여행담과 여유로움이 이어진다. 맥주 한잔으로도 여행의 시작과 끝을 풍성하게 만들 수 있는 비엔티안의 밤은 짧지만 하다.

- **시판돈** : 시판돈의 섬 중 가장 시끌벅적한 돈뎃은 서너 개의 바가 중심이 되어 나이트라이프를 이끌고 있다. 과하게 술을 마시고 주변 물가로 뛰어드는 행위는 자제하자.

🏛 문화유산을 빠뜨릴 수 없는 당신의 라오스

라오스는 어느 도시를 가든 오래된 사원이 있다. 특히 루앙프라방에는 도시 전체 여기저기에 유서 깊은 사원이 자리하여 사원만 방문하더라도 일주일은 족히 보낼 수 있다. 수도 비엔티안, 남부의 팍세, 동북부의 폰사반(시엥쿠앙)까지 넓게 퍼져 있는 유적의 발자국을 따라가 보자.

- **비엔티안** : 황금빛 찬란한 탓루앙은 불교유입을 설명하는 주요한 종교기념물인 동시에, 국장과 화폐에 쓰이는 등 국권의 위상을 드러내는 상징적인 건축물이다. 11월에 열리는 탓루앙축제는 라오스의 가장 큰 명절 가운데 하나이며, 라오스인이라면 평생에 한 번은 탓루앙에서 탑돌이를 해야 한다고 할 정도로 의미가 큰 종교행사이다. 왓시사켓과 호파캐우를 중심으로 유서 깊은 사원을 찾아 시간을 보내기 좋다.

- **루앙프라방** : 인구 6만의 도시 루앙프라방에는 무려 33곳의 사원이 자리한다. 아침마다 행해지는 탁밧은 한결같이 성스럽다. 루앙프라방은 도시 전체가 유네스코 세계문화유산으로 등재된 곳으로, 낮은 가옥 사이사이로 고풍스러운 분위기가 넘친다. 왕궁박물관 내의 전통춤 공연이나 라오애스닉카페&다이닝Lao Ethnic Cafe and Dining의 전통공연 역시 정기적으로 진행된다. 이 두 곳은 라오스의 문화를 엿볼 수 있어 찾는 이가 많다.

- **폰사반(시엥쿠앙)** : 거대한 크기의 돌항아리가 넓은 평원에 펼쳐진 곳이다. 폰사반은 라오스 현대사의 아픔과 고대 유적이 공존하는 곳으로, 항아리평원이라는 이름으로 알려져 있다. 생성시기와 용도를 알 수 없는 돌항아리를 보며 동남아시아의 역사 궤적을 따라가 볼 수 있다. 현재까지는 1번, 2번, 3번 항아리평원이 공개되어 있으며 그 중 1번 항아리평원의 규모가 가장 크다.

- **팍세** : 팍세 부근에 자리 잡은 왓푸는 라오스에서 드물게 크메르문화의 영향력을 엿볼 수 있는 곳이다. 2001년 유네스코 세계문화유산으로 등재되었으며, 시기적으로 앙코르와트보다 앞선 것으로 알려져 많은 이가 이곳을 찾는다. 라오스의 일반적인 사원과 구분되며 산에 지어진 위치적 특성, 불교와 힌두교가 혼재된 양식 등이 볼거리이다.

✎ 라오스와 이웃나라를 함께 돌아보는 2개국 여행 일정

라오스와 국경이 접해있는 태국, 베트남, 캄보디아 등의 나라를 함께 묶어 돌아볼 수도 있다. 시간적 여유가 있다면 육로를 이용하고, 시간이 부족하다면 항공편을 통해 일정을 계획해보자. 동남아시아와 비슷한 듯 전혀 다른 매력이 당신을 기다린다.

🧳 라오스+태국 9박 10일

라오스와 태국은 많은 면적이 맞닿아 있어 많은 여행객이 라오스와 태국을 함께 돌아본다. 방콕에서 야간기차를 타고 치앙마이로 이동한 후 라오스 북부를 돌아보고 다시 방콕으로 이동하는 일정과 라오스 남부를 먼저 돌아본 후 야간기차를 타고 방콕으로 향하는 일정으로 구분할 수 있다. 태국의 기차노선을 잘 활용하면 시간 대비 다양한 여정을 누릴 수 있는데, 시간이 여유롭다면 두 개의 동선을 혼합해 라오스 북부와 남부를 모두 돌아볼 수도 있다.

[태국] 방콕 …(기차편)… 농카이 … [라오스] 훼이싸이 … 루앙프라방 … 폰사반 … 방비엥 … 비엔티안 … 팍세 … [태국] 총멕 …(기차편)… 방콕

[태국] 방콕 …(기차편)… 치앙마이(치앙콩) … [라오스] 비엔티안 … 콩로마을 … 팍세 … 탓로마을 … [태국] 농카이 …(기차편)… 방콕

🧳 라오스+캄보디아 9박 10일

캄보디아 씨엠립 앙코르와트 유적을 보기 위해 라오스와 연결된 일정을 고민하는 이들이 많다. 항공편으로는 루앙프라방과 씨엠립을 연결하는 저가항공을 통해 손쉽게 두 나라를 묶을 수 있다. 또한 육로로 이동할 경우 라오스 남부 시판돈을 거쳐서 이동하는 것이 일반적인데, 지체되는 경우가 많아 시간 여유가 있을 때 선택하는 것이 좋다. 라오스 남부에서 캄보디아 국경으로 이어지는 길은 동남아시아를 장기간 여행하는 이들이 즐겨 찾는 코스이다.

[라오스] 비엔티안 … 방비엥 … 루앙프라방 … [캄보디아] 씨엠립

[라오스] 비엔티안 … 타켁 … 팍세 … 시판돈 … [캄보디아] 씨엠립

🧳 라오스+베트남 9박 10일

라오스 북부와 중부에 베트남으로 통하는 국경이 있다. 루앙프라방에서 하노이로 가는 동선의 경우, 라오스 북부를 여행한 후 항공편을 이용할 수 있다. 또한 버스 편을 이용하면 빼어난 풍경을 감상하며 이동할 수 있으며 라오스-베트남 구간은 도로도 비교적 잘 정비된 상태이다. 라오스 북부와 베트남의 북부는 산세가 빼어나서 트레킹을 좋아하는 이들이 특히 선호한다.

[라오스] 루앙프라방 ⋯ 농키아우 ⋯ 므앙응오이 ⋯ 므앙쿠아 ⋯ 사파 ⋯ [베트남] 하노이

[라오스] 비엔티안 ⋯ 방비엥 ⋯ 루앙프라방 ⋯ [베트남] 하노이 ⋯ 하롱베이 ⋯ 하노이

✏️ 라오스 여행 예산 짜기

라오스의 식비는 무척 저렴하지만, 그 이외의 체감물가는 높은 편이다. 라오스 화폐단위인 킵^{KIP}의 기본단위로 여겨지는 1만K은 우리 돈 1,400원 정도로, 저렴하다고 생각하고 지출하기 시작하면 하루에 소비하는 금액이 상당할 것이다. 따라서 적절한 흥정과 현지 물가에 대한 적응이 필요하다.

🧳 숙박비

소박한 게스트하우스에서부터 호화로운 리조트까지 숙소의 종류가 다양하다. 작은 도시일수록 침실과 욕실을 갖춘 기본 형태의 숙소를 갖추고 있으며 그만큼 가격이 저렴하다. 12~4월까지가 성수기이며 5~11월까지가 비수기로, 비수기에는 여행 전 예약을 하지 않고 현지에서 숙소를 눈으로 확인한 후 직접 흥정하는 것이 좋다. 머무는 기간이 길면 흥정하기 좋으며 보통 팬룸 더블베드는 6~8만K, 에어컨룸 더블베드는 12만K 이상이다. 호텔 수준의 서비스를 기대한다면 $35~50 정도의 가격을 예상

해야 한다. 스위트룸이나 풀장을 갖춘 최고급 리조트는 $80~150 정도이다. 호텔 홈페이지나 가격비교 사이트에서 가격을 잘 비교해보고, 환기가 잘 되지 않는 창문 없는 객실은 피하도록 하자.

항공권

인천-비엔티안 간 항공권은 세금포함 28~40만 원 선에서 예약할 수 있다. 라오스 국내선 항공은 비교적 가격이 높은 편이지만 육로이동에 비해 편안하게 이동할 수 있다는 장점이 있다. 라오스 내 국내선 편도요금은 루앙프라방-비엔티안 $90 내외, 비엔티안-팍세 $110 내외, 비엔티안-루앙남타 $90 내외이다.

교통비

라오스에서는 성태우(툭툭) 기사와 반드시 가격을 협의해야 한다. 성태우 기사는 여행객을 상대로 높은 가격을 부르기 때문에 버스터미널 등에서 같이 도착한 사람과 합승하여 흥정한 가격을 분담하는 것이 좋다. 탑승 전 반드시 지불할 가격을 확정해야 도착 후 터무니없는 금액을 지불해야 하는 불상사를 막을 수 있다.

라오스 내 도시를 이동할 때는 대형버스와 미니밴을 이용하는데, 터미널로 직접 가서 티켓을 구입하는 것보다 시내의 여행사를 통하는 것이 더 편리하고, 버스터미널까지 가는 수고와 비용을 아낄 수 있어 경제적이기도 하다. 여행사를 통해 티켓을 구입할 때는 반드시 픽업서비스가 포함되어 있는지를 확인하고, 픽업시간과 장소를 체크하자. 보통 비엔티안-방비엥 4만 5천~6만K, 비엔티안-루앙프라방 15~17만K, 방비엥-루앙프라방 11만K 정도이다.

식비

커피와 맥주 등의 마실 거리가 상대적으로 저렴하며, 식사메뉴 역시 럭셔리한 레스토랑이 아니라면 보통 부담 없는 가격대로 즐길 수 있다. 볶음밥이나 쌀국수, 그린파파야샐러드(땀막훙) 등의 단품 메인요리는 1만~2만 5천K이며 바게트샌드위치는 1만~3만K 정도에 맛볼 수 있다.

쇼핑

라오스 야시장에서 물건을 구매할 때는 공장에서 만든 조잡한 물건과 수제품을 구분해야 한다. 여러 쇼핑 품목 중 수제 패브릭 제품과 목공예품, 전등 등의 인테리어제품, 커피콩 등이 인기 있다. 가격은 크기나 품질에 따라 천차만별이며 보통 원두는 200g에 5만K 선, 작은 패브릭 필통은 1만K 등이며 일반 숍보다 야시장에서 저렴하게 구입할 수 있다.

Special 03 라오스의 공휴일과 흥겨운 축제

우기와 건기를 구분하는 시기와 맞물려 다양한 불교 관련 축제가 거리를 수놓는다. 가장 큰 축제는 라오스 음력 신년축제 삐마이라오, 보트경주와 풍등을 하늘로 띄워 올리는 점등행사로 화려하게 불을 밝히는 분옥판사이다. 공휴일에는 은행, 우체국, 대사관 등 관공서도 문을 닫으니 일정을 계획할 때 참고하자.

라오스의 공휴일

달력에 표시된 공휴일보다 하루 이틀 정도 여유 있게 명절을 보내는 라오스사람들. 라오스는 공휴일이 주말인 경우 대체휴일을 적용하여 월요일이 쉬는 날이 된다. 여행객이 즐길 수 있는 라오스의 대표적인 축제는 삐마이라오, 분옥판사, 탓루앙축제이다.

공휴일	휴일명	비고
1월 1일	신정(New Year's Day)	
1월 6일	빠텟라오기념일(Pathet Lao Day)	
1월 20일	군인의 날(Army Day in Laos)	
2월 7~9일	춘절(Chinese New year)	한국의 구정과 날짜가 동일하다.
3월 8일	여성의 날(International Women's Day)	
3월 22일	라오인민혁명당 창당기념일 (Day of the People's Party)	
매년 4월 중순	**라오스 새해, 삐마이라오** (Lao New Year, Pi Mai Lao)	태국, 캄보디아와 동일한 날짜에 새해를 맞으며 해마다 날짜는 변동된다. 2017년에는 4월 13~15일이 새해 연휴이다.
5월 1일	노동자의 날(Labour Day)	캄보디아와 베트남에서도 노동의 날을 철저하게 기념한다.
5월 20일	석가탄신일(Buddha's Birthday)	우리나라의 석가탄생일과 날짜가 동일하지 않다.
6월 1일	세계 어린이의 날(Children's Day)	
10월 12일	독립기념일(Day of Liberation)	프랑스로부터의 독립을 기념한다.
매년 10월~11월 중	**분옥판사, 보트경주축제** (Boun Ok Pansa, Boat Racing Festival)	루앙프라방에서 성대한 축제가 열리며 비엔티안 메콩 강변에서 보트경주를 구경할 수 있다. 해마다 날짜는 변동되며 2017년에는 10월 16일이 명절 당일이다.
11월 14일	**탓루앙축제(That Luang Festival)**	루앙프라방에서 비엔티안으로의 천도를 기념한 축제. 비엔티안 탓루앙에 전통복장을 한 라오스인이 모인다.
12월 2일	라오스 건국기념일(National Day Laos)	

라오스의 축제와 명절

- **춘절(Chinese New Year)**: 라오스에 거주하는 중국인과 베트남인에게 큰 명절이다. 우리의 음력 설연휴 기간과 동일하며 중국인 방문객이 한꺼번에 몰려서 이 기간에 숙소를 구하기 어려운 경우도 있다.

- **왓푸축제(Watphou Festival)**: 우리나라의 정월 보름에 해당하는 날로 2월 중하순에 라오스 남부, 참파삭의 왓푸에서 개최된다. 전통음악과 춤은 물론 탁밧행렬을 볼 수 있으며 전통복장을 한 사람들과 코끼리경주 등 볼거리가 많아 인산인해를 이룬다.
  홈페이지 www.vatphou-champassak.com

- **비엔티안국제영화제(Vientianale International Film Festival)**: 매년 2월 말~3월 초에 개최하는 영화제로, 라오스의 신진 감독을 발굴하고 해외 작품을 상영하는 문화행사이다. 누구나 참여할 수 있다.
  홈페이지 www.vientianale.org

- **라오스 새해, 삐마이라오(Lao New Year, Pi Mai Lao)**: 라오스 음력으로 한 해의 시작을 기념하는 날이자 흥겨운 물축제를 벌이는 명절이다. 인구 대이동이 시작되고 그만큼 여행객은 교통편을 구하기 어렵다. 달력으로는 3일간 공식 휴일이지만 휴일 전후로 일주일가량을 연이어 쉬는 것이 보통이다. 비엔티안 등의 도시는 사람들이 고향으로 빠져나가고 문을 닫는 상점이 많다. 태국의 새해 송크란Songkran Festival, 캄보디아의 새해 출츠남트마이Choul Chnnam Thmey와 해마다 날짜가 같고 서로 물을 뿌리며 행운을 비는 의미도 동일하다. 과음을 하기도 하고 차량에 물을 싣고 다니며 한바탕 물을 뿌리므로 안전사고에 주의가 필요하다. 이 시기를 전후로 소매치기 등도 기승을 부린다.

- **로켓축제(Rocket Festival in Laos)**: 매년 5월 중순에 열리는 축제로 일종의 기우제 성격을 띠며 분방파이Boun Bang Fai로 불린다. 대나무로 만든 본체에 화약성분을 넣어 만드는 로켓은 각 가정이나 마을에서 제조한 것이다. 크기와 모양새가 제각각이지만 하늘 높이 쏘아 올려 신에게 비를 내려달라고 기원하고 한 해 농사를 위탁하는 의미는 같다. 보통 우기가 시작하는 시기에 행해지는데, 어느 로켓포가 높이 올라가는지 겨루는 시합도 열린다. 큰 도시에서는 사고위험 때문에 행사를 제한하므로 지방에서 볼 수 있다.
  홈페이지 www.laostourism.org/rocket-festival-in-laos

- **분옥판사(Boun Ok Phansa)**: 우기에서 건기로 바뀌는 시점에 안거수행(라오스 남성이 약 석 달간의 승려로서의 수행생활을 하는 것)을 끝마친 것을 기념하는 명절이다. 불교 기념일인 만큼 루앙프라방에서 사원을 중심으로 대대적인 행사가 펼쳐진다. 화려한 장식의 보트 퍼레이드를 벌인 후 촛불로 밝힌 보트를 메콩강에 띄우는 등 볼거리가 많다. 보트 퍼레이드는 최종적으로 왓씨엥통에 모여 머무르다 메콩강으로 띄운다. 약 일주일에 걸쳐 루앙프라방 전체에 축제 분위기가 이어지고 소박한 촛불 전등이 늦은 밤까지 사원을 수놓는다. 거대한 보트와는 별도로 손바닥 정도 크기의 바나나 잎 보트에 촛불을 밝혀 강물에 띄워 보내며 소원을 비는 풍습이 지금도 이어진다. 풍등을 띄우는 행사도 동시에 펼쳐져 루앙프라방은 충만함으로 넘실댄다.

- **루앙프라방영화제(The Luang Prabang Film Festival(LPFF))**: 루앙프라방에서 매년 12월 초에 개최하는 영화제로, 동남아시아에서 제작된 영화와 함께 라오스 영화를 상영하는 문화의 장이다. 라오스에서 흔치 않은 문화행사이며 우리가 자주 접하지 못하는 동남아시아의 영화를 엿볼 기회이기도 하다.
  홈페이지 www.lpfilmfest.org

- **몽족 새해맞이축제(Hmong New Year)**: 주로 12월에 개최되는 몽족 새해맞이축제는 라오스 북부지역을 중심으로 우돔싸이, 폰사반(시엥쿠앙), 루앙프라방과 비엔티안주에서 몽족마을을 중심으로 펼쳐진다. 검은 색과 다채로운 빛깔이 조화를 이루는 몽족 전통복식과 전통악기를 연주하는 모습 등 몽족의 문화를 엿볼 기회이다. 조상신에게 추수를 감사하고 적절한 모종시기를 묻는 의식을 치러 종교적 성격을 띤다. 또한 포브폽Pov Pob이라는 게임을 하는데, 십 대의 소년과 소녀가 마주 서서 공을 주고받는다. 이 게임에서 공을 떨어뜨리면 상대 팀에게 미리 준비한 선물을 주는 방식으로, 게임을 통해 이성을 만나는 전통놀이이다.

Section 03
출국부터 라오스 도착까지

여행준비를 마치고 가벼운 마음으로 공항으로 향하자. 늦어도 비행기 출발 2시간 전에는 공항에 도착해야 하며, 7~8월 휴가기간에는 공항 이용자가 많으므로 조금 더 여유 있게 공항에 도착하는 것이 좋다.

✏ 한눈에 살펴보는 출국과정

라오스로 향하는 국제선을 이용하기 위해서 출국수속 2~3시간 전에는 국제공항에 도착해야 한다. 7~8월 휴가기간에는 공항이 붐비고, 대기하는 줄이 길어질 수 있으므로 조금 여유 있게 도착하는 것이 좋다. 탑승할 항공사의 탑승수속카운터 위치를 미리 확인해 두는 것도 도움이 된다.

탑승수속 ▶ 출국심사 ▶ 면세점 이용 ▶ 항공편 탑승

✏ 국제선을 운항하는 공항까지 이동하기

출발 위치에 따라 다른 교통편을 이용해야 한다. 출발지가 지방일 경우에는 인천국제공항까지 직행하는 공항리무진버스, 시외버스, KTX, 항공편을 이용하는 방법도 있다. 서울과 수도권 지역일 경우에는 일반적으로 공항리무진버스, 공항철도를 이용한다.

🧳 수도권에서 인천국제공항으로 이동하기

공항리무진버스

서울과 수도권 내에서는 손쉽게 공항리무진버스를 이용할 수 있다. 강북권, 강남권, 서남부권 등 서울 내 거의 모든 지역에서 6000~6030번의 공항리무진버스가 운행한다. 정차시간이 정해져 있어 기다릴 필요 없이 탑승할 수 있으며 심야에도 운행한다. 버스의 운행노선, 운행시간, 배차간격과 운임 정보는 홈페이지에서 상세히 확인할 수 있다. 수원, 안양, 김포, 의왕을 오가는 공항리무진버스 정보는 경기공항리무진 홈페이지에서 확인 가능하다.

종류	전화번호	홈페이지
공항리무진	02-2664-9898	www.airportlimousine.co.kr
서울버스 주식회사	02-400-2332, 1577-0287	www.seoulbus.co.kr
경기공항리무진버스	031-382-9600	www.ggairportbus.co.kr

공항철도

서울역과 인천국제공항을 연결하는 공항철도는 11개 역사에 모두 정차하는 일반열차와 직통열차로 구분한다. 일반열차는 지정좌석제가 아닌 대신 운임이 4,150원으로 저렴한 편이며 1회용 교통카드 혹은 일반 교통카드로도 승차가 가능하다. 직통열차는 서울역에서 서울역·인천국제공항역 고객라운지 이용, 전동카트서비스 등의 혜택을 누릴 수 있고 지정좌석제이며 운임은 8,000원이다.

직통열차 이용 시 국적기 이용 승객이라면 서울역 도심공항터미널에서 탑승수속과 수하물탁송서비스를 이용할 수 있다. 이는 당일 인천공항에서 출발하는 국제선 항공편에 한하며, 항공기 출발 3시간 전에 수속을 끝내야 한다. 이 서비스를 이용했다면 공항에서 바로 3층 출국장의 전용출국통로를 통해 보안검색과 출국심사를 받을 수 있다. 대한항공의 경우 공동운항편이나 전세기는 탑승수속이 불가하다는 조항이 있으므로 홈페이지를 참고하자.

- 공항철도 : www.arex.or.kr

구분	요금	소요시간	운행시간
일반완행 (서울역 기준)	일반 4,150원, 청소년 3,390원, 어린이 2,250원 (교통카드 기준으로 일회용 카드라면 일반은 100원, 어린이는 50원 추가)	55분	05:20~23:38 배차간격 약 5~15분
서울역 직통	일반 8,000원(2016년 12월 31일까지 한시 적용, 책정가 14,800원) / 어린이(만4~12세) 6,900원	43분	06:00~22:00 배차간격 약 25~40분

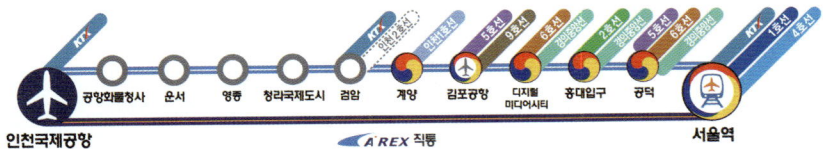

지방에서 인천국제공항까지 이동하기

시외버스

각 지방의 시외버스터미널에서는 인천국제공항을 오가는 리무진버스를 운행한다. 지역별로 다양한 시간대의 노선이 편성되어 있으며 환승 없이 이동할 수 있어 편리하다. 예매할 때 좌석을 지정할 수 있고 카드결제 방식이라 승차권 구매도 간편하다. 홈페이지에서 배차간격, 운행시간 및 경유지와 운임 정보 등을 확인할 수 있으며 앱으로도 검색이 가능하다.

- 전국버스운송사업조합연합회 버스타고 www.bustago.or.kr
- 인천에어네트워크 www.airportbus.or.kr
- 전국시외버스통합 예약안내서비스 www.busterminal.or.kr

코레일 KTX

2014년 6월 KTX 인천국제공항역 개통으로 부산과 광주 등에서도 환승할 필요 없이 인천국제공항까지 이동할 수 있게 되었다. 이에 따라 KTX로 인천공항까지 부산역에서 3시간 40분, 광주역에서 4시간, 목표역에서는 4시간 30분 정도면 도착할 수 있다. 인천공항을 오가는 KTX 경부선은 12회, 호남선은 4회, 전라선과 경전선이 각 2회씩 운행한다.

- 레츠코레일 www.letskorail.com
- 스마트폰앱 코레일톡

김해국제공항으로 이동하기

김해국제공항에서는 라오스로 향하는 직항노선(라오항공)과 경유노선(중국동방항공, 대한항공)이 운항한다. 김해공항까지는 부산김해경전철을 타고 김해공항으로 바로 이동할 수 있다. 경전철은 배차간격이 3~5분이며 구간별 요금이 1,200~1,500원으로 저렴하다. 공항리무진버스는 1노선(서면, 부산역 방면)과 2노선(남천동, 해운대 방면)을 운행하며 배차간격은 30~40분이다. 또한 해운대구청을 오가는 307번 시내버스를 이용하여 공항으로 이동할 수 있다.

- 김해국제공항 www.airport.co.kr/gimhae/main.do
- 부산김해경전철 www.bglrt.com

📝 발권부터 출국심사까지, 출국과정 살펴보기

공항에 도착했다면 먼저 해당 체크인카운터에서 발권과 탑승수속을 하고 세관신고, 보안검색, 출국심사 과정을 거쳐야 한다. 모든 출국과정을 거친 후 항공편 탑승 시간 30분 전까지는 해당 게이트로 이동해야 하므로, 공항에 2~3시간 전에 도착하는 것이 중요하다. 특히 이른 아침에 출발하는 항공편이라면 좀 더 서두르자.

🧳 발권 및 탑승수속

인천국제공항에 도착하면 탑승할 항공사의 위치가 표시되는 전광판을 확인하자. 전광판에는 알파벳으로 탑승할 항공사의 체크인 카운터가 표기된다. 자신의 위치를 확인하고 알파벳을 따라 이동하면 손쉽게 탑승할 항공사의 탑승수속카운터(A~M)를 찾을 수 있다. 대한항공과 대한항공이 속해 있는 스카이 팀은 각각 A카운터와 그 주변에, 아시아나항공과 아시아나항공이 속한 스타얼라이언스항공사들은 각각 M카운터와 그 주변에 위치한다.

체크인카운터를 찾았다면 퍼스트클래스First Class와 비즈니스클래스Business Class, 이코노믹클래스Economic Class로 구분해서 대기한다. 여권과 이티켓E-Ticket을 제시하면 탑승권Bording Pass과 짐표Claim Tag를 받는다. 짐표는 목적지에 도착해 자신의 짐에 붙은 테그를 확인할 경우를 대비해 분실하지 않도록 잘 보관해야 한다. 탑승권(보딩패스)을 받으면 해당 항공편 게이트번호와 탑승시간을 확인하자.

셀프체크인기기 키오스크와 셀프백드롭

도착지가 무비자협정국가일 경우, 이티켓만 있으면 간편하고 빠르게 셀프체크인기기 키오스크(Self Check-In Kiosk)를 이용해 직접 탑승권을 발권할 수 있다. 라오스는 15일 무비자협정국이므로 셀프체크인기기를 이용할 수 있다. 출발 12~1시간 전에 발권서비스를 이용할 수 있으며 직접 좌석을 지정할 수 있다. 셀프체크인기기는 인천공항 3층 출국장에 72대가 설치되어 있으며 일반 탑승수속카운터 근처에 있어 찾기도 쉽다. 현재 이 서비스를 이용할 수 있는 항공사는 대한항공, 아시아나항공, 이스타항공, 유나이티드항공, 델타항공, 캐세이퍼시픽, KLM네덜란드, 중국국제항공, 아메리칸항공, 남방항공, 터키항공 등으로 기존에는 국적기에 한해서만 이용이 가능했으나 점차 이용 항공사가 늘어나는 추세이다. 탑승권을 발권한 후에는 해당 항공사 수하물전용카운터에서 빠르게 짐을 위탁할 수 있다.

셀프백드롭(Self Bag Drop)은 자동화기기를 통해 직접 수하물을 위탁할 수 있는 서비스이다. 키오스크로 발권했다면 대한항공과 아시아나 탑승수속카운터 근처에 각 2대씩 설치된 셀프백드롭 기기를 이용할 수 있다. 탑승권 인식 후 짐표(Claim Tag)를 발급받으면 수하물 위탁이 완료된다.

- **키오스크 이용방법** : 항공사 선택 → 항공편명 입력 → 탑승객 인원 선택 → 여권인식 → 좌석 선택 → 마일리지 입력 → 탑승권 발권 → 수하물 탁송

세관신고와 보안검색, 출국심사

탑승수속을 마친 후, 신고할 물품(입국 시 반입할 고가의 물품, US$1,000 초과 외화)이 있다면 공항 내 세관신고센터를 방문해 세관신고서를 작성한다. 신고할 물건이 없으면 출국장으로 들어와 휴대한 물품을 바구니에 넣어 보안검색대에 올린다. 노트북과 패드 등은 가방에서 꺼내 바구니에 담고 몸에 소지한 물건이 없는 상태로 문형탐지기를 통과한 후 담당요원의 검색을 받는다. 반입금지 품목은 압수되며 액체류는 100㎖ 이하의 개별 용기에 담아 1인당 1ℓ 투명비닐지퍼백 1개까지만 반입할 수 있다. 보안검색대를 통과한 후 여권과 탑승권을 제시하여 출국심사를 받는다. 이때 모자와 선글라스는 착용할 수 없다.

구분	대상품목
기내/위탁 수하물 반입가능	생활도구류(수저, 포크, 손톱깎이, 긴 우산, 감자칼, 병따개, 와인따개, 족집게, 손톱정리가위, 바늘류, 제도용컴파스 등), 액체류 위생용품/욕실용품/의약품류(화장품, 염색약, 파마약, 목욕용품, 치약, 콘택트렌즈용품, 소염제, 의료용 소독 알코올, 내복약, 외용연고 등), 의료장비 및 보행보조기구(주삿바늘, 체온계 등 휴대용 전자의료장비, 지팡이, 목발, 유모차 등), 구조용품(소형 산소통), 건전지 및 휴대전자장비(휴대용건전지, 시계, 계산기, 카메라, 캠코더, 휴대폰, 노트북컴퓨터, MP3 등)
위탁수하물 가능	창도검류(과도, 커터칼, 맥가이버칼, 면도칼, 작살, 표창, 다트 등), 스포츠용품류(야구배트, 하키스틱, 골프채, 당구봉, 스케이트, 아령, 볼링공, 양궁 등), 총기류(모든 총기 및 총기부품, 총알, 전자충격기, 장난감총 등), 무술호신용품(쌍절곤, 공격용 격투무기, 경찰봉, 수갑, 호신용 스프레이 등), 공구류(도끼, 망치, 송곳, 드릴/날 길이 6cm 초과하는 가위, 스크루드라이버, 드릴 심류, 총 길이 10cm 초과하는 렌치, 스패너, 펜치 등)
기내/위탁 수하물 반입금지	폭발물류(수류탄, 다이너마이트, 화약류, 연막탄, 조명탄, 폭죽, 지뢰, 뇌관, 신관, 도화선, 알파캡 등 폭파장치), 인화성물질(성냥, 라이터, 부탄가스 등 가스류, 휘발유/페인트 등 액체류, 70도 이상의 알코올성 음료 등), 방사성/전염성/독성물질(염소, 표백제, 산화제, 수은, 하수구청소제, 독극물, 의료용·상업용 방사성 동위원소, 전염성·생물학적 위험물질 등)
액체류 반입 기준	물, 음료, 식품, 화장품 등 액체·분무(스프레이)·겔류(젤 또는 크림) 물품은 100mL 이하의 개별용기에 담아 1인당 1ℓ 투명비닐지퍼백 1개까지만 반입 가능. 유아식 및 의약품은 항공여정에 필요한 용량만큼 반입 허용. 단, 의약품 등은 처방전 등 증빙서류를 검색요원에게 제시.

📝 면세점 이용하기

면세점은 항공편이 확정되면 출국일 1달 전부터 이용할 수 있다. 오프라인면세점, 온라인면세점은 여권을 지참하고 탑승할 항공사와 항공편명을 체크하여 구입할 수 있다. 또한 출국 당일, 수속을 모두 완료했다면 게이트에 가기 전까지 공항면세점을 이용하자.

🧳 오프라인면세점

오프라인면세점을 처음 이용한다면 안내데스크에서 맴버십카드를 발급받아 5~10% 추가할인을 받을 수 있다. 할인쿠폰이나 이벤트를 활용하면 30~40%가량 할인된 가격으로 구매할 수 있다.

구분	지점	위치	운영시간	고객센터
롯데면세점	본점	서울시 중구 소공동 1번지 롯데백화점 본점 9~11층	09:30~21:00	02-759-6600~2
	코엑스점	서울시 강남구 삼성동 159 코엑스 인터컨티넨탈호텔 B1~B2, 2~3층	10:00~21:00	02-3484-9600
	부산점	부산시 부산진구 부전동 503-15 롯데백화점 부산점 7~8층	월~목요일 09:30~20:00 금~일요일 09:30~21:00	051-810-3880
	제주점	제주시 연동 2324-6 롯데면세점 제주시티점 1~3층	10:00~19:30	064-793-3000
동화면세점	본점	서울시 종로구 세종대로 149	09:30~20:30	02-399-3000
신라면세점	서울점	서울시 중구 동호로 249	09:30~21:00	1688-1110
	제주점	제주시 노연로 69	10:00~19:30	
신세계면세점	명동점	서울시 중구 퇴계로77 8~12층	09:30~21:00	1661-8778
	부산점	부산시 해운대구 센텀4로 15 센텀시티몰 지하1F~1F	09:30~20:00	
신라아이파크면세점	서울점	서울시 용산구 한강대로 23길 55 아이파크몰 3~7층	09:00~21:00	1688-8800
갤러리아면세점63	서울점	서울시 영등포구 63로 50	09:00~20:30	1661-6633
SM면세점	서울점	서울시 종로구 인사동5길 41 SM면세점 지하1F~6F	09:30~21:30	1522-0800
두타면세점	서울점	서울시 중구 장충단로 275 두산타워9개층	월~토요일 10:30~02:00 일요일 10:30~24:00	1833-8800

🧳 온라인면세점

온라인면세점에서 회원가입을 하면 다양한 이벤트와 할인쿠폰을 받아 면세품을 구입할 수 있다. 구매한 물품은 공항의 면세품인도장에서 찾을 수 있으며, 이 경우 시간이 지체될 수 있으므로 공항에 좀 더 일찍 도착해야 한다.

인터넷 면세점	홈페이지	인터넷 면세점	홈페이지
롯데면세점	www.lottedfs.com	신라면세점	www.shilladfs.com
신라아이파크면세점	www.shillaipark.com	SM면세점	www.smdutyfree.com
JDC면세점	www.jdcdutyfree.com	동화면세점	www.dutyfree24.com
대한항공면세점	www.cyberskyshop.com	신세계면세점	www.ssgdfs.com

공항면세점

출국장을 빠져나오면 바로 면세점으로 이어진다. 인천국제공항의 면세점은 워낙 규모가 커 주류, 담배, 건강식품, 화장품, 의류 등 취급하는 품목도 다양하다. 면세점에서 살 수 있는 최대 한도액은 $3,000이지만 세금이 면제되는 면세 한도액은 $600이며 이를 초과할 시에는 세관에 신고해야 한다. 여행자 면세 한도 $600와는 별도로 추가면세 혜택을 받을 수 있는 상품도 있다. 담배 1보루(200개비), 주류 1ℓ 1병, 향수 60㎖ 1병까지는 추가면세가 적용되는데, 술과 담배는 19세 이상 성인에 한해서 구입할 수 있다.

면세점 이용 시 액체류를 구입할 때도 주의가 필요하다. 액체류를 구입하면 STEB라는 밀봉 봉투에 영수증이 보이도록 포장해주는데, 목적지에 도착할 때까지 이 봉투를 절대 뜯지 않도록 한다. 직항편이라면 문제가 없지만 환승편이라면 경유하는 국가의 보안검색대에서 액체류 반입으로 압수당하게 된다.

환승편 이용 시 면세점에서 액체류 구입하기

- 출발지 공항 게이트에서 수하물로 부치는 방법으로, 사전에 문의해야 한다.
- 출국 당일 항공사 탑승수속카운터에서 직원에게 탑승구에서 수하물을 부칠 수 있는지 확인한다. 수하물 태그를 받아 면세구역에서 인도받은 가방을 들고 탑승구로 가 항공사 직원에게 건네준다.
- 경유지 공항에서 체류하는 시간이 충분하다면, 환승 보안검색대가 아니라 입국심사대와 세관을 통과해서 입국한 후 체크인카운터에서 추가 수하물로 부치고 출국할 수 있다. 경유 국가에 무비자로 입국이 가능할 때만 적용된다.

구분	지점	위치	운영시간	고객센터
롯데면세점	인천공항점	탑승동 3층, 면세지역 3층	06:30~21:30(연중무휴)	032-743-7779
신라면세점		면세지역 3층	07:00~21:30(일부 매장 24시간)	1688-1110
신세계면세점		면세지역 3층	06:30~21:30	1661-8778
SM면세점		면세지역 3층	06:50~21:30	1522-0800
시티면세점		면세지역 3층	24시간	032-745-5720

구분	지점	위치	운영시간	고객센터
롯데면세점		국제선 3층	06:30~20:30	02-2669-6700
신라면세점	김포공항점	국제선 3층	06:30~20:30	1688-1110
시티면세점		국제선 3층	24시간	032-745-5720

공항시설 이용하기

인천국제공항에는 라운지, 카페, 레스토랑, 샤워실, 사우나 등 다양한 시설이 있다. 항공편 탑승 30분 전까지 게이트로 이동해야 하므로 시설을 이용할 때는 시간을 잘 확인하자.

항공사라운지

공항에는 자격요건에 따라 입장할 수 있는 라운지가 있다. 비행기 출발 전에 시간이 남는다면 라운지에 준비된 요깃거리를 즐기며 편안한 휴식을 취할 수 있다. 라운지마다 시설이 조금씩 다르며 다과, 샤워실, 안마의자, 신문, 잡지 등을 갖추고 있다. 인천국제공항에는 큰 규모만큼 마티나라운지, 스카이허브라운지, 항공사라운지 등이 많다.

라운지는 비즈니스클래스 이상의 항공권을 보유하고 있거나 PP(Priority Pass)카드 또는 PP카드 기능이 포함된 신용카드가 있으면 무료로 이용할 수 있다. 1인당 약 1~5만 원 정도의 이용료를 지불하고 유료로 이용하는 것도 가능하다. 김포공항에는 대한항공라운지와 아시아나라운지, 에어라운지휴 3군데가 있는데, 모두 출국심사 전에 이용해야 한다.

공항		라운지명	위치	운영시간
인천 국제공항	메인 터미널	마티나라운지	동편/서편 4층	07:00~21:00
		스카이허브라운지	동편/서편 4층	07:00~22:00
		아시아나 비즈니스라운지	중간 4층	06:00~21:00
	탑승동	대한항공라운지	3층 동편	06:30~23:50
		아시아나라운지	4층 서편	06:00~00:00
김포국제공항		에어라운지 휴	국제선 4층 서쪽	06:30~20:00
		아시아나/대한항공라운지	국제선 3층	06:00~20:00(유동적)
김해국제공항		아시아나/대한항공라운지	국제선 3층	06:00~20:00, 21:30
왓따이국제공항		에어라인라운지	2층 출국장 부근	24시간
루앙프라방국제공항		부티크라운지	2층 3번 게이트 부근	10:20~12:20, 15:20~17:20

🧳 카페 및 레스토랑

저가항공의 경우 기내식을 제공하지 않는 것이 일반적이다. 비행기 탑승 전에 시간이 남는다면 공항의 카페나 레스토랑에서 요기하며 시간을 보낼 수 있다.

🧳 다양한 휴게 및 레저시설 이용하기

- **한국전통문화센터** : 인천국제공항 면세구역에 있는 한국전통문화센터에서 한국전통문화를 직접 체험해볼 수 있다. 외국인 동반이라면 한국문화를 소개해 줄 수 있는 좋은 기회가 된다.
  홈페이지 www.chf.or.kr/c4/sub4_11.jsp
- **IT체험관** : 인천국제공항 면세구역 3층에 위치한 IT체험관에서는 최첨단 모바일서비스, 영상통화, IPTV 등 유비쿼터스를 직접 체험해볼 수 있다. 운영시간은 08:00~20:00이며, 3층 14번 게이트 부근에 자리한다.
- **사우나** : 최고급호텔 수준의 다양한 부대시설을 갖춘 스파온에어(Spa on Air)에서 사우나시설은 물론, 마사지, 수면실, 미팅룸, 구두수선 등의 서비스를 이용할 수 있다. 사우나 요금은 주간(06:00~20:00)에는 15,000원, 야간(20:00~06:00)에는 20,000원이다.
- **샤워실** : 면세구역에 위치하며 출국수속을 마친 당일 탑승자라면 누구나 무료로 이용할 수 있다. 샤워실에는 총 10개의 샤워부스가 설치되어 있다. 여객터미널 4층 동쪽과 서쪽 허브라운지 옆 2군데, 탑승동 4층 중앙의 중국동방항공라운지 옆에 마련되어 있다. 운영시간은 07:00~22:00이며 수건, 비누, 헤어드라이어 등이 무료로 제공된다.
- **흡연라운지** : 기내에서는 담배를 피울 수 없다. 비행기를 타기 직전까지는 대합실 사이사이에 있는 흡연라운지를 이용하면 된다.

✏️ 항공기 탑승하기

탑승은 출발시간 10분 전까지만 이루어지므로 비행기가 있는 게이트에 출발시간 30분 전까지 도착해야 한다. 탑승권에 표시된 게이트번호를 확인한 후 안내표시판을 따라 이동하면 된다. 외국항공기는 무인전동차를 타고 한 번 더 이동해야 하는데, 화살표를 따라 지하 1층으로 내려가면 된다. 5분 간격으로 운행하는 무인전동차는 터미널과 탑승동 사이의 900m 구간을 오가는데, 이동시간은 5분 남짓이다. 출국자는 제1터미널에서 탑승동 방향으로만 이용할 수 있다. 하차 후 에스컬레이터를 타면 탑승동 3층에 도착한다. 어린이와 노약자는 먼저 탑승서비스를 받을 수 있다.

Part 01

Section 04
라오스로 입국하기

라오스에 도착해 간단한 입국과정만 거치면 본격적인 라오스 여행이 시작된다. 대한민국 여권 소지자는 15일 무비자를 적용받기 때문에 절차가 더 단순하다. 기내에서 승무원이 나눠주는 출입국 카드를 미리 작성해 놓는 것이 좋다.

한눈에 살펴보는 입국과정

왓따이국제공항과 루앙프라방국제공항은 규모는 작지만 쾌적한 시설로 탈바꿈하여 입·출국하는 데 어려움이 없다. 기내에서 배포하는 출입국심사카드를 미리 작성하자.

출입국 카드 작성 ▶ Arrivals 표지판 따라 이동 ▶ 입국심사 ▶ 수하물 찾기

출입국카드 작성하기

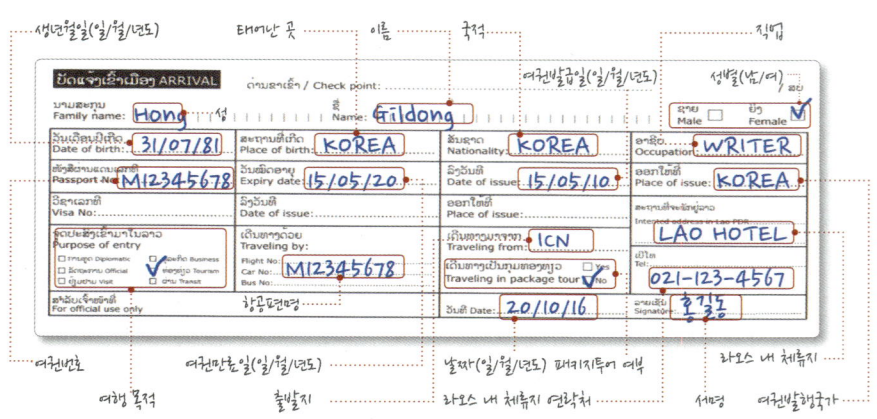

입국카드

무비자 스탬프의 날짜 계산

15일 무비자 스탬프의 날짜 계산은 다음과 같다. 10일에 입국했다면, 24일에 반드시 출국을 해야 한다. 입국 시 본인 여권에 체류 만료일 날짜가 제대로 찍히는지 반드시 확인하자.

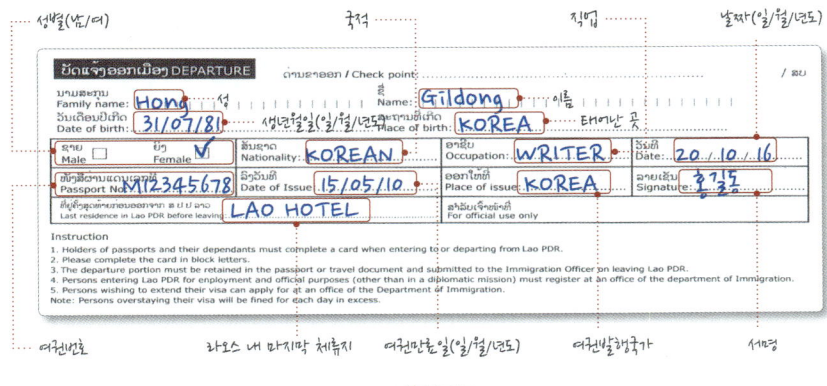

출국카드

📝 입국심사

공항청사에 도착하면 미리 작성한 입국카드와 여권을 들고 입국심사대로 가면 된다. 보통 간단히 입국을 허가하는 입국도장을 찍어준다. 입국도장은 15일 체류 후 만료일이 표시되며 그 만료일에는 반드시 라오스에서 출국해야 한다. 한국인은 15일 무비자로 여행이 가능해 입국도장만 받으면 되므로 심사절차는 간단하다. 입국카드를 작성할 때 출국카드(출국 시 작성)를 분실하지 않도록 주의하자. 입국카드와 출국카드에는 동일한 번호가 찍혀있고, 두 카드에 찍힌 번호가 일치하지 않으면 문제가 생길 수 있다.

> **장기여행을 위한 비자 연장과 도착비자 받기**
>
> 여행기간이 길어지면 육로를 통해 태국, 캄보디아, 베트남 등으로 출국했다가 입국하면 다시 15일 체류를 허가하는 입국도장을 받을 수 있다. 한편, 체류일 연장을 위해 국경을 오가는 것이 번거롭다면 처음부터 입국 시 30일 도착 비자를 신청할 할 수 있다. 30일 도착비자를 받으려면 여권사진 2장과 발급비 $30을 준비해야 한다. 준비된 사진이 없을 때는 $1를 대신 지불해도 된다. 국경을 통과하는 시간이 16:00 이후이거나 주말 등 업무 외 시간이라면 추가 수수료 $1가 발생한다. 도착비자 관련 사항은 육로와 항로입국 모두 동일하게 적용된다.

📝 수하물 찾기와 세관검사

전광판에서 항공편명을 확인하여 해당 번호 수취대로 가 짐을 찾는다. 비슷한 가방이 많을 수 있으니 수하물을 부칠 때 네임태그를 부착하는 등의 표식을 해두면 도움이 된다. 수하물을 찾고 나면 마지막으로 세관검사를 받는데, 보통 여행자의 신고를 근거로 검사한다. 미화 $2,000, 담배 1보루, 위스키 1ℓ, 와인 2ℓ 초과반입 시 세관신고를 해야 한다. 또한 입국 시 타인의 수하물을 옮겨주는 행위는 반드시 피해야 한다. 내용물을 모르고 운반했더라도 밀수품을 운반한 경우 처벌의 대상이 된다.

Section 05
공항에서 시내로 이동하기

비엔티안에 위치한 왓따이국제공항과 루앙프라방국제공항은 시내와 멀지 않아 택시를 이용하여 손쉽게 이동할 수 있다. 시간이 넉넉하고 주머니가 가벼운 여행객은 택시보다 요금이 저렴한 성태우를 선호한다. 성태우 등을 이용할 때 흥정을 위해서 라오스 숫자를 미리 익혀두는 것이 좋다.

✎ 왓따이국제공항에서 시내로 이동하기

비엔티안 왓따이국제공항은 시내에서 4km 떨어져 있다. 공항에서 시내로 이동하기 위해서 성태우(툭툭)나 공항택시를 이용할 수 있다. 소요시간은 20분 내외이다. 성태우는 공항청사 앞에서는 탈 수 없고, 공항 밖으로 걸어나와 도로에서 탑승해야 한다. 짐이 많지 않다면 이용할 만한데, 정해진 정류장이 없으므로 손짓으로 승차의사를 밝힌다. 성태우 안에 이미 다른 승객이 있으면 순환하여 운행하는 성태우이다. 기사에게 목적지를 정확히 말하고 흥정해야 하며, 라오스어로 숫자를 말할 수 있으면 더 원활하게 흥정할 수 있다. ▶ P. 042

좀 더 손쉽게 이동하려면 공항택시를 이용하는 것이 좋다. 공항택시는 4인승 승용차로, 1대 이용 요금은 시내까지 $7이다. 출국장으로 나오면 보이는 택시 안내데스크에서 티켓을 구입하여 이용할 수 있다. 공항에서 환전하는 것을 원하지 않는다면 미리 $1, $5짜리 소액권을 준비해 가서 택시 티켓 요금을 지불할 수도 있다.

✎ 루앙프라방국제공항에서 시내로 이동하기

루앙프라방국제공항은 시내에서 3km 떨어져 있고 성태우(툭툭)로 이동 시 20~30분가량 소요된다. 성태우 1대는 루앙프라방 시내까지 5만K을 요구한다. 1인이 탑승해도 5만K이고 2인이 타도 5만K이므로, 2인 이상 함께 타는 것이 이득이다. 두 사람의 목적지가 다르다면 정확히 두 지점을 밝혀야 하고, 도착지 근처에서 진입불가를 내세워 일방적으로 멈춰서지 않도록 구글지도 등을 이용해 목적지로 향하는 길을 미리 숙지하는 것이 좋다.

공항택시는 공항에서 도심까지 $7이므로 동행을 찾아 함께 탑승하는 것이 교통비를 절감하는 지혜이다. 비엔티안 왓따이국제공항과 마찬가지로 택시부스에서 공항택시 승차 티켓($7)을 판매한다.

Section 06
라오스의 교통편 이용하기

번잡하지 않은 라오스는 교통편도 단순한 편이다. 걷는 것만으로도 충분히 시내를 둘러볼 수 있고, 페달을 밟으며 여유 있게 둘러볼 수 있는 자전거를 이용할 수도 있다. 성태우(툭툭)를 이용할 때는 여러 사람과 합승하여 비용을 분담하고, 반드시 흥정을 통해 금액을 확정한 후 출발하도록 한다.

성태우(툭툭)

라오스의 도시에서는 손쉽게 성태우를 이용하게 된다. 일명 툭툭이라고도 부르는 성태우는 여럿이 함께 이동하면 비용을 나눠 낼 수 있다는 장점이 있지만 반드시 흥정해야 하는 번거로움도 뒤따른다. 여러 사람이 함께 탑승해서 비용을 나누어 부담하는 것이 효율적이다. 정해진 금액이 없고 미터기가 장착되어 있지 않아 기사가 부르는 값이 요금이 된다. 때문에 평균 요금을 미리 알아두는 것이 라오스 여행의 기본이다.

비엔티안과 루앙프라방에서는 외국인 가격으로 요금을 흥정해야 하므로 혼자서 탑승하는 경우에는 금전적 부담이 따른다.

자전거

교통량이 많지 않은 라오스에서는 자전거 역시 인기 있는 교통수단이다. 여행 템포를 조절할 수 있다는 것이 가장 큰 장점이고, 동선을 자유롭게 선택할 수 있다는 것도 매력적이다. 특히 루앙프라방과 비엔티안은 주요 관광지가 시내에 몰려 있어 자전거를 이용하면 더 쉽고 빠르게 이동할 수 있다. 다만 반드시 모자를 착용하고 선크림을 발라야 한다. 정오부터 오후 2시까지는 일사병에 걸릴 수 있으므로 오전이나 그 이후 시간에 활동을 계획하고, 점심시간에는 잠시 쉬어 가는 것도 좋다. 대여료는 보통 1만~2만K이며 산악자전거(MTB)는 2~3만K이다.

🖊 오토바이

라오스에서는 쉽게 오토바이를 대여할 수 있다. 투어상품을 이용할 경우에도 여유롭게 풍경을 만끽하려는 이들이 오토바이를 대여한다. 다만, 인지도 있는 숍에서 대여하고 안전수칙을 잘 지켜야 한다. 특히 우기에는 빗물로 인해 미끄러지지 않도록 각별한 주의가 필요하다. 오토바이 탑승 시에는 반드시 헬멧을 착용해야 하며, 비가 오는 등 날씨가 좋지 않으면 더 주의를 기울여야 한다.

오토바이를 타고 둘러볼 만한 지역

오토바이로 돌아볼 만한 곳으로는 방비엥, 타켁, 팍세가 있다. 특히 경관이 아름다운 지역이기도 하지만 타켁루프, 볼라웬루프 등으로 불리는 루트를 돌기 위한 유일한 교통수단이 오토바이이다. 오토바이를 이용한 셀프투어는 각 지역에서 스페셜페이지 등으로 다루고 있으니 참고하자.

- **방비엥** : 방비엥에서 탐짱과 탐남, 유이폭포 그리고 블루라군을 여유롭게 돌아보기에 좋다. 또한 방비엥 시내를 오갈 때 오토바이를 이용하면 편리하다.
- **타켁** : 타켁 시내에서 11km 거리 내에 주요 동굴이 12번 도로를 따라 늘어서 있다. 탐파파Tham Pha Fa, 탐낭엔Tham Nang Aen, 탐시엥리압Tham Xieng Liab 등 매력적인 동굴과 동굴로 향하는 길에서 만나는 카르스트지형이 압권이다. 특히 도로 상태가 좋고 비교적 교통량이 많지 않아 부담 없다. 한편, 좀 더 욕심을 내는 여행자는 일명 '타켁루프'로 불리는 타켁에서 콩로마을까지의 루트를 오토바이로 둘러보기도 한다. 하지만 콩로마을로 진입하는 길은 경사가 심하고 일부 구간은 비포장길이므로 초보자에게는 적합하지 않다. ▶P. 346
- **팍세** : 팍세 역시 오토바이 마니아의 천국으로 불린다. 팍세 시내에 잘 알려진 대여점이 있으며 1박 2일에서 3박 4일 일정으로 볼라웬루프를 일주하는 여정이 인기 있다. 특히 팍세에서 탓로마을까지 오가는 길에는 환상적인 경치를 자랑하는 폭포가 여럿 흩어져 있어, 마음에 드는 폭포에 들러 풍광을 즐기고 다시 이동하며 이틀 일정으로 삼곤 한다. ▶P. 378

🖊 VIP버스&미니밴

여행자가 이동할 때 일반적으로 이용하는 교통편은 VIP버스와 미니밴이다. 예약 업체나 지역에 따라 대형(VIP)버스와 미니밴이 편성되는데 안전성에서는 대형버스가 낫지만, 소요시간은 미니밴이 짧다. 좌석번호가 없는 경우가 많아 도착한 순서대로 자리에 앉게 되므로, 편안한 자리를 얻으려면 출발시간보다 조금 일찍 도착하는 것이 좋다.

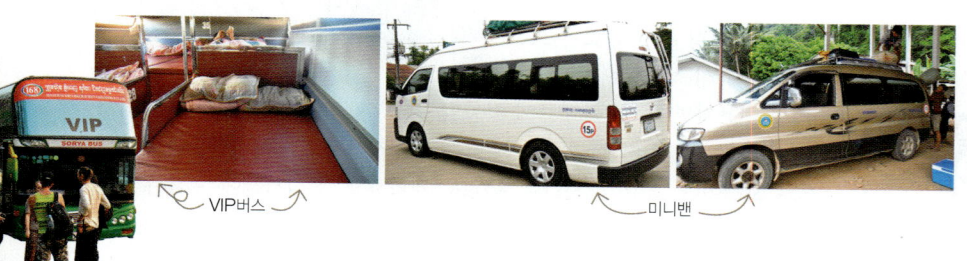

VIP버스 / 미니밴

✏️ 항공

시간이 부족하다면 라오항공에서 운항하는 라오스 국내선을 이용할 수 있다. 루앙프라방에서는 비엔티안과 팍세로 각각 연결되며, 루앙프라방과 비엔티안을 잇는 항공편은 매일 3회(09:15, 11:00, 17:00) 운항한다. 이 밖에도 루앙남타, 훼이싸이, 우돔싸이, 사반나켓 등으로 노선이 개설되어 있다. ▶P.080

✏️ 크루즈&보트

시간이 충분하다면 루앙프라방-훼이싸이, 훼이싸이-루앙프라방을 천천히 즐기는 메콩강크루즈를 즐겨보자. 메콩강 물결에 몸을 맡기고 유유자적 즐기는 뱃길이다. 이틀에 걸쳐 이동하기 때문에 출발 당일 8시간 운항 후, 저녁에는 중간 지점인 팍벵에서 하룻밤을 쉬어가고 이튿날 아침에 동일한 보트가 목적지까지 운항한다. 시간은 오래 걸리지만 메콩강을 둘러싸고 있는 라오스 북부의 풍광을 바라보며 평소에 꿈꿔본 크루즈 로망을 즐길 수 있다. 자세한 정보는 루앙프라방 교통편 ▶P.180, 훼이싸이 교통편 ▶P.318 을 참고하자. 또한 농키아우-므앙응오이 혹은 므앙응오이-농키아우도 보트로만 이동 가능한 구간이다. 1시간이 채 안 되는 시간 동안 남우(우강)의 유속을 느낄 수 있다.

✏️ 기차

라오스에서는 기차가 도시와 도시를 연결하지 않는다. 비엔티안 외곽에서 태국으로 빠져나가는 짧은 노선만 운행한다. 라오스 타나랭Thanaleng역에서 태국 농카이Nong Khai역까지 약 15분간 운행하는 짧은 노선으로, 가격은 5천 5백K(20Baht)이다. 타나랭에서 출발시간은 11:15, 17:00이고 농카이에서 출발시간은 09:00, 14:45이다. 비엔티안 시내에서 티켓을 구입할 수 있으며 보통 여행사에서 픽업서비스를 제공한다. 타나랭역은 비엔티안 시내에서 20km 떨어져 있어 반대로 태국에서 라오스로 들어오는 기차를 이용할 경우, 타나랭역에 도착한 후 비엔티안 시내까지 이동하는 경비가 부담된다. 같이 도착한 여행자와 썽태우 등을 함께 이용하는 것이 비용 절감에 도움이 된다. 라오스를 여행하고 국경을 넘어 태국 농카이에서 방콕행 야간열차를 이용하려는 이들이 고려할 만한 연결편이며, 기차역에서 출국 및 입국 절차를 무리 없이 받을 수 있다.

Special 04 라오스 주변국가로 이동하기

라오스의 국내선 항공편 이용하기

라오스 국영항공사인 라오항공은 국내선과 함께 태국의 방콕과 치앙마이, 베트남의 하노이와 호찌민시티, 다낭, 중국의 진홍, 캄보디아의 프놈펜과 씨엠립은 물론 싱가포르까지 국제선을 운항한다. 라오항공은 다양한 국내선을 확보하였지만 가격이 높으며, 한국에 지사를 두어 오프라인에서 항공권을 구매할 수 있다.

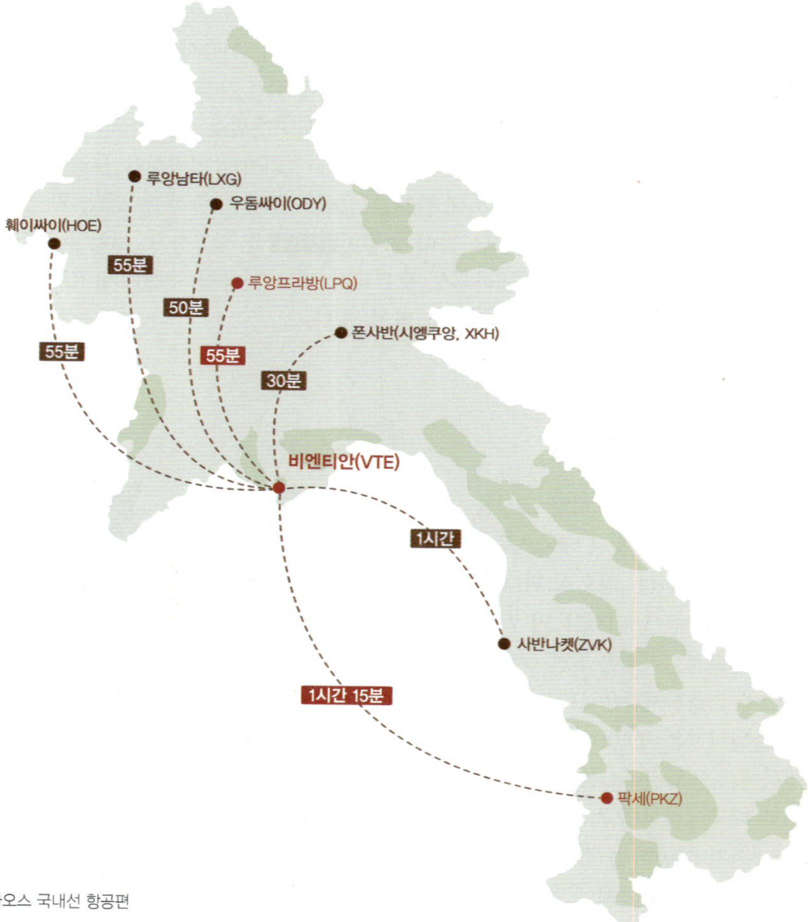

▲ 라오스 국내선 항공편

항공편으로 국경 넘기

라오스는 총 5개국과 국경을 맞대고 있다. 그런 만큼 항공편을 잘 이용한다면 비교적 편리하게 이동할 수 있고 시간 활용의 효율성을 높일 수 있다. 인접국과 라오스를 오가는 항공사는 라오항공Lao Airlines, 타이항공Thai Airways, 방콕항공Bangkok Airways, 베트남항공Vietnam Airlines이며 저가항공사인 에어아시아Air Asia도 비엔티안과 쿠알라룸푸르를 주 3회 운항한다. 라오스의 국제공항은 왓따이국제공항, 루앙프라방국제공항이며 팍세와 사반나켓에서도 국제선을 운항한다.

라오스 직행 항공편을 이용하지 않고 타이항공과 베트남항공 등의 경유편을 이용하면 각각 태국 방콕과 베트남 호찌민시티를 경유하여 일정을 계획할 수 있다. 물론 표를 구입할 때 경유지에서의 체류일정을 예약·확인해야 한다. 한국인은 태국과 베트남에 무비자로 입국이 가능하며 태국은 90일, 베트남은 15일(베트남 출국 후, 최소 30일간의 경과 후 재입국 가능) 동안 머물 수 있다.

▲ 라오스 국제선 항공편

육로로 국경 넘기

육로로 태국, 베트남, 캄보디아, 중국을 오갈 수 있다. 낡은 버스는 운행 중간에 멈춰 서고 부품을 갈아 끼우는 일이 다반사이다. 라오스의 도로 여건이 좋아지고 있다지만 우기를 지나면 토사가 쌓이거나 도로가 팬 경우가 많아 자칫 사고로 이어지기 쉽고, 라오스 북부의 경우 경사가 가팔라 밤에는 교통사고가 종종 발생한다. 따라서 일정을 넉넉히 잡고 야간버스는 피하는 것이 좋다. 굽이굽이 펼쳐지는 창밖의 경치를 제대로 감상하기 위해서라도 아침 일찍 이동하자.

육로로 국경을 넘을 때는 여권, 펜, 여권사진 2매(사진이 없다면 $1로 대체 가능), $3(달러 소액권), 라오스 화폐 2만K을 준비한다. 편한 복장을 하고 차 안에서 요기할 간단한 먹거리와 생수는 출발 전날에 준비하자. 버스에 따라 에어컨을 과도하게 가동하는 경우가 있으니 추위를 막을 작은 담요나 재킷, 양말 등을 챙기자. 또한 국경 지대에서의 환율은 최악이므로 주요 도시에서 제대로 환전해야 하며, 라오스 환율과 이웃나라의 환율 및 화폐 계산을 미리 숙지하도록 한다. 다음 표에 기재된 소요시간은 도시 간 이동시간이며, 국경에서의 수속시간은 포함하지 않은 것이다.

라오스-태국 국경도시	예상 소요시간
비엔티안 Vientiane – 농카이 Nong Khaii	버스 40분, 기차 15분(시내에서 기차역까지 40분)
비엔티안 Vientiane – 우돈타니 Udon Thani	버스 2~3시간
방비엥 Vang Vieng – 농카이 Nong Khaii	버스 5시간
방비엥 Vang Vieng – 우돈타니 Udon Thani	버스 7~8시간
방비엥 Vang Vieng – 방콕 Bangkok	버스 16시간
방비엥 Vang Vieng – 치앙마이 Chiang Mai	버스 17~19시간
방비엥 Vang Vieng – 빠이 Pai	버스 20시간
훼이싸이 Huay Xai – 치앙마이 Chiang Mai	버스 7시간
훼이싸이 Huay Xai – 치앙라이 Chiang Rai	버스 2~3시간
훼이싸이 Huay Xai – 치앙콩 Chiang Khong	성태우(툭툭) 1시간
루앙프라방 Louang Phrabang – 치앙마이 Chiang Mai	버스 18~20시간
루앙프라방 Louang Phrabang – 난 Nan	버스 6시간
타켁 Tha khek – 나콘파놈 Nakhon Phanom	버스 1시간
사반나켓 Savannakhet – 묵다한 Mukdahan	버스 40분
방따오 Vang Tao – 총맥 Chong Mek	버스 40분
시판돈 Si Phan Don – 총맥 Chong Mek	버스 4시간 30분
시판돈 Si Phan Don – 우돈랏차타니 Ubon Ratchathani	버스 6시간 30분

라오스-중국 국경도시	예상 소요시간
루앙남타 Luang Namtha – 보텐 Boten	버스 1시간 30분~2시간
루앙남타 Luang Namtha – 진홍 Jinghong	버스 6~7시간
루앙남타 Luang Namtha – 멍라 Mengla	버스 4시간
우돔싸이 Oudomxay – 보텐 Boten	버스 4시간
우돔싸이 Oudomxay – 진홍 Jinghong	버스 6시간
우돔싸이 Oudomxay – 멍라 Mengla	버스 5시간

○ 라오스-태국
한국인은 태국에 무비자로 90일 동안 머물 수 있다. 태국 화폐 바트^{Baht}와 라오스 화폐 킵^{kip}을 함께 가지고 있으면 유리하다. 국경에는 양국간 우정의 다리가 있으며 보행으로는 국경 다리를 건널 수 없어 반드시 버스를 타야하므로 승차비로 바트나 킵, 달러 소액권을 지참하자.

○ 라오스-중국
미리 중국 비자를 발급받았다면 육로를 통해 라오스 북부지역에서 중국으로의 입국이 가능하다. 중국 국경에서는 비자 발급이 되지 않으므로 사전에 비자수속을 해야 한다.

○ 라오스-캄보디아
관광비자 발급을 위해 $30와 여권사진 2매, 수수료 $2~3가 필요하다. 육로든 항공이든 비자비용은 같지만 육로에서는 평일 16:00 이후, 주말에는 업무 외 시간에 대한 추가 수수료 $1~2를 요구한다.

○ 라오스-베트남
베트남에 무비자로 15일 동안 머물 수 있으나, 15일 체류 이후, 베트남을 출국한 다음 30일 동안은 베트남 입국이 불가능하다. 필요하다면 사전에 베트남대사관을 방문하여 1달 관광비자를 발급받아야 한다.

라오스-베트남 국경도시	예상 소요시간
므앙쿠아 Muang khua - 디엔비엔푸 Dien Bien Phu	버스 2시간
루앙남타 Luang Namtha - 디엔비엔푸 Dien Bien Phu	버스 10시간
폰사반(시엥쿠앙) Phonsavan(Xieng Khouang) - 빈 Vinh City	버스 12시간
락싸오 Lak Xao - 꺼우째오 Cau Treo	버스 40분
사반나켓 Savannakhet - 다낭 Danang	버스 11시간
사반나켓 Savannakhet - 후에 Hue	버스 10시간 30분
사반나켓 Savannakhet - 라오바오 Lao Bao	버스 4시간
아타푸 Attapeu - 응옥호이 Ngoc Hoi	버스 5시간
아타푸 Attapeu - 꼰뚬 Kon Tum	버스 6시간
타켁 Tha khek - 다낭 Danang	버스 15시간
타켁 Tha khek - 트어티엔후에 Thua Thien Hue	버스 16시간
타켁 Tha khek - 동호이 Dong Hoi	버스 10시간
타켁 Tha khek - 하노이 Hanoi	버스 20시간
타켁 Tha khek - 빈 Vinh City	버스 10시간

라오스-캄보디아 국경도시	예상 소요시간
시판돈 Si Phan Don - 스퉁트랭 출입국사무소	버스 1시간
시판돈 Si Phan Don - 스퉁트랭 Stung Treng	버스 2시간 30분
시판돈 Si Phan Don - 반룽 Ban Lung	버스 7시간
시판돈 Si Phan Don - 크라티에 Kratie	버스 7시간
시판돈 Si Phan Don - 프놈펜 Phnum Penh	버스 10시간
시판돈 Si Phan Don - 씨엠립 Siem Reap	버스 8시간
시판돈 Si Phan Don - 시아누크빌 Sihanoukville	버스 14시간 30분
팍세 Pakse - 스퉁트랭 Stung Treng	버스 5시간 30분
팍세 Pakse - 크라티에 Kratie	버스 7시간 30분
팍세 Pakse - 반룽 Ban Lung	버스 8시간 30분
팍세 Pakse - 씨엠립 Siem Reap	버스 11시간 30분

Section 07
라오스의 음식

여행의 백미는 별미를 맛보는 것! 먹거리야말로 낯선 여행지에서 빠뜨릴 수 없는 즐거움이다. 라오스음식은 매콤하여 우리 입에 맞고 거부감 없이 즐길 수 있다. 라오스사람들이 끼니마다 먹는 찹쌀밥 카우니야오를 중심으로 라오스의 맛을 탐닉해 보자.

라오스의 대표 음식

라오스의 주식, 찹쌀밥

우리나라의 주식이 쌀밥인 것처럼 라오스의 주식은 카우니야오$^{Khao\ Niao}$라고 부르는 고슬고슬한 찹쌀밥이다. 카우니야오는 끈기가 있어 대나무로 둥글게 짠 통에 담아 보관한다. 라오스사람들은 카우니야오를 한 번 먹을 만한 크기로 떼어 손으로 동그스름하게 만들어 반찬과 함께 먹는다.

대표 반찬

반찬으로 땀막훙$^{Tam\ Mak\ Hung}$이라고 하는 그린파파야샐러드를 곁들인다. 주로 땀막훙에 쥐똥고추를 넣어 매콤한 맛을 즐긴다. 새끼손톱만큼 작고 매운 쥐똥고추로 만든 소스 째우^{Jaew}도 흔히 볼 수 있다.

땀막훙(그린파파야샐러드)

째우

라오스를 대표하는 요리로 랍$^{Laap(Larb)}$을 빠뜨릴 수 없다. 주로 닭고기를 잘게 다져 피시소스와 마늘, 라임, 레몬그라스, 민트를 넣어 만든다. 고소한 육즙과 상큼한 맛이 만나 고기요리이지만 가볍게 즐길 수 있다. 강가에서 채취한 해조류를 말려 째우와 곁들여 먹는 카이팬$^{Khai\ Paen}$도 우리 입맛에 거부감이 적은 편이다. 주재료에 따라 고기 등을 선택할 수 있는 커리^{Curry}는 조금 달게 만드는 것이 특징이다. 태국에서 이미 옐로우커리나 그린커리 등을 접했다면 비슷한 맛을 기대할 수 있다.

랍

카이팬

커리

라오스식 소세지인 싸우우아Sai Ua와 말 그대로 닭꼬치인 삥까이Ping Kai, 생선구이 삥빠Ping Pa는 노점 등에서 숯불로 바로바로 구워주기 때문에 평소 구이요리를 즐긴다면 도전할 만하다. 삥빠는 비린내를 없애기 위해 레몬그라스를 안에 채워서 구워 향긋하면서 담백하다. 구이를 파는 노점에서는 보통 느끼함을 덜어주는 라오스식 김치, 솜팍Som Pak도 취급한다. 고춧가루를 넣지 않은 열무김치 맛과 흡사하고 아삭하면서 시원한 맛이 일품이다.

싸우우아

삥까이

삥빠

솜팍

고기요리

걸쭉하고 강한 향신료 맛이 느껴지는 국물요리 오람Or Lam. 버섯과 레몬그라스를 넣고 고기나 생선 중 선택하여 먹는다. 키온이 낮아지는 시기에 라오스 북부지방에서 즐겨 먹는 음식이다. 이와 같은 전골요리로 황토뚝배기에 샤부샤부식으로 즐기는 신쭘Sin Joom과 우리의 삼겹살과 닮은 신닷Sin Dat은 푸짐한 저녁식사 자리에서 인기가 많다.

오람

신닷

신쭘

볶음밥과 볶음면

팟타이

카오팟

볶음밥이나 볶음면은 라오스에서 흔하게 접할 수 있는 요리이다. 전통음식이라기보다 어디서나 주문할 수 있고 무난한 맛이라 여행객이 즐긴다. 볶음밥은 카오팟Khao Phat, 볶음면은 팟타이Phat Thai라 부르며 보통 작은 고추가 들어간 간장소스를 함께 내어놓는다.

쌀국수와 스프링롤

베트남의 영향으로 쌀국수 퍼Pho와 스프링롤 요Yo도 즐겨 먹는다. 스프링롤은 국수와 채소, 고기나 새우로 속을 채우는데 향신료도 함께 넣는다. 담백하고 촉촉한 프레시스프링롤Fresh Spring Roll 요카우와 기름에 튀겨 바삭하게 즐기는 후라이스프링롤Fried Spring Roll 요쭌으로 구분한다.

요쭌(후라이스프링롤)

요카우(프레시스프링롤)

🍲 쌀국수

라오스식 국수는 카오삐약쎈Khao Piak Sen이라고 부르는데 베트남의 퍼에 비해서는 쫄깃함이 덜한 대신 부드럽게 넘어가는 것이 특징이다. 한편, 라오스 북부지방을 중심으로 즐겨 먹는 카오소이Khao Soi는 구수한 맛이 좋은 라오스식 된장을 듬뿍 넣어 걸쭉하면서 깊은 맛이 일품이다. 상큼한 라임과 매운 쥐똥고추 그리고 피시소스를 넣어 만든 글라스누들샐러드 얌운쎈Yam Woon Sen은 화끈한 맛의 조화가 입맛을 사로잡는다.

카오삐약쎈   카오소이   얌운쎈(글라스누들샐러드)

게트로 남아 있다고 하지만, 라오스사람들이 즐겨 먹는 바게트샌드위치 카우찌빠떼Khao Jee Pa De에는 돼지비계를 넣는 경우가 많다. 즉석에서 만들어내는 샌드위치는 신선한 재료에 불맛을 더해 맛이 좋고 든든한 한 끼 식사로 제격이다.

🍲 디저트 코코넛빵, 망고밥

찹쌀가루와 코코넛과육으로 달콤하게 만드는 코코넛빵 카놈꼭Khao Nom Kok은 부드럽게 먹기 좋다. 코코넛밀크를 넣고 망고를 얹은 망고밥 카우니야오막무앙 역시 달콤한 맛을 찾는 이들에게는 인기 좋은 후식인데, 한 끼 식사로 즐기기도 한다.

카놈꼭   카우니야오막무앙

✏️ 라오스의 음료와 주류

🍸 물

라오스에서는 수돗물을 마시는 것은 금물이다. 물은 생수를 사 마셔야 하고, 로컬식당에서도 병에 담긴 생수를 따로 구입해 마시는 것이 배탈에 대비할 수 있는 방법이다. 생수는 라오스어로 남빠우라고 한다.

🍸 과일주스

시원하고 달콤한 생과일주스가 다양하다. 망고(막무앙), 파인애플(막낫), 수박(막모)주스는 갈증을 해소하고 입맛을 돋게 한다. 코코넛(막파우), 사탕수수(어이), 라임주스(막나오)도 쉽게 접할 수 있다. 특히 코코넛을 잘라 그대로 마시는 경우 밍밍하다고 느낄 수 있으나 수분섭취에 제격이다.

커피

라오스 남부에 커피 생산지가 있어 저렴하고 신선한 커피를 맛볼 수 있다. 라오스에서는 커피를 까페라고 부르며, 라오스에서 흔히 접할 수 있는 까페라오는 쓰고 단 맛이 특징이다. 아이스커피는 추가금액이 붙기도 하며 블랙커피는 카페담, 아이스블랙커피는 카페담엔, 연유를 넣어 단 밀크커피는 까페놈, 아이스밀크커피는 까페놈엔이라고 한다.

국민맥주, 비어라오

비어라오 Beer Lao는 라오스의 대표 맥주이다. 일과를 마친 라오스사람들이 삼삼오오 모이면 빠지지 않고 등장하는 것, 여행자가 즐겨 주문하는 것 역시 비어라오이다. 라오스사람들은 무더운 날씨에 맥주를 마실 때 항상 얼음을 잔에 채워 마신다. 1973년에 발매한 비어라오는 한국을 비롯해 13개국에 수출하여 라오스의 자존심으로 여겨진다. 라오스에서 현재 판매되는 종류는 총 4가지로 비어라오라거, 비어라오골드, 흑맥주 비어라오다크 그리고 자국민을 겨냥한 란쌍비어가 있다. 슈퍼마켓이나 식당에서 가장 쉽게 접하는 것은 비어라오라거이며 라오스 공항면세점에서도 구입할 수 있다.

비어라오브루어리(Beer Lao brewery) **주소** Km 12 Thadeua Road, Hatsayfong District, Vientiane LAO PDR. P.O.Box 10 16 **문의** (856) 021 812 001 **홈페이지** www.beerlao.la/home.php **이메일** info@beerlao.la **귀띔 한마디** 현재 외국인 브루어리 방문 및 견학을 제한하고 있다. 홈페이지를 통해 방문 가능 여부를 확인하자.

라오라오

라오라오 Lao Lao는 라오스의 술이란 뜻으로, 앞의 라오는 술을, 뒤의 라오는 라오스라는 뜻이다. 쌀 발효주인 라오라오는 투명한 빛깔을 띠며 30도가 넘는 독한 술이다. 메뉴판에는 라오위스키로 표기된다.

라오스음식, 알고 먹자

화끈한 라오스음식

라오스도 태국처럼 일명 '쥐똥고추'를 즐겨 사용한다. 매운맛이 입안에 오래 남는 청양고추와 달리 짧은 시간 매콤한 맛이 화끈하게 입안을 감싼다. 파파야샐러드, 땀막흥에서 고기와 허브로 만드는 랍요리까지 라오스음식에서 두루 매콤한 맛을 즐길 수 있다.

라오스의 식습관

라오스사람들은 찹쌀밥을 즐겨 먹기 때문에 주로 손으로 밥을 먹는다. 한입에 먹을 만한 양을 손으로 뭉쳐 반찬이나 양념과 함께 입에 넣는다. 따라서 식사 전후에 손을 닦는다.

주문 시 주의할 점

동남아음식에는 향신료와 조미료를 즐겨 쓰는데 라오스라고 예외는 아니다. 고수 등의 향신료와 인공조미료를 꺼리는 여행자라면 다음 두 문장을 잘 기억해야 한다. 버 싸이 팍치(고수를 넣지 마세요.), 버 싸이 빽누와(인공조미료를 넣지 마세요.).

Part 01

Section 08

라오스에서 즐기는 쇼핑

라오스에서는 공장에서 찍어낸 상품보다 손으로 엮고 뜨고 감고 다듬은 물건이 더 많다. 마감이 좀 엉성할 수도 있고, 물건마다 조금씩 차이가 있을 수도 있지만, 세상에 하나뿐인 어떤 것이라는 의미를 부여하기에는 충분하다. 어느 날 문득 꺼내어 라오스를 추억할 수 있는 쇼핑아이템을 살펴보자.

📝 수공예품의 천국

정성을 생각해서 값을 더 줘야 할 것 같은데 라오스에서는 사람 손으로 물건을 만드는 것이 당연하다는 듯 황송한 값으로 수공예품을 팔고 있다. 수를 놓거나 손바느질로 완성한 패브릭제품, 코튼제품, 실크제품, 은공예품, 대나무를 가공한 것이나 원목제품까지. 빛깔 고운 공예품과 선물하기에 부담 없는 소형 지갑까지 다양한 쇼핑아이템이 즐비하다.

🎁 패브릭제품

루앙프라방을 비롯한 북부지역에는 한 땀 한 땀 손바느질로 만든 패브릭제품이 특히 많이 거래된다. 라오스 분위기가 물씬 느껴지는 디자인 또한 특별함을 더한다. 고급스러운 실크제품부터 에코백, 지갑, 필통, 인형, 쿠션 등 생활용품까지 다양하다.

🎁 은공예품

은공예품도 아름답기로 소문이 났다. 좀처럼 보기 힘든 문양이나 동양적인 매력이 물씬 느껴지는 무늬는 지갑을 열게 하기에 충분하다. 은의 밀도가 높은 것도 있고 낮은 것도 있지만, 팔찌 등은 비교적 부담 없이 구입할 수 있다.

🎁 원목제품

실용적인 원목제품도 인기 있는 쇼핑아이템이다. 샐러드볼에 어울리는 빅스푼이나 꼬마절구는 주방 한편에 놓아두면 훌륭한 인테리어 소품 역할을 한다. 대나무로 만든 제품들은 라오스에서는 흔히 볼 수 있지만 한국에 가면 두고두고 생각나는 경우가 있다.

🎁 커피

원두는 누구에게나 건넬 만한 선물로 적당한데, 라오스의 커피는 포장도 깔끔하고 향도 깊어 기분 좋은 선물로 통한다. 로스팅된 것과 그라인딩된 것 두 종류로 나뉘고, 로스팅 방식에 따라 맛의 깊이를 표기하기도 한다. 아라비카가 조금 더 비싼 편이다. 루앙프라방 야시장이나 도시 내의 편의점, 카페씨눅 Cafe Sinouk 등의 커피 전문점에서 상시 판매한다. 커피콩의 시중 가격은 보통 200g에 5만K 내외이다.

✏️ 라오스의 야시장

앞서 소개한 기념품을 가장 착한 가격에 만날 수 있는 곳은 루앙프라방 야시장 P. 184 이다. 공정무역을 생각할 것도 없이 생산자가 판매자인 그곳에서 기분 좋은 쇼핑을 할 수 있다. 저렴한 가격에 쇼핑할 수 있지만 관광객이 폭주하는 성수기에는 부르는 것이 값이라는 인상을 받기도 한다. 적당한 선에서 흥정하는 것이 기분 좋게 쇼핑하는 요령이다.

또한 야시장의 불빛 아래에서 구입한 물건은 종종 실패할 가능성이 있으니 너무 어두워지기 전에 물건을 봐 두는 것이 좋다. 또 한 가지 주의할 점은 중국산을 라오스산으로 착각하지 말 것. 꼼꼼히 살펴보면 조악한 느낌을 금방 알아차릴 수 있다.

알고 가면 더 좋은, 라오스 여행 상식

알 것도 같고, 모를 것도 같은 것이 여행자의 마음이다. 여행 정보에만 국한되지 않은, 라오스에서 통용되는 상식도 함께 챙긴다면 머무르는 여정이 조금은 수월해진다. 여행자가 많을수록 얼굴 붉히는 상황이 발생할 가능성이 높다는 사실을 명심하고 지혜롭게 여행하는 노하우를 살펴보자.

Q. 라오스를 여행하기 가장 좋은 시기는 언제인가요?

A. 건기와 우기로 나뉘는 계절에서 여행하기 수월한 시기는 단연 건기이다. 우기에는 갑작스레 쏟아지는 빗줄기로 일정에 차질이 생길 수 있는 데다가, 도시를 이동할 때 부담이 생기기 때문이다. 건기 중에서도 선선한 기온을 느낄 수 있는 11~2월은 라오스 여행의 최적기로 꼽힌다.

4월 중하순부터 우기로 접어들어 10월까지는 하루 한 차례씩 장대비가 쏟아지는데, 낙뢰 등을 동반하는 경우가 많아 안전사고에 대한 각별한 주의가 필요하다. 11~2월 가운데 크리스마스 시즌이 있는 12월 15일에서 1월 15일까지는 외국인 여행객이 특히 몰리는 극성수기에 해당하여 빈 객실을 찾기 어렵거나 객실 요금이 두 배 이상 높게 책정된다는 점도 기억하자.

Q. 팁은 어떻게 줘야 하죠?

A. 사실상 라오스에 팁 문화가 자리하지는 않지만 여행객이 즐겨 찾는 호텔이나 식당 등에서는 친절한 서비스에 대한 대가로 종업원에게 팁을 챙겨주곤 한다. 배낭 여행자가 팁을 주는 경우는 드물고, 가족 단위 혹은 단체 여행객이라면 식사 후 계산을 하고 거스름돈에서 $1~2 정도의 액수를 남겨두는 것이 좋다. 라오스에서는 손님이 계산대 앞까지 가지 않고 직원에게 계산서를 요청하면 가져다주는 것이 통상적이다.

Q. 사원에 입장할 때 지켜야 할 예절이 있나요?

A. 불교국가로 불리는 라오스에서는 사원 방문 시 복장에 신경을 쓰는 것이 상식이다. 지나치게 짧은 반바지 차림은 특히 눈살을 찌푸리게 한다. 어깨가 드러나는 옷을 입는다면 스카프를 지참해서 사원 방문 시에 잠시 노출된 부분을 가릴 수 있다. 사원에서 복장을 이유로 입장을 거부하지는 않지만 루앙프라방의 왕궁박물관 등에서는 복장에 따라 입장에 제재를 가하고 있다.

또한 여성 여행자라면 반드시 승려와의 물리적 접촉을 피해야 한다. 옷깃을 잡는 행위조차 라오스에서는 용납되지 않는다. 거리에서도 반대편에서 승려가 걸어온다면 서로 방향을 다르게 해서 지나치는 것이 상례이다.

Q. 알아두면 유용한 라오스어는 무엇인가요?

A. 모든 해외여행 중에는 인사말이 기본이다. 두 손을 모으고 건네는 '사바이디'라는 인사말은 라오스 여행의 출발점이라고 해도 부족함이 없다. 우리의 '안녕하세요?'라는 의미이다. 그 이외에 사원을 뜻하는 '왓'과 거리를 뜻하는 '타논', 동굴을 가리키는 '탐', 폭포를 말하는 '탓(땃)' 등은 여행객이 지명이나 명소를 확인할 때 알아두면 유용하다.

루앙프라방의 '왓'씨엥통, 여행자거리인 '타논'씨사왕웽 등이 대표적이며, 라오스 남부의 대표적인 동굴인 '탐'콩로, 팍세에서 만나는 폭포인 '탓'로나 '탓'파인은 탐콩로동굴, 탓로폭포, 탓파인폭포 등으로 이중표기되는 경우도 흔하다. 그 밖에 환율에 대한 이해나 효율적인 흥정을 위해 라오스 숫자를 미리 숙지하는 것도 좋다.

Q. 귀중품 관리는 어떻게 하는 것이 좋을까요?

A. 물놀이 및 야외활동을 염두에 두었다면 소지품 및 귀중품에 대한 걱정이 앞서기 마련이다. 그러나 누구에게 맡기는 것은 아무것도 보장할 수 없다는 점을 기억할 필요가 있다. 따라서 소형 자물쇠와 방수백 등을 한국에서 미리 준비하는 것이 현명하다. 종종 숙소에 귀중품을 두거나 주인에게 부탁하는 경우를 고려하는데, 귀중품인 만큼 내 몸에서 떨어지면 안전을 보장하기 어렵다.

스마트폰의 경우, 라오스에서 구입하는 방수백의 결함으로 막대한 손실을 입는 경우가 많다. 따라서 반드시 한국에서 미리 방수팩을 준비해 가는 것이 좋다. 현금의 경우 조금씩 나눠서 분리 휴대하는 것도 만약의 경우를 대비할 수 있는 방책이다.

Q. 야간버스는 안전한가요?

A. 짧은 일정에 쫓기다보면 피치 못하게 야간버스를 이용해야 하는 경우도 생긴다. 숙박비용을 아낄 수 있다고 생각하는 여행객도 있다. 그러나 결과적으로 이튿날 체력이 평상시보다 떨어져 한낮에 피로회복을 위해 숙소 객실에서 머물러야 하는 불상사도 뒤따른다. 아무래도 에어컨을 계속 가동하며 달리는 버스 안에서 불편한 자세로 수면을 취하면 피곤함이 가중될 수밖에 없다.

또한 버스가 도로 상태가 좋지 않은 지역을 과속으로 운행하는 경우, 낮에 이동하는 것보다 교통사고 발생의 위험이 높아진다. 특히 창밖으로 펼쳐지는 라오스의 멋진 풍광을 놓친다는 것도 비용으로 따질 수 없는 손실이다. 이런 점을 고려할 때 야간버스는 득보다 실이 많은 교통수단이다. 따라서 되도록 아침 일찍 이동하는 일정을 계획하는 것이 쾌적하고 안전한 여행을 하는 지름길이다.

Q. 라오스는 여행하는 데 위험하지 않나요?

A. 현금인출기 앞에서 대기하고 있다가 여행객이 방심한 상태에서 날치기하는 사건은 명절을 전후로 비엔티안 같은 도시에서 발생하기도 한다. 그러나 라오스는 비교적 여행객을 대상으로 벌어지는 범죄발생 건수는 미비한 편이다.

객실에 현금을 둔다거나 식당 테이블에 휴대폰을 놓아두는 행위, 카페 의자에 소지품이 담긴 가방을 걸어두는 행위는 삼가야 한다. 밤늦은 시간에 여행객 혼자서 인적이 드문 길을 다니는 것도 상식에서 벗어나는 일이다. 한국에서는 일상적인 행동이지만 외국에서는 사소한 부주의가 범행의 타깃이 될 수 있다. 여권과 여행경비, 스마트폰, 카메라 등은 항상 본인이 직접 관리, 소지하는 것이 최선이다.

Q. 바가지요금이 심한 편인가요?

A. 모처럼 만의 여행에서 얼굴을 찌푸리게 하는 바가지요금은 여행 일정에 쫓겨야 하는 상황에서 통제하기 어렵다. 한국보다는 저렴한데 제대로 된 가격인지 알 수 없다면, 두 곳 이상을 찾아 가격을 비교하는 것이 정답이다. 여행객이 가장 흔하게 느끼는 바가지요금은 성태우(툭툭)를 이용할 때이다. 특히 1인 여행객이 혼자서 성태우를 탑승하게 되면 부담해야 하는 액수가 적지 않다. 따라서 도시 간 이동 시 함께 도착한 다른 여행객과 버스터미널에서 시내까지 성태우를 같이 이용하고 탑승비용을 나눠서 지불하는 것이 좋다.

Part
02

라오스의 주요도시, 비엔티안& 방비엥&루앙프라방

Vientiane&Vang Vieng&Luang Prabang

Chapter01. 달빛도 쉬어가는 넉넉한 수도, 비엔티안(위앙짠)

Section01. 비엔티안(위앙짠)을 잇는 교통편
Section02. 비엔티안(위앙짠)에서 둘러봐야 할 명소
Section03. 비엔티안(위앙짠)에서 가볼 만한 맛집
Section04. 비엔티안(위앙짠)에서 소문난 나이트라이프
Section05. 비엔티안(위앙짠)에서 즐기는 쇼핑
Section06. 비엔티안(위앙짠)에서 누리는 여유, 스파
Section07. 비엔티안(위앙짠)의 추천 숙소

Chapter02. 협곡을 배경으로 흐르는 쏭강, 방비엥(왕위앙)

Section01. 방비엥(왕위앙)을 잇는 교통편
Section02. 방비엥(왕위앙)에서 둘러봐야 할 명소
　Special06 혼자 돌아보는 방비엥 구석구석, 오토바이 셀프투어
Section03. 방비엥(왕위앙)을 만끽하는 액티비티
　Special07 방비엥에서 물놀이 시 주의할 점
Section04. 방비엥(왕위앙)에서 가볼 만한 맛집
Section05. 방비엥(왕위앙)에서 소문난 나이트라이프
Section06. 방비엥(왕위앙)의 추천 숙소

Chapter03. 메콩강의 여유가 넘실대는 곳, 루앙프라방

Section01. 루앙프라방을 잇는 교통편
Section02. 루앙프라방에서 둘러봐야 할 명소
　Special08 탁밧, 우리가 지켜야 할 예의
　Special09 루앙프라방의 여행사 투어상품
Section03. 루앙프라방에서 가볼 만한 맛집
　Special10 루앙프라방에서 배우는 라오 쿠킹클래스
Section04. 루앙프라방에서 소문난 나이트라이프
Section05. 루앙프라방에서 즐기는 쇼핑
Section06. 루앙프라방의 추천 숙소

Chapter 01
달빛도 쉬어가는 넉넉한 수도, 비엔티안(위앙짠)

Vientiane

 ★★★☆☆
 ★★★★★
★★★★☆

조금 서두른다면 하루 만에 둘러볼 수 있을 정도로 아담한 도시 비엔티안은 라오스의 수도이다. 달의 도시라는 뜻을 가지고 있는 이곳은 메콩강을 따라 산책하는 사람들과 밤을 밝히는 야시장, 아침을 깨우는 승려들의 탁밧행렬을 만날 수 있는 매력적인 곳이다.

◀ 비엔티안(위앙짠)에서 이것만은 꼭 해보자 ▶

1. 메콩강을 물들이는 노을 감상하기
2. 이른 아침 자전거 타고 시내 돌아보기
3. 빠뚜싸이전망대에 올라 시내 경치 구경하기
4. 라오커피나 생과일주스 마시며 휴식 즐기기
5. 마사지 받으며 피로 풀기

라오스의 주요도시, 비엔티안&방비엥&루앙프라방

사진으로 미리 살펴보는 비엔티안(위앙짠) 베스트코스

비엔티안은 수도이지만 도시 규모가 작은 편이라서 하루 정도면 웬만한 볼거리를 살펴볼 수 있다. 사원 등의 유적지 또는 쇼핑, 스파와 같이 하나의 테마를 정해 둘러보는 것도 좋다. 하지만 무조건 놓치지 말아야 할 것은 메콩강을 붉게 물들이는 노을이다. 강변을 따라 조성된 차오아누웡공원은 비엔티안 시민의 휴식처이자 여행자에게 사랑받는 산책코스이다.

문화와 유적을 만나다(예상 소요시간 7시간 이상)

Go! → 탓루앙 40분 코스 — 성태우 30분 — 빠뚜싸이 40분 코스 — 도보 15분 — 탓담 15분 코스 — 도보 15분 — 왓시사켓 40분 코스 — 도보 30분 — 호파캐우 40분 코스 — 도보 5분 — 란쌍대로 30분 코스 — 도보 5분 — 카페 1시간 코스 — 도보 10분 — 야시장 30분 코스

마음까지 풍성하게! 스파와 쇼핑 즐기기(예상 소요시간 8시간 이상)

Go! → 부다파크 30분 코스 — 버스+도보 1시간 — 콥비엔티안 30분 코스 — 성태우 15분 — 여행자거리 1시간 코스 — 도보 10분 — 마사지 1시간 코스 — 도보 25분 — 딸랏싸오몰 30분 코스 — 도보 15분 — 차오아누웡공원 1시간 코스 — 도보 20분 — 펍 혹은 바 1시간 코스

95

Section 01
비엔티안(위앙짠)을 잇는 교통편

비엔티안은 라오스의 수도로 교통의 요충지이기도 하다. 따라서 루트를 짤 때 여행의 출발점이 되기도 한다. 방비엥과 루앙프라방 등의 지방으로 이동 시, 시내의 각 게스트하우스나 여행사를 통해 버스편을 예약하는 것이 가장 효율적이다. 차창 밖 풍경을 놓치는 것은 라오스의 절반을 놓치는 셈이므로 되도록 야간버스를 삼가는 것이 좋다.

• 출금 : ATM, 은행   • 환전 : 은행, 사설환전소

🖊 왓따이국제공항에서 비엔티안 시내로 들어가기

우리나라에서 라오스로 들어오는 대부분의 여행객은 비엔티안의 왓따이국제공항Wattay International Airport, VTE을 이용한다. 시내와는 약 3Km 떨어져 있어 공항택시나 썽태우(툭툭)를 타고 들어간다. 우리나라를 비롯해 태국, 베트남, 캄보디아, 중국 등으로 향하는 국제선과 루앙프라방Luang Prabang, 루앙남타Luang Namtha, 우돔싸이Oudomxai, 폰사반(시엥쿠앙)Phonsavan(Xieng Khouang), 팍세Pakse, 사반나켓Savannakhet, 훼이싸이Huay Xai로 향하는 국내선이 운항한다.

🧳 썽태우

공항 앞에는 썽태우가 없으므로 공항 밖까지 걸어 나와야 한다. 공항에서 출입구로 나와 우회전하면 사거리가 나오는데 거기서 길을 건너면 썽태우를 탈 수 있으며 마을버스 역할을 하는 순환 썽태우 승차료는 1인당 5천K이다. 여행자거리로 가려면 '남푸', 중앙버스터미널로 가려면 '딸랏싸오'라고 말해 목적지를 분명히 확인한다. 만약 썽태우가 비어있다면 1인당 1만K을 요구할 수도 있다. 더 낮은 가격으로 흥정도 가능한데 라오어로 숫자를 말할 수 있으면 더 유리하다. 비엔티안 시내에서 공항으로 이동할 때는 썽태우 편도요금이 4만K이므로 함께 이동할 인원을 모아 비용을 분담하는 것이 좋다.

🧳 공항택시

공항에서 시내로 들어가는 4인 택시는 $7(5만 8천K)이고 7인이 탈 수 있는 미니밴은 $8(6만 7천K)이다.

🧳 버스

공항에서 차량 게이트 밖으로 걸어나와 사거리에서 49번 버스를 타면 딸랏싸오 중앙버스터미널까지 이동할 수 있다. 정차시간이 정해져 있지 않아 기다리는 시간이 다소 걸리는 불편함이 있다. 시간이 넉넉할 때 그리고 오후4시 이전 시간대에 활용할 만하다. 요금은 4천K이며 운행시간은 06:15~17:30이다.

딸랏싸오 중앙버스터미널에서도 49번 버스에 탑승하면 왓따이국제공항근처까지 이동이 가능하며, 버스 탑승 후 공항까지의 소요시간은 20분 정도이다.

🖉 버스터미널에서 이동하기

비엔티안에는 북부버스터미널, 남부버스터미널, 딸랏싸오 중앙버스터미널의 3군데 버스터미널이 있다. 방비엥이나 루앙프라방에서 버스를 타고 비엔티안으로 들어오면 북부버스터미널(싸타니 콘쏭 도이싼 싸이 느아)로 들어오는 것이 통상이다. 그곳에서 인원을 모아 함께 썽태우를 타고 목적지로 향하는 것이 가장 손쉽게 이동하는 방법이다. 시내에서 6km나 떨어져 있어 이동하는 데 20~30분가량 걸린다. 썽태우를 이용하면 1인당 2~3만K에 여러 사람과 합승해 이동하고, 혼자서 타면 6만K 이상을 요구한다.

비엔티안에서 다른 지역으로 갈 때는 여행사를 통해 버스편을 예약하는 것이 가장 효율적이다. 픽업서비스를 제공하므로 버스터미널까지 오가는 썽태우 비용과 시간을 줄일 수 있다. 여행사에 따라 버스티켓의 가격이 약간씩 차이가 있으므로 두 곳 이상을 방문하여 가격을 확인하는 것이 좋다.

도착지	출발시간	예상 소요시간	요금	비고
방비엥 Vang Vieng	10:00 14:00	3~4시간	VIP버스 4만 5천K, 미니밴 6만K	여행사 및 숙소에서 예약할 수 있으며 픽업서비스 포함 가격이다. 픽업은 보통 출발시간보다 30분~1시간 전에 각 숙소를 도는 것으로 진행된다.
루앙프라방 Luang Prabang	08:00, 09:00, 19:30	9~10시간	에어컨로컬버스 11만K	
	20:00	11시간	야간슬리핑버스 17만K	
폰사반 Phonsavan	20:00	10시간 30분	18만K	
	07:30	9시간 30분	16만K	
콩로마을 Khonglo Village	10:00	7시간	로컬버스 10만K, VIP버스 11만K	
락싸오 Laksao	05:00, 06:00, 07:00	9시간	에어컨로컬버스 8만 5천K	
타켁 Thakeak	10:00	6시간 30분	로컬버스 9만K	
	13:00	4시간 30분	VIP버스 11만K	
팍세 Pakse	07:15, 10:00, 12:30, 13:00, 14:00, 14:30, 15:00, 15:30, 16:00, 18:00, 19:00, 20:00	12시간	에어컨로컬버스 15만K	
	20:30, 21:00	11시간	슬리핑버스 17만K	
시판돈 Siphandon	19:30	15시간	22만K	

Part 02

Section 02
비엔티안(위앙짠)에서 둘러봐야 할 명소

비엔티안의 명소는 부다파크를 제외하고 자전거로 돌아볼 수 있을 정도의 거리에 위치한다. 따라서 동선을 고려해 일정을 계획하면 짧은 시간 내에 모든 명소를 둘러볼 수 있다. 단, 기온이 높은 오후 12~2시에는 야외활동을 하기에 무리가 있으므로, 이른 아침에 일정을 시작하고 무더운 시간대에는 잠시 휴식시간을 갖는 것이 현명하다.

 비엔티안 최고의 전망대 ★★★★☆
빠뚜싸이 Patuxai

대통령궁을 등지고 시원하게 뻗은 란쌍대로Lan Xang 가운데에 위치한 빠뚜싸이는 흔히 '승리의 문'이라 불린다. 빠뚜싸이는 라오스가 프랑스 지배에서 독립한 것을 기념하여 세워졌다. 1957년 공사에 착수해 1968년 완공했으며, 주재료인 시멘트는 공항 건설을 위해 미국이 원조한 것이라 수직활주로라는 별칭이 붙기도 했다.

빠뚜싸이는 라오스양식으로 올린 것으로 라오스신화의 여신 키나리(반은 인간, 반은 새의 모습)가 장식되어 있다. 지붕 위로 보이는 다섯 개의 탑은 공존의 의미를 담고 있으며, 아울러 불자의 다섯 가지 덕목을 내포한다. 금빛으로 장식된 비슈누Vishnu, 브라마Brahma, 인드라Indra가 천장을 수놓았고 연꽃문양이 외벽을 수놓았다. 내부 입구를 통해 7층 높이의 전망대로 향할 수 있으며, 탁 트인 비엔티안의 전경을 조망할 수 있다.

빠뚜싸이를 중심으로 작은 공원이 조성되어 있어 주말이면 제법 붐빈다. 내부의 입구를 통해 전망대가 있는 곳까지 올라가는 것도 재미를 더한다. 7층 높이의 빠뚜싸이에서 탁 트인 비엔티안 전경을 바라보는 것은 여행의 기분을 고조시킨다. 빠뚜싸이를 둘러보는 것은 무료이지만 전망대에 오르기 위해서는 입장료를 내야 한다.

라오스의 주요도시, 비엔티안&방비엥&루앙프라방

주소 Lane Xang Avenue, Vientiane **개방시간** 월~금요일 08:00~16:00, 토~일 08:00~17:00 **입장료** 무료 **전망대 입장료** 3천K **찾아가기** 남푸분수대를 왼쪽에 두고 셋타티랏거리(Thanon Setthathirath)를 따라 직진하다가 란쌍대로 (Lane Xang Avenue)에서 왼쪽으로 1km 직진하면 바로 길 한가운데에 위치한다. **귀띔 한마디** 빠뚜싸이 주변에는 높은 건물을 지을 수 없도록 규제하고 있어 비엔티안 전망을 감상하기에 최적이다.

 전쟁의 흔적이 고인 비엔티안 최고의 사원 ★★★★★
왓시사켓 Wat Sisaket

시내 중심에 있어 접근성도 뛰어난 왓시사켓은 비엔티안에서 가장 오래된 사원이다. 1827~1828년 시암(태국)이 비엔티안을 침략하여 많은 사원을 불태우고 훼손시키는 수난 중에도 자리를 지킨 왓시사켓은 시암군대가 본부로 사용하여 그대로 보존되었다고 전해진다. 차오아누웡Chao Anouvong왕 집권시기인 1819~1824년에 걸쳐 건립되었으며, 건축 스타일은 태국양식을 따르고 있다. 대법전Sim의 정면이 해가 뜨는 동쪽이 아니라 남쪽인 점, 화려하게 구성된 5층 지붕 구조, 대법전을 감싸고 있는 테라스 등이 특징이다.

왓시사켓에서 특히 눈여겨볼 것은 대법전을 넓게 휘감은 회랑이다. 장식을 위해 벽면을 오목하게 파서 만든 공간을 '벽감'이고 부르는데, 이 회랑의 벽감에는 16~19세기에 만들어진 많은 수의 불상이 안치되어 있다. 벽감 하나하나에 불상이 놓여 있으며 벽감 앞으로는 2층 구조로 청동좌불상이 나란히 전시되어 있다. 청동좌불상 중 일부는 목이나 몸통이 잘려나가 있어 전쟁의 참혹함을 보여준다. 회랑에 전시된 이들 불상은 6,840개에 달하며 사각구조인 회랑을 한 방향으로 이동하며 관람하게 된다. 시간의 흔적을 느끼며 불상과 고풍스러운 사원을 둘러볼 수 있어 여행자의 발길이 이어진다.

주소 Lane Xang Avenue, Vientiane **운영시간** 08:00~12:00, 13:00 ~16:00 **입장료** 5천K **찾아가기** 남푸분수대를 왼쪽에 두고 셋타티랏거리 (Thanon Setthathi`rath)를 따라 직진하면 왼쪽에 위치한다. **귀띔 한마디** 점심시간에는 문을 닫기 때문에 주의해야 한다. 짧은 반바지나 민소매셔츠 등은 입장 시 제지를 받을 수 있으므로 노출을 가릴 스카프 등을 지참하는 것이 좋다.

지나가는 사람도 두 손 모으는 고찰 ★★★★★
호파캐우(호프라캐우) Haw Pha Kaew

왓시사켓 맞은편에 위치한 호파캐우는 에메랄드불상이 '있었던' 것으로 유명한 사원이다. 이 사원은 1565년 셋타티랏Setthathirath왕이 수도를 비엔티안으로 천도하면서 태국 북부의 란나왕국에서 가져온 에메랄드불상을 안치하기 위해 세운 공간이자, 예불을 올리기 위해 만든 왕실사원이다. 에메랄드불상은 1828년 라오스가 시암(태국)과의 전쟁에서 패한 후, 태국 방콕의 왓파라케우사원에 안치되었다. 1828년 시암군에 의해 호파캐우는 파괴되었고 현재 건물은 1936~1942년에 재건축된 것이다.

에메랄드불상은 볼 수 없지만 호파캐우는 역사적으로 가치가 높은 공간이다. 대법전의 문은 전소되기 전의 것으로, 조형미와 예술성이 돋보인다. 높은 지붕, 천장을 떠받치는 기둥, 땅보다 높게 다진 기단 덕분에 계단을 올라 사원 앞에 서면 건물 자체가 주는 압도감이 상당하다. 기둥과 창, 입구 등에 장식된 문양 역시 사원에 아름다움을 더한다. 대법전 내부에는 섬세한 조각상이 수없이 늘어서 있고 석조불상과 청동불상이 대법전을 둘러싼 테라스에 늘어서 있다. 두 손을 아래로 내린 '비를 부르는 불상'이 유명하며 나쁜 기운을 막으려 양 손바닥을 펴고 서 있는 불상이나 가부좌를 튼 불상 등이 알려져 있다.

아직도 라오스사람들은 차를 타고 가면서 호파캐우를 지날 때 두 손을 모으고 예를 갖춘다. 버스에 탄 승객들이 마치 약속이나 한 것처럼 모두 호파캐우로 몸을 돌려 잠시 눈을 감고 두 손을 모으는 모습에서 그들의 불심을 엿볼 수 있으며 호파캐우의 상징성을 되새기게 된다.

주소 Lane Xang Avenue, Vientiane **운영시간** 08:00~12:00, 13:00~16:00 **입장료** 5천K **찾아가기** 남푸분수대를 왼쪽에 두고 셋타티랏거리(Thanon Setthathirath)를 따라 직진하면 오른쪽에 위치한다. 대통령궁 바로 옆에 위치한다. **귀띔 한마디** 비엔티안의 호파캐우와 방콕의 왓파캐우의 명칭은 모두 에메랄드불상을 뜻한다.

신비한 전설이 전해지는 검은 탑 ★★★☆☆
탓담 That Dam

탓담은 제법 큰 규모의 탑으로 16세기에 건축되었다고 알려진다. 라오스사람들은 7개의 머리를 가진 나가^{Naga}(힌두교와 불교에서 신성하게 여기는 뱀)가 살고 있다고 믿어 신성시한다. 특히 시암(태국)이 1827년 비엔티안을 침략할 당시 라오스를 지켜주려 했다는 전설이 전해진다. 원래 탓담은 황금으로 감싸져 있었으나 시암군이 금박을 벗겨가 검은 내벽이 드러났고, 검은 탑을 뜻하는 탓담이라고 불리게 되었다.

주소 Thanon Chantha Koummane, Vientiane **개방시간** 24시간 **입장료** 무료 **찾아가기** 남푸분수대에서 메콩강을 등지고 팡캄거리(Thanon Pangkham)를 따라가다 삼쎈타이거리(Thanon Samsenthai)가 나오면 우측으로 한 블록, 길 건너 좌측으로 한 블록 가면 위치한다.

라오스인의 불심을 살필 수 있는 ★★★☆☆
왓시므앙 Wat Si Muang

전설에 따르면 시^{Si}라는 이름을 가진 임신한 여성이 기둥을 세울 자리에 몸을 던졌고 그 혼령이 왓시므앙을 수호한다고 한다. 사원 이름도 이 여인의 이름에서 따온 것이다. 1563년에 건축된 왓시므앙은 소원을 빌면 이루어진다는 믿음 덕분에 현지인의 발길이 많이 닿는다. 항상 사원 입구에는 불전에 올릴 꽃과 초를 파는 사람이 늘어서 있다.
사원 내부는 두 개의 공간으로 구분되는데, 승려가 불자를 축원하는 공간과 기도하는 공간인 락므앙$^{Lak\ muang}$이라는 기둥제단이다. 사원 뒤편에는 화려한 색깔의 천을 두른 허

물어진 돌탑이 있는데 이곳이 시^{Si}라는 여성이 스스로 목숨을 던진 곳으로 여겨진다. 왓시므앙이 유명한 또 다른 이유는 매년 11월에 성대하게 열리는 탓루앙축제$^{That\ luang\ festival}$(분탓루앙)가 이곳에서 시작되기 때문이다. 축제 당일에는 긴 행렬이 탓루앙까지 이어지기도 한다.

주소 Thanon Setthathirath, Vientiane **운영시간** 07:00~19:00 **입장료** 무료 **찾아가기** 남푸분수대를 왼쪽에 두고 쎗타티랏거리(Thanon Setthathirath)를 따라 직진하다가, 란쌍대로(Lane Xang Avenue)와 쎗타티랏거리가 교차하는 지점에서 쎗타티랏거리를 따라 850m 직진하면 대로 좌측에 위치한다.

Part 02

금빛 찬란한 불탑 ★★★★★
탓루앙 That Luang

탓루앙은 국민의 절반 이상이 불자인 라오스에서 불교유입을 설명하는 주요한 종교기념물인 동시에, 국장과 화폐에 쓰이는 등 국권의 위상을 드러내는 상징적인 건축물이다. 밤에는 조명을 밝혀 도심에서 4km 정도 떨어진 위치에서도 불빛을 확인할 수 있다.

탓루앙은 미얀마, 시암(태국), 청나라 흑기군에 의해 훼손되었으며, 특히 1828년 시암군의 공격으로 심하게 파괴되었다. 지금의 탓루앙은 1935년에 새로 지은 것이다. 사원은 1층, 2층, 3층으로 나뉘며 올라갈수록 점점 좁아진다. 사원 안으로 들어서면 넓은 사각형 회랑을 따라 탑의 모습을 전체적으로 둘러볼 수 있다. 회랑에는 불상과 자야바르만 7세 Jayavarman VII를 비롯한 크메르조각상이 전시되어 있다. 45m에 달하는 황금빛 첨탑은 연꽃 봉우리 모양이며 그 둘레에 30개의 작은 탑이 세워져 있다.

라오스의 기념비적인 유적지인 탓루앙에서는 매년 11월(음력 10월 보름)에 탑돌이를 하는 탓루앙축제 That luang festival(분탓루앙)가 성대하게 열린다. 라오스의 가장 큰 명절 가운데 하나이며, 라오스인이라면 평생에 한 번은 탓루앙에서 탑돌이를 해야 한다고 여길 정도로 의미가 큰 종교행사이다. 탓루앙축제 때는 라오스 전역에서 몰려든 방문객과 승려가 참여해 탁밧의식을 행하며 라오스 전통의상과 소수민족 전통복장을 입은 사람들을 볼 수 있다.

운영시간 08:00~12:00, 13:00~16:00 입장료 5천K 찾아가기 여행자거리에서 란쌍대로(Lane Xang Avenue)를 따라 1km 직진하여 빠뚜싸이를 지나 삼거리교차로에서 싱하 23번 도로(23Singha Road)를 따라 2km 직진하면 위치한다.

참배객의 발길이 끊이지 않는 ★★★★☆
차오아누웡공원 Chao Anouvong Park

라오스의 독립을 위해 싸운 차오아누웡 Chao Anouvong왕 동상이 우뚝 솟은 이 공원은 비엔티안 천도 450주년을 기념해 2010년에 건립되었다. 차오아누웡왕 동상은 6m 높이로 왼

라오스의 주요도시, 비엔티안&방비엥&루앙프라방

손엔 검을 들고 오른손은 악수를 건네는데, 태국을 향한 몸짓이자 평화를 수호하는 의미라고 회자한다. 차오아누웡은 라오스 비엔티안 왕국의 마지막 국왕으로, 시암(태국)에 맞서 목숨을 바친 위대한 지도자로 기억된다.

차오아누웡왕 동상 앞은 참배객으로 항상 붐빈다. 빠뚜싸이와 더불어 비엔티안의 랜드마크이며 저녁에도 불을 밝혀 멀리서도 알아볼 수 있다. 메콩강을 끼고 있어 강변을 따라 산책이나 운동을 즐기는 사람이 많다.

주소 Thanon Fa Ngum, Vientiane **운영시간** 24시간 (19:00 이후에는 동상에 접근하지 못한다. 하지만 동상 앞의 공원을 이용하는 데는 문제가 없다.) **입장료** 무료 **찾아가기** 남푸분수대에서 메콩강 방향으로 팡캄거리(Thanon Pangkham)를 따라가면 바로 길 건너에 넓게 구획된 공간이다.

 비엔티안의 랜드마크 ★★☆☆☆
대통령궁 Presidential Palace

공식적으로 방문할 수 있는 장소는 아니지만 메콩강과 가깝고 란쌍대로 끝에 자리해 왓프라케오Wat Pha Kaeo나 왓시사켓Wat Si Saket을 찾아갈 때 눈에 띄는 건축물이다. 보자르양식Beaux-Arts architecture의 건축물로, 캄퐁포네케오Khamphoung Phonekeo가 설계해 1973년부터 착공했지만, 공산주의혁명 등 격변하는 역사 속에서 완공된 것은 그 후의 일이다. 1986년에 가서야 공식행사와 공관으로 사용하기 시작했다. 대통령궁은 여행객에게 개방하지 않으며 정문에서 궁 건물을 볼 수 있는 정도이다.

찾아가기 남푸분수대를 왼쪽에 두고 셋타티랏거리(Thanon Setthathirath)를 따라 걷다 보면 란쌍대로(Lane Xang Avenue)와 교차하는 지점에 자리한다. 왓프라케오 바로 옆에 있다. **귀띔 한마디** 여행객 입장 불가

105

비엔티안 여행의 기준선 ★★★☆☆
란쌍대로 Lane Xang Avenue

대통령궁을 시작으로 길게 뻗어 있는 란쌍대로는 비엔티안 여행의 기준선이라 할 수 있다. 비엔티안의 볼거리는 란쌍대로를 중심으로 위치하기 때문에 란쌍대로에 위치한 빠뚜싸이를 중심에 두고 방향을 잡으면 여행이 한결 손쉬워진다. 대통령궁을 등지고 정면으로 보이는 빠뚜싸이까지는 1km 남짓 떨어져 있다.

화려한 쇼핑가가 형성되어 있지는 않지만 종종 파리의 샹젤리제거리와 비견되곤 한다. 라오스를 상징하는 꽃 독참파가 대로를 따라 늘어서 있어 만개하는 시기에는 그윽한 향이 넘실댄다.

찾아가기 란쌍대로는 호파캐우 바로 옆에 위치한 대통령궁 정문 앞에서 빠뚜싸이까지 길게 일직선으로 뻗어 있다.

문화를 향유하는 곳 ★★★☆☆
프랑스문화원 French Institute

라오스에 남아 있는 프랑스의 영향을 엿볼 수 있는 곳이다. 프랑스어학원과 프랑스도서관이 기반을 이루지만, 비정기적으로 공연과 전시가 진행된다. 특히 문화원을 끼고 있는 카페 라칸티느 La Cantine 는 쾌적한 노천공간으로 더위를 식히기에 손색이 없다. 란쌍대로 중심에 위치하기 때문에 찾기가 쉽고, 홈페이지에서 공연정보를 확인할 수 있다. 에어컨이 가동하는 도서관에서는 회원이 아니더라도 책을 살펴볼 수 있으며 어린이도서 코너도 있다.

주소 Lane Xang Avenue, Vientiane **문의** (856) 021 215 764 **운영시간** 화~금요일 09:30~18:30, 토요일 09:30~12:00/일, 월요일 휴무 **입장료** 없음 **찾아가기** 남푸분수대를 왼쪽에 두고 셋타티랏거리(Thanon Setthathirath)를 따라 직진하다가 란쌍대로(Lane Xang Avenue)에서 왼쪽으로 700m가량 직진하면 나타난다. **귀띔 한마디** 카페 라칸티느에서는 커피와 아이스크림 등을 판매한다. **홈페이지** www.if-laos.org **이메일** info@if-laos.org

도심 밖 야외 조형전시장 ★★★☆☆
부다파크(시엥쿠안) Buddha Park(Xieng Khuan)

분러아수리랏Luang Pu Bunleua Sulilat이 1958년 조성한 것으로 소규모 야외공원에 다양한 조형물을 전시하고 있다. 외국인에게는 흔히 부다파크로 알려져 있는데, 원래 명칭은 시엥쿠안Xieng Khouan으로 '영혼의 도시'를 뜻한다.

부지에 흩어져 있는 조형물은 200여 점에 이른다. 불상, 동물과 인간, 힌두교의 시바신Shiva, 비슈누Vishnu, 인드라Indra 등 다양한 형태의 조형물은 생김새도 희귀하고 크기도 제각각이다. 비스듬히 누워 있는 40m 길이의 부처상이 가장 큰 볼거리이다. 또한 괴물의 입안으로 들어가야 하는 호박타워는 천상과 지상, 지옥을 형상화한 것으로 힌두교와 불교를 아우르는 종교인이었던 분러아수리랏이 받은 힌두교의 영향이 짙게 배어 있다. 호박타워 입구를 통과한 후, 조금 어두운 실내를 걸어올라 1~3층을 지나면 '생명의 나무'라 불리는 조형물을 가까이에서 볼 수 있다. 호박타워 꼭대기에 서면 부다파크의 전망이 한눈에 들어온다.

부다파크는 시내에서 25km 떨어져 있고, 편도 40분 정도 걸려 한나절코스로 삼기에 적당하다. 야외이므로 생수 등을 챙기는 것을 잊지 않도록 한다. 공원 내부에는 기념품 가게와 간이식당이 있다.

주소 Thanon Tha Deua, Vientiane 문의 (856) 021 212 248 운영시간 08:00~17:00 입장료 5천K, 카메라 휴대 시 3천K 추가 찾아가기 딸랏싸오 중앙버스터미널에서 태국 국경으로 가는 14번 버스를 타면 부타파크에 닿을 수 있다. 국경 정류장을 지나서 10분 정도 더 달리면 부다파크 바로 앞이다. 다시 시내로 돌아갈 때도 부타파크 앞에 서서 기다리면 버스를 탈 수 있다. 버스는 라오스-태국 국경 부근 정류장을 지나 딸랏싸오 중앙버스터미널로 향한다. 귀띔 한마디 국경 너머 태국 농카이(Nong Khai)에는 분러아수리랏이 태국에서 활동하며 만든 또 다른 조각공원인 살라케옥(Sala Keok)이 있다.

Part 02

전쟁의 그늘을 살필 수 있는 ★★★★☆
콥비엔티안 COPE Vientiane

라오스에 떨어진 폭발물은 현재까지도 희생자를 낳고 있고 비밀전쟁 P.031 으로 은폐된 상처는 아직도 아물지 않고 있다. 콥비엔티안은 라오스에서 해마다 부상자와 사망자를 발생시키는 불발탄의 현실을 냉철하게 살필 수 있는 전시공간이자 보고공간이다. 불발탄 피해에 관한 자료와 함께 의수와 의족 등의 대체기구도 함께 전시해 희생자에 대한 이해를 돕는다. 또한 불발탄이 어떻게 폭발사고로 이어지는지에 대한 사례 등을 소상하게 소개한다. 입장료는 없으나 기부함이 있으며 전시공간 바로 옆에 작은 카페도 있어 쉬어갈 수 있다.

주소 C/O Centre of Medical Rehabilitation, Thanon Khouvieng, Vientiane **문의** (856) 021 241 972 **운영시간** 09:00~18:00 **입장료** 무료(기부) **찾아가기** 남푸분수대를 왼쪽에 두고 셋타티랏거리(Thanon Setthathirath)를 따라 직진하다가 란쌍대로(Lane Xang Avenue)에서 왼쪽으로 직진, 딸랏싸오몰 입구가 있는 쿠위앙거리(Thanon Khouvieng)로 1km 직진하면 우측에 메디컬센터(Center of Medical) 입구가 보인다. 이 입구 안으로 들어가면 우측 안쪽에 자리한다. 여행자거리에서 출발한다면 자전거를 이용하는 것이 좋다. **귀띔 한마디** 봉사자를 모집하는 정보 등을 홈페이지에 공지하고 있다. **홈페이지** www.copelaos.org **이메일** cope@laopdr.com

라오스 역사를 한눈에 살피는 ★★★☆☆
라오스국립박물관 Lao National Museum

라오스의 역사를 한자리에 전시한 라오스국립박물관은 유물과 읽을거리, 사진 등 총 8,000여 점의 전시물을 갖추고 있다. 선사시대부터 프랑스점령기와 사회주의체제로 전환되는 현대사에 이르기까지 라오스 역사에 대한 이해를 돕는다.

박물관 내부로 들어서면 1층에는 선사시대전시실 Prehistoric Period이 있다. 2층 전시실에서는 란쌍시대와 외세점령기에 관한 전시물을, 2층 복도에서는 소수민족에 관한 전시물을 볼 수 있다. 다시 1층으로 내려와 라오스현대사 전시를 살피면 출입구로 연결된다. 사진을 촬영하기 위해서는 입장료 이외에 추가비용을 내야 한다.

주소 Thanon Samsenthai, Vientiane **문의** (856) 021 212 461 **운영시간** 08:00~12:00, 13:00~16:00/국경일 휴무 **입장료** 1만K, 카메라 촬영 시 1만K 추가 **찾아가기** 남푸분수대를 오른쪽에 두고 셋타티랏거리(Thanon Setthathirath)를 따라 직진하여 오른쪽으로 두 블록을 지나 프렌즈앤스터프(Friend 'N' Stuff)를 끼고 오른쪽 노케오쿠만거리(Thanon Nokeo Khoumane)로 들어선다. 쭉 직진한 후 길을 건너면 우측에 자리한다. **귀띔 한마디** 1층 입구 소지품보관함(로커)이 있다. **이메일** phetma@yahoo.com

Section 03

비엔티안(위앙짠)에서 가볼 만한 맛집

비엔티안에는 솜씨 좋은 식당이 꽤 있다. 특정 메뉴를 중심으로 하는 전문점은 더 탁월한 맛을 자랑한다. 여행자를 겨냥한 카페도 많은 편이며 커피는 한국보다 상대적으로 저렴하다. 여행 중 하루쯤은 와인이나 맥주 등을 곁들어 식사를 더 풍성하게 즐겨보자.

소중한 사람과 함께 가면 더 좋은 ★★★★★
막펫 Makphet

라오스어로 고추를 뜻하는 막펫이 원래 있던 자리에서 이전하여 더 넓은 공간에 새 둥지를 틀었다. 막펫은 사회적기업으로 어려운 아이들과 청소년을 돕는 일에 수익금 전부를 사용하며, 직업교육을 받은 청소년들이 이곳에서 실습하기도 한다. 갤러리를 연상케 하는 실내좌석, 잔디를 깔고 파라솔을 놓은 널찍한 실외좌석이 마련되어 있다. 저녁에는 조명 덕분에 또 다른 분위기가 느껴진다.

전통음식을 재해석하여 만든 막펫의 요리는 이미 여행자 사이에서 소문이 나 있다. 랍, 그린파파야 샐러드, 롤 등도 한 접시 가득 담겨 나오며 튀김요리는 바삭한 식감이 뛰어나다. 메뉴판을 살펴보면 맵기의 정도와 절반의 양으로 주문 가능한 요리, 채식주의자를 위한 요리 등의 세부사항을 작은 아이콘으로 안내한다.

주소 78 Ban Inpeng, Wat Chanhtha, Vientiane **문의** (856) 021 260 587 **가격** 샐러드 3만 6천K~, 카레 4만K~ **운영시간** 11:00~22:30(주문 21:30까지) **찾아가기** 남푸분수대를 오른쪽에 두고 셋타티랏 거리(Thanon Setthathirath)를 따라 직진하다가 왼쪽 차오아누거리(Thanon Chao Anou)로 들어서서 살라나부티크호텔(Salana Boutique Hotel)을 끼고 오른쪽으로 꺾는다. 다시 티숍라이갤러리(T Shop Lay Gallery)를 끼고 왼쪽으로 꺾어 80m 걸어가면 위치한다. **귀띔 한마디** 오래된 정보에는 이전하기 전 위치로 표기되어 있으니 찾아가는 데 주의가 필요하다. **홈페이지** www.makphet-restaurant.org

Part 02

비엔티안 여행의 상징이 된 ★★★★☆
컵짜이더 Khop Chai Due

여행자의 아지트인 컵짜이더는 분위기와 맛에서 모두 합격점이다. 실내에는 시원한 에어컨이 있어 더위를 식히기 좋고, 야외석은 트로피컬 분위기를 만끽하기에 부족함이 없다. 야외석과 시끌벅적한 1층, 차분한 2층으로 공간을 구분하는데 취향에 따라 자리를 잡고 여유 있게 식사를 즐길 수 있다. 또한 생과일주스나 비어라오 등 가볍게 음료를 마시며 휴식을 취하기에도 좋다. 파파야샐러드나 랍요리는 물론 다양한 음식은 탁월한 맛을 자랑한다. 매일 해피아워에는 요일마다 정해진 칵테일을 $3가 안 되는 가격에 주문할 수 있다.

주소 54 Thanon Setthathirath, Vietiane 문의 (856) 021 263 829, (856) 021 251 564 가격 스프링롤 2만 9천K~, 그린파파야샐러드(땀막훙) 2만 2천K 운영시간 24시간 해피아워 18:00~20:00 찾아가기 여행자거리에서 남푸분수대 바로 옆에 위치한다. 귀띔 한마디 외관은 화려하지만 가격은 비교적 저렴한 편이다. 페이스북 /Khop ChaiDeu

단품요리와 생과일주스가 일품인 ★★★☆☆
쌍쿠레스토랑 Xang Khoo Restaurant

여행 중 가볍게 한 끼를 해결하고 싶다면 가볼 만한 곳이다. 투박한 직원이 맞아주는 이곳은 남푸분수대 앞쪽에 자리한다. 생과일주스 한잔을 마시며 한숨 쉬어가거나 프랑스식 팬케이크, 크레이프 등으로 간단하게 배를 채우기 좋다. 멕시칸요리나 이탈리안요리 등을 맛볼 수 있으며 푸짐한 양과 저렴한 가격으로 주머니가 가벼운 여행객에게 즐거움을 준다. 내부에 에어컨이 없다는 것이 조금 아쉽지만 연신 팬이 돌아가서 더위를 식힐 수 있다.

주소 68 Thanon Pangkham, Vientiane 문의 (856) 021 219 314 가격 카페라테 1만 2천K, 팟타이 3만K 운영시간 08:00~22:00 찾아가기 남푸분수대에서 메콩강을 등지고 조금만 걸으면 왼쪽에 위치한다. 귀띔 한마디 식당 한쪽 코너에서 기념품도 판매한다. 이메일 arnaudpoire@hotmail.com

정통 라오스요리를 선보이는 ★★★★☆
암폰 Amphone

제대로 된 라오스음식을 맛볼 수 있는 식당으로, 셰프 안토니보다인Anthony Bourdain의 손을 거친 음식으로 이름 높다. 투박한 원목 바닥과 라오스 스타일의 나무기둥 천장이 인상적이며 골목에 위치해 조용하다.

육식을 즐긴다면 오리고기로 요리한 랍을, 채식을 즐긴다면 두부로 요리한 랍을 추천한다. 죽순이 든 국물요리와 라오스식 커리도 풍미가 뛰어나다. 직원들이 상당히 친절한 편이므로 주문할 때 추천음식을 묻는 것도 좋다. 일행이 많다면 $10 가격의 세트메뉴가 알차다.

주소 37 Soi Wat Xieng Gneun, Thanon Settha thirath, Vientiane 문의 (856) 020 771 1138, (856) 021 212 489 가격 라오정찬세트 8만K~, 스튜 4~5만K 운영시간 11:00~14:00, 17:30~22:00 찾아가기 여행자거리에서 재지브릭(Jazzy Brick)을 끼고 골목길로 들어가면 바로 오른편에 위치한다. 페이스북 /amphonelao

프랑스요리가 작품으로 완성되는 ★★★☆☆
아드레스퀴진 바이티나이 L'adresse Cuisine by Tinay

고급 프랑스요리를 맛볼 수 있는 이곳은 깔끔한 플레이팅과 풍미 가득한 음식을 눈과 입으로 즐길 수 있는 곳이다. 1, 2층으로 나뉜 실내는 세련되고 캐주얼하다. 메뉴는 불어와 영어로 적혀있다.

한국과 비교하면 상당히 저렴한 가격에 프랑스인 셰프가 내어놓는 예술적인 요리를 맛볼 수 있다. 점심에는 전채요리, 메인요리, 디저트 코스의 런치세트를 8만K 내외로 주문할 수 있으며 이브닝세트 메뉴도 저렴한 편이다. 달고 진한 크림이 인상적인 디저트도 미식가 사이에선 인기이다.

주소 Wat Ong Teu to Thanon Setthathirath, Vientiane 문의 (856) 020 5691 3434 가격 런치코스세트 8만K 운영시간 11:00~14:00, 17:30~22:00 찾아가기 남푸분수대를 오른쪽에 두고 셋타티랏거리(Thanon Setthathirath)를 따라 걷다가 왼쪽으로 네 블록 지나 프랑시스응인거리(Thanon Francois Ngin)로 들어선다. 오른쪽으로 한 블록 지나 꺾어 골목으로 들어서면 왼편에 보인다. 페이스북 /tinay.youtisack.inthavong

Part 02

현지인의 인기 맛집 ★★★★☆
한똔딤섬국수

수북한 찜통 안에 각종 식재료가 뜨거운 김과 함께 익어가는 한똔은 해가 지면 손님이 모여든다. 현지인에게 인기 있는 딤섬집으로 영어로 된 간판은 없지만, 현지인이 노상 테이블에 앉아 있기 때문에 찾기 어렵지 않다. 딤섬 한 접시당 5천K이라는 저렴한 가격과 신선한 맛 덕분에 가볍게 즐기기에 좋다.

주소 Thanon Setthathirath, Vientiane **문의** (856) 020 9933 9655 **가격** 딤섬 5천K, 라오스쌀국수 1만 5천K~ **운영시간** 17:00~24:00 **찾아가기** 남푸분수대를 오른쪽에 두고 셋타티랏거리(Thanon Setthathirath)를 따라 350m가량 직진하면 오른편에 보인다. 왓옹뜨 길 건너편에 위치한다.

베트남쌀국수가 맛있는 ★★★☆☆
퍼쌥 Pho Zap

베트남쌀국수 전문점으로 주문과 동시에 육수와 면발, 채소고명까지 삼박자가 착착 준비된다. 가격이 저렴하여 부담 없이 즐길 수 있으며 일찍 문을 열어 간단하게 아침을 해결하기에도 좋다. 양에 따라 노이(소), 야이(대), 점보(특대)로 구분하는데, 가장 작은 그릇도 한 사람이 먹기에 푸짐하다. 생과일주스 등도 판매한다.

주소 Thanon Hatsady, Vientiane **가격** 쌀국수 2~3만K **운영시간** 07:00~16:00 **찾아가기** 남푸분수대를 왼쪽에 두고 셋타티랏거리(Thanon Setthathirath)를 따라 직진하다가 란쌍대로(Lane Xang Avenue)에서 왼쪽으로 500m가량 직진한다. 딸랏싸오몰(Talat Sao) 맞은편 쿤부룸거리(Thanon Khun Bu Lom)로 들어서면 오른쪽에 자리한다. **귀띔 한마디** 소개한 곳은 2호점으로 비엔티안 시내에 3호점도 자리한다.

소문난 화덕피자 ★★★★
비아비아레스토랑 Via Via Restaurant

주문과 동시에 셰프의 손길이 바빠지는 비아비아는 커다란 화덕에 신선한 토핑을 올려 피자를 구워내는

화덕피자전문점이다. 주문과 동시에 피자를 만들기 시작하는데 밀가루로 도우를 얇게 밀기 때문에 도우 가장자리까지 바삭하게 즐길 수 있다. 화덕이 있는 가게 안쪽은 불을 지펴내는 열기로 후끈하므로 시원한 야외석에 자리를 잡는 것이 더 좋다.

주소 Thanon Nokeo Khoumane, Vientiane 문의 (856) 020 2817 7931 가격 피자 5만K 내외 운영시간 10:30~22:00 찾아가기 남푸분수대를 오른쪽에 두고 셋타티랏거리(Thanon Setthathirath)를 따라 걷다가 왼쪽 노케오쿠만거리(Thanon Nokeo Khoumane)로 들어서서 직진하면 우측에 위치한다. 홈페이지 www.viaviapizza.com 페이스북 /ViaViaPizza

멕시칸의 핫한 맛을 보여줘! ★★★★☆
코코카페 CoCo Cafè

타코스Tacos와 부리토Burrito 등 우리도 즐겨 먹는 멕시칸음식을 선보이는 코코는 벨기에맥주도 취급하는 식당 겸 바이다. 캐주얼한 분위기 덕분에 간단히 저녁을 먹으며 비엔티안의 정취를 즐기기 좋다. 퓨전과 전통 멕시칸요리를 비롯해 라오스음식도 맛볼 수 있어 선택의 폭이 넓다.

주소 Thanon Nokeo Khoumane, Ban Mixay, Vientiane 문의 (856) 021 255 196, (856) 020 5580 1672 가격 타코스 3만 4천K, 부리토 4만 5천K 운영시간 09:00~22:30 찾아가기 남푸분수대를 오른쪽에 두고 셋타티랏거리(Thanon Setthathirath)를 따라 걷다가 왼쪽 노케오쿠만거리(Thanon Nokeo Khoumane)로 들어서서 직진하면 우측에 위치한다. 이메일 mvernail@gmail.com

뜨끈한 오리쌀국수가 입안 가득 ★★★★☆
남푸커피 Nam Phou Coffee

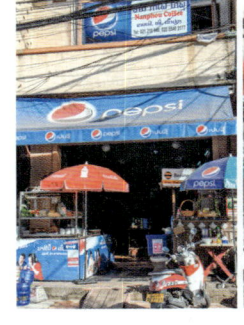

이름은 커피를 내세우지만 쌀국수를 전문으로 하는 식당에 가깝다. 로컬스타일의 남푸커피는 가족이 운영하는 곳으로, 오리고기를 고명으로 얹은 쌀국수의 깊은 맛이 일품이다. 유명세가 무색하게 외관이 초라하여 찾기가 쉽지 않지만 쌀국수뿐만 아니라 생과일주스와 커피 등도 저렴하고 맛있다.

주소 57 Thanon Pangkham, Vientiane 문의 (856) 021 218 940, (856) 020 5548 2177 가격 쌀국수 1만 5천K~ 운영시간 08:00~20:00 /일요일 휴무 찾아가기 남푸분수대에서 메콩강을 등지고 팡캄거리(Thanon Pangkham)를 따라가면 삼쎈타이거리(Thanon Samsenthai)와 만나는 사거리 코너에 위치한다. 귀띔 한마디 고수가 들어가므로 취향에 맞지 않는다면 '버 싸이 팍치'라고 말하자.

실내외놀이터까지 겸비한 카페&베이커리 ★★★☆☆
커먼그라운드 Commen Ground

아이들이 뛰어놀 수 있는 공간이 마련되어 있는 카페&베이커리이다. 놀이공간이 유리문으로 구분되어 있어 어린이를 동반하지 않은 사람도 유쾌하게 머물 수 있다. 매콤한 살사소스를 곁들인 멕시칸메뉴가 특히 인기 있다. 부담 없이 한 끼 해결하기에 좋은 단품요리와 라오스산 커피도 맛이 좋다.

주소 35 Thanon Chao Anou, Vientiane **문의** (856) 021 255 057 **가격** 카페라테 1만 5천K, 퀘사디아 3만 6천K **운영시간** 월~토요일 07:00~20:00/일요일 휴무 **찾아가기** 야시장 초입에서 차오아누거리(Thanon Chao Anou)로 들어서면 중간에 위치한다. **귀띔 한마디** 2만 4천K~3만K 가격대의 조식에 대한 평이 좋다. **홈페이지** www.commongroundslaos.com **페이스북** /commongroundslaos

라오스 커피 향이 그윽한 카페 ★★★★★
르트리오커피 Le Trio Coffee

여행자거리에 위치한 르트리오는 프렌치스타일의 세련된 입구에서부터 다른 곳과 차별된다. 크루아상 등의 빵도 주문할 수 있지만 커피전문점답게 직접 로스팅한 커피는 깊은 맛을 자랑하므로 한 번쯤 들러 여유를 만끽해 보자. 예쁘게 포장된 원두도 구입할 수 있다.

주소 Thanon Setthathirath, Vientiane **문의** (856) 020 2255 3552 **가격** 에스프레소 1만K, 아메리카노 1만 2천K, 카페라테 2만K **운영시간** 08:00~16:30 **찾아가기** 여행자거리에 자리한다. **이메일** letriocoffee@gmail.com **페이스북** /letriocoffee

라오스 커피의 모범 답안 ★★☆☆☆
카페씨눅 Cafè Sinouk

30년간 프랑스에 체류했던 라오스인이 운영하는 체인점으로, 강변점은 메콩강과 멀지 않아 찾아가기가 쉽다. 라오스 볼라웬고원에서 생산한 커피를 맛볼 수 있으며 선물용 원두를 구입할 수도 있다.

1층 외부와 2층에도 좌석이 있고 1층은 다소 소란스러운 편이다. 에어컨바람으로 더위를 쫓으려는 여행객이 즐겨 찾으며 현지인에게도 인기가 좋다.

주소 Thanon Francois Ngin, Vientiane **문의** (856) 021 312 150, (856) 021 315 545 **가격** 아이스카푸치노, 아이스라테 2만 5천K **운영시간** 07:30~22:00 **찾아가기** 강변의 파웅움거리(Thanon Fa Ngum)에서 프랑시스응인거리(Thanon Francois Ngin)로 진입하는 코너에 위치한다. **홈페이지** www.sinouk-cafe.com

신선한 생과일주스 ★★★★☆
프루트헤븐 Fruit Heaven

여행자의 휴식처인 프루트헤븐은 그 자리에서 바로 갈아 만드는 신선한 열대과일주스를 맛볼 수 있는 곳이다. 입구에는 싱싱한 망고와 수박, 오렌지, 바나나, 파인애플 등이 수북이 쌓여 있다. 예전보다 가게 규모가 커져서 더위를 피해 쉬기에 좋다.

주소 60/2 Thanon Hengboun, Vientiane **문의** (856) 030 526 2369 **가격** 열대과일스무디 1만K **운영시간** 07:00~21:00 **찾아가기** 남푸분수대를 오른쪽에 두고 셋타티랏거리(Thanon Setthathirath)를 따라 걷다가 행본노이거리(Thanon Hengbounnoy)로 들어서서 직진한다. 행본거리(Thanon Hengboun)와 만나는 사거리에서 왼쪽으로 꺾으면 바로 위치한다. **귀띔 한마디** 공간을 확장해서 앉아 있을 자리도 넉넉해졌다.

샌드위치가 맛있는 아늑한 카페 ★★★☆☆
프리코카페 Pricco Cafè

샌드위치를 주메뉴로 하는 베이커리 겸 카페이다. 깔끔하고 감각적인 실내에는 빈티지소품이 곳곳에 놓여 있어 구경하는 재미도 쏠쏠하다. 시원한 에어컨바람을 맞으며 더위를 피하기 좋다. 샌드위치는 물론, 달콤한 타르트와 커피에 대한 평도 좋은 편이다.

주소 Thanon Nokeo Khoumane., Ban Mixay **문의** (856) 021 215 859 **가격** 치킨브리토 4만 3천K, 비프스테이크바게트 3만 8천K **운영시간** 월~토요일 08:00~20:00/일요일 휴무 **찾아가기** 남푸분수대를 오른쪽에 두고 셋타티랏거리(Thanon Setthathirath)를 따라 걷다가 왼쪽 노케오쿠만거리(Thanon Nokeo Khoumane)로 들어서면 중간에 위치한다.

프랑스 소도시의 허름한 카페 분위기 ★★★☆☆
르바네통 Le Banneton

편안한 분위기의 르바네통은 카페 겸 베이커리로 갓 구운 크루아상으로 이름 높다. 인기메뉴는 치킨&채소샌드위치인데 바삭하게 구운 바게트의 식감이 뛰어나다. 이 밖에도 다양한 빵을 맛볼 수 있으며 직접 만든 잼도 구입할 수 있다.

실내와 실외에 좌석이 있어 시원한 바람을 맞거나 햇살을 느끼면서 커피 한잔을 즐기기에 좋다. 실내는 넓고 앙리까르띠에브레송의 사진이 허전한 벽면을 따뜻하게 채우고 있다. 한가한 분위기 덕분에 조식을 즐기려는 사람들이 즐겨 찾는다.

주소 10 Thanon Nokeo Khoumane Mixay, Vientiane **문의** (856) 012 217 321 **가격** 베이커리 1만K~ **운영시간** 월~토요일 07:30~18:30, 일요일 07:30~13:00 **찾아가기** 남푸분수대를 오른쪽에 두고 셋타티랏거리(Thanon Setthathirath)를 따라 걷다가 왼쪽 노케오쿠만거리(Thanon Nokeo Khoumane)로 들어서면 왼쪽에 위치한다. **페이스북** /Le-Banneton

배낭여행자의 만남의 장소 ★★★★☆
조마베이커리카페 Joma Bakery Cafè

비엔티안 여행자거리에 있는 1호점을 시작으로 루앙프라방은 물론 베트남과 캄보디아에도 체인을 둔 카페이다. 동남아 카페의 대명사가 된 조마베이커리카페는 여행자거리 중심에 있어 만남의 장소이자 이정표 역할을 한다. 편안한 의자 덕분에 커피 한잔으로도 오래 머물게 되는 이곳은 시원한 에어컨바람으로 더위를 식히기에도 그만이라 한낮에는 꽤 붐빈다. 치즈케이크와 코코넛케이크가 인기이며 더위를 식히는 데는 민트레몬프리즈Mint Lemon Freeze가 그만이다.

주소 Thanon Setthathirath, Vientiane **문의** (856) 021 215 265 **가격** 카페라테, 카푸치노 1만 6천K~2만 2천K, 아메리카노 1만 2천K~ **운영시간** 07:00~21:00 **찾아가기** 여행자거리(Thanon Setthathirath)에 자리한다. 남푸분수대에서 10m 거리이다. **귀띔 한마디** 루앙프라방에는 우체국 근처에 1호점, 남칸강변에 2호점이 있다. **홈페이지** www.joma.biz

라오스의 주요도시, 비엔티안&방비엥&루앙프라방

Section 04

비엔티안(위앙짠)에서 소문난 나이트라이프

칵테일이나 와인 한잔이 주는 적당한 흥취는 낯선 도시 비엔티안을 한껏 가깝게 느끼게 한다. 다른 지역에 비해 여행자와 현지인이 어울리는 바가 많은 것이 비엔티안 나이트라이프의 특징이다. 식사를 겸할 수도 있으며 편안한 조명 덕분에 오래 앉아 있어도 피곤하지 않다. 특별한 저녁시간을 계획하고 있다면 찾아가 보자.

모던함 속에서 즐기는 와인 ★★★☆☆
아이빔 I-Beam

여행자가 주로 모이는 길목에 위치한 아이빔은 도시적이고 세련된 느낌의 바이다. 1층과 2층으로 이어진 깔끔한 실내는 은은한 조명으로 차분하다. 비정기적으로 재즈밴드공연이 있어 분위기는 항상 경쾌하다. 와인과 타파스가 주메뉴로, 다양한 와인리스트를 갖추고 있어 음악과 함께 칵테일이나 와인을 즐기기에 좋다. 낮에는 레스토랑으로 운영하며 가장 늦게까지 문을 여는 바에 속한다.

월, 화, 금, 토요일에는 라이브공연이 열리고 목요일 밤 9시에는 살사댄스레슨을 진행한다. 또한 수요일은 레이디나이트 Lady Night로 여성방문객에게 50% 할인 프로모션을 제공한다. 매일 오후 5~7시에는 맥주에 한해 1+1 해피아워가 진행된다.

주소 88 Thanon Setthathirath, Chantaboury District, Vientiane 문의 (856) 020 5561 4092, (856) 021 254 528 가격 칵테일 5만K~, 와인 1잔 5만 5천K 운영시간 11:00~23:00 찾아가기 남푸분수대를 오른쪽에 두고 셋타티랏거리(Thanon Setthathirath)를 따라 450m가량 직진하면 오른편에 보인다. 왓옹뜨 길 건너편에 위치한다. 페이스북 /IBeamvientiane

석양으로 물드는 메콩강을 만끽하는 ★★★★☆
보빼냥 Bor Pen Nyang

라오스어로 '괜찮아'라는 뜻의 보빼냥은 야시장을 내려다보며 메콩강에서 부는 바람을 즐길 수 있는 곳이다. 간단한 음식과 함께 칵테일이나 맥주를 마시며 분위기를 즐길 수 있어 현지인은 물론 여행객에게도 인기가 많다. 하루 여정을 정리하고 마음 맞는 사람과 저녁시간을 계획한다면 이곳으로 향하자. 4층에 자리한 보빼냥의 창가자리는 메콩강과 야시장이 내려다보여 일찍부터 채워진다.

주소 Thanon Fa Ngum, Chantaboury, Vientiane **문의** (856) 020 5580 8281 **가격** 비어라오 1만 2천K, 해산물볶음국수(Stir Fried Noodle with Seafood) 3만K **운영시간** 11:00~24:00 **찾아가기** 강변의 파웅움거리(Thanon Fa Ngum)에서 야시장이 시작하는 길 초입과 멀지 않다. 왓찬(Wat Chan)에서 한 블록 건너 3층에 위치한다.

한여름 밤의 재즈 선율 ★★★★☆
재지브릭 Jazzy Brick

많은 여행자가 비엔티안의 재즈클럽 하면 재지브릭을 떠올린다. 2005년에 문을 연 이곳은 크고 작은 이벤트로 사람들을 이끈다. 작은 바이지만 붉은 벽돌 외관의 재지브릭은 여행자거리에서 단번에 눈에 띈다.

실내로 들어서면 어두운 조명 덕분에 느긋하고 여유로운 분위기이다. 바텐더 타^{Tha}가 만들어 주는 칵테일을 마실 수 있는 바와 1, 2층 좌석이 있으며 모히토^{Mojito}가 평이 좋다. 재즈가 흘러나오는 바에 앉아 칵테일을 즐기며 노곤한 몸과 마음을 달래보자.

주소 NO. 34/1, Ban Xieng Gneun, Thanon Setthathirath, Vientiane **문의** (856) 021 212 489, (856) 020 7771 1138 **가격** 피나콜라다, 모히토 등 칵테일 5~6만K **운영시간** 17:00~23:00, 일요일 휴무 **찾아가기** 여행자거리에 자리한다. **페이스북** /jazzybricklao

친절한 식당 겸 바 ★★★★☆
스티키핑거스 Sticky Fingers Restaurant&Bar

비엔티안에서 오랫동안 자리를 지켜온 스티키핑거스는 바를 겸하고 있는 식당이다. 화분이 놓인 야외테이블이 인기가 많은데 친절한 직원들 덕분에 머무는 시간이 길어진다. 실내는 에어컨 덕에 시원한 편이며 적당히 어두운 조명도 이곳에서 편안한 저녁시간을 보내도록 돕는다. 매주 수요일과 금요일 오후 6~8시는 해피아워로 칵테일 한 잔을 반값에 마실 수 있다.

 **주소** Thanon Francois Ngin, Vientiane **문의** (856) 021 215 972, (856) 020 7775 1515 **가격** 비어라오 1만 4천K, 모히토 등 칵테일 3만 5천K **운영시간** 월~금요일 17:00~23:00, 토, 일요일 10:00~23:00 **찾아가기** 남푸분수대를 오른쪽에 두고 셋타티랏거리(Thanon Setthathirath)를 따라 걷다가 왼쪽으로 네 블록 지나 프랑시스응인거리(Thanon Francois Ngin)로 들어서 직진하면 우측에 자리한다. **귀띔 한마디** 주말에는 오전부터 문을 열어 브런치로 아침을 시작하는 이들이 즐겨 찾는다. **이메일** stickys.cafe@gmai.com

비엔티안에서 벨기에맥주를! ★★★★☆
쏙디카페 Chokdee Cafè

'행운을 빈다'라는 뜻의 쏙디는 45종에 달하는 벨기에맥주를 맛볼 수 있는 곳이다. 강변 끝에 자리하는데도 저녁이면 언제나 만석이다. 맥주와 함께 즐기기에 좋은 홍합요리는 태국산 재료를 사용하는 것으로 맛이 좋기로 유명하다. 맥주를 주문하면 해당 맥주의 전용잔을 내어 주어 더 즐겁다.

한국인여행자도 많이 찾는 곳이어서 간판에는 한글로 '벨기에맥주전문점'이라고 쓰여 있으며 한국어메뉴판도 갖추고 있다. 주문 전에 매니저인 로랑Mr.Laurent에게 벨기에맥주에 대한 간단한 조언을 구할 수도 있다.

주소 Thanon Fa Ngum, Vientiane **문의** (856) 020 5610 3534 **가격** 벨기에맥주 8만K~, 닭가슴살요리, 홍합요리 등 주요리 6만 5천K~ **운영시간** 10:00~22:30 **찾아가기** 남푸분수대를 오른쪽에 두고 셋타티랏거리(Thanon Setthathirath)를 따라 걷다가 두 블록 지나 좌측의 만타뚜랏거리(Thanon Manthaturath)로 들어서서 직진한다. 차오아누웡공원 앞 대로인 파응움거리(Thanon Fa Ngum)가 나타나면 왼쪽으로 꺾어 조금만 올라가면 위치한다. **귀띔 한마디** 식당 안쪽에도 자리가 있으나 노천테이블이 시원하다.

Section 05

비엔티안(위앙짠)에서 즐기는 쇼핑

손으로 하나하나 만들어낸 정성에 놀라게 되는 비엔티안의 쇼핑타임! 최근에는 중국에서 값싸게 떼어온 물건이 더 많지만 조금만 수고를 한다면 작품에 가까운 상품도 발견할 수 있다. 야시장과 함께 소규모 숍에서 공정거래 형태의 소비를 실천하는 것도 의미 있는 일일 것이다. 쇼핑가는 강변과 가까워 산책을 겸해 둘러보기에 좋다.

외국인 절반, 라오스인 절반 ★★★★☆
비엔티안야시장 Vientiane Night Market

해가 어스름 저물기 시작하면 메콩강 주변이 붐비기 시작한다. 주로 루앙프라방에서 가져온 수공예품이 종류별로 나뉘어 진열되지만, 최근에는 중국이나 태국에서 온 물건들도 심심찮게 찾아볼 수 있다. 싸구려 중국제에 바가지 쓰지 않도록 주의하자.
한 땀 한 땀 수놓은 핸드메이드 지갑에서부터 가방, 방석커버, 아기 턱받침대, 파우치 등 다양한 패브릭제품이 손님을 기다리다. 손쉽게 포장해 갈 수 있는 전등갓도 인기상품으로 통한다. 밤에는 조명이 어두워 색상을 잘 파악할 수 없으므로 해가 완전히 지기 전에 쇼핑을 시작하는 것이 좋다.

운영시간 16:30~22:30 **찾아가기** 남푸분수대에서 메콩강 방향으로 팡캄거리(Thanon Pangkham)를 따라가면 바로 길 건너에 차오아누웡공원(Chao Anouvong Park)이 보인다. BCEL은행을 끼고 파응움거리(Thanon Fa Ngum)를 따라 450m가량 걸어가면 나타난다.

라오스사람들의 활기로 가득한 ★★★★☆
딸랏싸오몰(아침시장) Talat Sao(Morning Market)

란쌍대로에서 중앙버스터미널로 들어가는 초입에 자리한 딸랏싸오몰은 화려한 외관에 비해 내부는 소박한 편이다. 딸랏싸오라는 말은 '아침시장'이라는 의미이지만, 이젠 쇼핑몰이 들어서서 온종일 물건을 사고판다. 이곳에서는 관광객보다 현지인에게 필요한 물건을 팔고 있어 사는 재미보다 구경하는 재미가 크다.

딸랏싸오 안쪽으로 계속 들어가면 야시장에서 파는 물건들을 볼 수 있다. 야시장보다 좀 더 비싸지만 야시장에 갈 수 없다면 이곳에서 구입할 만하다. 딸랏싸오몰을 방문했다면 깔끔하게 포장된 커피나 라오스산 차를 눈여겨 보자.

운영시간 07:00~16:30 **찾아가기** 남푸분수대를 왼쪽에 두고 셋타티랏거리(Thanon Setthathirath)를 따라 직진하다가 란쌍대로(Lane Xang Avenue)에서 왼쪽으로 꺾어 400m가량 직진하면 보인다. 길모퉁이에 'Talat Sao'라는 현판이 크게 보인다. **귀띔 한마디** 야시장보다 수공예품 가격은 조금 더 비싼 편이다. 커피나 차 등이 비교적 저렴하다.

품격 있는 아로마제품과 갤러리가 한자리에 ★★★★★
티숍라이갤러리 T Shop Lai Gallery

티숍라이갤러리는 코코넛에서부터 라벤더, 레몬그라스까지 다양한 아로마제품을 선보이는 공정거래숍이다. 숍에 들어서는 순간 향긋한 아로마 향이 방문자를 반긴다.

아로마 향이 진하게 배어 있는 천연비누를 비롯해 천연오일 등의 보디용품을 만날 수 있다. 특

히 협탁이나 코코넛 모양을 그대로 가공한 미니볼 등 코코넛을 활용한 제품과 다양한 디자인가구가 눈에 띈다. 복층 구조의 숍에 진열된 디자이너의 작품을 둘러보면서 라오스의 감각을 느껴보자.

주소 Thanon Wat Impeng, Vientiane(Wat Inpeng 뒤편) **문의** (856) 021 223 178 **운영시간** 월~토요일 08:00~20:00, 일요일 10:00~18:00 **찾아가기** 남푸분수대를 오른쪽에 두고 셋타티랏거리(Thanon Setthathirath)를 따라 직진하다가 왼쪽 차오아누거리(Thanon Chao Anou)로 들어선다. 첫 번째 블록에서 살라나부티크호텔(Salana Boutique Hotel)을 끼고 오른쪽으로 꺾어 조금만 걸어가면 위치한다. **홈페이지** www.laococo.com/tshoplai.htm **이메일** info@artisanslao.com

최고의 헨드메이드제품을 만날 수 있는 ★★★★★
카마크래프트 Camacrafts

핸드메이드제품의 진수를 느껴볼 수 있는 곳이다. 공정거래숍인 이곳의 제품들은 몽족여성이 수작업으로 만든 작품들이다. 고급스러운 파우치, 다양한 색상과 패턴의 베개커버와 침대보, 산뜻한 분위기 연출에 필요한 식탁러너와 매트 등 정교한 패브릭이 가득하다. 상품은 비교적 비싼 편이지만 공을 많이 들였다는 것을 금방 눈치챌 수 있다. 고마운 사람들을 위한 선물을 고르고 싶다면 이곳을 추천한다. 다양한 물건을 살피며 라오스식 손바느질을 감상하기에도 더없이 좋다.

주소 Thanon Nokeo Khoumane, Ban Mixay, Vientiane 문의 (856) 021 241 217 운영시간 10:00~18:00 찾아가기 남푸분수대를 오른쪽에 두고 셋타티랏거리(Thanon Settha thirath)를 따라 걷다가 왼쪽 노케오쿠만거리(Thanon Nokeo Khoumane)로 들어서서 직진하면 우측에 위치한다. 귀띔 한마디 한쪽 코너에 세일 상품을 진열할 때가 있으니 참고하자. 홈페이지 www.camacrafts.org

청소년의 자립을 돕는 ★★★☆☆
프렌즈앤스터프 Friends 'N' Stuff

라오스와 캄보디아의 청소년 및 어린이 교육과 자립을 위한 NGO기관에서 운영하는 숍이다. 수제품의 상태가 견고하고 바느질이 군더더기 없이 조밀하다. 키홀더 등 작은 소품을 많이 취급하여 선물이나 기념품을 고르기에 좋다. 경쾌하고 독특한 디자인이 살아 있는 알록달록한 색감의 제품을 살펴볼 수 있다. 재활용 소재를 사용한 창의적인 소품도 눈에 띈다.

주소 Thanon Nokeo Khoumane, Vientiane(모뉴먼트 북스토어 맞은편) 문의 (856) 305 312 892 운영시간 화~일요일 12:00~18:00/월요일 휴무 찾아가기 남푸분수대를 오른쪽에 두고 셋타티랏거리(Thanon Setthathirath)를 따라 걷다가 오른쪽 노케오쿠만거리(Thanon Nokeo Khoumane)로 들어서면 우측 초입에 위치한다. 귀띔 한마디 막펫레스토랑과 같은 기관에서 운영한다. 홈페이지 www.friends-international.org

베틀장인의 숨결이 느껴지는 ★★★★☆
라오텍스타일 Lao Textiles

캐롤카시디Carol Cassidy가 운영하는 라오텍스타일에서는 베틀로 섬유를 만드는 장인이 제작한 예술적인 작품들을 엿볼 수 있다. 실크로 실험적인 패턴을 만들어 흔하지 않은 제품을 만드는데, 워크숍에서 장인들이 직조하는 모습을 가까이서 만날 수 있기도 하다. 1990년부터 운영된 곳이니만큼 직원들의 자부심이 대단하며 제품의 가격도 고가이다.

주소 Thanon Nokeo Khoumane, Vientiane 문의 (856) 021 212 123 운영시간 월~금요일 08:00~12:00, 14:00~17:00, 토요일 08:00~12:00/일요일 휴무 찾아가기 남푸분수대를 오른쪽에 두고 셋타티랏거리(Thanon Setthathirath)를 따라 걷다가 오른쪽 노케오쿠만거리(Thanon Nokeo Khoumane)로 들어서서 걸어가면 우측에 위치한다. 홈페이지 www.laotextiles.com

잇아이템만 쏙쏙 골라 모아둔 ★★★☆☆
사트리라오 Satri Lao

색색의 화려한 아이템이 가득한 사트리라오. 한 땀 한 땀 정성으로 짠 핸디크래프트 제품은 물론 실크 소재 원피스를 비롯한 접시, 그릇, 꽃병 등의 다양한 제품을 만나볼 수 있다. 라오스만의 색채가 가득한 데다가 실용적인 상품이 많아 구경하는 재미가 쏠쏠하다.

주소 79/4 Thanon Setthathirath, Vientiane 문의 (856) 020 244 385 운영시간 월~토요일 09:00~20:00, 일요일 10:00~19:00 찾아가기 남푸분수대를 오른쪽에 두고 셋타티랏거리(Thanon Setthathirath)를 따라 150m가량 걸어가면 왼쪽에 위치한다. 홈페이지 www.satrilao.laopdr.com 이메일 satrilao@hotmail.com

Section 06

비엔티안(위앙짠)에서 누리는 여유, 스파

라오스는 스파로 명성을 떨치는 곳은 아니지만 이웃나라인 태국과 영향을 주고받아 곳곳에서 마사지숍을 발견할 수 있다. 타이마사지에 비견되는 라오마사지(Lao Traditional Massage)는 꺾기와 잡아당기기, 비틀기 등도 포함된다. 일반적인 마사지는 1시간이지만, 보디마사지는 90분이 적당하며 대략 1시간당 4~6만K이다.

패키지로 알차게 누리는
만다리나마사지 Mandarina Massage

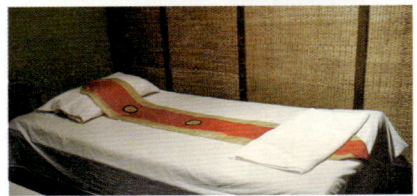

라오마사지를 기본으로 발마사지와 오일마사지 등을 접목한 패키지가 인기이다. 보디마사지와 발마사지가 각각 1시간과 30분씩 이어지는 90분 패키지가 알차다. 1층에서는 발마사지를 2층에서는 전신마사지를 진행한다. 성수기에는 기다려야 할 수도 있으므로 예약하는 것도 좋다. 남푸에서 탓담으로 향하는 길에 2개 지점이 위치한다.

주소 074 Thanon Pangkham, Vientiane 문의 (856) 021 218 703, (856) 020 5510 0601 가격 패키지 10만K~ 운영시간 09:00~21:00 찾아가기 여행자거리에서 남푸분수대 방향으로 걸어가면 우측 팡캄거리(Thanon Pangkham) 초입에 위치한다. 이메일 mandarina_spa@hotmail.com

숙련된 마사지사가 있는
오아시스 Oasis

규모는 크지 않지만 지명도 있는 스파숍이다. 외관이 허름하고 간판이 작아서 노란 현수막을 찾는 것이 빠르다. 보디마사지, 발마사지와 더불어 머리에서 어깨까지의 부분 마사지도 선택할 수 있다. 왁싱과 스크럽 등 보디케어도 알찬 편이며 숙련된 솜씨에 여독을 풀기에 안성맞춤이다. 마사지를 시작하기 전에 마치는 시간을 정확하게 확인하는 것이 좋다.

주소 Thanon Francois Ngin, Mixay, Vientiane 문의 (856) 030 506 7608, (856) 021 243 579 가격 라오보디마사지 6만K(1시간), 발마사지 6만K(1시간) 운영시간 09:00~22:00 찾아가기 남푸분수대를 오른쪽에 두고 셋타티랏거리(Thanon Setthathirath)를 따라 걷다가 왼쪽으로 네 블록 지나 프랑시스 응인거리(Thanon Francois Ngin)로 들어서서 직진하면 중간에 위치한다.

패키지로 즐기는 힐링타임, 참파스파 Champa Spa

비엔티안에서 비교적 오랫동안 운영하고 있는 마사지숍이다. 총 3개의 지점이 있으며 새로 연 지점이 더 쾌적하다. 2개 이상의 메뉴로 구성된 스파패키지 Spa Package는 기본 2시간부터 최장 3시간 30분까지, 평소에 접하기 힘든 장시간 스파를 즐길 수 있다. 다른 곳에 비해 가격이 조금 높은 편이다.

주소 Thanon Samsenthai&Thanon Pangkham, Vientiane 문의 (856) 021 215 203, (856) 021 251 926 가격 패키지 16만K~, 라오마사지 8만K 운영시간 09:00~22:00 찾아가기 여행자거리에서 남푸분수대 방향으로 걸어가다가 우측 팡캄거리(Thanon Pangkham)로 들어서서 쭉 직진하면 길 끝 우측에 위치한다. 귀띔 한마디 비엔티안 시내에 2, 3호점에 있다. 홈페이지 www.champaspa.com

기본에 충실한 화이트로터스 White Lotus

남푸 부근에 마사지숍이 모여 있는 거리에서 눈에 띄는 화이트로터스는 발마사지 전용 의자가 1층 가득 놓여 있다. 가장 기본인 라오마사지가 6만K부터 시작해 저렴한 가격대를 자랑한다. 보디마사지는 객실은 아니지만 커튼으로 파티션을 만들어 공간을 구분했으며 전체적으로 깔끔한 시설이 만족스럽다.

주소 77/1 Thanon Pangkham, Vientiane 문의 (856) 021 217 492, (856) 030 506 3690 가격 6만K~ 운영시간 09:00~22:00 찾아가기 여행자거리에서 남푸분수대 방향으로 걸어가면 우측 팡캄거리(Thanon Pangkham) 초입 좌측에 위치한다. 라오개발은행(Lao Development Bank) 바로 옆에 있다.

비엔티안(위앙짠)의 추천 숙소

Section 07

비엔티안에는 오랜 역사를 간직한 럭셔리호텔에서부터 감각적인 부티크호텔 그리고 합리적인 가격의 게스트하우스까지 다양한 종류의 숙소가 분포하여 선택의 폭이 넓다. 여행자에게는 강변을 끼고 자리한 숙소보다 조용한 거리에 위치한 숙소가 더 인기이다. 호텔 수영장은 묵고 있지 않더라도 입장료만 지불하면 즐길 수 있다는 점도 기억해 두자.

팰리스라는 이름이 아깝지 않은 ★★★★★
세타팰리스호텔 Settha Palace Hotel

콜로니얼 스타일에 세련된 대리석으로 리모델링하여 시간과 공간의 조화가 느껴지는 곳이다. 호텔에 들어서면 바로 보이는 샹들리에가 시선을 사로잡는데, 화사한 인테리어는 차분한 조명과 함께 안정감을 전해준다. 1932년에 지었지만 낡았다는 인상보다 고풍스럽고 클래식하다는 느낌이 더 짙다.

객실은 깔끔하게 관리되고 있으며, 스타일리시한 소품이 객실 곳곳에 비치되어 품격을 더한다. 차분한 직원들의 친절함 또한 머무는 내내 편안함을 준다. 수영장 역시 야자수로 둘러싸여 한적한 시간을 보내기에 좋다. 호텔에 마련된 바에서 취급하는 음료와 주류는 고급호텔임에도 저렴한 편이라 한적하게 여유를 즐기기에 더할 나위 없다.

주소 6 Thanon Pang Kham, Vientiane **문의** (856) 021 217 581 **가격** 스탠더드퀸룸 $180~, 디럭스킹룸 $235~/조식 포함 **체크인/아웃** 12:00/14:00 **귀띔 한마디** 호텔 이용객이 아니더라도 입장료를 내고 수영장을 이용할 수 있으며 칵테일 등 음료를 주문할 수 있다. **찾아가기** 남푸분수대에서 메콩강을 등지고 팡캄거리(Thanon Pang kham)를 따라 직진한다. 쿤부롬거리(Thanon Khun Bu Lom)와 만나는 코너에서 왼쪽으로 꺾으면 위치한다. **홈페이지** www.setthapalace.com **이메일** reservations@setthapalace.com

머물수록 더 머물고 싶은 부티크호텔 ★★★★★
안사라호텔 Ansara Hotel

다녀간 사람마다 칭찬을 아끼지 않을 정도로 평이 좋다. 작은 골목에 자리하지만 규모와 분위기, 시설과 서비스가 완벽한 호텔로 손꼽힌다. 화이트톤의 건물은 콜로니얼스타일로 꾸며져 있어 외관만 봐도 감탄이 절로 난다. 잘 손질된 정원을 따라 늘어선 객실과 깔끔한 수영장을 갖추고 있어 여유로운 휴가를 보내기에 손색이 없다.
고급스러운 실내 인테리어가 호텔의 품격을 더해주는데, 소란스러운 대로에서 벗어나 있어 무척 조용하다. 밤이 되면 활기를 띠는 호텔 내 레스토랑에서 저녁식사를 즐기는 것도 이곳 분위기를 만끽하는 또 하나의 방법이다.

주소 Thanon Fa Ngum, Ban Wat Chan Tha, Hom 5 muang Chanthabury, Vientiane 문의 (856) 021 213 514 가격 사비더블룸·트윈룸 $124, 스위트룸 $179/조식 포함 체크인/아웃 14:00/12:00 귀띔 한마디 사흘 머물면 이틀 치 숙박비만 받는 프로모션을 노려볼 만하다. 선베드가 놓인 수영장을 갖췄다. 찾아가기 야시장 초입에서 메콩강을 오른쪽에 두고 직진한다. 왼쪽에 왓찬타부리(Wat Chanthabouly)가 보이면 사원을 끼고 골목길로 들어서면 바로 앞에 위치한다. 대로변에 작은 표지판이 있어 찾기 어렵지 않다. 홈페이지 www.ansarahotel.com

분위기와 시설, 가격이 모두 만족스러운 ★★★★☆
봉캄센호텔 Vongkhamsene Hotel

메콩강과 인접해 있는 봉캄센호텔은 쾌적한 시설을 자랑하는데, 시설 대비 숙박료가 저렴한 편이다. 커피와 차 등을 무료로 즐길 수 있는 코너를 마련해 두었으며, 나무 아래에 탁자가 있어 비엔티안의 운치를 즐길 수 있다. 분위기와 시설, 가격 모두 합격점인 흔치 않은 곳이다. 택시로 공항픽업서비스를 $9에 제공한다.

주소 17/01 Thanon Manthaturath, Vientiane 문의 (856) 021 219 922 가격 싱글룸 $24, 더블룸 $27~30, 패밀리룸 $40/조식 포함 체크인/아웃 14:00/12:00 찾아가기 남푸분수대를 오른쪽에 두고 셋타티랏거리(Thanon Setthathirath)를 따라 걷다가 두 블록 지나 좌측의 만타뚜랏거리(Thanon Manthaturath)로 진입하면 우측에 위치한다. 페이스북 /VongkhamseneHotel

바야콘인 Vayakorn Inn
고급스러운 침실이 편안한 ★★★★☆

작은 골목에 위치하여 아는 사람만 찾아가는 바야콘인은 바야콘게스트하우스에서 새로 오픈한 숙소이다. 넓은 라운지가 화려하면서도 품격 있으며, 객실도 이에 준하는 시설을 갖추었다. 햇빛이 적당히 스미는 발코니를 활용할 수 있으며 소음이 적어 조용한 휴식을 취할 수 있다.

주소 Thanon Hengbounnoy, Vientiane **문의** (856) 021 215 348 **가격** 싱글룸·더블룸·트윈룸 $35/조식 불포함 **체크인/아웃** 14:00/12:00 **찾아가기** 남푸분수대를 오른쪽에 두고 셋타티랏거리(Thanon Setthathirath)를 따라 걷다가 오른쪽으로 세 블록 지나 행본노이거리(Thanon Hengbounnoy)로 들어서면 좌측에 자리한다. **홈페이지** www.vayakorn.biz

바야콘게스트하우스 Vayakorn Guesthouse
적당한 가격에 친절한 서비스까지 ★★★★☆

고급스러움보다는 실용적인 면이 더 두드러지는 바야콘게스트하우스는 발코니가 있는 객실을 얻으면 거리를 조망할 수 있다. 전체적으로 투박한 인상이 강하지만 깔끔하게 관리한 덕분에 중급숙소의 퀄리티를 유지하여 가격 대비 만족스러운 휴식이 가능한 곳으로 손꼽힌다. 건물에 'Vayakorn House'라고 쓰인 간판이 있으니 확인하자.

주소 Thanon Nokeo Khoumane, Vientiane **문의** (856) 021 215 348 **가격** 싱글룸 $19, 더블룸·트윈룸 $29/조식 불포함 **체크인/아웃** 14:00/12:00 **찾아가기** 남푸분수대를 오른쪽에 두고 셋타티랏거리(Thanon Setthathirath)를 따라 직진하여 오른쪽으로 두 블록을 지나 프렌즈앤스터프(Friend 'N' Stuff)를 끼고 오른쪽 노케오쿠만거리(Thanon Nokeo Khoumane)로 들어서면 왼쪽에 위치한다. **홈페이지** www.vayakorn.biz

저렴하게 묵을 수 있는 ★★★☆☆
스포츠게스트하우스 Sport Guesthouse

시설 자체는 새것이지만 창문이 없는 객실이 많으니 객실을 선택하기 전 창문 유무를 살피는 것이 바람직하다. 발코니가 있는 객실에는 창문이 있지만, 창문이 없는 안쪽 객실은 환기가 되지 않아 눅눅하다. 1층에 운영하는 카페에서는 신선한 생과일주스를 맛볼 수 있다.

주소 Thanon Francois Ngin, Vientiane **문의** (856) 021 241 352 **가격** 더블룸 8만K(팬룸), 10만K(AC룸)/트리플룸 12만K(팬룸), 15만K(AC룸) **체크인/아웃** 14:00/12:00 **찾아가기** 남푸분수대를 오른쪽에 두고 셋타티랏거리(Thanon Setthathirath)를 따라 걷다가 왼쪽으로 네 블록 지나 프랑시스응인거리(Thanon Francois Ngin)로 들어서면 우측에 자리한다. **이메일** sportguesthouse_sg@hotmail.com

평범하지만 쾌적하게 꾸민 ★★★☆☆
리버사이드팰리스호텔 Riverside Palace Hotel

강변과 가까운 곳에 위치하지만 리버뷰를 감상할 수 있는 객실은 제한적이다. 깔끔한 침구와 고급스러운 실내 분위기가 중급호텔의 면모를 유지한다. 창문이 없는 객실에서 지내면 답답함을 느낄 수 있으니 예약 전 확인해야 한다.

주소 Ban Mixai, Vientiane **문의** (856) 021 244 390 **가격** 스탠더드룸 $28, 디럭스 더블트윈룸 $40/조식 포함 **체크인/아웃** 14:00/12:00 **찾아가기** 남푸분수대를 오른쪽에 두고 셋타티랏거리(Thanon Setthathirath)를 따라 걷다가 왼쪽 노케오쿠만거리(Thanon Nokeo Khoumane)로 들어서서 직진하면 왼쪽에 위치한다.

주머니가 가벼운 여행객이라면 ★★★☆☆
니니백팩커호텔 Niny Backpacker Hotel

비엔티안에 있는 저렴한 가격대의 게스트하우스를 고집한다면 니니백패커가 정답이다. 보통 백패커라는 타이틀을 단 곳은 불결한 청소 상태 등으로 불쾌감을 느끼는 경우가 많은데 니니백패커는 관리상태가 양호한 편이다. 8인실, 16인실 등으로 객실을 구분했으나 가격은 4만K으로 동일하다. 숙박 전 도미토리룸을 확인할 수 있으니 체크하자.

주소 Next to Wat Mixay, Thanon Nokeo Khoumane, Vientiane **문의** (856) 020 9666 3333 **가격** 도미토리 4만K/조식 포함 **체크인/아웃** 14:00/12:00 **찾아가기** 남푸분수대를 오른쪽에 두고 셋타티랏거리(Thanon Setthathirath)를 따라 직진하다. 왼쪽으로 세 블록을 지나 라오실크스토어(Lao Silk Store)를 끼고 노케오쿠만거리(Thanon Nokeo Khoumane)로 들어서면 왼쪽에 위치한다. **이메일** niny backpack@hotmail.com

친절함과 깔끔한 서비스가 돋보이는 ★★★★☆
미싸이파라다이스게스트하우스
Mixay Paradise Guesthouse

스포츠게스트하우스와 나란히 자리한 미싸이파라디스는 직원들의 팀웍이 어느 곳보다 돋보이는 게스트하우스이다. 리셉션에는 객실별 숙박료가 일목요연하게 정리되어 있으며, 4층까지 있는 객실은 엘리베이터를 이용해서 이동할 수 있어 무거운 배낭을 짊어진 여행자에게도 부담이 없다.

주소 02 Unit 01 Thanon Frangcois Ngin, Vientiane 문의 (856) 021 254 223 가격 싱글룸 11만K(팬룸)/더블·트윈룸 14만K(팬룸), 16만K(AC룸) 체크인/아웃 14:00/12:00 귀띔 한마디 숙박료는 조식을 포함하는 경우와 불포함하는 경우로 구분된다. 찾아가기 남푸분수대를 오른쪽에 두고 셋타티랏거리(Thanon Setthathirath)를 따라 걷다가 왼쪽으로 네 블록 지나 프랑시스응인거리(Thanon Francois Ngin)로 들어서면 우측에 자리한다. 홈페이지 www.mixayparadise.com

저렴한 가격의 부티크호텔 ★★★★☆
마노롬부티크호텔 Manorom Boutique Hotel

골목길에 위치하는 마노롬은 입구에서부터 시선을 집중시키는 부티크호텔이다. 중급 이상의 고급스러운 숙소를 선호한다면 비엔티안에서 손에 꼽을 만하다. 시설에 비해 저렴하여 예약을 하지 않으면 빈방을 구하지 못할 수도 있다. 같은 골목에 비슷한 수준의 호텔이 있으므로 직접 찾아가 비교하고 숙박 여부를 결정하는 것도 좋다.

주소 Thanon Hengbounnoy, Vientiane 문의 (856) 021 250 748 가격 스탠더드더블·트윈룸 $40/조식 포함 체크인/아웃 14:00/12:00 찾아가기 남푸분수대를 오른쪽에 두고 셋타티랏거리(Thanon Setthathirath)를 따라 걷다가 오른쪽으로 세 블록 지나 행본노이거리(Thanon Hengbounnoy)로 들어서면 좌측에 자리한다.

메콩강변 앞에 자리한 ★★★☆☆
LV씨티리버너호텔 LV City Riverine Hotel

강변에 위치하여 찾아가기 쉬우며 위치에 비해 가격은 크게 높지 않다. 원목으로 마무리한 공간과 따뜻한 조명 등으로 무난한 수준의 분위기이다. 다만 객실로 올라가는 계단과 통로가 다소 좁은 것이 아쉽다. 야시장과 메콩강에 머무는 시간을 많이 얻고 싶다면 고려할 만하다.

라오스의 주요도시, 비엔티안&방비엥&루앙프라방

주소 Fa Ngum, Vientiane 문의 (856) 021 212 922 가격 스탠더드룸 $25, 디럭스룸 $32, VIP룸 $48 체크인/아웃 14:00/12:00 찾아가기 남푸분수대를 오른쪽에 두고 셋티랏거리(Thanon Setthathirath)를 따라 걷다가 좌측 세 번째 블록의 노케오쿠만거리(Thanon Nokeo Khoumane)로 들어선다. 골목 끝까지 직진한 후 강변의 파응움거리(Thanon Fa Ngum)에서 오른쪽으로 꺾으면 위치한다.

품격 있는 부티크호텔 ★★★☆☆
다바라호텔 Dhavara Hotel

화려한 외관에 준하는 품격 높은 실내 분위기는 한 차원 높은 휴식을 누리도록 돕는다. 고급 호텔의 새로운 대명사라고 할 수 있는 다바라호텔은 강변과 가까운 위치와 세련된 서비스 등으로 고객 만족도를 최고로 끌어올린다. 콜로니얼풍으로 장식한 객실은 넓고 아늑하다. 욕조를 갖춘 욕실에서도 군더더기 없는 콜로니얼스타일이 느껴진다.

주소 25 Thanon Manthalath, Vientiane 문의 (856) 021 222 238 가격 디럭스 $180, 프리미엄 $200, 스위트룸 $280, 로얄다바라 $600/조식 포함 체크인/아웃 14:00/12:00 찾아가기 남푸분수대를 오른쪽에 두고 셋티랏거리(Thanon Setthathirath)를 따라 걷다가 두 블록 지나 좌측의 만타뚜랏거리(Thanon Manthaturath)로 들어서면 바로 우측의 높은 건물이다. 홈페이지 www.dhavarahotel.com 이메일 rsvn.dhavara@gmail.com

청결한 관리로 만족도가 높은 ★★★★☆
시티인 City Inn

객실 크기에 비해 다소 비싼 시티인호텔은 2010년에 문을 열었다. 비교적 새 호텔이라 화사한 외관만큼 내부 시설도 만족스럽다. 라오스스타일의 산뜻한 침구와 대나무 소품을 활용한 청결한 욕실이 편안한 휴식을 돕는다. 탓담과 남푸분수에서 각각 5분 거리에 있어 최상의 입지 조건을 자랑한다.

주소 Thanon Pangkham, Vientiane 문의 (856) 021 218 533 가격 디럭스룸 $80, 주니어스위트룸 $120/조식 포함 체크인/아웃 14:00/12:00 귀띔 한마디 수영장을 갖추지 않았으나 인근에 있는 수영장 입장 쿠폰을 발급해준다. 시티인 홈페이지를 통해 할인된 가격으로 예약이 가능하다. 찾아가기 남푸분수대에서 메콩강을 등지고 팡캄거리(Thanon Pangkham)를 따라가다 정면으로 길을 건넌 후 계속 직진하면 우측에 자리한다. 홈페이지 www.cityinnvientiane.com 이메일 info@cityinncientiane.com

Chapter 02

협곡을 배경으로 흐르는 쏭강, 방비엥(왕위앙)

Vang Vieng

 ★★★★★
 ★★★★★
★☆☆☆☆

바람 소리와 물결 소리가 방비엥의 아침을 즐겁게 한다. 중국의 구이린(桂林)에 비견될 만한 산세는 남쏭(Nam Song)을 끼고 물빛과 만나 비경을 이룬다. 그 풍광을 바라보고 있노라면 어느새 도시의 소음과 분주함이 멀어지고 여행의 리듬이 물결을 따라간다. 거리에서 마주치는 사람의 절반 이상은 세계 곳곳에서 찾아온 이방인이라는 사실이 낯설기도 하지만, 그렇게 자연에서 위로를 얻으려는 이들의 아지트가 되어가는 방비엥은 여전히 싱그럽다.

방비엥(왕위앙)에서 이것만은 꼭 해보자

1. 블루라군에서 물놀이 즐기기
2. 남쏭을 끼고 자리한 카페나 식당에서 노을 감상하기
3. 뷰포인트에 올라 탁 트인 전경 바라보기
4. 카야킹이나 튜빙, 하이킹 등 입맛에 맞는 액티비티 즐기기

라오스의 주요도시, 비엔티안&방비엥&루앙프라방

사진으로 미리 살펴보는 방비엥(왕위앙) 베스트코스

남쏭을 중심으로 즐기는 액티비티한 하루 일정(예상 소요시간 9시간 이상)

첫째 날은 여러 액티비티 가운데 비교적 체력적 소모가 덜한 튜빙투어에 참여하거나 카야킹투어를 신청해 강물의 흐름을 따라가 보자. 투어를 마친 후에는 시내에서 멀지 않은 석회동굴 탐짱까지 자전거로 이동하자. 동굴 내부에서 바라보는 전망과 돌아오는 길에 만나는 석양은 여행을 풍성하게 한다.

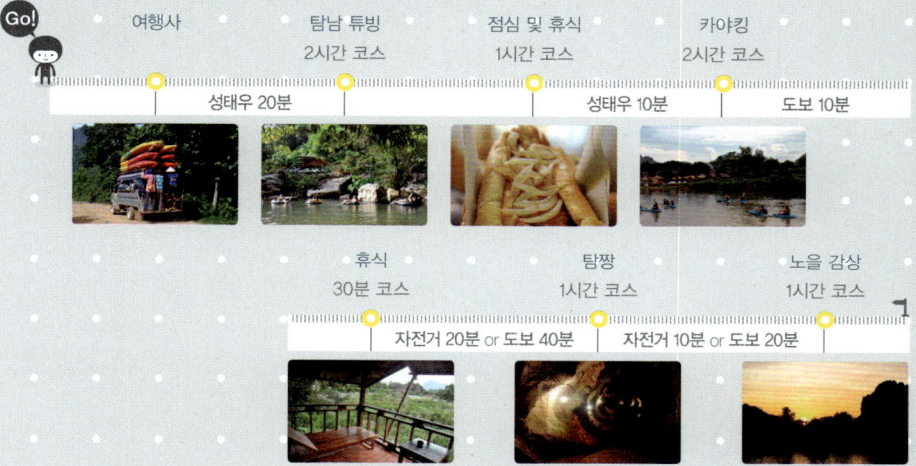

Go! 여행사 — 성태우 20분 — 탐남 튜빙 2시간 코스 — 성태우 10분 — 점심 및 휴식 1시간 코스 — 도보 10분 — 카야킹 2시간 코스

휴식 30분 코스 — 자전거 20분 or 도보 40분 — 탐짱 1시간 코스 — 자전거 10분 or 도보 20분 — 노을 감상 1시간 코스

블루라군과 뷰포인트를 누비는 꽉 찬 하루 일정(예상 소요시간 8시간 이상)

이튿날은 조금 일찍 일어나 아침시장을 둘러보는 것이 좋다. 라오스사람들의 생활을 엿볼 수 있으며 운이 좋다면 매일 6시 이전에 이루어지는 탁밧행렬을 만날 수 있다. 블루라군으로 이동해 물놀이로 더위를 식히고 돌아오는 길에 뷰포인트에 올라본다. 저녁식사를 즐긴 후에는 라오스의 밤을 즐겨보자.

Go! 딸랏싸오(아침시장) 30분 코스 — 자전거 20분 — 조식 40분 코스 — 오토바이 or 성태우 40분 — 블루라군 1시간 코스 — 동일장소 — 점심 및 휴식 1시간 코스 — 오토바이 20분

뷰포인트 2시간 코스 — 오토바이 20분 — 저녁식사 1시간 코스 — 자전거 10분 or 도보 20분 — 펍 or 클럽 1시간 코스

방비엥(왕위앙)

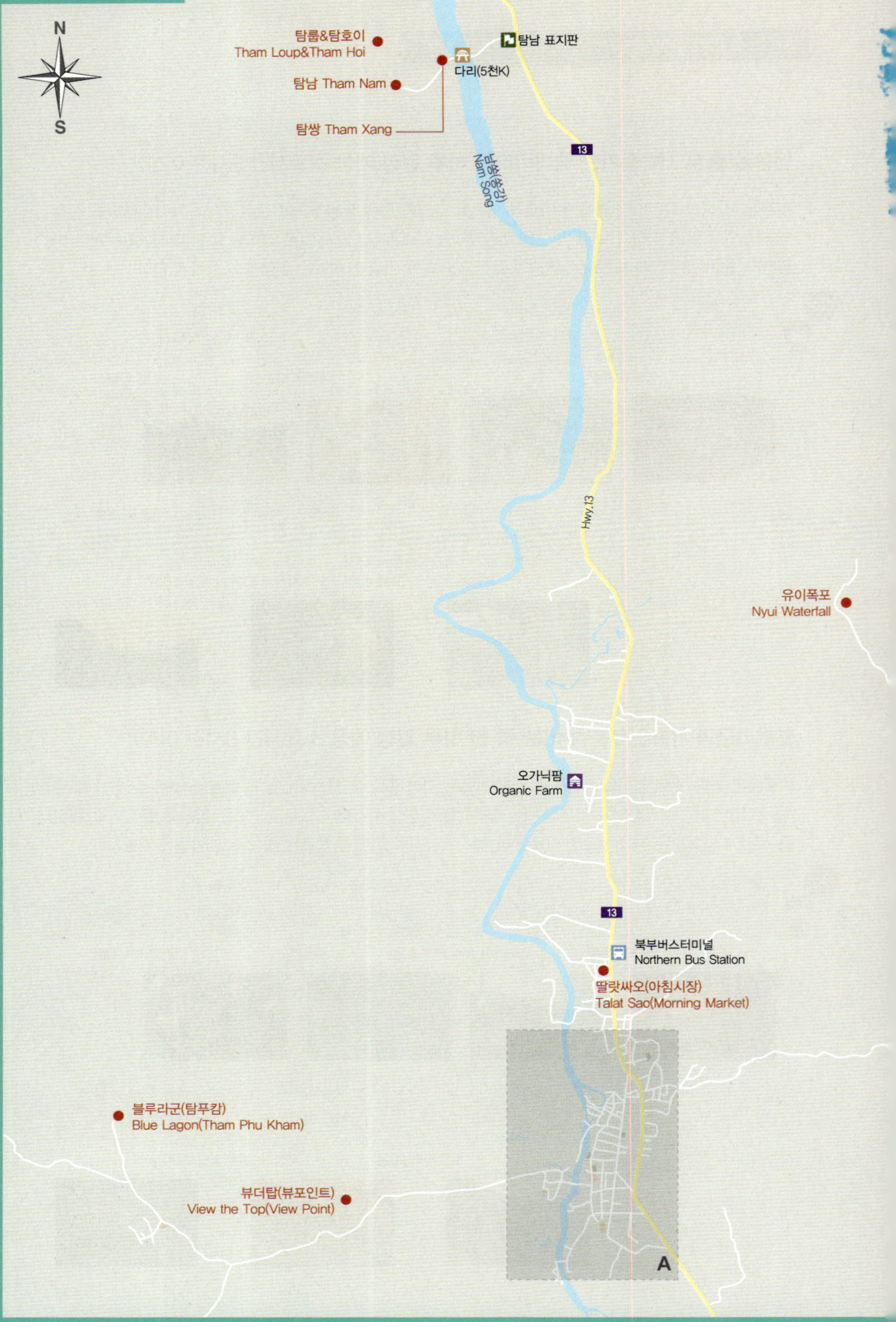

- 탐룹&탐호이 Tham Loup&Tham Hoi
- 탐남 Tham Nam
- 탐쌍 Tham Xang
- 탐남 표지판
- 다리(5천K)
- 남쏭(쏭강) Nam Song
- Hwy.13
- 유이폭포 Nyui Waterfall
- 오가닉팜 Organic Farm
- 북부버스터미널 Northern Bus Station
- 딸랏싸오(아침시장) Talat Sao(Morning Market)
- 블루라군(탐푸캄) Blue Lagoon(Tham Phu Kham)
- 뷰더탑(뷰포인트) View the Top(View Point)

A

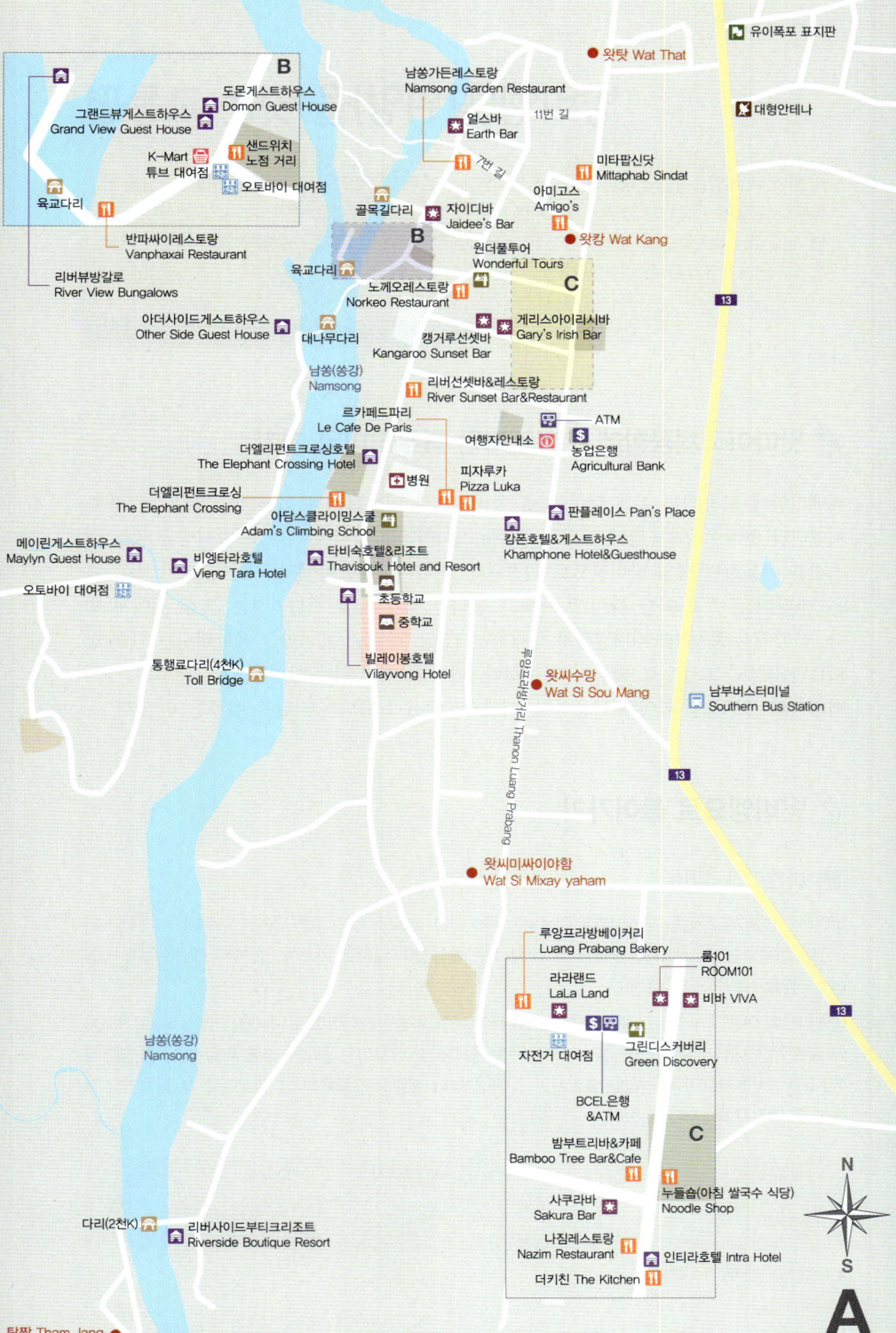

Part 02

Section 01
방비엥(왕위앙)을 잇는 교통편

비엔티안과 루앙프라방의 중간에 위치한 방비엥에는 중북부지역으로 연결되는 노선이 왕성하게 운행된다. 유명한 관광지인 만큼 주요도시를 잇는 버스가 여럿 편성되어 있으며 북으로는 루앙프라방, 남으로는 비엔티안을 잇는 노선이 있다. 국제공항은 없지만 태국인여행자가 많이 다녀가 태국행 국제버스가 두 나라를 연결한다.

• 출금 : ATM, 은행   • 환전 : 은행, 사설환전소

🖊 왓따이국제공항에서 비엔티안 북부터미널 가기

비엔티안에 도착해서 지체 없이 바로 방비엥으로 이동하려는 여행객이 많다. 이 경우, 비엔티안 왓따이국제공항에서 바로 북부버스터미널로 가서 비엔티안-방비엥을 잇는 버스편을 이용하면 당일 방비엥으로 연결된다. 왓따이국제공항에서 '키우롯 싸이 느아' 혹은 '싸타니 콘쏭 도이싼 싸이 느아'라고 불리는 북부버스터미널까지는 3km 떨어져 있다. 공항에서 북부버스터미널까지 썽태우는 1인당 3만K가량, 4인승 공항택시는 한 대당 $7(5만 6천K) 요금으로 이동이 가능하다. 다음에 이어지는 '방비엥으로 들어가기'에서 버스편의 세부사항 확인해 이용하자. 비엔티안에서 소모되는 시간을 절약할 수 있다.

🖊 방비엥으로 들어가기

🧳 비엔티안-방비엥

비엔티안-방비엥 구간은 가장 많이 이용되는 루트이다. 버스는 우리나라 고속버스 형태의 VIP버스와 12인이 탑승하는 미니밴으로 구분한다. VIP버스는 흔들림이 덜하고 비교적 안전하다. 티켓 예매 시에 버스 타입을 확인하는 것이 좋다.

비엔티안의 여행자거리에 자리한 여행사를 통해 예매가 가능한 VIP버스와 미니밴은 매일 10:00, 14:00에 출발한다. 대략 3~4시간이 걸리고 요금은 여행사에 따라 차이가 있으나 보통 픽업서비스를 포함해 4만 5천~5만K가량이다. 픽업은 출발시간 30분 전부터 진행하며 북부버스터미널이나 그 길목까지 이동한 후 예정된 버스에 탑승한다.

출발지	도착지	출발시간	예상 소요시간	버스타입	요금
비엔티안	방비엥	10:00	3~4시간	VIP버스/미니밴	4만 5천K/6만K
		14:00		VIP버스/미니밴	4만 5천K/6만K

▲ 비엔티안 - 방비엥 버스시간표

여행 일정이 빠듯한 경우 왓따이국제공항에서 바로 방비엥행 버스를 이용하려는 여행자가 많다. 이때 10:00와 14:00의 버스시간을 맞추지 못할 경우, 비엔티안 북부버스터미널에서 루앙프라방으로 가는 버스편을 이용하는 것도 방법이다. 비엔티안-루앙프라방 버스가 방비엥을 경유하므로, 루앙프라방까지 가는 요금을 지불해야 하지만 비엔티안에서 지체하는 시간을 줄일 수 있다. 티켓 구입 시 방비엥 정차 여부를 반드시 확인해야 한다. 단, 방비엥에 밤늦게 도착한다면 도착 전 숙소를 예약해 두고 일행과 함께 숙소로 이동하는 것이 바람직하다.

노선	버스타입	출발시간	예상 소요시간	비용	비고
비엔티안-방비엥-루앙프라방	일반버스	06:30, 07:30, 08:30, 11:00, 13:30, 16:00, 18:00	3~4시간	11만K	반드시 티켓 구입 전에 방비엥 정차 여부를 확인하도록 한다.
	VIP버스	08:00, 09:00, 19:30		13만K	
	슬리핑버스	20:00		15만K	

▲ 비엔티안 – 방비엥 – 루앙프라방 버스시간표

🧳 루앙프라방-방비엥

루앙프라방 남부버스터미널에서 버스를 타고 이동한다. 버스는 하루 2회 09:00, 14:00에 운행한다.

출발지	도착지	버스타입	출발시간	예상 소요시간	비용
루앙프라방	방비엥	미니밴 혹은 VIP버스	09:30	6시간	10만 5천K
			14:00		11만K

▲ 루앙프라방(남부버스터미널) – 방비엥 버스시간표

루앙프라방의 투어리스트버스&국제버스터미널Tourist Bus&International Bus Terminal에서도 12인승 미니밴을 운행한다. 게스트하우스나 여행사를 통해 방비엥으로 이동하는 버스티켓을 구입할 경우, 이곳의 버스편을 이용할 가능성이 크다. 티켓을 판매하는 곳에 따라 약간씩 가격 차이가 있다. 터미널까지 가기 전에 여행자를 픽업하기 때문에 때로 픽업시간만 30분가량 걸린다.

출발지	도착지	버스타입	출발시간	예상 소요시간	비용
루앙프라방	방비엥	미니밴	09:00, 10:00, 14:00, 15:00	5~6시간	10만 5천~12만K

▲ 루앙프라방(투어리스트버스&국제버스터미널) – 방비엥 버스시간표

🧳 폰사반-방비엥

폰사반(시엥쿠앙)에서 방비엥으로 향하는 버스가 매일 1회 운행한다. 시엥쿠앙 시내에 버스터미널이 자리하므로 여행사를 통하지 않고 직접 티켓을 구입하는 것이 좋다. 열악한 로컬버스이며 도로 상태도 좋지 않기 때문에 상당한 피로감을 느낄 수 있다. 도착한 순서대로 자리에 앉고 배낭 등은 버스 뒤편이나 지붕에 올리므로 정차할 때에 다른 사람의 짐을 내리면서 자신의 짐이 분실되지 않도록 주의해야 한다. 버스는 방비엥 버스터미널에 정차하며, 함께 온 다른 여행객과 시내까지 썽태우 비용을 나누어서 부담하는 방식으로 이동하는 것이 일반적이다.

출발지	도착지	버스타입	출발시간	예상 소요시간	비용
폰사반	방비엥	로컬버스	07:30	7시간	10만K

▲ 폰사반 – 방비엥 버스시간표

📝 방비엥에서 다른 도시로 이동하기

보통 머무는 숙소를 통하거나 시내 여행사에서 버스티켓을 구입한다. 숙소나 여행사를 통할 경우 픽업서비스를 받을 수 있으며, 약간의 수수료가 붙지만 버스터미널을 오가는 비용을 생각한다면 합리적인 가격이다. 직접 방비엥 버스터미널에서 버스티켓을 예약하려면 터미널까지 직접 이동해야 한다.

방비엥에서는 비엔티안, 루앙프라방, 폰사반(시엥쿠앙)과 멀리 팍세와 시판돈 등으로 이동할 수 있으며, 태국행 국제노선도 활발히 운행 중이다. 방비엥에서 라오스 남부까지는 이동시간이 길어 밤에 도착하게 된다. 때문에 비엔티안에서 하룻밤 머물고 다음 날 남부로 이동하는 여행자가 많다.

출발지	도착지	버스타입	출발시간	예상 소요시간	비용
방비엥	비엔티안	로컬버스	05:30, 06:00, 06:30, 07:00, 12:30, 14:00	4~5시간	4만K
		VIP버스	10:30, 13:30		6만K
		미니밴	09:00		6만K
	루앙프라방	미니밴	09:00, 14:00	7시간	10만K
		VIP버스	10:00		9만K
	폰사반	미니밴	09:30	6시간	10만K

▲ 주요도시 버스시간표

출발지	도착지	버스타입	출발시간	예상 소요시간	비용
방비엥	타켁	슬리핑버스	13:30	10시간	18만K
	사반나켓			12시간	
	팍세			14시간	
	시판돈			16시간	24만K

▲ 남부행 버스시간표

📝 방비엥 내에서 이동하기

방비엥에서는 남쏭이라 부르는 쏭강을 중심으로 일정이 이루어진다. 방비엥에는 남쏭을 건널 수 있는 다리 5개가 있는데, 여행자가 자주 이용하는 것은 4개이다. 도보로 이동하기에 충분한 방비엥 시내에서 다리의 위치를 파악하면 동선 선택이 훨씬 자유롭다.

🧳 통행료다리(톨브리지)

방비엥 가장 중앙에 위치한 통행료다리Toll Bridge는 4천K의 통행료를 내야 이용할 수 있다. 차량이 통과할 수 있으며 마을 내 다리 중에서는 규모가 큰 편이다. 블루라군과 뷰터톱을 방문할 때 주로 이용한다. 그 외에 탐남과 탐쌍 혹은 탐짱에 방문할 때 이용하는 또 다른 통행료다리는 각각 이용료가 5천K, 2천K이다.

🧳 대나무다리

대나무다리Bamboo Bridge는 튜브대여소 부근에서 K마트를 바라보고 좌측으로 내려가면 있다. 통행료가 없어 여행자가 가장 자주 마주치는 다리이자 가장 붐비는 다리이다. 다리를 건넌 후에 강가를 따라 100m가량 좌측으로 걸어가면 통행료다리와 같은 지점으로 갈 수 있어서 지나다닐 만하다. 다만 강변은 비포장 길이므로 캐리어를 끌고 이동하기에는 불편하다. 블루라군으로 갈 때도 자전거나 오토바이를 타고 이 대나무다리를 지나갈 수 있다.

🧳 육교다리

대나무다리 바로 반대편에는 육교 형태의 돌계단으로 이어진 다리가 있으며 리버뷰방갈로 등으로 이어진다. 계단을 올라가야 하지만 강 안쪽의 섬을 연결하며 전망이 좋다.

🧳 골목길다리

리버뷰방갈로에서 연결되는 또 다른 다리로, 섬을 잇는 또 다른 동선이다. 도로에서 좁은 골목길을 지나 다시 다리가 연결되어 있어 리버뷰방갈로와 리버사이드백패커게스트하우스를 오갈 수 있다. 도로 쪽에서 볼 때, 도몬게스트하우스Domon Guesthouse 우측 골목길이며, 'Welcome the Island'라는 작은 푯말이 보인다.

Part 02

Section 02
방비엥(왕위앙)에서 둘러봐야 할 명소

노을 지는 풍경에서 한 박자 쉬어갈 수 있는 방비엥은 이미 널리 알려진 곳으로, 한 바퀴 돌아보면 이 작은 동네가 한눈에 들어온다. 블루라군의 청량한 물빛과 남쏭(쏭강)의 흙색 물빛만으로도 이 이곳의 매력은 충분하다. 걷거나 자전거 혹은 오토바이를 타고 자신만의 속도로 욕망이 멈춘다는 라오스를 느낄 수 있다. 물에 들어가야 하는 경우에는 방수팩과 샌들을 반드시 챙기자.

 물빛 하나로 시름을 날리는 곳 ★★★★★
블루라군(탐푸캄) Blue Lagon(Tham Phu Kham)

방비엥을 찾는 이유라고 해도 과언이 아닐 정도로 잘 알려진 블루라군. 청량하기 그지없는 물빛은 여전히 여행자의 발길을 끌어모은다. 블루라군은 방비엥 시내에서 북서쪽으로 7km 떨어져 있어 한나절 일정으로도 부담 없이 다녀올 수 있다. 우기에는 녹음이 우거진 초록빛이 더욱 선명해진다. 방수팩과 샌들, 수영복, 비치타올을 챙기고 간단한 먹을거리나 돗자리 등을 준비해도 좋다.

수영과 다이빙, 나무에 매달린 그네에서 스윙을 하며 물놀이를 즐길 수 있는데 곳곳에 물이 깊은 곳(수심 6m)이 있다. 수영에 자신이 없다면 구명조끼를 대여하는 것이

안전하다. 한쪽에 구명조끼 대여소가 있으며, 최근 코인로커도 생겼다. 또한 블루라군 내에 간이식당이 있어 음식이나 음료를 주문할 수 있다.

블루라군에서 10분 정도 산길을 오르면 동굴 탐푸캄이 자리한다. 매점 뒤편으로 난 길을 따라가면 거대한 동굴을 만나는데 중간중간 햇빛이 들어와 신비로운 분위기이다. 동굴에서는 슬리퍼와 같이 미끄러지기 쉬운 신발은 피하는 것이 좋다.

개방시간 08:00~16:30 입장료 1만K(동굴 입장료 포함), 다리 통행료 4천K 찾아가기 방비엥 시내에서 대나무다리를 건너 7km 떨어져 있으며, 반나통(Ban Na Thong)으로 향하는 길에 있다. 귀띔 한마디 화장실 입장료가 있으니 잔돈을 챙겨가자.

블루라군 가는 법

썽태우(툭툭) : 가장 일반적인 방법으로, 다른 여행객과 합승하여 썽태우를 이용한다. 왕복 12~15만K 정도인데, 블루라군에서 보낼 약 2시간 정도의 시간이 주어진다. 금액과 머무르는 시간을 기사와 미리 협의해야 한다.

오토바이 : 여행자가 직접 운전하여 이동하므로 머무는 시간을 자유롭게 정할 수 있다. 대여료는 약 5~8만K이며 블루라군에서 주차비를 내야 한다. 헬멧도 대여료에 포함된다.

버기카 : 차체가 낮으므로 흙먼지를 뒤집어쓸 것을 각오해야 한다. 대여료는 1시간에 $25(20만K), 3시간에 $40로 사용시간에 따라 비용이 달라진다.

산악자전거 : 자갈길을 다녀야 하므로 신체적 부담이 크고, 흙먼지에 그대로 노출된다. 여유로운 마음과 충분한 시간을 예상해야 부담감이 덜하다. 대여료는 3만K이며 대여료에 포함된 자물쇠도 함께 빌려준다. 세워둘 때는 분실되지 않도록 자물쇠로 반드시 잠그도록 한다.

 방비엥의 숨은 비경 ★★★★★
유이폭포 Nyui Waterfall

마을을 따라 길게 뻗어 나가는 남쏭에서 매력을 느꼈다면 수직으로 떨어지는 물살의 기세를 놓치지 말 것! 유이폭포는 시내에서 9km 떨어진 거리에 있는데, 한가로운 전원 풍경을 즐기며 길을 따라가다가 싱그러움을 머금은 숲속으로 접어들면 만날 수 있다. 숲길은 잘 다듬어져 있고 험하지 않아 가벼운 마음으로 오를 수 있다.

유이폭포의 매력은 직각으로 쏟아지는 폭포수의 강력한 힘이다. 높이도 높이이지만 계곡으로 부는 바람에 날리는 물보라는 더위를 순식간에 날려준다. 다른 곳에 비해 덜 알려졌고 투어상품이 없어 이동편은 개인적으로 계획해야 한다. 산악자전거나 오토바이를 이용하면 반나절 일정으로 삼을 수 있다.

개방시간 08:00~16:00 **입장료** 1만K **찾아가기** 여행자안내소를 왼쪽에 두고 루앙프라방거리(Thanon Luang Prabang)를 따라 직진하다 왓탓(Wat That)을 지나 작은 로터리에서 우회전한다. 500m가량 지나면 'Nyui Waterfall' 표지판이 선명하게 보인다. 그 길을 따라 6km 정도 가면 유이폭포 입구에 도착한다. **귀띔 한마디** 폭포 입구에서 먹거리를 판매하지만 건기에는 영업을 하지 않는다. 건기에는 수량이 적어 유이폭포의 웅장한 물줄기를 보기 힘들다. 오토바이 가솔린은 2만K으로 하루를 달릴 수 있으니 출발 시에 주유하도록 하자.

우기에 주의할 점

국토 전역에 강줄기가 이어져 있어 우기에는 강물을 조심해야 한다. 우기에 여행한다면 특히 방비엥의 남쏭, 루앙프라방의 메콩, 남칸 등에서 수중스포츠에 참가할 때에 수량 증가로 인한 급류사고에 주의가 필요하다. 천둥·번개를 동반하는 우천 시에는 야외활동을 잠시 중단하고 실내에서 비가 그치기를 기다리는 것이 상식으로 통한다.

튜빙으로 동굴탐험을 즐기는 ★★★★☆
탐남 Tham Nam

튜브를 타고, 밧줄을 잡고, 머리에는 랜턴을 달고 동굴 속으로 들어가는 기분은 어떨까? 탐남에 가면 그 수수께끼가 풀린다. 방비엥식으로 동굴을 탐험하는 재미 때문에 사람들은 먼 거리를 마다치 않고 이곳을 찾는다. 튜빙으로 동굴 안까지 접근하는 액티비티는 더위를 피하면서 스릴을 즐길 수 있어 인기가 많다.

일명 워터케이브Water Cave라고도 불리는 탐남에 도착하면 튜브들이 즐비하다. 탐남에서의 튜빙은 500m가량 이어진 동굴 내부를 줄을 잡고 이동하는 방식이다. 우기에는 수위가 높아져 튜빙이 불가능하고 건기에는 수위가 낮지만 여전히 동굴 내부는 비좁고 어둡다.

개방시간 08:00~16:30 **입장료** 1만K, 다리통행료 5천K **찾아가기** 여행자안내소를 왼쪽에 두고 루앙프라방거리(Thanon Luang Prabang)를 따라 13km 계속 직진하면 왼쪽에 작은 표지판이 나오는데 그 비포장도로 끝의 통행료다리를 건너야 한다. 다리를 건넌 후 동굴 안쪽까지 마을길과 논길을 1km 이상 걸어간다. 귀띔 한마디 개별 여행자는 손전등을 지참하도록 한다.

탐남 가는 법

직접 방문 : 자전거나 오토바이를 대여해 직접 찾아가 현장에서 튜브를 대여(1만K)할 수 있다. 시간이 자유롭고 오가는 길에 여유롭게 방비엥의 풍경을 즐길 수 있다는 장점이 있다. 한낮에는 무척 더우니 이른 아침에 출발하는 것이 좋다. 탐남은 방비엥 시내에서 북쪽으로 14km가량 떨어져 있다.

투어상품 : 시내에서 하루코스(Full Day, 9~10만K)나 반나절코스(Half Day, 8만K) 투어상품을 예약하여 방문할 수 있다. 픽업서비스와 탐남의 튜빙과 쏭강의 카야킹, 점심식사가 포함된 코스이며 보통 오전 9시에 시작해 오후 4시에 마무리한다. 반나절코스는 탐남 튜빙을 뺀 카야킹만 참여하게 되며 튜브와 함께 손전등과 구명조끼가 지급된다. 포함되는 사항과 가격은 여행사마다 조금씩 차이가 있으니 확인한 후 예약하자.

코끼리를 찾아라! 코끼리동굴 ★★☆☆☆
탐쌍 Tham Xang

탐남으로 향하는 초입에 위치하는 탐쌍은 여행객들이 자칫 지나치기 쉬운 동굴이다. 라오스어로 코끼리동굴을 뜻하는 탐쌍은 동굴 내부에 형성된 석순이 선명하게 코끼리 모양을 하고 있다. 이 동굴에서 커다란 뼛조각이 발견되었는데 라오스인들은 이를 두고 탐쌍이 코끼리의 은신처였다고 굳게 믿는다.

탐쌍은 종교적인 색채가 강해 현지인의 발길이 잦다. 동굴 앞에는 마당이 있고 출입문을 설치해 사원처럼 꾸며 놓았으며 동굴 내부에는 부처의 와상을 비롯해 다양한 형태의 불상이 모셔져 있다. 부처발바닥이라고 칭하는 조형물이 인상적이며 종유석 코끼리상은 부처발바닥 우측에 있으니 주의 깊게 살펴보자.

개방시간 08:00~16:30 **입장료** 5천K, 다리통행료 5천K **찾아가기** 여행자안내소를 왼쪽에 두고 루앙프라방거리(Thanon Luang Prabang)를 따라 13km 계속 직진하면 왼쪽에 작은 표지판이 나오는데 비포장도로 끝의 통행료다리를 건너야 한다. 현지인에게 '탐남?' 하고 물어보는 것도 수월하게 길을 찾는 방법이다.

피난민의 은신처였던 동굴 ★★☆☆☆
탐짱 Tham Jang

탐짱은 19세기 전쟁이 있을 당시 피난민의 근거지였다. 외부 동태를 살필 수 있는 위치에 있어 중국 원난에서 내려온 세력을 피해 몸을 숨길 수 있었다고 한다. 매표소에서 탐짱으로 올라가는 길은 가파른 계단으로 이어져 있다. 매표소 좌측으로는 동굴에서 물이 흘러나와 냇물을 이룬다. 바닥까지 훤히 보이는 물빛은 탐짱의 또 다른 매력이다. 푸른빛의 계곡물은 얼음장처럼 차가워 더위를 식히기에 그만이다.

동굴 내부는 어둡지만 곳곳에 전등이 있어 둘러보는 데 불편함이 없으며 바닥은 걷기에 좋은 상태로 정돈되어 있다. 기괴한 석회동굴의 매력을 느끼며 안쪽으로 깊이 들어가면 어느 순간 밖으로 트인 전망대에 이른다. 거칠 것 없이 유유히 흐르는 쏭강과 함께 방비엥 일대를 한눈에 내려다볼 수 있다.

개방시간 08:00~16:30 **입장료** 1만 5천K, 다리통행료 2천K **찾아가기** 방비엥 시내에서 남쪽으로 1.5km 떨어져 있다. 여행자안내소를 오른쪽에 두고 루앙프라방거리(Thanon Luang Prabang)를 따라 직진하다가 왓씨미싸이야함(Wat Si Mixay yaham)을 끼고 오른쪽으로 꺾는다. 길을 따라 쭉 가다가 리버사이드부티크리조트 옆 다리(이용료 2천K)를 통과해 남쏭을 건넌 후 왼쪽으로 향하면 동굴 앞 매표소가 위치한다. **귀띔 한마디** 자전거와 오토바이 주차 시 입장료에서 각각 2천K, 3천K씩 추가된다.

Part 02

 뷰더탑(뷰포인트) 방비엥을 굽어보는 천연 전망대 ★★★★★
View the Top(View Point)

방비엥의 비경은 중국의 구이린(계림)에 비견된다. 깎아 지르는 산세에 안개라도 낀 날이면 빼어난 운치에 마음을 빼앗긴다. 얼핏 보면 작은 동산처럼 보이지만, 오르는 동안 구슬땀이 맺힌다. 다소 가파르나 편안한 운동화만 챙겨 신는다면 큰 무리 없이 오를 수 있다. 마을에서 산책로를 정비해 오르는 길이 위험하지 않다.

무엇보다 정상에 올라 바라보는 거칠 것 없는 방비엥의 풍경은 오르는 수고를 단번에 날려준다. 이른 아침이나 일몰시간에 맞춰 오르는 것이 좋으나, 일몰 시간대에는 손전등을 준비하거나 어두워지기 전에 내려오는 것이 안전하다. 투어상품이 없어 뷰더탑 입구까지 산악자전거나 오토바이, 성태우 등을 개인적으로 이용해야 한다. 뷰더탑은 블루라군 가는 길 중간지점에 위치하므로 동선을 고려해 블루라군과 하루일정으로 묶는 것이 좋다.

개방시간 06:00~16:00 **입장료** 1만K **귀띔 한마디** 정상에 다다라서 원두막 같은 1차 전망대를 지나 5분가량 걷다가 계단으로 난 길을 한 번 더 올라가야 빨간색 지붕의 전망대에 도착할 수 있다. 정상까지 오르는 데 40분가량 소요된다. **찾아가기** 통행료다리나 대나무다리를 통해 쏭강을 건넌 후 쏭강을 왼쪽에 두고 길을 따라 직진한다. 메이린 게스트하우스(Maylyn Guesthouse)에서부터 3km를 더 가면, 뷰더탑 간판이 나타난다. 화살표를 따라 100m를 걸으면 오솔길 끝에 매표소가 위치한다.

 탐룹&탐호이 수풀이 우거진 정글 끝에 자리한 ★★★☆☆
Tham Loup&Tham Hoi

탐룹, 탐호이는 탐남에서 1km 내에 위치하여 튜빙을 즐기다 찾아갈 만하다. 가는 길은 인적이 없어 동행을 구하는 것이 안전하다. 동굴 입구에서 종종 현지인이 가이드를 자청하는데, 가격을 분명하게 흥정하는 것이 바람직하다.

달팽이동굴을 뜻하는 탐호이 입구 쪽에는 불상이 자리하며, 안쪽으로 3km 들어가면 호수가 있어 모험을 즐기는 이들이 주로 다녀간다. 탐룹은 빙글빙글 이어진 오르막을 따라 걸으면 닿을 수 있다. 탐룹의 매력은 손때 묻지 않은 천연동굴 모습이다. 형형색색 종유석의 갖가지 모양이 진풍경을 만들어낸다.

찾아가기 탐남에서 북쪽 오솔길을 따라 50m가량 걸어 들어간다. **귀띔 한마디** 동굴 안쪽은 어두우므로 손전등을 반드시 준비해야 하며, 길을 잃어버리지 않도록 각별한 주의가 필요하다.

방비엥에서 만나는 사원 ★★☆☆☆
왓탓, 왓캉, 왓씨수망, 왓씨미싸이야함
Wat That, Wat Kang, Wat Si Sou Mang, Wat Si Mixay Yaham

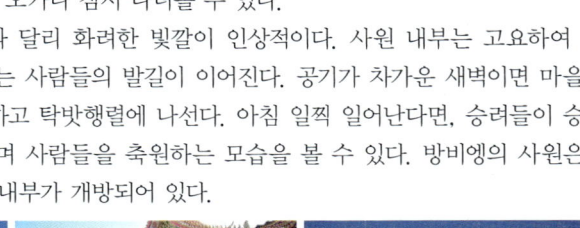
왓캉

방비엥은 이름난 여행지이지만 현지인의 삶 또한 공존하는 작은 마을이다. 라오스의 모든 마을이 그렇듯 방비엥에도 크고 작은 사원이 곳곳에 위치한다. 시내 북쪽의 왓탓, 시내 중심부의 왓깡, 남쪽의 왓씨수망과 왓씨미싸이야함 등은 접근성이 좋아 마을을 오가다 잠시 다녀올 수 있다.

루앙프라방의 유명한 사찰과 달리 화려한 빛깔이 인상적이다. 사원 내부는 고요하여 잠시 평온한 시간을 누리려는 사람들의 발길이 이어진다. 공기가 차가운 새벽이면 마을 주민들은 공양음식을 준비하고 탁밧행렬에 나선다. 아침 일찍 일어난다면, 승려들이 승복을 차려입고 맨발로 걸으며 사람들을 축원하는 모습을 볼 수 있다. 방비엥의 사원은 따로 입장료를 받지 않으며 내부가 개방되어 있다.

왓탓 왓씨수망 왓씨미싸이야함

찾아가기 왓탓, 왓캉, 왓씨수망은 모두 루앙프라방거리(Thanon Luang Prabang)를 중심으로 남북으로 길게 흩어져 있다. 왓씨미싸이야함만 루앙프라방거리 남쪽 끝에서 탐짱으로 가는 방향으로 우회전해야 한다.

아침의 활력이 느껴지는 시장 ★★★☆☆
딸랏싸오(아침시장) Talat Sao(Morning Market)

직접 기른 농작물과 신선한 육류가 한자리에 펼쳐지는 아침시장은 방비엥 사람들의 일상을 볼 수 있는 곳이다. 작물을 솜씨 좋게 쌓아 올린 모습, 각가지 푸릇푸릇한 채소, 상인과 손님이 흥정하는 모습에서 활력을 느낄 수 있다.

한국에서 맛보기 어려운 열대과일 등을 무척 저렴하게 구입할 수 있으며 코코넛향이 가득한 라오스식 풀빵 카놈꼭, 구운 바나나, 달콤한 연유를 넣은 커피, 찹쌀도넛 등도 있다. 시장 구석구석에 식당이 있어 푸짐하게 아침을 해결하기에도 그만이다.

찾아가기 여행자안내소를 왼쪽에 두고 루앙프라방거리(Thanon Luang Prabang)를 따라 직진하다가 교차로에서 왼쪽 메인도로를 따라 1km 가면 좌측에 위치한다. 시장은 13번 메인도로에서 통로를 통해 안쪽으로 들어가야 보이므로 지나치지 않도록 주의하자.

Special 06

혼자 돌아보는 방비엥 구석구석, 오토바이 셀프투어

방비엥은 작은 마을이지만 거리에서 현지인보다 외국인여행객을 더 쉽게 찾아볼 수 있을 정도로 손꼽히는 여행지가 되었다. 천혜의 자연과 더불어 누릴 수 있는 즐거움이 가득한 것이 여행객을 끌어모으는 가장 큰 이유이다. 그중에서 한 번쯤 도전하고 싶지만 유언비어나 소문 때문에 망설이게 되는 것이 바로 모토바이크, 즉 오토바이 셀프투어이다. 허황된 동경이나 막연한 두려움을 거둬낸다면 안전하게 즐길 수 있는 오토바이 셀프투어에 대한 이모저모를 살펴보자.

누가

자전거를 탈 줄 아는 사람이라면 사실 이륜차인 오토바이를 운전하는 데 무리는 없다. 다만 평소에 운동을 즐기지 않는 경우 감각을 익히는 것이 무엇보다 중요하다. 오토바이를 빌리기 전에 잠시 시험운전 기회가 있으니 실력을 점검해 보자. 물론 혼자보다 동행과 함께 하는 것이 심리적으로 안정이 된다.

언제, 어디서

한국사람이 방비엥을 집중적으로 찾는 7~8월은 우기이다. 하루에 한 차례씩 줄기차게 비가 쏟아지면 길이 미끄럽기 마련이다. 아스팔트도로는 무리가 없지만 우기의 비포장도로에는 언제나 사고의 위험이 있다. 게다가 이곳저곳이 움푹 팬 도로 상태는 초보운전자에게 함정과 다름없다. 팬 부분을 보지 못하고 속도를 내면 바퀴가 헛돌아 균형을 잃고 옆으로 넘어질 수 있다. 때문에 비포장도로에 빨리 적응하고 안전사고에 대비해서 안전운전, 저속운전하는 것이 바람직하다. 오토바이로 이동하기 좋은 구간은 방비엥 시내-탐남, 방비엥 시내-유이폭포, 방비엥 시내-블루라군을 꼽을 수 있다. 메인도로를 따라가기 때문에 길 찾기가 쉽고, 자신의 일정에 따라 여정을 계획할 수 있기 때문이다.

무엇을

오토바이의 매력은 무엇보다 온몸으로 느끼는 바람과 자유로움이다. 한 번 맛보면 좀처럼 빠져나오기 힘든 매력 때문에 오토바이를 한 번 타기 시작하면 호시탐탐 다시 탈 기회를 엿보게 된다. 방비엥에서 타는 오토바이는 첫째도, 둘째도 안전이다. 대여 전에 엔진소리를 들어보고, 이상이 없는지 신중하게 확인하는 것이 중요하다. 또한 안전을 담보할 수 있는 헬멧을 튼튼한 것으로 고르는 노력도 필요하다. 또한 가까운 주유소에서 1만K만 주유해도 반나절은 무리 없이 사용할 수 있다. 물론 계기판에 표시된 주유량을 확인하도록 하자.

어떻게

라오스에서 오토바이를 대여할 때는 보통 국제면허증이 아닌 여권 제시 및 보관이 기본이다. 오토바이 분실을 방지하려는 목적이 가장 큰 이유이다. 또한 만일에 사고가 발생할 경우, 이에 대한 책임을 묻기 위한 엄포용으로 이해할 수도 있다. 방비엥에서는 오토바이뿐만 아니라 자전거를 대여할 때도 흔히 여권을 요구하며, 반납 시 여권을 돌려받는다. 여권을 건넬 때 스마트폰으로 사진을 찍어두거나, 복사본을 주겠다고 정중하게 대응하는 것도 한 가지 방법이다. 또한 오토바이에 난 흠이나 자국을 빌미로 수리비를 요구하는 불상사를 막기 위해 오토바이 대여 전에 사진을 찍어두는 것도 필수이다.

이용시간&대여료

대여소가 문을 여는 아침 일찍부터 해가 지는 6시까지를 대여시간으로 여긴다. 전날 오토바이를 예약하는 것이 좋으며, 당일 오전에는 시운전을 하며 오토바이 상태를 확인하는 것을 빠뜨리지 말아야 한다. 여권을 돌려받기 위해서는 문 닫는 시간 전에 하루일정을 마무리해야 한다. 폐점시간에 늦어 당일에 여권을 돌려받지 못할 경우, 특히 이튿날 일찍 다른 도시로 이동해야 한다면 당황할 수밖에 없으니 낭패를 보지 않도록 주의하자. 대여료는 오토바이 상태에 따라 5~9만K이다. 오토와 세미오토로 나뉘며 혼다 기종이 가장 무난하다. 중국산의 경우 중간에 고장이 나는 경우가 많으므로 피하는 것이 좋다. 주유비는 별도이며 1~2만K으로도 하루 동안 충분히 사용할 수 있다. 또한 주유소에서 주유하는 것이 가장 저렴하다.

그밖에

흙먼지 날리는 도로에서는 햇볕과 먼지에 그대로 노출된다. 마스크와 선글라스, 모자, 선크림과 충분한 양의 생수는 반드시 챙기도록 한다. 짧은 바지는 오히려 운전할 때 불편할 수 있으므로 긴 바지를 입고, 슬리퍼도 자칫 사고로 이어질 수 있으니 발을 충분히 감싸는 샌들이나 운동화를 착용하는 것이 좋다. 또한 흰색 셔츠는 흙먼지로 인해 본래의 색을 잃을 수 있다. 헬멧은 오토바이에 걸어두면 분실 위험이 있으므로 반드시 의자 아래 보관함에 넣어두거나 직접 휴대하도록 한다. 문제가 발생할 것을 대비해 대여소의 연락처를 반드시 챙겨두는 것을 잊지 말자.

Section 03
방비엥(왕위앙)을 만끽하는 액티비티

> 방비엥의 액티비티는 자연을 만나는 각기 다른 방법이기도 하다. 하지만 하루에 서너 개의 투어나 액티비티를 모두 소화할 수는 없다. 높은 기온이 체력에 부담을 주기 때문이다. 여유 있는 마음으로 방비엥에서 즐길 만한 액티비티를 골라보자.

방비엥의 대표 액티비티,
튜빙 Tubing

방비엥의 튜빙은 남쏭(쏭강)의 물살을 온몸으로 느낄 수 있는 액티비티로, 라오스 남부 시판돈과 함께 튜빙의 최적지로 꼽힌다. 쏭강은 시기에 따라 수량이 다른데 특히 우기에는 물살이 거칠다. 한없이 한적에 보이지만 흐르는 물에 몸을 맡기는 것이므로 방심은 금물이다. 튜브에 바람이 제대로 차 있는지 확인하고, 수영에 자신이 없다면 구명조끼를 착용하는 것이 사고를 막는 지름길이다. 또한 튜빙을 즐기는 동안 햇볕에 노출되는 어깨 등에 화상을 입지 않도록 선크림을 충분히 바르자.

방비엥 시내의 튜브대여소에서 6만K의 보증금과 대여비 5만 5천K을 내면 썽태우로 튜빙 시작점까지 데려다준다. 남쏭 상류에서 5km, 10km, 15km로 구분하여 하류까지 내려오는 것이 보통이다. 물놀이이기 때문에 소지품에 각별한 주의가 필요하다. 방수팩을 따로 준비하거나 지급된 방수팩에 이상이 없는지 확인한 후 사용하자. 때때로 지급받은 방수팩 결함으로 물품을 분실하거나 물에 빠뜨리는 경우도 있다.

역동적인 액티비티
클라이밍 Climbing

카르스트지형을 꼽지 않더라도 방비엥의 산세는 정복욕을 자극하기에 충분하다. 거친 자연에 맞서는 동시에 자연에 기대어 땀 흘리는 암벽타기는 방비엥의 대자연을 적극적으로 만나는 방법이다. 무조건 암벽에 오르는 데 능숙한 전문가일 필요는 없다. 수준에 따라 코스가 나뉘고 초보자코스도 있다.

두 손과 두 발을 사용하고, 오르는 순간부터 쏟아지는 땀을 감당해야 하기에 그날의 컨디션을 고려하는 것이 중요하다. 클라이밍 전문업체에서 장비와 암벽화를 대여할 수 있으며 암벽등산 코스에 대해 문의할 수도 있다.

클라이밍 추천 업체, 아담스클라이밍스쿨 (Adam's climbing School)

충분한 안전장치와 노하우를 갖춘 아담스클라이밍스쿨은 파뎅산(Padeng Mountain)을 30m 오르는 암벽등반코스와 15m를 오르는 초보자코스를 진행한다. 우기인 5~9월에는 윗바위가 비를 막아주어 미끄럼 없이 정상에 오를 수 있는 것이 특징이다. 보통 우기에는 빗물로 인해 암벽을 타는 것 자체가 쉽지 않은데 바위산인 파뎅산은 빗물이 윗바위에만 떨어져 암벽하는 데 좋은 조건이다. 건기인 10~4월에는 슬리핑월(Sleep ing Wall)로 불리는 파탐런을 오른다. 11~3월이 기후조건상 클라이밍을 즐기기에 가장 좋다.

방비엥의 산세를 즐길 수 있으며 여러 사람을 만날 수 있는 것도 아담스클라이밍스쿨 투어의 장점이다. 5명을 한 조로 1명의 가이드가 동행하며, 최대 18~19명까지 참여한다. 9시에 시작해 오후 4시에 끝나는 일정으로 도시락과 생수가 지급된다.

문의 (856) 020 5010832 운영시간 월~금요일 08:00~20:00, 토, 일요일 9:00~19:00 찾아가기 여행자안내소를 오른쪽에 두고 루앙프라방거리(Thanon Luang Prabang)를 따라 직진하다가 판플레이스(Pan's Place) 맞은편 골목길로(오른쪽으로) 꺾어서 직진하면 왼쪽에 보인다. 병원과 초등학교 사이에 위치한다. 가격 종일코스(Full day) $35, 반나절코스(Half day) $15 홈페이지 www.laos-climbing.com

물살 따라, 바람 따라 즐기는
슬로우보트(롱테일보트) Slow Boat(Longtail Boat)

슬로우보트는 좁고 긴 나무배 위에 작은 좌석이 있어 비교적 편안하게 강을 타고 내려올 수 있다. 물살을 가르는 소리는 물론 신선한 바람까지, 남쏭의 매력을 느끼며 여유를 즐기기에 좋다. 보트 한 대에 보통 2명이 탑승하며 이용료는 8~10만K이다. 시기와 업체에 따라 가격이 천차만별이므로 가격을 비교하는 것이 좋다. 또한 보트를 타고 내려오는 시간에도 차이가 있으니 탑승시간과 가격을 비교하자. 차를 타고 강 상류까지 이동한 후 보트를 타고 내려오는 것으로, 반나절이 채 걸리지 않는다. 때에 따라 현지인이 함께 탑승하기도 하며 보트에 작은 모터가 장착되어 있어 소음이 있다.

산 넘고 강 건너 비경 속에 풍덩!
카야킹 Kayaking

급류래프팅의 대명사인 카야킹은 물살을 헤치는 짜릿함이 매력적인 액티비티이다. 2인 1조로 움직이므로 팀워크가 중요하며 뒷사람은 카약이 갈 방향을 알려주는 조타수 역할을 해야 한다. 물살을 타고 가다가 급류를 만나면 패들을 저어 방향을 바꾸는 등 체력과 모험심이 필요하다. 속도를 잘 맞추지 못하면 강가로 몰리게 되고 종종 수초가 카약의 움직임을 방해한다. 때문에 어느 정도 위험을 감수해야 하고 물에 빠지면 스스로 물 밖으로 헤엄쳐 나올 수 있어야 한다. 투어업체를 통할 경우 가이드가 있어 도움을 받을 수 있다. 구명조끼와 선크림은 필수이며 안전수칙에 대한 이해가 필요하다. 투어는 하루코스와 반나절코스가 있으며 10~16만K의 비용이 든다.

오르락내리락 페달을 밟아!
사이클링 Cycling

방비엥은 크지 않은 마을이지만 몇몇 명소가 멀리 떨어져 있어 개별적으로 여행한다면 사이클링만 한 것이 없다. 기분 따라 자신만의 루트를 계획할 수 있어 자유로움을 만끽하기에 최적이다. 방비엥은 전체적으로 산을 끼고 있어서 오르막과 내리막이 이어진다. 또한 메인도로에서 벗어난 곳은 보통 자갈과 흙으로 뒤덮인 비포장도로이므로 일반자전거는 가는 도중 고철로 전락하기에 십상이다. 따라서 반드시 산악자전거^{Mountain Bike}를 대여해야 한다. 또한 흙먼지에 대비해 손수건이나 마스크를 준비하는 것이 좋다.

자전거를 대여할 때는 여권을 맡기는데, 이튿날 아침 일찍 방비엥을 떠나야 하는 경우 여권 대신 여권 복사본을 맡기거나 당일 반납시간을 지키자. 자전거 대여 시 보통 대여점에서 자물쇠도 함께 빌려준다. 1일 대여료는 일반자전거 1만K, 산악자전거 2~3만K 정도이다.

 근성 있게 부릉부릉,
모토바이크라이딩(오토바이) Motorbike Riding

모토바이크라이딩은 사이클링보다 속도감을 즐길 수 있다. 메인도로는 포장이 잘 된 상태고 차량도 많지 않아 달리는 기분을 즐길 수 있기 때문이다. 모든 점에서 산악자전거와 비슷하지만, 교통사고가 발생할 수 있어 이에 대한 대비가 필요하다. 사고는 언제나 예상치 않은 상황에서 발생하므로 불상사를 최소화하기 위해서는 방어운전을 해야 한다. 사고가 발생하면 외국인은 불리할 수밖에 없으며, 의사나 입장을 표명하는 데에 소극적일 수밖에 없다. 때에 따라서 현지 경찰은 자국민 편에 설 수 있어 사고 책임을 그대로 떠안을 수 있다.
바이크를 빌릴 때는 연락처와 이름, 주소를 분명히 기록하고, 바이크 상태를 촬영해 두는 것이 좋다. 또한 여권을 맡길 경우 수리비를 빌미로 여권을 돌려주지 않는 등의 폐해도 있으니 주의하자. 사고에 대비한 안전운전은 즐거운 여행을 하는 첫걸음이다. 세부적인 사항은 P.146 에서 확인하자. 오토바이 1일 대여비는 5~9만K가량이며, 오토가 세미오토보다 약간 더 비싸다.

 뚜벅뚜벅, 방비엥을 느리게 즐기는 방법
하이킹 Hiking

힐링과 느림이 여행의 모토라면, 하이킹은 그 속도를 즐기는 가장 좋은 방법이다. 강을 끼고 있어 물놀이 활동이 많은 방비엥이지만 쏭강 너머에 높고 낮은 산들은 반나절 일정으로 삼아 하이킹을 즐기기에 적절하다. 방비엥의 평화로운 풍경을 높은 곳에서 즐기는 있는 방법은 360도로 펼쳐지는 파노라마 뷰를 찾는 것.

블루라군으로 가는 길에 위치한 뷰더탑 View the Top P.144 은 방비엥의 대표 전망대로 조금씩 입소문이 퍼지고 있다. 등산화나 운동화를 챙겨 신고 충분한 양의 생수도 잊지 말자. 그밖에 유이폭포 P.141 가는 길도 짧게나마 하이킹이 가능한 곳이며, 탐짱 P.143 안쪽의 공간도 전망대 역할을 한다.

씽씽! 쌩쌩! 네 바퀴로 가는
버기카 Buggy Car

온몸으로 전해지는 속도감과 덜컹거림으로 온몸을 들썩이게 하는 버기카는 특히 한국사람들 사이에서 인기이다. 오토로프 바퀴로 달리기 때문에 차체가 낮은 것이 특징인데 울퉁불퉁한 비포장길에서도 기동성을 발휘한다. 원형핸들을 움직이는 것이 관건이지만 보통 엔진과 브레이크만 사용하기 때문에 작동법 자체가 복잡하지는 않다. 기본적인 작동방법을 숙지하면 바로 운행이 가능하다.

운전석과 조수석으로 나뉜 버기카를 타고 속도감을 즐기기 위해서는 무엇보다 안전사고에 유의해야 한다. 순간의 방심으로 커브길이나 모퉁이에서 충돌사고가 날 수 있으므로

운전 중에는 항상 집중하는 것이 중요하다. 물론 대여 전 고장 난 곳이 없는 살펴보는 지혜도 필요하다. 또한 흙먼지를 대비한 마스크나 얼굴을 가릴 만한 것을 반드시 준비해야 한다.

엔진소음이 다소 커 시끄러운 것이 또 다른 단점이다. 버기카 대여료는 1인 3시간 사용에 $40로 높은 편이다. 한국인이 몰리는 7월 말~8월 초에는 가격이 오르기도 한다.

 허공 속을 가로지르는
집라인 Zip Line

대자연을 다이나믹하게 만나는 집라인을 방비엥에서도 즐길 수 있다. 허공 위에서의 질주를 만끽하는 액티비티로, 양쪽 끝 지점에 메탈와이어를 설치하여 이동할 때 '집Zip'하는 소리가 나서 이 같은 이름이 붙여졌다. 푸른 자연 속을 새처럼 날아볼 수 있는 특별한 기분을 느낄 수 있어 인기가 많다. 스릴을 만끽할 수 있는 만큼 안전장비 착용과 안전상태에 만전을 기해야 한다. 필수장비인 헬멧은 만일의 사고에 대비에 활동 시에는 반드시 착용해야 한다.

집라인과 트레킹을 함께 즐기기!

• 원더풀투어 Wonderful Tour

1,200m 길이의 집라인을 7개 구간으로 나누어 트레킹과 집라인을 함께 즐기는 원더풀투어의 집라인코스는 남녀노소 누구나 참여하기에 적당한 난이도이다. 남쏭(쏭강)에서 방비엥 북쪽에 자리한 동굴 탐논(Tham Non)을 중심으로 루트를 만들었다. 남쏭 위로 연결된 코스도 있어 방비엥의 정글과 남쏭의 물줄기를 한꺼번에 즐기려는 이들이 선호한다. 오전 9시에 시작해 오후 5시에 일정을 마친다.

문의 (856) 023 511 566, (856) 020 2224 4775 찾아가기 여행자안내소를 왼쪽에 두고 루앙프라방거리(Thanon Luang Prabang)를 따라 직진하다가 왼쪽에 그린디스커버리(Green Discovery)가 있는 골목 끝까지 가면 자리한다. 운영시간 07:30~22:00 가격 인원수에 따라 20~24만K 홈페이지 www.wonderfultours.la

• 그린디스커버리 Green Discovery

여러 도시에 지점이 있는 그린디스커버리는 인지도가 높아 여행자가 많이 찾는다. 그린디스커버리에서는 3시간 트레킹과 카야킹, 630m 집라인을 묶은 상품을 즐길 수 있다. 동행 가이드가 최소 2명이며, 참가인원이 늘어나면 가이드도 추가 투입된다. 투어는 오전 8시 30분에 자동차로 이동해 4km를 트레킹하는 것으로 시작한다. 트레킹 후에는 휴식시간을 갖은 후 남템(Nam Them)에서 집라인을 즐기고 폭포로 이동한 후 숙소에서 하룻밤을 보낸다. 이튿날 남템 등의 강 근처에서 다시 집라인을 즐긴 후 오후 4시에 마무리한다. 다른 상품에 대한 문의도 가능하다.

문의 (856) 023 511 230 찾아가기 여행자안내소를 왼쪽에 두고 루앙프라방거리(Thanon Luang Prabang)를 따라 직진한 후 세 번째 블록으로 들어가면 우측에 위치한다. 운영시간 08:00~22:00 가격 1인 $130(2일 집라인, 카야킹, 트레킹) 이메일 vangvieng@greendiscoverylaos.com

---

두둥실 떠올라 발아래 세상 보기!
열기구 Balloon

하늘 위로 두둥실 떠오르는 열기구는 의외로 흔들림이 없다. 하루 중 가장 바람이 잔잔한 시간대를 선택하는 것이 부드러운 이착륙을 돕는다. 바람의 흐름에 따라 열기구의 움직임이 바뀌고, 가시거리도 그날그날 날씨에 따라 좌우된다. 발아래로 펼쳐지는 드넓은 평야와 쏭강의 물줄기를 감상하는 시간은 대략 1시간 남짓. 성수기에는 같은 시간대에 여러 대의 열기구가 떠오르기도 한다. 일출(06:00)과 일몰(16:00) 시간대에 탑승하기 때문에 방비엥의 가장 드라마틱한 풍경을 만날 수 있다. 묵고 있는 숙소를 통해 예약이 가능하며 참가비용은 $80(선불)이고 픽업서비스를 제공한다. 업체에 따라 차이가 있으나 안전교육 등이 부실하다는 것이 아쉽다.

방비엥에서 물놀이 시 주의할 점

액티비티의 천국으로 불리는 방비엥에서는 크고 작은 물놀이 사고가 발생해 얼굴을 찌푸리는 경우가 생긴다. 여기서는 즐겁게 물가에서 야외활동할 수 있는 노하우를 Q&A로 묶었다. 한국과 다른 환경인 만큼 라오스의 현지 사정을 미리 알아두면 도움이 된다.

Q. 귀중품을 숙소에 맡겨도 될까?

A. 대답은 'No'이다. 현금 등과 같은 귀중품은 스스로 관리하는 것이 정답이다. 온종일 귀중품만 맡아줄 수 없는 것은 주인 입장에서도 마찬가지다.

Q. 블루라군에서 물놀이할 때 짐은 어떡하지?

A. 방문객이 많아지자 로커가 생겨 편리하게 짐을 보관할 수 있게 되었다. 하지만 물놀이에 필요한 물건과 귀중품 등으로 짐을 최소화해서 챙겨가는 것이 현명하다.

Q. 로커가 없는 곳에서는 귀중품을 어떻게 보관할까?

A. 여권이나 현금은 항상 신경이 곤두서는 귀중품이다. 방수팩에 담는다면 활동성은 좋지만 무게감이 적어 쉽게 잃어버릴 수도 있다. 또한 목에 걸어서 쉽게 눈에 보이도록 하는 것도 바람직하지 않다. 차라리 소형팩이나 아쿠아팩을 준비해서 담아두고 그것도 불안하다면 가방에 소형자물쇠를 채우도록 하자.

Q. 방수팩을 신뢰해도 될까?

A. 현지에서 판매하는 소형 방수팩 중에는 불량품이 있어서 물이 스며드는 경우가 있다. 운이 나쁘면 스마트폰이 망가지고 누구도 책임지지 않으므로 골치 아프다. 이를 방지하기 위해서는 한국에서 방수팩을 챙기고, 물놀이 시에는 일행에게 맡기는 것이 좋다.

Q. 스윙이 사고로 이어질 수 있다고?

A. 블루라군에서는 보통 로프스윙과 수영을 즐긴다. 로프스윙은 나무에 올라가서 로프를 잡고 돌다가 물속으로 떨어지는 수중스포츠이다. 높이에 따라 떨어지는 속도가 다른데, 두 사람이 손을 잡고 같이 뛰는 행동은 삼가야 한다. 두 사람의 신체가 부딪쳐 골절 등의 외상을 입는 사고가 발생할 수 있다.

Q. 액티비티를 위한 필수품은?

A. 물놀이를 할 경우 방수팩과 물에 젖어도 되는 샌들이 요긴하다. 동굴 등에 들어갈 경우를 대비해 손전등도 미리 준비하자. 소지품 분실을 막기 위해 소형자물쇠를 채울 수 있으나 분실을 100% 막을 수 없다. 긴소매 옷이나 레쉬가드는 물놀이 시 실용적인 아이템이다.

라오스의 주요도시, 비엔티안&방비엥&루앙프라방

Section 04
방비엥(왕위앙)에서 가볼 만한 맛집

손님이 붐빈다고 맛집은 아니다. 방비엥에는 뜨내기손님에게 맛없는 음식을 제공하는 식당도 많다. 그러나 푸짐한 쌀국수와 즉석 샌드위치를 비롯해 이탈리아인이 만든 화덕피자, 프랑스인이 요리하는 프랑스요리, 제대로 맛을 낸 라오스의 음식까지 발품을 팔아 찾아가면 먹는 즐거움을 누릴 수 있는 곳이기도 하다.

화덕에 굽는 이탈리안 피자 ★★★★★
피자루카 Pizza Luka

직접 반죽부터 시작해 화덕에서 훈연으로 구워 완성하는 피자루카는 한번 맛보면 다시 찾게 되는 피자집이다. 잔디가 깔린 마당에는 네다섯 개의 테이블이 놓여있다. 야외테이블에 앉으면 프랑스인 주인장이 피자를 굽는 모습을 볼 수 있다. 저녁 6시부터 문을 열고 재료가 떨어지면 문을 닫는다.

샐러드는 1만 5천K부터 시작할 정도로 가격이 저렴하고, 고다치즈와 꿀로 색다른 맛을 느낄 수 있는 화이트피자는 입소문 난 인기메뉴이다. 오늘의 요리 Plate of Today 등을 문의하면 피자 이외의 음식도 맛볼 수 있다.

문의 (856) 020 9819 0831 운영시간 18:00~23:00 가격 피자 6만K~ 찾아가기 여행자안내소를 오른쪽에 두고 루앙프라방거리 (Thanon Luang Prabang)를 따라 한 블록 걸어간 후 오른쪽으로 꺾어 들어가면 길 중간 우측에 자리한다. 귀띔 한마디 프랑스에서 즐겨 마시는 술 파스티스(Pastis)도 맛볼 수 있다. 이메일 pizzalukavv @gmail.com

먹방 찍으려면 필수 코스, 샌드위치 노점

가볍게 한 끼를 해결하고 싶다면 샌드위치 노점으로 향하자. 지지고 굽는 냄새를 맡고 재료를 자르고 바르고 뿌리는 모습을 볼 수 있어 없던 식욕도 살아난다. 능숙한 솜씨로 철판 위에서 샌드위치를 만드는데 엄지손가락을 들어 올리는 이유는 단연 신선한 맛에 있다. 게다가 다양한 토핑은 물론 마요네즈, 케첩, 칠리 등 소스를 고르는 재미까지! 여러 노점이 이른 아침부터 장사를 시작하여 언제든 즐길 수 있다.

운영시간 06:00~22:30 가격 샌드위치 기본 1만K~ 찾아가기 원래는 K마트 앞에만 위치했는데 노점이 점점 커지고 많아져 이곳저곳에서 찾을 수 있다. 귀띔 한마디 피크닉 등을 계획하거나 장거리 버스를 타기 전에 포장해 가는 것도 좋다.

155

고급 프랑스요리를 맛볼 수 있는 ★★★★★
르카페드파리 Le Cafe De Paris

프랑스요리를 비교적 저렴하게 맛볼 수 있는 르카페드파리는 저녁에만 문을 연다. 신선한 재료를 사용해 프랑스인 주인장이 직접 만드는 정통 프랑스요리는 프랑스여행객 사이에서도 명성이 자자하다.

버섯소스를 곁들인 치킨요리 Poulet Sauce Champignon, 오리가슴살 요리 Magret De Canard, 비프스테이크 Filet De Boeuf 등이 메인요리인데 주문 시 추천메뉴를 물어 주문하는 것도 좋다. 애피타이저와 메인메뉴, 후식(아이스크림)까지 나오는 세트메뉴도 준비되어 있으며 와인 등도 함께 주문할 수 있다. 14도로 보관한 와인은 적당한 온도로 여행자의 밤을 무르익게 한다. 차분한 분위기가 이곳의 매력이다.

문의 (856) 020 5653 8098(라오스어), (856) 020 5465 0451(불어, 영어) 운영시간 18:00~22:30 가격 메인메뉴 7만K~ 찾아가기 루앙프라방거리(Thanon Luang Prabang)의 여행자안내소에서 남쪽으로 두 블록 가서 엘리펀트크로싱 호텔(Elephant Crossing Hotel) 방향으로 걷다 보면 오른편에 자리한다. 피자루카(Pizza Luka)가 바로 옆에 있다. 귀띔 한마디 벨기에맥주를 주문할 수 있으며 와인 추천에 대한 문의도 친절하게 답해준다. 이메일 info@lecafedeparisvangvieng.com

멕시칸의 뜨거운 맛 ★★★★★
아미고스 Amigo's

고수(코리안더)와 라임, 칠리와 다진 토마토의 즐거운 향연이 입맛을 사로잡는 아미고. 타코는 물론 퀘사디아 등 느끼한 듯 매콤하고 알싸한 듯 고소한 멕시칸요리의 특징이 살아 있어서 한번 맛보면 반하게 된다. 정원처럼 조성된 식당 앞쪽이 앉기 좋다.

문의 (856) 020 5878 0574 운영시간 10:00~22:00 가격 타코 4만K, 퀘사디아 3만 5천K 찾아가기 루앙프라방거리(Thanon Luang Prabang)에서 왓캉(Wat Kang)을 지나 바로 보이는 7번 길로 접어들어 20m가량 걸어가면 왼쪽에 위치한다.

중독성 강한 오디주스의 유혹 ★★★★☆
오가닉팜 Organic Farm

오가닉팜은 오디주스와 뽕잎차를 필두로 한 다양한 친환경메뉴가 가득한 식당 겸 카페이다. 다른 첨가물을 전혀 넣지 않는 오디주스는 싱그러움이 그대로 전해진다. 우리에게 다소 낯선 유기농 염소치즈Goat Cheese도 여행자 사이에선 인기 만점이다. 이름 그대로 유기농재료를 사용해 음식을 만들어 믿고 먹을 수 있다.

골목에 위치해 한적한 오가닉팜은 게스트하우스를 함께 운영하며 소소한 기념품도 판매한다. 시내에서 조금 떨어져 있는 것이 흠이지만 탐랍으로 가는 길에 위치하므로 오가는 길에 들러볼 수 있다.

문의 (856) 023 511 220 운영시간 08:00~21:00 가격 치킨 랍 등 주메뉴 2~6만K 찾아가기 시내에서 북부터미널 방향으로 난 길을 따라 4km가량 떨어져 있다. 도로 위에 큰 간판이 세워져 있어 알아보기 쉽다. 귀띔 한마디 오디주스는 더위를 식히기에 그만이다. 홈페이지 www.laofarm.org 이메일 organicmulberryfarm@gmail.com

담백한 맛이 느껴지는 ★★★☆☆
노께오레스토랑 Norkeo Restaurant

현지인이 추천하는 맛집이다. 랍과 파파야 샐러드, 두부를 곁들인 요리 등 다양한 현지식메뉴가 있어 라오스음식의 담백한 맛을 느끼기에 부족함이 없다. 친절한 주인이 정성껏 음식을 준비해 만족스럽다. 여행사가 밀집한 삼거리에 위치한다.

문의 (856) 020 5555 7780 운영시간 08:00~20:00 가격 파파야샐러드 1만 5천K~ 찾아가기 루앙프라방거리(Thanon Luang Prabang)에서 K마트를 등지고 바라보면 갈림길이 있는 곳에 자리한다.

더엘리펀트크로싱 The Elephant Crossing

그림 같은 풍경 속의 주인공이 될 수 있는 ★★★★☆

엘리펀트크로싱호텔에서 운영하는 식당을 겸한 바이다. 튜빙이나 카야킹을 하는 사람들이 내려다보이는 곳에서 강바람을 맞으며 식사를 즐길 수 있다. 강변에 자리해 노을이 지는 시간에 찾아오면 멋진 풍경을 만끽할 수 있다. 다소 비싼 편이지만, 소중한 사람과 낭만적인 시간을 보내고 싶다면 꽤 만족스러운 곳이다.

문의 (856) 023 511 232 운영시간 07:00~22:00 가격 칵테일 4만 5천K~ 찾아가기 루앙프라방거리(Thanon Luang Prabang)에서 여행자안내소와 라오텔레콤 사잇길로 접어들어 길 끝까지 들어가면, 강변 쪽에 위치한다. 귀띔 한마디 해가 지는 5시 무렵에 찾아가서 일찌감치 자리를 잡으면 6시 전후의 석양을 여유롭게 감상할 수 있다. 홈페이지 www.theelephantcrossinghotel.com

더키친 The Kitchen

방비엥에서 즐기는 모던한 공간 ★★★☆☆

호텔과 함께 운영하는 더키친은 차분한 분위기가 다른 곳과 차별된다. 그윽한 조명 아래서 와인을 마시거나 특별한 식사를 계획할 때 가볼 직하다. 여행객이 몰려들지 않아 조용하게 커피를 마시는 등 시간을 보내기에도 좋다. 서양식과 현지식, 다양한 주류가 있으며 라오스음식이 깔끔하고 신선한 편이다.

문의 (856) 023 511 070 운영시간 07:00~22:00 가격 볶음밥 등 주메뉴 2만 5천K~ 찾아가기 루앙프라방거리(Thanon Luang Prabang)에 있는 여행자안내소에서 길 건너에 있는 말라니호텔(Malany Hotel) 옆에 위치한다. 귀띔 한마디 라오스음식과 파스타 같은 서양요리까지 다양한 선택의 폭을 자랑한다. 홈페이지 www.inthira.com

밤부트리바&카페 Bamboo Tree Bar&Cafe

오랜 시간 머물기 좋은 ★★★☆☆

편안하게 앉아 있기 좋은 곳이다. 라오스음식과 태국음식을 주로 취급하고 매콤하게 조리해서 우리 입맛에 잘 맞는다. 주류도 함께 취급해 느긋하게 앉아 방비엥의 밤을 즐기기에 좋다. 다만 설탕을 과하게 사용하는 경우가 있으니 주문 시 설탕량을 조율하자.

라오스의 주요도시, 비엔티안&방비엥&루앙프라방

문의 (856) 020 5579 1274, (856) 020 55 515 551 운영시간 07:30~22:30 가격 팟타이 3만 5천K~, 칵테일 4만K/조식 3만 5천K 찾아가기 루앙프라방거리(Thanon Luang Prabang)의 여행자안내소에서 북쪽으로 조금만 올라가면 좌측에 위치한다. 이메일 vangvieng@gmail.com

깔끔한 음식을 푸짐하게 즐기는 ★★★☆☆
리버선셋바&레스토랑 River Sunset Bar&Restaurant

여행자가 무심코 지나치기 쉬운 리버선셋레스토랑은 저렴한 가격에 신선하고 깔끔한 음식을 푸짐하게 내어놓는 곳이다. 쌀국수 등의 현지음식을 비롯해 외국인을 겨냥한 피자와 버거메뉴도 있다. 따뜻한 조명으로 인테리어한 실내외좌석이 있으며 좌식테이블도 마련되어 있다.

문의 (856) 023 511 713, (856) 020 5562 3204 운영시간 07:00~23:00 가격 볶음밥 2만K~ 찾아가기 루앙프라방거리(Thanon Luang Prabang)에서 여행자안내소를 끼고 강변 방향으로 걷다가 골목 끝에서 우측으로 조금 올라가면 위치한다. 이메일 saovangvieng@hotmail.com

가볍게 즐기는 리버뷰 ★★★★☆
반파싸이레스토랑 Vanphaxai Restaurant

강변에 늘어서 있는 레스토랑 겸 바 가운데 가장 전망이 좋은 곳이다. 대나무다리가 바로 바라다보이고 공간이 넓어 한적하다. 생과일주스 맛은 다소 아쉽지만 신선한 재료로 만든 음식은 먹을 만하다.

문의 (856) 023 511 613, (856) 020 55107 448 가격 과일주스 1만 5천K~ 운영시간 07:30~22:00 찾아가기 K마트에서 대나무다리 쪽으로 내려가는 길 가장 끝 오른쪽에 자리한다. 귀띔 한마디 강가자리는 저녁 무렵에 해지는 풍경을 바라보기 좋다.

인기 만점 3곳의 국수집 ★★★★☆
누들숍(아침쌀국수식당) Noodle Shop

누들숍이라는 이름을 단 식당 3곳이 줄지어 있다. 뜨끈한 국물이 일품인 이곳 쌀국수로 아침을 시작하려는 사람이 많다. 유독 한국인을 비롯한 아시아인에게 사랑받는 곳이다. 메뉴는 칼국수 카오삐약 쎈, 쌀국수 퍼, 쌀죽 카오삐약 카우가 있다.

문의 (856) 023 511 374 가격 카오삐약 쎈 1만 5천K 운영시간 07:00~09:30 찾아가기 루앙프라방거리(Thanon Luang Prabang)의 여행자안내소에서 북쪽으로 조금만 올라가면 우측에 위치한다. 말라니호텔 옆에 식당 3곳이 같은 간판을 달고 나란히 위치한다. 귀띔 한마디 오전에만 문을 여는 식당이라 일찍 찾아가야 한다.

라오스식 BBQ 신닷 전문점 ★★★★☆
미타팝신닷 Mittaphab Sindat

여러 신닷식당이 줄지어 있는 가운데 친절한 서비스와 신선도로 여행객의 발길을 사로잡는다. 일찍부터 소문이 난 식당으로 한결같은 분위기를 유지하고 있다. 고기와 함께 다양한 채소를 바구니에 담아 오며, 불판 가장자리 육수에 채소를 넣어 끓여 먹는다.

문의 (856) 020 225 4515 가격 신닷 4만K~ 운영시간 09:00~21:00 찾아가기 루앙프라방거리(Thanon Luang Prabang)의 여행자안내소에서 북쪽으로 올라가다 왓캉(Wat Kang)을 지나 조금만 더 올라가면 좌측에 위치한다. 귀띔 한마디 저녁시간대에 더 붐비고 메뉴는 보통 두 사람이 함께 먹기에 적당한 양이다.

벨기에, 프랑스요리를 만끽하는 ★★★★☆
남쏭가든레스토랑 Namsong Garden Restaurant

프랑스음식과 벨기에음식이 주메뉴인 레스토랑이다. 벨기에인 주인장이 운영하여 벨기에맥주를 맛볼 수 있으며, 오리가슴살 등 프랑스식메뉴를 캐주얼하게 즐길 수 있다. 생선요리와 고기요리가 주를 이루며 점심시간과 저녁시간 사이 준비시간이 있으니 시간을 확인하고 방문하는 것이 좋다.

라오스의 주요도시, 비엔티안&방비엥&루앙프라방

문의 (856) 020 9864 8691 가격 4만 5천K~ 운영시간 07:30~13:30, 17:30~22:30 찾아가기 루앙프라방거리(Thanon Luang Prabang)에서 K마트까지 걸어온 후, 우회전해서 120m가량 걸어 올라가면 11번 길을 마주 보고 자리한다. 귀띔 한마디 해 질 무렵 강변 전경이 멋지다. 이메일 greg.vdb12@hotmail.com

불맛이 느껴지는 ★★★★☆
나짐레스토랑 Nazim Restaurant

나짐게스트하우스에서 운영하는 로컬식당이다. 식당 앞에 조리대를 비치하여 주문과 동시에 조리를 시작한다. 바닥이 둥근 냄비에 고온으로 조리해서 불맛이 느껴진다. 저렴한 가격으로 맛있는 식사를 즐길 수 있어 단골손님이 많다.

문의 (856) 023 511 676 가격 볶음면 2만K, 덮밥류 3만K 운영시간 08:30~22:30 찾아가기 루앙프라방거리(Thanon Luang Prabang)의 여행자안내소에서 북쪽으로 조금 올라가면 좌측에 자리한다. 인티라호텔(Inthira Hotel)과 말라니호텔(Malany Hotel) 길 건너편이다. 귀띔 한마디 기본 라오스요리와 샐러드 등 고르게 맛이 좋다.

일찍부터 소문난 ★★☆☆☆
루앙프라방베이커리 Luang Prabang Bakery

방비엥의 분위기와는 다르게 세련된 도시적인 분위기의 카페이다. 카페 자체만의 매력을 즐기기보다는 넓은 카페에 앉아 지나가는 사람들을 구경하며 여유를 즐기기에 적합한 곳이다.

문의 (856) 020 5562 3479, (856) 023 511 145 운영시간 07:00~22:00 가격 커피 2만K~ 찾아가기 루앙프라방거리(Thanon Luang Prabang)의 여행자안내소에서 북쪽으로 올라가다 그린디스커버리가 있는 좌측 골목으로 들어간다. 조금만 걸어들어가면 우측에 자리한다. 귀띔 한마디 빵보다는 커피 때문에 찾는다는 것이 일반적인 평이다. 이메일 luangprabangbakery_vangvieng@hotmail.com

Section 05
방비엥(왕위앙)에서 소문난 나이트라이프

몇 년 전까지 사건·사고가 잦았던 방비엥의 밤 문화는 새롭게 변모하고 있다. 주체하지 못하는 젊음의 열기와 여행객의 여유는 클럽과 바에서 신나는 음악과 춤으로 매일 밤 채워진다. 새롭게 문을 연 바에는 조명을 밝힌 뒤뜰이 있어 방비엥의 밤을 더 풍요롭게 한다.

방비엥의 새로운 파티 ★★★☆☆
정글파티 Jungle Party

맥주 한 병으로도 이야기가 길어지는 이곳에서 프로젝트로 진행하는 정글파티는 방비엥 나이트라이프의 새로운 모습이다. 매주 금요일, 정글로 자리를 옮겨 열리는 정글파티는 누구에게나 열린 공간이다. 매주 금요일 밤 9시 반에 시작해 새벽 4시까지 이어진다. 숲속에 꾸며진 야외클럽을 즐기는 것인데, 사람이 많이 모이는 새벽시간이 더 흥겹다. 야광 훌라후프 공연, 림보게임, 쿵쿵 울리는 EDM은 흥겨운 금요일 밤을 연출한다.
금요일 밤 9시에 VIVA나 Room101 앞에서 파티장소까지 무료 성태우가 운행된다. 21:30~23:00까지는 입장료 없이 무료이며, 이후 23:00부터는 무료 주류 1잔이 포함된 입장료가 5만K이다. 단, 돌아오는 성태우는 1인당 1만K이다.

©Vang Vieng Jungle Party

운영시간 금요일 21:30~ **가격** 5만K **찾아가기** 방비엥 시내에 위치한 비바(VIVA)나 룸101(ROOM101)에서 무료로 운영(편도)하는 성태우를 타야 한다. 비바와 룸101은 루앙프라방거리(Thanon Luang Prabang)의 여행자안내소에서 북쪽으로 올라가다 왓캉(Wat Kang) 가기 직전에 위치한다. **페이스북** /VangViengJungleParty

방비엥에서 만끽하는 리듬 ★★★☆☆
비바 VIVA

방비엥을 파티의 공간으로 삼았다면 VIVA를 빠뜨리지 말자. 길 건너편의 룸101과 하루씩 번갈아가면서 오픈하는 이곳은 여행객이 즐겨 찾는 클럽이다. 월, 수, 금요일에 문을

라오스의 주요도시, 비엔티안&방비엥&루앙프라방

여는 비바는 나름 화려한 조명으로 춤을 즐길 수 있는 분위기를 조성했다. 자정 이후부터 새벽 3시까지만 운영하기 때문에 항상 만원이다.

문의 (856) 020 5636 2740 운영시간 월, 수, 금요일 24:00~03:00 가격 주류 1만 5천K~ 찾아가기 루앙프라방거리(Thanon Luang Prabang)에서 왓캉(Wat Kang)으로 가는 방향 2m 지점에서 길 건너편에 자리한다. 룸101 길 건너편이다. 귀띔 한마디 화, 목, 일요일에는 건너편 룸101이 문을 연다. 해피아워(24:30~01:00)에는 2잔 주문 시 1잔이 무료이다.

아늑한 조명과 지구를 생각하는 인테리어가 기다리는 ★★★★☆
얼스바 Earth Bar

적당한 조명과 아늑한 인테리어로 편안한 분위기가 느껴지는 얼스바는 2015년에 문을 연 바이다. 몇몇 라오스인과 영국인이 리싸이클링recycling을 주제로 인테리어를 계획하고 작업하여 특색 있다. 바 안쪽의 작은 뒤뜰은 적당한 조명과 조화를 이뤄 방비엥의 매력을 이어간다. 칵테일 3잔을 주문하면 얼스바의 로고가 새겨진 티셔츠를 받을 수 있다.

문의 (856) 020 9713 13132 운영시간 15:00~24:00 가격 1만 5천K~, 칵테일 3만K 찾아가기 루앙프라방거리(Thanon Luang Prabang)의 여행자안내소에서 북쪽으로 올라가다 왓캉(Wat Kang)을 끼고 좌측 골목(7번 길)으로 들어간다. 남쏭과 접하는 길에서 우측으로 꺾으면 바로 보인다. 귀띔 한마디 15:00~18:00에 위스키콜라를 주문하면 1잔이 무료이다. 페이스북 /EARTH-VangVieng

Part 02

 밤 12시면 흥겨운 음악이 울려 퍼지는 ★★★☆☆
룸101 ROOM101

자정부터 문을 열어, 일찍 문을 닫는 다른 바에서 나와 아쉬움을 달래려는 사람들의 발길이 이어진다. 흥겨운 음악이 울려 퍼져 방비엥의 자유를 만끽하려는 다국적 여행객의 국적불명 춤사위가 펼쳐진다. 화, 목, 일요일에 문을 여는데, 문을 열지 않는 날에는 건너편 비바로 향하면 된다.

운영시간 화, 목, 일요일 24:00~03:00 가격 5만K 찾아가기 루앙프라방거리(Thanon Luang Prabang)에서 왓캉(Wat Kang)으로 가는 방향 2m 지점에 위치한다. 비바(Viva) 길 건너편에 자리한다.

 흥겨운 저녁시간의 시작 ★★★★☆
라라랜드 LaLa Land

바 안쪽에 조성한 작은 뜰이 주인의 감각과 스타일을 말해준다. 인상 좋은 주인이 직접 꾸민 바 구석구석은 따뜻한 분위기이다. 사람이 많이 모이며 비정기적으로 저글링이나 불쇼가 진행되기도 한다. 시끄러운 음악보다 차분한 분위기를 즐기고 싶다면 찾아가 보자.

운영시간 15:00~24:00 가격 주류 1만K 찾아가기 루앙프라방거리(Thanon Luang Prabang)의 여행자안내소에서 북쪽으로 올라가다 좌측 그린디스커버리가 있는 골목(5번 길)으로 들어가면 우측에 자리한다. 귀띔 한마디 소란스러운 장소보다 분위기 있는 바를 찾는 사람들이 선호한다.

 친절한 바텐더가 기다리는 ★★★☆☆
자이디바 Jaidee's Bar

친절한 바텐더가 있는 이곳은 당구대와 함께 테이블이 놓인 평범한 바로 히피와 레게 분위기가 절묘하게 어우러진 곳이다. 북적이지 않는 것이 장점으로, 바 내부는 조명이 적당하고 그라피티도 명랑해서 오래 앉아 있기에도 부담 없다. 아침에도 문을 열어 미국 드라마를 보면서 식사를 즐길 수 있다.

문의 (856) 020 5577 7209 운영시간 08:00~23:30 가격 1만K~ 찾아가기 루앙프라방거리(Thanon Luang Prabang)의 여행자안내소에서 북쪽으로 올라가다 왓캉(Wat Kang)을 끼고 좌측 골목(7번 길)으로 들어간다. 남쏭과 접하는 길에서 좌측으로 꺾어 조금만 걸어가면 위치한다. 귀띔 한마디 방비엥의 여러 바 가운데에 오전부터 문을 열고 적당한 규모라서 편안하게 머물 수 있다.

나이트라이프의 근거지 ★★★☆☆
게리스아이리시바 Gary's Irish Bar

캥거루선셋바와 같은 길에 자리한, 나이트라이프의 양대산맥이라 할 수 있다. 일찍부터 알려져서 저녁이 되면 한잔 기울이려는 여행객의 발길이 이어지는 게리스는 튜빙 후의 피곤을 풀려는 이들의 아지트이다. 음악을 크게 켜 놓아 흥청거리는 분위기로, 1층에 놓인 당구대는 항상 만원이다.

문의 (856) 020 5825 5774 운영시간 09:00~23:30 가격 주류 1만K~ 찾아가기 루앙프라방거리(Thanon Luang Prabang)의 여행자안내소에서 북쪽으로 올라가다 누들숍(Noodle Shop) 맞은편 골목길(4번 길)로 들어가면 중간에 자리한다. 귀띔 한마디 서양식 식사메뉴도 맛이 좋아 식사시간에 찾아도 좋다. 페이스북 / GarysIrishBar

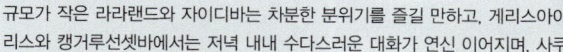

방비엥의 나이트라이프 제대로 즐기기

자연과 맑은 공기 속에서 세계 각국의 여행객이 비어 한병에 만족하며 흥미진진한 하루 여정을 풀어놓는 시간. 보통은 일행과 함께 오지만 혼자 나와 사람을 만나는 이들도 적지 않다. 당구대가 놓여 있는 바와 펍은 밤 11시까지만 문을 열고 12시면 문을 닫는 곳이 많다.

규모가 작은 라라랜드와 자이디바는 차분한 분위기를 즐길 만하고, 게리스아이리스와 캥거루선셋바에서는 저녁 내내 수다스러운 대화가 연신 이어지며, 사쿠라바에서는 한국말이 지천에서 들려온다. 가장 늦게까지 문을 여는 곳이 룸101과 비바이며 소박한 조명 속 현란한 음악이 늦은 시간까지 계속된다. 자기만의 스타일을 갖춘 얼스바는 그중에서도 단연 돋보이는 곳으로 조금 외진 위치에 자리하지만 일행과 긴 대화를 나눌 만한 분위기를 제공한다. 도시에서라는 또 다른 방비엥만의 나이트라이프는 주머니가 가벼운 이에게도 전혀 부담 없는 저녁 시간을 약속한다.

방비엥에서 소문난 바 ★★★☆☆
캥거루선셋바 Kangaroo Sunset Bar

사쿠라와 함께 방비엥 나이트라이프의 대명사로 여겨지는 캥거루선셋바는 1층과 2층 공간이 넓다. 적당히 어두운 조명과 당구대로 언제나 스포티한 분위기이다. 삼삼오오 이야기꽃을 피우는 사람들로 저녁시간에는 빈자리를 찾기 어렵다. 춤추는 분위기라기보다는 잔을 기울이며 왁자지껄하게 시간을 보내려는 이들이 즐겨 찾는다.

문의 (856) 020 771 4291 운영시간 08:00~23:30 가격 주류 1만K~ 찾아가기 루앙프라방거리(Thanon Luang Prabang)의 여행자안내소에서 북쪽으로 올라가다 누들숍(Noodle Shop) 맞은편 골목길(4번 길)로 들어가면 중간에 자리한다. 페이스북 /kangaroosunset

다이나믹한 하루의 마무리 ★★★☆☆
사쿠라바 Sakura Bar

제시간에 찾아가야 제대로 된 분위기를 느낄 수 있다. 이태원이나 홍대에서 봄 직한 풍경이 펼쳐져서인지 한국인여행객이 즐겨 찾는 사쿠라는 비교적 넓은 공간에서 조명과 음악소리로 불타는 밤을 즐길 수 있는 곳이다. 너무 일찍 가면 휑한 분위기에 실망할 수 있으니 저녁 9시 이후에 찾아가자.

문의 (856) 020 650 6993 운영시간 18:00~24:00 가격 주류 1만K~ 찾아가기 루앙프라방거리(Thanon Luang Prabang)의 여행자안내소에서 북쪽으로 올라가다 누들숍(Noodle Shop) 맞은편 골목길(4번 길)로 초입에 자리한다. 페이스북 /sakurabarvv

Section 06
방비엥(왕위앙)의 추천 숙소

밀려오는 여행객을 충당하기 위해서 외국인을 겨냥한 깔끔한 게스트하우스가 자리를 잡아가고 있다. 다만 시끄러운 음악소리, 건축현장의 소음에 깊은 잠을 뺏기기 싫다면 조용한 숙소를 찾는 수고가 필요하다. 중국의 춘절이나 삐마이라오(라오스 새해) 등의 극성수기를 제외하면 도착한 당일에 숙소를 알아봐도 큰 무리가 없다. 예약한 가격이 현지에서 흥정한 가격보다 높은 경우가 비일비재한 것도 방비엥 숙소의 특징이다. 단, 한국인이 많이 찾는 7월 말부터 8월 초 휴가기간에 '인기 호텔'에 머물기 위해서는 충분한 기간을 두고 예약하는 것이 안전하다.

예약이 필수인 방비엥의 명품 호텔 ★★★★★
리버사이드부티크리조트 Riverside Boutique Resort

방비엥에서 최고의 숙소를 고르라면 여러 면에서 리버사이드부티크리조트를 꼽을 수 있다. 일단 널찍한 공간과 풀장을 갖춘 기반시설이 돋보이고, 직원들의 세련된 서비스도 인상적이다. 객실 역시 소수민족 스타일을 살린 테마로 아카, 몽 등 이름을 붙여 구분했는데, 그만큼 각기 다른 문양의 패브릭으로 장식하여 스타일을 살렸다. 세심하게 갖춘 소품에서 라오스의 전통적인 소수민족의 숨결을 느낄 수 있다.

잔디와 열대나무로 손질된 부지에 34개의 독립된 방갈로를 갖추었으며 태국과 중국, 한국, 유럽 등 세계에서 찾아드는 여행객 덕분에 좀처럼 빈 객실이 없다. 리조트라는 이름에 걸맞게 정원 등 쾌적한 환경을 조성하였으며, 남우(우강)를 바로 접하고 있어 휴양지에서의 기분을 제대로 느낄 수 있다. 가든뷰와 리버뷰로 구분한 객실은 가격이 차등 부과되며 비수기에는 프로모션 가격으로 묵을 수 있다. 방비엥에 한국인관광객이 몰리자 웹사이트에서 한국어를 지원해 정보를 살필 수 있도록 배려했다.

문의 (856) 023 511 726~8 가격 클래식스탠더드 $95~125, 디럭스 $120~150, 리버사이드스위트 $215~279/조식 포함 체크인/아웃 14:00/12:00 찾아가기 방비엥 시내에서 탐짱으로 가는 길 안쪽에 위치한다. 귀띔 한마디 리조트웹사이트 프로모션 가격과 외부예약사이트의 가격을 비교해서 예약하자. 비수기인 5~11월에 예약하면 가격할인 폭이 크다. 홈페이지 www.riversidevangvieng.com 이메일 info@riversidevangvieng.com

방비엥에서 꿈꾸는 최고의 하룻밤 ★★★★☆
더엘리펀트크로싱호텔 The Elephant Crossing Hotel

탁 트인 강변이 눈앞에 펼쳐져 노을에 물드는 하늘을 감상할 수 있는 전망 좋은 호텔이다. 특별한 시간을 계획하는 연인들이 선호하는 곳이다. 시내 근처에 자리하지만 강을 끼고 있어 조용하고, 객실이 크진 않지만 냉장고 등의 시설 등도 잘 갖추고 있어 만족도가 높다. 원목가구로 인테리어한 객실은 편안하고 깔끔하다.

높이에 따라 전망이 천차만별인데, 층수가 높을수록 멋진 전망을 즐길 수 있다. 호텔에서 운영하는 레스토랑 겸 바는 입소문을 타서 석양을 바라보며 저녁식사를 즐기려는 사람들이 제법 된다.

문의 (856) 023 511 232 가격 스탠더드룸 $50, 디럭스룸 $60, 스위트룸 $80/조식 포함 체크인/아웃 14:00/11:00 찾아가기 루앙프라방거리(Thanon Luang Prabang)의 여행자안내소가 위치한 골목으로 들어가서 쭉 걷다가 우측으로 꺾어 조금만 가면 자리한다. 귀띔 한마디 비수기에 방문하면 전망이 없는 1층 싱글룸을 $30가량의 저렴한 가격으로 묵을 수 있다. 홈페이지 www.theelephantcrossinghotel.com 이메일 info@theelephantcrossinghotel.com

 쏭강을 끼고 자리한 ★★★☆☆
타비숙호텔&리조트 Thavisouk Hotel and Resort

수영장을 갖추고 있는 제법 규모 있는 호텔이다. 규모가 크다 보니 단체여행객이 몰리기도 한다. 숙박료에 조식이 포함되며 여행자가 붐비는 거리에서 조금 벗어나 있어 조용하다. 작은 수영장이 있으며 호텔 레스토랑에서는 쏭강을 바라보며 식사를 즐길 수 있다. 자연친화적인 느낌이 다소 약한 것이 아쉽지만 깔끔한 시설을 갖췄다.

문의 (856) 023 511 125 가격 $40/조식 포함 체크인/아웃 14:00/12:00 찾아가기 루앙프라방거리(Thanon Luang Prabang)의 여행자안내소가 위치한 골목으로 들어가서 쭉 걷다가 우측으로 꺾어 초등학교까지 내려간다. 초등학교 맞은편 골목길로 들어가면 자리한다. 귀띔 한마디 수영장은 있으나 그늘이 없다. 홈페이지 www.thavisoukriversidehotel.com 이메일 Thavisouklaos@hotmail.com

별 다섯 개가 아깝지 않은 ★★★★★
비엥타라빌라 Vieng Tara Villa

객실의 품격, 자연 접근성, 시설의 쾌적함 모두에서 별 다섯 개가 아깝지 않은 비엥타라는 대나무다리를 건너 왼쪽 길이 끝나는 위치에 자리한다. 호텔 내에서 관리하는 정원과 연못 그리고 호텔 뒤편으로 펼쳐지는 논 풍경이 평화롭기 그지없다. 고급스러운 인테리어로 견고함이 느껴지는 객실은 깔끔하고 안락하다. 객실에서 바라다보이는 환상적인 전원풍경과 쾌적한 내부시설 덕분에 인기가 많아 예약은 필수이다.

문의 (856) 030 502 3102, (856) 020 5551 8455 가격 빌라마운틴뷰 $140, 수피리어 $120, 방갈로리버뷰 $100/조식 포함 체크인/아웃 14:00/12:00 찾아가기 썽태우를 타면 톨브리지(Toll Bridge) 앞에 정차하는데 요금을 내는 대신 동선이 짧고, 캐리어가 있을 경우에는 훨씬 편리하다. / 시내에서 톨브리지를 건너 우측으로 꺾어 올라가면 자리한다. 귀띔 한마디 홈페이지에서 진행하는 프로모션을 통하면 할인된 가격에 머물 수 있다. 홈페이지 www.viengtara.com 이메일 booking@viengtara.com

디럭스룸이 특히 탐나는 ★★★☆☆
인티라호텔 Inthira Hotel

라오스 중급호텔의 대명사격인 인티라호텔은 스타일리시한 분위기로 꾸며져 있다. 직원들의 친절한 서비스도 품격을 더한다. 1층 객실인 스탠더드룸은 창문이 없는 경우가 있어 다소 아쉽지만, 2층 수피리어룸은 발코니를 갖추고 있고 여유로운 공간을 즐길 수 있다. 단 2개만 있는 디럭스룸은 가장 최상위의 객실이지만 리버뷰가 아니어서 호불호가 갈린다.

문의 (856) 023 511 070 가격 스탠더드룸 $32, 수피리어룸 $43, 디럭스룸 $54/조식 포함 체크인/아웃 14:00/12:00 찾아가기 루앙프라방거리(Thanon Luang Prabang)의 여행자안내소 대각선 건너편, 말라니호텔(Malany Hotel) 옆에 위치한다. 귀띔 한마디 아고다 등에 내놓은 디럭스룸의 프로모션을 노려볼 만하다. 홈페이지 www.inthira.com 이메일 bookingvv@inthira.com

평범하고 조용한 ★★★☆☆
캄폰호텔&게스트하우스
Khamphone Hotel & Guesthouse

호텔과 게스트하우스를 나란히 운영하는 이 곳은 조용하게 머물고 싶은 이들에게 알맞은 곳이다. 라오스의 일반 주택을 개조한 형태인데 게스트하우스보다는 호텔이 더 깨끗하고 쾌적하다. 에어컨룸이지만 다른 곳보다 훨씬 저렴하며 객실 수가 많다.

문의 (856) 023 511 062, (856) 020 5570 0376 가격 더블룸 10만K~/조식 불포함 체크아웃 11:00 찾아가기 루앙프라방거리(Thanon Luang Prabang)의 여행자안내소에서 남쪽으로 한 블록 내려와 우측으로 꺾으면 초입에 위치한다. 귀띔 한마디 위층에는 앉을 수 있는 발코니가 마련되어 있다.

저렴하고 실용적인 ★★★☆☆
빌레이봉호텔 Vilayvong Hotel

전망보다는 저렴한 가격으로 에어컨룸을 사용할 수 있는 숙소이다. 2층 객실에는 발코니가 있고 전반적으로 무난하다. 45개의 객실을 갖춘 덕분에 라운지에서 옹기종기 와이파이를 사용하는 모습이 흔하다.

문의 (856) 023 511 703, (856) 020 5547 4423 가격 20만K, 25만K, 15만K 트윈베드/조식 불포함 체크아웃 11:00 찾아가기 루앙프라방거리(Thanon Luang Prabang)의 여행자안내소가 위치한 골목으로 들어가서 쭉 걷다가 우측으로 꺾어 초등학교까지 내려간다. 초등학교 맞은편 골목길로 들어가면 자리한다. 귀띔 한마디 객실이 많으므로 둘러보고 선택하는 것이 좋다. 이메일 vilaygh@hotmail.com

배낭여행자가 즐겨 찾는 ★★☆☆☆
판플레이스 Pan's Place

방비엥의 배낭여행자가 집합하는 곳이라고 해도 과언이 아니다. 도미토리도 있지만 많은 사람이 들락날락하므로 숙면을 취하고 싶다면 싱글룸을 고려할 만하다. 시설이 좋아서라기보다는 유명세 덕분에 종종 빈방이 없기도 하다. 대로변에 자리하는 위치와 스텝들의 친절함이 장점이다.

문의 (856) 023 511 484 가격 도미토리 3만K, 싱글룸 7만K 체크아웃 11:00 찾아가기 루앙프라방거리(Thanon Luang Prabang)의 여행자안내소에서 남쪽으로 한 블록 내려오면 바로 보인다. 귀띔 한마디 게스트하우스 입구에 작은 식당을 함께 운영한다. 이메일 tinglee1967@gmail.com

라오스의 전형적인 풍경을 만끽할 수 있는 ★★★☆☆
리버뷰방갈로 River View Bungalows

잘 손질된 정원과 더불어 방비엥의 산세를 그대로 조망할 수 있는 위치는 리버뷰방갈로의 자랑이다. 발을 디디면 정겨운 삐그덕 소리가 나는 방갈로에는 에어컨과 선풍기, 서랍장이 있고 발코니도 마련되어 있다. 시설이 월등하다기보다는 정성껏 가꾼 앞마당과 자연경관이 객실 안까지 찾아든 인상 덕분에 입소문이 났다. 힐링이 목적이라면 염두에 둘 만하다.

문의 (856) 020 5511 7757, (856) 023 511130 가격 15만K, 20만K/조식 불포함 체크아웃 11:00 찾아가기 시내에서 K마트 근처의 육교다리를 건너면 자리한다. 귀띔 한마디 2층의 전망이 훨씬 만족스럽다. 홈페이지 www.river-view-bungalows.com 이메일 riverview bungalows@hotmail.com

리버뷰가 멋진 ★★★☆☆
그랜드뷰게스트하우스 Grand View Guesthouse

전망을 즐기고 싶다면 그랜드뷰게스트하우스를 고를 만하다. 조식이 포함되어 있지 않지만 시원하게 탁 트인 발코니 전망은 열 호텔 부럽지 않다. 객실도 넓은 편이고, 깔끔하게 관리하고 있다. 객실에 따라 남쏭 전망이 보이는 곳과 없는 곳으로 나뉘므로 주의하자.

문의 (856) 020 5533 5599 가격 15만K, 18만K/조식 불포함 체크아웃 11:00 찾아가기 루앙프라방거리(Thanon Luang Prabang)의 여행자안내소에서 북쪽으로 올라가다 좌측 그린디스커버리가 있는 골목(5번 길)으로 들어가서 직진한다. 삼거리에서 남쏭 방향으로 걸으면 K마트 우측에 자리한다. 귀띔 한마디 강변 일대에 공사 중인 곳이 많으므로 소음 여부를 확인하자. 홈페이지 grandviewguest houses@gmail.com

한적한 자연 속에 잠기다 ★★★★★
메이린게스트하우스 Maylyn Guesthouse

오래전부터 입소문 난 메이린은 숲속에서의 하룻밤을 경험할 수 있는 곳이다. 전망을 바라볼 수 있도록 업그레이드한 방갈로는 발코니가 넉넉해 편안한 시간을 만끽할 수 있다. 라오스식 방갈로와 새로 지은 방갈로까지 총 28개의 객실을 갖추고 있으며 시설대비 저렴한 편이다. 게스트하우스 입구에는 함께 운영하는 식당이 있어 멀리 나가지 않아도 끼니를 해결할 수 있으며 식당에서 만난 숙박객과 쉽게 정보를 공유할 수 있다. 톨브리지Toll Bridge를 지나야 하므로 숙소에 머무는 동안 무료로 지나다닐 수 있는 대나무다리Bamboo Bridge P.139 의 위치를 파악하자.

문의 (856) 020 5560 4095 가격 6~10만K 체크인/아웃 14:00/12:00 찾아가기 시내 튜빙대여소를 지나 K마트를 오른편에 두고 왼쪽 길을 따라 내려간다. 거기서 보이는 다리를 건너 좌회전해서 비포장길 끝까지 약 100m 걸어간 후, 작은 나무다리를 올라오면 비엥타라호텔(Vieng Tara Hotel)을 지나 10m 지점, 오른편에 자리한다. 캐리어가 있는 경우에는 비포장길이라서 이동하기 어렵다. 귀띔 한마디 썽태우를 타면 톨브리지(Toll Bridge) 앞에 정차하는데 요금을 내는 대신 동선이 짧고, 캐리어가 있을 경우에는 훨씬 편리하다. 페이스북 /maylynguesthouse 이메일 info@maylynguesthouse.com

그랜드뷰게스트하우스와 나란히 자리하는 ★★★☆☆
도몬게스트하우스 Domon Guesthouse

그랜드뷰게스트하우스와 나란히 위치하는 도몬 역시 강변을 배경으로 머물고 싶은 이들이 찾는 곳이다. 발코니에 나무의자와 테이블이 있어 조망을 즐기기에 그만이다. 체크인 전 객실 전망 유무를 확인하자. 산뜻한 패브릭으로 침구들을 정리한 손길이 눈에 띈다.

주소 Savang Village, Vangvieng 문의 (856) 020 9989 8678, (856) 030 522 3855 가격 13~17만K/조식 불포함 체크아웃 11:00 찾아가기 루앙프라방거리(Thanon Luang Prabang)의 여행자안내소에서 북쪽으로 올라가다 좌측 그린디스커버리가 있는 골목(5번 길)으로 들어가서 직진한다. 삼거리에서 남쪽 방향으로 걸으면 K마트 우측에 자리한다. 귀띔 한마디 투숙 전에 주변의 공사 여부를 확인하자. 이메일 domonvangvieng@hotmail.com

방비엥을 찾는 아웃사이더들의 은신처 ★★★☆☆
오가닉팜 Organic Farm

오가닉팜은 소란한 시내에서 많이 벗어나 있어 자연을 그대로 마주하기 좋은 곳이다. 여행객이 예산과 취향에 따라 선택하도록 룸 타입은 도미토리와 방갈로로 구분했다. 라오스 전통주거양식이 잘 살아 있는 도미토리는 9명이 함께 쓴다. 강변이 그대로 바라다보이는 리버뷰방갈로 Riverview Bungalow와 진흙으로 만들어 친환경적인 성격이 강한 머드하우스 Mud House는 시설에 비해 다소 가격이 높게 책정된 듯하지만 색다른 경험을 할 수 있다.

문의 (856) 023 511 220, (856) 020 5510 1166 가격 도미토리 $5~9, 방갈로 $24~/조식 불포함 체크인/아웃 14:00/12:00 찾아가기 방비엥 시내에서 탐쌍 방향으로 4km 떨어진 곳에 위치한다. 메인도로에 커다란 간판이 양쪽으로 놓여 있다. 귀띔 한마디 조식은 객실요금에 포함되지 않고 메뉴의 20% 할인된 가격으로 별도 주문해야 한다. 홈페이지 www.laofarm.org

쏭강과 방갈로가 만났을 때 ★★★☆☆
아더사이드게스트하우스 Other Side Guesthouse

쏭강을 바로 앞에 두고 날아갈 듯한 지붕을 걸친 방갈로가 멋스러운 아더사이드는 강가의 호젓함을 덤으로 즐길 수 있어 인기가 높다. 주변에 비슷한 방갈로 형태의 게스트하우스 중 외관이 가장 뛰어난 편

이다. 시원하게 작동하는 에어컨 덕분에 방갈로 안에서 쾌적하게 쉴 수 있다. 객실을 선택하기 전에 청소상태 등을 점검하자. 성수기 등 여행객이 몰릴 때는 늦게까지 틀어놓는 음악 때문에 다소 시끄러울 수 있다.

문의 (856) 020 5510 6288 가격 15만K~/조식 불포함 체크인/아웃 14:00/11:00 찾아가기 시내에서 K마트 근처의 대나무 다리를 건넌 후 다시 왼쪽으로 5m 걸어가면 바로 위치한다. 귀띔 한마디 예약을 해도 늦게 도착하면 예약한 방이 없다는 경우가 종종 있다.

Chapter 03

메콩강의 여유가 넘실대는 곳, 루앙프라방
Luang Prabang

 ★★★★★
 ★★★★★
★★★★★

금빛 찬란한 사원 앞마당의 서늘한 공기와 아침의 신성함이 매일매일 당신을 깨우는 곳. 굽이굽이 산길을 따라가야 닿을 수 있는 루앙프라방은 아침과 밤이 각기 다른 풍성함으로 일렁인다. 새벽 5시가 넘으면 탁밧행렬이 이어지고 오후 5시가 되면 전등을 밝히며 야시장의 수런거림이 시작된다. 꽝시폭포와 땃세폭포의 물줄기는 에메랄드 물빛으로 멀리에서 온 이방인을 시원하게 끌어안는다. 도시 전체가 세계문화유산으로 지정될 만큼 독특한 문화와 아름다움이 있는 루앙프라방을 오롯이 느껴보자.

루앙프라방에서 이것만은 꼭 해보자

1. 상쾌한 아침, 경건하게 탁밧 마주하기
2. 오전에 사원 찾아가 라오스의 불심 체험하기
3. 야시장의 수런거림 속에서 쇼핑 즐기기
4. 따라 산책 후 메콩강을 배경으로 노을 지는 풍경 감상하기

사진으로 미리 살펴보는 루앙프라방 베스트코스

볼거리가 가득한 루앙프라방에서는 아침 일찍 하루를 시작하자. 비교적 잘 정돈된 시내에서는 도보와 자전거로 이동하기 좋은데, 꽝시폭포와 땃세폭포는 시내에서 각각 29km, 18km 떨어져 있어 별도의 차편을 이용하는 것이 일반적이다. 한낮에는 햇볕이 무척 뜨거우므로 정오 무렵에는 더위를 피해 쉬는 시간을 두도록 한다.

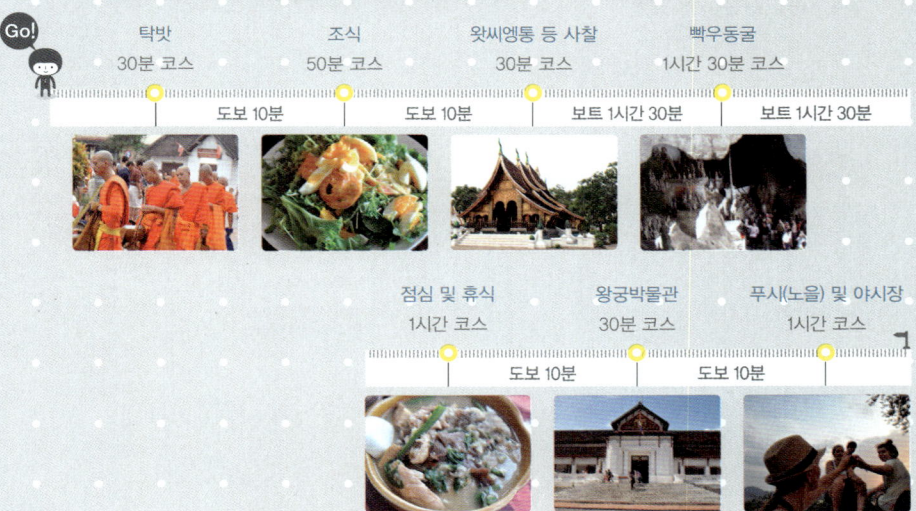

루앙프라방 전체

라오스의 주요도시, 비엔티안&방비엥&루앙프라방

Section 01
루앙프라방을 잇는 교통편

항공편과 버스, 메콩강크루즈를 통한 슬로우보트까지 다양한 이동편으로 라오스 북부로 이동할 수 있다. 또한 므앙쿠아로 이동해 베트남으로, 훼이싸이로 이동해 태국으로 이동할 수도 있다. 멋진 풍광을 보기 위해 야간버스는 삼가고, 체력에 무리가 가지 않도록 급하지 않은 여정을 계획해보자.

• 출금 : ATM, 은행   • 환전 : 은행, 사설환전소

🖊 루앙프라방국제공항에서 시내로 들어가기

루앙프라방국제공항은 왓따이국제공항과 함께 여행객이 가장 많이 이용하는 공항이다. 시내와 약 4Km 떨어져 있으며 우리나라를 비롯해 태국, 베트남, 캄보디아 등을 오가는 국제선과 비엔티안, 팍세를 오가는 국내선을 운항한다.

🧳 썽태우

루앙프라방국제공항은 시내에서 4km 떨어져 있다. 시내와 거리가 멀지 않아 썽태우(툭툭)로 이동 시 20~30분가량이 소요된다. 공항에서 대로로 나가야 썽태우를 탈 수 있으며 1대당 5만K를 요구한다.

루앙프라방의 랜드마크, 여행자안내소

다른 일행과 함께 썽태우를 타고 루앙프라방 시내로 들어올 때, 합승을 이유로 숙소 앞까지 가지 않고 우체국과 여행자안내소가 있는 교차로 사거리에서 정차하는 경우가 비일비재하다. 때문에 썽태우 탑승 전 미리 지리를 파악하여 도착지를 설명할 수 있도록 하자. 여행자안내소(Tourist Information Center)는 루앙프라방의 랜드마크로 삼을 수 있으니 지도를 참고하여 여행자안내소를 중심으로 가고자 하는 숙소의 위치를 파악해 두자.

🧳 공항택시

시내로 이동할 때 썽태우와 가격 차이가 크지 않다. 택시 1대에 $7(5만 6천K), 미니밴 1대에 $8(6만 4천K)이므로 인원을 모아 탑승하면 저렴하다. 시내까지 15분가량 소요되며, 출발 전 하차할 숙소의 위치를 미리 확인하는 것이 좋다. 달러로 결제할 수 있으므로 $5와 $1짜리 소액권을 준비하면, 공항에서 환전 없이 바로 요금을 지불할 수 있다.

🖊 루앙프라방에서 다른 도시로 이동하기

🧳 항공편

국내선을 통해 수도인 비엔티안과 팍세까지 이동할 수 있다. 비엔티안은 매일, 팍세는 주 3회 운항한다. 단, 비수기에는 출항이 취소되는 경우도 있어 미리 확인하는 것이 안전하다.

노선	출발시간	예상 소요시간	운항편	요금
비엔티안	07:30, 13:05, 18:35	1시간 15분	매일	$82~100
팍세	10:40	1시간 15분	월, 수, 금	$130~180

▲ 루앙프라방국제공항에서 출발하는 국내선

🧳 버스

여행사나 게스트하우스에 문의하면 버스 요금에 픽업서비스 요금을 추가한 금액으로 예약이 가능하다. 픽업서비스는 출발 30분~1시간 전에 썽태우가 탑승객을 모은다. 보통 여행자가 탑승하는 버스는 남부버스터미널 맞은편에 있는 투어리스트버스정류장&국제버스정류장Tourist Bus Station&International Bus Station에서 출발한다. 북부버스터미널은 루앙프라방 시내에서 4km, 남부버스터미널과 투어리스트버스정류장&국제버스정류장은 3km 떨어져 있다. 버스정류장에서 생수 등을 구입하기 어려우므로 전날 미리 준비하는 것이 좋다. 시내에서 버스 정류장까지는 썽태우 기사는 1인당 보통 2만K를 부르지만 2명 이상이면 흥정이 가능하다. 만약 일행이 많으면 썽태우 1대에 5~6만K 정도를 제안할 수 있다.

도착지	출발시간	예상 소요시간	요금
농키아우	09:00, 11:00, 14:00	3~4시간	4만K
루앙남타	09:00	9~10시간	10만K
훼이싸이	17:00, 19:00(VIP)	13~14시간	14만 5천K
우돔싸이	09:00, 12:00, 15:00	6~7시간	5만 5천K
쌈느아	08:30	15~16시간	15만K

▲ 루앙프라방 북부버스터미널 버스시간표

도착지	출발시간	예상 소요시간	요금
비엔티안	08:00(VIP), 14:00, 17:00, 18:30, 19:30(VIP), 20:00(슬리핑버스), 20:30(슬리핑버스)	9~10시간	11만K, 13만K(VIP), 15만K(슬리핑버스)
방비엥	09:30, 14:00	6시간	10만 5천K~11만K
폰사반	08:30	8~9시간	9만 5천K

▲ 루앙프라방 남부버스터미널 버스시간표

도착지	출발시간	예상 소요시간	요금
방비엥	09:00, 10:00, 14:00, 15:00	5~6시간	10만 5천K~12만K
폰사반	09:00	8시간	15만K
농키아우	09:30	3~4시간	5만 5천K
루앙남타	08:30	8~9시간	11만K
꽝시폭포	11:30, 13:30	45분	4만K
비엔티안	07:30, 08:30, 17:00	11시간	15만K

▲ 루앙프라방 투어리스트 버스시간표

🧳 슬로우보트(메콩강크루즈)

루앙프라방-훼이싸이, 훼이싸이-루앙프라방 슬로우보트는 두 도시를 잇는 교통수단인 동시에 메콩강을 여유롭게 즐길 수 있는 손꼽히는 여정이기도 하다.

출발지	도착지	타입	출발시간	예상 소요시간	요금	비고
루앙프라방	훼이싸이	슬로우보트	08:30	하루 8시간, 2일	33만K	픽업서비스 포함 가격 출발 30분~1시간 전 픽업
	팍벵	슬로우보트	08:30	8시간	20만K	

Section 02
루앙프라방에서 둘러봐야 할 명소

란쌍왕국의 역사가 숨 쉬는 루앙프라방은 유구한 세월을 버텨온 사원이 많아 유명한 사원을 돌아보는 것만으로도 하루가 부족하다. 이름난 땃세폭포와 꽝시폭포는 비슷한 듯 다른 매력이 있으니 일정에 따라 골라 방문해 보자. 메콩강과 푸시에서 바라보는 황홀한 노을풍경은 루앙프라방 여행의 결정체이다. 저무는 해를 바라보며 하루의 피로와 긴장을 내려놓는 시간을 빠뜨리지 말 것! 여유 있는 마음으로 세계문화유산의 도시 루앙프라방을 살펴보자.

 에메랄드빛 천연 폭포수가 마르지 않는 ★★★★★
꽝시폭포 Kuangsi Waterfall

루앙프라방에서 단 하루가 주어진다면 단연 꽝시폭포로 가야 한다. 시내에서 남쪽에 위치하며 성태우(툭툭)를 타면 40분가량 소요된다. 라오스를 찾는 여행객이 급격히 많아지면서 다소 붐비지만 옥색 물빛은 여전하다. 건기(11~3월)에 찾는다면 수량은 적지만 더 찬란한 물빛을 볼 수 있다.

계단식 폭포는 산길을 따라 올라가면서 구경할 수 있다. 에메랄드 물빛 속에는 신기하게도 자생하는 닥터피시가 가득하다. 수영복과 수건을 준비해 가면 닥터피시 마사지를 받으며 시원한 물속에서 더위를 식힐 수 있다. 입장권을 구입해 꽝시폭포로 들어서는 초입에는 곰 보호센터Bear Rescue Centre가 있어 정글 속 곰의 생태를 살필 수 있다. 가까이에서 곰을 볼 수 있어 아이들이 좋아할 만한 공간이다.

문의 (856) 071 212 068, (856) 071 245 031 운영시간 08:00~17:30 입장료 2만K 찾아가기 보통 게스트하우스 등에서 인원을 모아 성태우를 대여하여 한나절 일정으로 움직이며, 인원수가 많을수록 부담금액은 적어지는 식이다. 12인 기준 1인당 2만K이 최저금액이며 5만K 내외에서 흥정하면 된다. 귀띔 한마디 탈의 공간이 있으며 수영할 수 있는 위치가 지정되어 있다. 화살표를 따라 산 정상으로 걸어가면 짧은 트레킹을 즐길 수도 있다.

보트를 타고 가는 길이 더 즐거운 ★★★★★
빡우동굴 Pakou Cave

탐핑 혹은 부다케이브^{Budda Cave}로도 불리는 빡우동굴은 동굴 자체보다는 루앙프라방선착장에서 보트를 타고 메콩강을 거슬러 오르는 여정 때문에 인기가 많다. 시내에서 메콩강 상류인 북쪽으로 25km 떨어져 있어 편도 1시간 반 정도 걸린다. '우강의 입'이 라는 의미를 가진 빡우동굴은 메콩강과 남우(우강)가 만나는 합류지점이기 때문에 연중 수량이 많고 황토빛을 띤다.

라오스사람들에게 신성하게 여겨지는 곳이며 사람들이 하나둘씩 작은 불상을 동굴 안에 모시기 시작하면서 다양한 모습의 불상을 구경할 수 있는 전시장처럼 변모했다. 목각불상과 청동불상 등 소재도 다양하고 좌상, 입상, 와상 등 다채로운 형상이 인상적이다.

빡우동굴은 두 개의 동굴로 나뉘는데 위쪽의 탐텅^{Tham Theung}과 아래쪽 탐팅^{Tham Ting}이다. 선착장에 내려서 계단을 올라 동굴 입구로 들어갈 수 있는데, 동굴 입구에서 내려다보이는 경치가 압권이다. 동굴 안팎과 주변을 구경할 수 있어 반나절 일정으로 소화할 수 있다. 경유지로 통하는 위스키마을^{Ban Xang Hai(Aka the Whiskey Village)}에서는 라오스 위스키를 비롯해 실크제품 등의 수공예품을 팔고 있다. 직거래되는 만큼 저렴하게 기념품을 구입하기 좋다.

개방시간 08:00~17:30 **입장료** 2만K **찾아가기** 아침 8시경 비정기적으로 운행하는 보트에서 사람을 모은다. 빡우동굴행 보트를 탈 수 있는 선착장은 샤프란카페2호점이 위치한 메콩강변에 있으며 예약하지 않은 상태라면 8시보다 조금 일찍 도착하는 것이 바람직하다. 보통 1인당 7~10만K 내외로 요구하며 예약한 경우 좀 더 안정적으로 승선할 수 있다. 오전에만 시내에서 출발하기 때문에 계획을 잡아두는 것이 좋다. 오전 8시에 출발해 오후 1시 30분에 돌아오는 일정을 예상할 수 있는데, 일행이 충분하다면(인원수를 5명으로 제한하는 경우가 많다.) 보트를 빌려 좀 더 자유롭게 시간을 결정할 수 있다. 보트 1대 대여료는 30~40만K로 흥정이 가능하지만 배의 상태와 출발 및 도착시간을 확실히 합의해야 한다. **귀띔 한마디** 성태우를 타고 육로로 먼저 이동해서 빡우동굴 부근에서 보트를 갈아탈 수도 있지만, 메콩강투어를 생략하는 코스라서 대부분 선호하지 않는다.

땃세폭포 Tad Sae Waterfall
둘째가라면 서러워할 푸른 물빛의 향연 ★★★★★

꽝시폭포가 수직적 미학이 가득하다면 땃세폭포는 수평적인 균형미가 돋보이는 곳이다. 꽝시폭포는 방문객이 많아서 차분한 여행을 하려는 사람들은 땃세폭포로 찾아오는 추세이다. 땃세폭포는 루앙프라방 시내에서 남쪽으로 18km 떨어져 있으며 작은 보트로 강을 건너 이르게 된다. 폭포를 중심으로 탐방로가 있어 산책을 즐기기도 좋고, 넓은 자연 풀장이 있어 물속으로 뛰어내리거나 수영하기에 안성맞춤이다. 석회질성분 때문에 에메랄드빛이 도는 물빛과 울창하게 우거진 열대림이 자연 한가운데에서 휴식을 가능하게 한다. 탈의공간과 화장실, 간이식당도 마련되어 있다.

여행사에서 코끼리 먹이 주기나 목욕시키기, 코끼리 타기 등의 프로그램을 제안하는데 직접 이곳에 와서 신청하는 방법도 있으니 참고하자. 여행사를 통해 방문한 경우 체류하는 시간(보통 3시간)이 정해져 있어 코끼리를 타면 정작 폭포에서 보낼 수 있는 시간이 줄어든다. 코끼리 관련 상품은 동물보호단체 등에서 반대의 목소리를 내고 있으니 참고하자.

운영시간 08:00~17:30 입장료 1만 5천K/보트탑승료 1만K 찾아가기 여행자안내소에서 남부버스터미널 방향으로 13번 국도를 따라 약 15Km 이동하여 땃세폭포 표지판이 있는 반앤마을(Ban En)로 들어선다. 비포장도로 끝에 자리한 보트선착장에서 티켓을 구입하여 보트를 탑승하면 땃세폭포 입구에 닿을 수 있다. 귀띔 한마디 수영할 수 있는 공간이 있어 수영복과 타올 등을 챙겨오면 유용하다. 여행사의 가장 저렴한 상품은 08:30에 미니밴을 타고 출발해 2시간 30분간 땃세폭포에서 머물고 다시 숙소로 이동하는 상품이다. 승차감이 좋은 미니밴을 타고 3시간 동안 머무는 상품은 1인당 8만K 정도이며, 주얼리트래블이 저렴한 편이다.

스스로 계획하여 즐기는 일정
여행사 도움 없이 직접 일정을 꾸리면 시간 제약이 없어 더 자유로운 시간을 보낼 수 있다. 꽝시폭포와 땃세폭포는 미니밴 또는 썽태우를 이용하여 찾아갈 수 있는데, 비포장도로를 달리게 되므로 썽태우보다는 미니밴을 이용하는 것이 좋다. 빡우동굴은 아침 일찍 보트선착장에 나가 다른 여행자들과 함께 보트를 탑승하면 된다. 보트는 중간에 강변마을도 방문하여 소소한 즐거움을 챙길 수 있다.

루앙프라방의 전망대 역할을 하는 산 ★★★★★
푸시 Phu Si

높은 건물이 없는 루앙프라방에서 우뚝 솟은 푸시는 루앙프라방을 조망할 수 있는 전망대이자 석양을 감상할 수 있는 선셋포인트이다. 경사진 계단은 산 정상까지 이어져 있다. 산 중턱에 뱀 형상으로 장식된 계단 난간이 인상적이다. 신성한 산이라는 뜻의 푸시는 힌두교와 불교에서 이르는 우주의 중심인 메루산을 상징화한 것으로 알려져 있다.

푸시 중턱에 자리한 동굴사원 왓탐모타야람Wat Thammo Thayalam에는 암벽 앞에 불상이 놓여 있으며, 동굴 안으로 들어가면 부처의 발자국이 새겨진 석판도 볼 수 있다. 자연 그대로인 암벽을 기반으로 사찰을 건축하여 조화롭다. 소박하게 설치된 표지판을 따라 동굴 내부로 들어가면 서너 개의 불상을 살필 수 있다. 동굴에는 전등을 켜 놓아 비교적 밝은 편이지만 동굴 입구를 알리는 표지판을 주의 깊게 살피지 않으면 지나치기 쉽다. 푸시 정상에 도달하면 황금빛으로 찬란한 사원 탓춈씨That Chomsi를 가까이에서 만나게 된다. 1804년에 건축되었으며 높이가 25m이기 때문에 상당히 높게 보인다. 5시 전에 오르기 시작하면 해지는 풍경을 볼 수 있고, 내려올 때쯤에는 입구 쪽에 야시장이 불을 밝힌다.

개방시간 08:00~18:00 입장료 2만K 찾아가기 푸시로 오르는 길은 두 가지이다. 왕궁박물관 앞으로 난 계단을 따라 오르는 것과 남칸(칸강) 방향으로 난 뒷문으로 가는 것. 어느 방향으로 가도 푸시 정상에 다다르므로 자유롭게 선택하자. 귀띔 한마디 석양을 보러 올라갔다면 어두워지기 전에 하산을 준비하거나 손전등을 준비해 가자.

초롱초롱 불 밝힌 여행자들의 천국 ★★★★★
루앙프라방야시장 Luang Prabang Night Market

저녁마다 불을 밝히는 야시장은 이제는 루앙프라방의 상징 가운데 하나가 되어 버렸다. 여전히 예전 모습 그대로 빨강 파랑 천막 아래서 소박한 자리를 펴고 루앙프라방에서만 볼 수 있는 물건들을 줄지어 늘어놓는다. 주의할 점은 라오스산으로 둔갑한 중국산 물건이다. 중국산 제품은 조명이 어두워서 한눈에 알 수 없지만 조

금만 살펴보면 재질이 썩 좋지 않은 것이 보인다. 시장이라고 하지만 물건을 파는 사람이나 물건을 사는 사람 그리고 오가는 사람들을 구경하는 재미도 쏠쏠하다. 시장이 끝나는 지점에는 자선기관인 빅브라더마우스Big Brother Mouse에서 도서 관련 모금을 펼치고 있어 의미 있는 참여도 가능하다. 불발탄 고철로 만든 기념품, 수공예품, 목각제품, 그림 등 취급하는 제품도 다양하니 천천히 여유를 갖고 돌아보는 것이 좋다. 왕궁박물관 앞을 중심으로 오후 5시 무렵부터 개점을 시작한다.

찾아가기 씨사왕웡거리(Thanon Sisavangvong)를 따라 늘어선다.

 먹거리와 구경거리가 한가득 ★★★★★
딸랏싸오(아침시장) Talat Sao(Morning Market)

야시장만큼 알려지지 않았지만 어쩌면 야시장보다 더 라오스적인 풍경을 만날 수 있는 곳이다. 각 마을에서 가져온 곡식과 육류, 과일로 가득하고 메콩강에서 잡아 올린 생선이 비늘을 반짝인다. 여행객이 종종 보이지만, 진짜 장보기를 하러 나온 라오스사람들이 대부분이다. 남녀노소 장바구니를 손에 들고 기웃거리는 모습이 정겹기 그지없다. 구경하는 재미도 재미이지만 신선한 간식거리를 찾을 수 있어 아침 요기를 하려는 이들이 다녀간다. 코코넛빵과 각종 튀김, 바나나와 망고 등 달콤한 맛을 즐길 수 있다. 즉석에서 지지고 볶고 튀겨내는 음식에 호기심이 생긴다면 도전해 보자.

찾아가기 여행자안내소 사거리에서 메콩강 방향으로 크게 한 블록 지나면, 우측으로 아침시장이 시작된다. 250m가량 아침시장이 이어지며 야시장 쪽에서 걸어 들어와도 볼 수 있다.

웅장함의 극치를 보여주는 사원 ★★★★★
왓씨엥통 Wat Xieng Thong

황금도시의 상징 왓씨엥통은 왕권의 상징이자 라오스의 정신적 지주이고 고유한 전통 예술의 정수로 여겨진다. 해마다 열리는 분옥판사(Boun Ok Phansa) 같은 큰 축제 때는 발

디딜 틈 없이 많은 사람이 찾을 만큼 신성시된다. 1559~1560년 셋타티랏(Setthathirath)왕 시기에 건립된 이래 1975년까지 왕가의 사원으로 관리되었으며 왕위즉위식 등 왕실의 중요한 의식이 치러지는 장소로 쓰이는 등 루앙프라방의 역사가 새겨져 있다. 남칸(칸강)과 메콩강이 만나는 지점에 자리한 왓씨엥통은 크게 대법전과 붉은 법당 그리고 운구차가 놓인 장례운구차법당(호랏싸롯)으로 나누어 볼 수 있다.

입장료 2만K **운영시간** 08:00~17:30
찾아가기 왕궁박물관에서 여행자안내소 반대 방향으로 약 1km 떨어져 있다. 야시장거리인 씨사왕웽거리(Thanon Sisavangvong)를 거쳐 사카린거리(Thanon Sakarine)이 끝나는 지점에 위치한다.

왓씨엥통 살펴보기

대법전(Sim) : 흔히 웅장하다, 장엄하다는 라는 수식어가 뒤따르는 대법전은 겹겹이 이루어진 특징적인 지붕과 검은색 외벽에 황금색으로 수놓은 스텐실기법의 장식, 불교 교의를 뜻하는 법륜의 양각, 높이 솟은 지붕을 지지하는 황금빛 꽃문양의 기둥으로 눈부시다. 특히 유명한 것은 법당 뒤편에 색색의 유리조각으로 모자이크된 생명의 나무(Tree of Life)이다. 대법전 벽면 가득 그려진 생명의 나무는 유리라는

소재 덕분에 빛의 각도에 따라 다른 분위기를 느낄 수 있다. 초록색과 푸른색으로 조화를 이루는 연꽃봉우리 유리 장식도 대법전 앞을 지키고 있다.

붉은 법당(Ho Tai Pha Sai Nyaat) : 유리공예가 붉은 벽면을 장식하고 있다. 붉은 법당은 화려한 외관 덕분에 여행자들이 즐겨 사진을 찍는 곳이기도 하다. 16세기에 건축된 후, 1957년에 복원되는 과정에서 부처의 열반 2,500년 주기를 기념해 유리장식이 더해졌다. 천상세계와 수행하는 붓다 그리고 인간세계로 구분된 유리 모자이크는 하나하나 특징이 살아 있다. 특히 붉은 법당 내부의 와불상을 눈여겨

볼 만하다. 이 부처상은 1569년에 만들어져서 프랑스 파리로 옮겨졌다가 본국으로 송환되었으나, 프랑스 공관 응접실에 놓였다가 1952년에야 원래 자리인 루앙프라방으로 보내져 현재에 이르게 된다.

트로피타카도서관(Tropitaka Library) : 붉은 법당과 나란히 위치한 트로피타카도서관 외벽에도 유리 장식이 선명하다. 1828년에 지어진 이곳은 호쾅Haw Kawng 또는 호타이Haw Trai로 불린다. 이는 '세 개의 광주리'라는 의미를 지니는데 부처의 말씀을 담은 경(經), 부처를 따르는 불자의 도리를 담은 율(律), 부처의 가르침을 연구한 론(論), 이 세 가지 큰 광주리를 말한다.

장례운구차법당(호랏싸롯, The Carriage House) : 씨사왕웡Sisavang Vong왕의 장례식에 사용한 영구차를 보관하고 있는 호랏싸롯은 1962년에 건축되었다. 운구차의 높이는 12m에 달하는데, 6개의 바퀴가 하중을 받치고 있고 정교하게 조각된 7마리 나가Naga가 앞머리에 장식되어 있으며 섬세하게 양감을 넣은 금박 유골항아리는 나가 바로 뒤에 배치되어 있다. 거대한 운구차를 보관하고 있어 유난히 높은 건축물 외벽에 새겨진 금빛 조각이 아름답다. 출입문에 빼곡하게 채워진 양각은 고대 인도 산스크리트의 대서사시인 라마야나를 라오스식으로 바꾼 것으로, 보는 이의 탄성을 자아낸다.

 황금빛 화려함에 눈이 부시는 사원 ★★★★☆
왓마이 Wat Mai

왓마이의 본래 명칭은 왓마이수완나품아함Wat Mai Suwannaphumaham이다. 18세기 후반에서 19세기 초에 건립되었고, 1822년 대법당 복구 공사를 하여 새것이라는 의미의 왓마이로 불리게 된다. 왓마이가 신성시 여겨지는 것은 왕가의 수행 장소로 쓰였기 때문이다. 또한 덕망 있는 고승(파상카랏Pra Sangkharat)들이 거주했던 것도 그 이유로 꼽힌다.

대법당의 지붕은 5층 높이로 화려하고 웅장한 것이 가장 큰 특징으로 꼽힌다. 본당 내부의 입구를 중심으로 검은 벽면과 기둥에 스텐실기법으로 칠한 황금빛 문양들은 섬세하기 이를 데 없다. 탁밧을 행하는 매일 새벽에는 경건한 행렬이 사원 앞으로 펼쳐진다. 라오스의 주요행사가 있는 시기에는 넓은 사원 앞뜰에 수많은 인파가 다녀간다. 4월 라오스 새해 삐마이라오와 10월에 있는 명절 분옥판사 시기에 특히 볼거리가 많다. 삐마이라오에는 왕궁박물관에서 황금불상 파방을 이곳으로 옮겨와 3일 동안 보관하며 물로 씻는 의례를 진행한다. 분옥판사에는 색지를 덧입힌 보트를 전시하고 오색찬란한 등에 초를 밝혀 우기에서 건기로 바뀌는 시기의 밤을 수놓는다.

개방시간 08:00~17:30 **입장료** 1만K **귀띔 한마디** 대법전은 개방시간이 제한되어 있지만 사원 앞마당으로 항상 방문할 수 있다. **찾아가기** 여행자안내소에서 야시장거리인 씨사왕웽거리(Thanon Sisavangvong)를 따라 직진하면 좌측에 자리한다.

Part 02

팔각기둥이 웅장한 사원 ★★★☆☆
왓호씨엥 Wat Ho Xieng

언덕 위에 자리한 왓호씨엥에서는 해가 지는 어스름에 볕이 사원을 감싸 안는 풍경을 마주할 수 있다. 화려한 은빛을 자랑하는 나가^{Naga}상이 사원을 수호하기 위해 층계 입구를 지키고 서 있다. 다른 사원에 비해 전체적으로 고풍스러운 분위기가 덜한 것은 1900년 큰 폭풍에 사원이 거의 다 훼손되어 다시 지은 탓이다. 웅장한 크기를 자랑하는 팔각기둥과 대법당의 베란다는 1952년에 보태진 것이며, 그 후에도 추가 복원이 이루어졌다. 대법당 베란다 외벽을 감싼 벽화는 민간 불교의 구전을 담은 것으로 사실적인 모습이 인상적이다. 왓탓^{Wat That}과 이웃해 있으며, 두 사원을 잇는 문이 있어 함께 방문할 수 있다.

입장료 무료 찾아가기 여행자안내소가 있는 사거리에서 야시장 방향을 등지고 짜오파응음거리(Thanon Chao Fa Ngum)로 100m 걸어온 지점 좌측에 위치한다.

고풍스러운 아름다움을 뽐내는 사원 ★★★★☆
왓탓 Wat That

낡은 지붕에 기와의 무게와 더께가 더해져 고풍스러운 아름다움을 뽐낸다. 특히 대법당 지붕의 용마루(기와지붕의 가운데)와 치미(기와지붕의 양쪽 가장자리)에 얹은 장식은 섬세하게 세공되어 미려하다. 사원의 뜰은 수도승처럼 반듯하고 정갈하기 이를 데 없다. 그래서 왓탓 인근 주민들은 빼놓지 않고 이곳을 찾고, 라오스 새해인 삐마이라오에는 여러 사원에서 모인 승려가 만나는 장소로 쓰인다.

왓탓은 1548년에 지었으나 왓호씨엥과 마찬가지로 1900년에 몰아친 폭풍을 이기지 못해 크게 훼손되어 다시 건축되었다. 이후에도 여러 차례 보수와 복원작업이 이루어졌다. 사원 마당에 있는 사리탑은 작은 사리탑이 감싼 형상을 하고 있으며 루앙프라방의 왓탓루앙에 이어 두 번째로 상징성이 큰 유물로 여겨진다.

입장료 무료 찾아가기 여행자안내소가 있는 사거리에서 야시장 방향을 등지고 짜오파응음거리(Thanon Chao Fa Ngum)로 100m 걸어온 지점 좌측에 위치한다.

라오스의 주요도시, 비엔티안&방비엥&루앙프라방

겹지붕과 처마장식이 돋보이는 사원 ★★★☆☆
왓쌘수카람(왓쌘) Wat Saen(Wat Sene) Sukharam

굳이 찾으려 하지 않아도 루앙프라방을 거닐다가 마주치게 되는 사원 중 하나이다. 라오어로 쌘^{Saen}은 10만을 뜻하는데 왓쌘이라는 명칭에 대해서는 두 가지 설이 가장 잘 알려져 있다. 건축기금으로 사용한 금액이 당시엔 큰돈인 10만K이라는 것과 대법전과 별관에 장식된 연꽃문양의 총 개수가 10만 개라는 것이다.

금빛이 화려한 대법전은 거리에서도 4겹지붕이 선명하게 보인다. 1714년 건축되었고 이후 1932년과 1957년 각각 보수작업이 이루어졌으며 루앙프라방이 유네스코 세계문화유산으로 등재된 이후 꾸준히 관리하여 대법전을 비롯한 건물이 마치 새로 지은 듯하다. 대법전 바로 앞에는 도금된 탑이 세워져 있으며 법당에는 양손을 나란히 내리고 서 있는 대형 불상이 안치되어 있다.

입장료 무료 **귀띔 한마디** 보통 왓쌘으로 불리는데 사원 외벽에는 왓쌘수카람(Wat Saen Sukharam)으로 표기되어 있다. **찾아가기** 여행자안내소에서 야시장거리인 씨사왕웽거리(Thanon Sisavangvong)를 따라 쭉 직진하면 사카린거리(Thanon Sakarine)로 이어진다. 사카린거리를 따라 쭉 직진하면 좌측에 자리한다. 카오소이 맞은편에 있다.

푸안왕국 사원의 특징이 엿보이는 ★★★☆☆
왓쑤완나키리(왓키리) Wat Souvanna Khili(Wat Khili)

왓키리라고도 불리는 왓쑤완나키리는 1773년 푸안^{Phuan}족 군대가 지어 봉헌한 것으로, 푸안왕국과 루앙프라방왕국의 우호관계를 방증하는 것이기도 하다. 루앙프라방왕국이 버마(미얀마)군과 각축을 벌일 때 푸안족은 루앙프라방을 도와 버마군을 물리쳤다. 왓키리는 푸안왕국 사원의 특징을 반영하여 치미장식은 유지하였으나 용마루장식이 없으며, 직사각형의 기초기단이 도드라진다. 승방은 콜로니얼 창문장식에 라오스 전통지붕을 얹은 모습으로, 건축양식이 혼재되어 있다. 항상 한적하고 정갈한 분위기로, 마당이 넓은 사원 앞뜰을 거닐기 좋다.

입장료 무료 **찾아가기** 여행자안내소에서 야시장거리인 씨사왕웽거리(Thanon Sisavangvong)를 따라 쭉 직진하면 사카린거리(Thanon Sakarine)로 이어진다. 사카린거리를 따라 끝까지 직진하면 우측에 자리한다. 왓씨엥통(Wat Xiengthong) 건너편에 있다.

푸앙왕국의 푸안족

푸안족은 타이푸안족(Tai Puan, Thai Phuan), 라오푸안(Lao Phuan)이라고도 불리는데 지금의 이산(Isan), 태국의 북동부지역과 폰사반(시엥쿠앙)에 널리 분포하였다. 14세기 중반에 란쌍왕국에 귀속되었고 시암(태국)이 1770년대 세력을 키우면서 라오스까지 영향력을 행사할 때는 시암에 속하기도 하였다.

Part 02

연꽃 탑이 자리하는 사원 ★★★★☆
왓위쑨나랏 Wat Wisunalat

1513년에 지어진 왓위쑨나랏은 루앙프라방의 초기 건축 양식의 전형이다. 왓탓루앙, 왓마이과 함께 가장 오래된 사원으로 꼽히며 1513년부터 황금불상인 파방이 비엔티안으로 옮겨지기 전까지 안치되어 있던 장소이기도 하다.

파괴되기 전의 대법전Sim은 라오스 고전건축술의 백미로서도, 종교적 구조물로서도 그 진가를 인정받았다. 건축 당시 모든 요소를 나무만 사용하여 지었으며 가로 36m, 세로 18m 너비에 약 30m 높이를 자랑하였다. 12개의 기둥이 떠받치던 대법전을 비롯한 왓위쑨나랏의 대부분이 1880년대 말 청나라 흑기군에 의해 훼손되었다. 현재의 대법전은 벽돌과 회반죽으로 초기의 형태에 가깝게 재건한 것이다. 사원 앞마당의 큰 연꽃상 탓파톰That Pathoum은 수박상이라는 뜻의 애칭, 탓막모That Makmo라고도 불린다. 이 탑 역시 파괴되었다가 다시 올린 것으로, 탑의 상단에는 우슈니샤 크라운Usnisa Clown이 올려져 있다.

입장료 2만K **찾아가기** 여행자안내소가 있는 사거리에서 메콩강 반대방향으로 키살랏거리(Thanon Kitsalat)를 따라가다가 두 번째 만나는 사거리에서 우회전한다. 이 거리 이름이 위쑨나랏거리(Thanon Wisunalat)이며 거리 끝, 왼쪽에 위치한다. 왓아함(Wat Aham) 바로 옆이다.

울창한 보리수가 싱그러운 ★★★☆☆
왓아함 Wat Aham

붐비는 야시장거리에서 다소 벗어난 조용한 사원이다. 사원 앞마당에 들어서면 아름드리 보리수 두 그루가 나란히 서 있다. 두 보리수는 루앙프라방을 수호하는 정령 푸노Phu Noh와 나누Nha Noh가 머물러 있다고 믿어 신성시된다. 이는 왓아함이 애니미즘Animism의 정령과 불령이 공존하는 장소로 여

겨졌던 것에 기인한다. 1818년 왓 아함을 짓기 전부터 이곳에 정령이 모이는 사원 터가 있었다고 한다.

대법전으로 들어가는 입구에는 사자상이 놓여 있다. 그 양 옆으로 힌두신화인 라마야나에 등장하는 라바나Ravana와 하누만Hanuman이 입구를 지키고 서 있다. 대법전의 내부 기둥은 빨간색과 금색의 현란한 빛깔로 도색되어 있다. 섬세하게 조각된 금빛 목재문과 목재창의 양각화가 미려한 장식미를 뽐내며 지속도가 선명하다.

입장료 무료 **귀띔 한마디** 왓위쑨나랏 바로 옆에 위치하기 때문에 두 사원을 함께 둘러보는 것이 일반적이다. **찾아가기** 여행자안내소가 있는 사거리에서 메콩강 반대방향으로 키살랏거리(Thanon Kitsalat)을 따라가다가 두 번째 만나는 사거리에서 우회전한다. 이 거리 이름이 위쑨나랏거리(Thanon Wisunalat)이며 거리 끝에서 좌회전한다. 왓위쑨나랏(Wat Wisunalat)과 나란히 자리한다.

2톤 무게의 황동불상이 안치된 ★★★☆☆
왓마노롬 Wat Manorom

왓마노롬의 건축시기는 1372년 혹은 1491년으로 추정된다. 대법전은 1887년 흑기군 침입으로 크게 파손되었고 1818년 재건하였으며, 현재의 대법전은 1972년 다시 지은 것이다. 왓마노롬은 2톤 무게의 황동불상으로 유명한 사원이다. 1370년대에 만들어진 불상은 6m 높이를 자랑하는데 루앙프라방에서 가장 오래된 것이다. 불상의 팔은 19세기 말 전란에 훼손되었으며, 이를 콘크리트로 보강하였다. 왓마노롬은 사원이면서 루앙프라방에서 가장 많은 수의 승려가 불교 교리를 익히는 수도원이다. 이런 이유로 사원을 거니는 승려의 모습을 어렵지 않게 볼 수 있다.

입장료 무료 **찾아가기** 여행자안내소 사거리에서 메콩강 반대방향으로 250m(두 블록)가량 직진하면 다라시장 사거리가 나온다. 사거리에서 200m(두 블록) 더 직진하여 오른쪽에 파마하파삼거리(Thanon Pha Mahapasam)로 들어가서 다시 세 블록 가면 왓마노롬이 보인다.

왓씨엥무안 Wat Xieng Muan
승려들이 사원 복원기술을 연마하는 ★★★☆☆

왓씨엥무안 대법전은 1853년에 건축된 것으로, 다른 사원에 비해 고풍스러움은 다소 덜하다. 하지만 붉은 바탕에 황금색 스텐실기법으로 처리한 기둥, 부처의 생애를 담은 벽화 등은 잘 관리되어 있다.
사원은 승려들의 기술을 연마하는 작업장, 사원 복원기술과 장인의 전통기술을 이어받는 배움의 공간이기도 하다. 세계문화유산으로 등재된 루앙프라방의 명성을 지혜롭게 이어가는 정책으로 유네스코가 후원하는 사원 복원교육이 진행되고 있다.

입장료 무료 **귀띔 한마디** 왓씨엥무안이 자리한 골목길은 레스토랑이 늘어선 씨사왕웽거리(Thanon Sisavangvong)로 향하는 지름길이다. **찾아가기** 여행자안내소에서 야시장거리인 씨사왕웽거리(Thanon Sisavangvong)를 따라 쭉 직진하다가 우측에 주얼트래블이 보이면 환전소를 끼고 왼쪽 골목길로 들어선다. 골목길을 따라 걸어가면 우측에 자리한다.

왕궁박물관(호캄) Palace Museum(Haw Kham)
루앙프라방의 발자취가 한자리에 ★★★★☆

라오스 전통건축기법을 대신해 벽돌과 회칠로 지은 왕궁박물관 건물은 당시 라오스풍과 프랑스풍의 건축양식이 혼재된 것으로, 프랑스가 디자인하였으며 베트남의 수많은 인력이 동원되었다. 대나무와 티크나무로 지은 기존의 왕궁이 1887년 청나라의 흑기군의 침입으로 소실되면서, 지금의 왕궁박물관 건물은 프랑스 식민기인 1904~1909년에 걸쳐 지어졌다. 씨사왕웽 Sisavang Vong 왕과 왕족이 생활했던 왕궁으로 건축하였는데, 사신이 방문하면 메콩강을 둘러보고 곧바로 왕실로 이동하기 위해 보트선착장에서 가까운 위치에 지었다.

호캄 Haw Kham이라고도 불리는 왕궁박물관은 라오스 역사를 한자리에 전시한 공간이다. 내부의 화려한 장식과 유구한 역사가 아로새겨진 왕가의 전시물을 통해 루앙프라방왕국과 역사의 이해를 돕는다. 짐 보관소에 소지품을 맡겨야 박물관 입장이 가능하며 박물관 내의 사진 촬영은 엄격하게 금지된다. 박물관에 들어가기 전에 신발을 벗어야 하고 복장에 대한 규제도 철저하여 무릎 위 반바지와 미니스커트, 민소매 옷 등은 제지를 받는다. 보통은 5천K에 몸에 둘러 노출을 가릴 수 있는 스카프를 대여하며 보증금 5만K도

맡겨야 한다. 관람을 마치면 보증금 5만K은 다시 돌려받을 수 있다. 박물관은 반시계방향으로 관람하도록 되어 있다. 현관에 들어서면 의전실이 위치하고, 이곳을 중심으로 우측에는 국왕 접견실이 있으며 좌측에는 국왕 비서 접견실과 왕비 접견실이 이어진다. 화살표 방향을 따라 국왕 접견실부터 관람한다.

운영시간 08:00~11:30, 13:30~16:00 **입장료** 3만K **귀띔 한마디** 점심시간 동안 문을 닫기 때문에 방문 전에 시간을 확인하자. **찾아가기** 여행자안내소가 있는 사거리에서 씨사왕웡거리(Thanon Sisavangvong)를 따라 350m 걸어가면 좌측에 위치한다. 왓마이 옆에 있으며 길게 세워진 벽면 가운데에 출입구가 있다.

 왕궁박물관 꼼꼼하게 둘러보기

• 박물관 현관
박물관으로 들어서기 전에 문 위의 장식을 지나치지 않도록 하자. 라오스 왕가의 상징이자 아라바타Airavata라고 불리는 머리 셋 달린 코끼리 부조가 박물관 중앙 현관 상부에 선명하게 조각되어 있다. 백만 마리 코끼리의 나라라고 일컬어지는 란쌍왕조의 권위가 고스란히 담겨 있다.

• 국왕 접견실
벽화와 대형 병풍 그리고 라오스 역대 마지막 왕의 흉상 등을 살펴볼 수 있다. 대형 라마야나병풍은 기원전 2~3세기 인도의 시인 발미키에 의해 쓰인 작품으로, 라마의 무용담을 주제로 한 서사시를 형상화했다. 금박을 입힌 라마야나병풍은 라오스에서 손꼽히는 건축가이자 조각가인 팃탄Thit Tanh(Pae Ton)이 바친 것으로, 그는 왓씨엥통의 운구차를 제작한 인물이기도 하다. 국왕 접견실에서 주목할 또 하나의 것은 벽화이다. 프랑스인 알렉스 드빠뚜르Alix de Fauntereau가 20세기 초의 라오스인의 생활상을 담아 그린 것으로, 시시각각 변하는 태양의 각도와 일조량에 따라 다양한 터치를 볼 수 있다.

• 중앙홀
국왕 접견실에서 이어지는 알현공간Throne Room으로 천장까지 장식된 유리 모자이크가 붉은 벽과 조화를 이룬다. 이는 부처 열반 2,500주년을 기념한 1950년대 중반에 제작된 것이다. 단을 세워 전시한 왕좌가 중앙에 위치하고 금과 은, 상아로 장식한 의전용 칼도 전시되어 있다. 유리 장식장에는 왓위쑤나랏Wat Wisunalat의 연꽃상인 탓파톰That Pathoum에서 가져온 에메랄드불상과 은·청동 불상이 전시되어 있다.

• 서재와 침실
중앙홀에서 복도를 따라가면 비석이 놓여 있다. 대부분의 비석은 라오 고대어와 산스크리트어로 되어 있어 정확한 해독은 어렵다고 한다. 이 복도를 지나면서부터 서재와 왕비의 침실, 왕의 침실로 이어진다. 왕자의 침실에는 전통 악기를, 다이닝룸에는 토기를 전시해 놓았다.

• 왕비 접견실과 국왕 비서 접견실
외국 왕실에서 선물 받은 진기한 물건이 전시되어 있어 라오스 마지막 왕조의 면모를 엿볼 수 있다. 이곳을 끝으로 다시 관람을 시작했던 의전실로 되돌아온다.

왓호파방 Wat Haw Pra Bang
황금불상 파방이 안치된 ★★★★☆

왓호파방은 라오스에서 가장 성스럽게 여겨지는 불상인 호파방(Haw Pra Bang)을 모시고 있어서 그 의미가 특별하다. 높이 83cm, 무게 50kg인 황금불상 호파방은 지금까지 도시를 수호한다고 믿여져 신성시된다. 해마다 라오스 새해에 호파방을 왓마이로 옮겨서 물을 뿌리는 성스러운 의식을 행한다. 스리랑카에서 만들어진 호파방의 전설은 1세기 스리랑카에서 시작되었고 1359년, 크메르왕이 란쌍왕국의 초대 왕 파응움(Fa Ngum)왕에게 선물로 주면서 역사에 모습을 드러낸다. 여기저기로 옮겨지는 비운을 겪은 파방 P.029 은 1947년에 왕궁박물관으로 돌아왔고, 2013년 왓호파방이 완공된 후 현재의 위치에 안치되었다.

찾아가기 왕궁박물관으로 향하는 정문으로 들어서면 바로 우측에 있다.

왕립극장
왓호파방 정문에 들어서면, 좌측으로 매표소가 있고 그 뒤편에는 씨사왕웡왕의 동상이 서 있다. 동상 뒤편으로 더 들어가면 왕립극장이 위치한다. 라오스 전통춤 공연이 월, 수, 금, 토요일 오후 6시에 진행되며 공연시간은 1시간이다. 공연 당일과 전날에 티켓을 예매할 수 있고 티켓 가격은 좌석에 따라 10만, 15만K, 18만K이다. 야시장이 서면 출구 앞이 노점으로 가려져 정문을 지나칠 수 있으니 주의하자.

민속학센터 TAEC(Traditional Art & Ethnology Centre)
고유문화를 지켜가는 소수민족의 모든 것 ★★★☆☆

160개의 소수민족과 49개의 소수민족그룹 그리고 82개의 소수민족언어로 갈라지는 라오스의 소수민족은 세계적으로도 드물다. 이들에 대한 이해를 돕는 곳이 바로 TAEC이다. 라오스 내의 거의 유일한 소수민족박물관인 TAEC에서는 몽족, 카무족, 아카족 등 소수민족의 세부적인 지표를 확인할 수 있으며 의복과 직물의 생산과정, 고유한 의복 형태를 살필 수 있다. 또한 부엌과 같은 생활공간을 재현해 놓아 사실감을 더했다. 관람이 끝나는 곳에서는 공예품을 판매하며 커피 등의 간단한 음료를 마실 수 있는 카페도 함께 운영한다. 숍과 카페는 후문을 통해 입장료 없이 출입할 수 있다.

문의 (856) 071 253 364 **운영시간** 화~일요일 09:00~18:00, 월요일 휴무 **입장료** 2만 5천K **귀띔 한마디** 왓씨엥통으로 향하는 길에도 TAEC숍이 있다. **찾아가기** 우체국 사거리에서 메콩을 등지고 키살랏거리(Thanon Kitsalat)를 따라 다라마켓(Dara Market)을 향해 40m가량 가면 좌측으로 TAEC 간판이 보인다. 오르막길을 따라 10m 올라간 곳에 위치한다. **홈페이지** www.taeclaos.org **이메일** information@taeclaos.org

탁밧, 우리가 지켜야 할 예의

하루도 빠짐없이 간절한 마음으로 신을 찾는 라오스사람들. 라오스에서는 여행객이라도 한 번쯤 탁밧이 있는 풍경 속으로 걸어 들어가게 된다. 신성한 새벽, 숭고한 행렬 안에 녹아들어 보자.

루앙프라방을 찾는 여행객이 늘어나고 탁밧을 지켜보려는 이가 많아지면서 신성하게 행해지던 의례는 차츰 관광상품으로 전락하는 인상을 준다. 행렬의 진행을 무시하고 승려에게 카메라를 들이대는 행위나 승려를 향해 지나치게 가깝게 다가가 카메라 셔터를 누르는 행위 등 민망한 풍경이 펼쳐지곤 한다. 여행객 수가 많아서 차분하고 경건한 분위기보다는 난잡한 소음과 탁밧을 권하는 호객꾼의 상술로 뒤엉켜 있기 일쑤이다.

탁밧은 불교를 숭상하는 라오스에서 하루를 시작하는 일과이자 라오스인의 불심을 엿볼 수 있는 바로미터이다. 따라서 라오스인에게는 불교적 의례이고, 외국인에게는 이곳에서만 볼 수 있는 희귀한 문화이벤트라고 할 수 있다. 이 문화를 존중하기 위해 여행자에게는 적당한 거리에서 그들의 불심과 불심에서 드러나는 성스러운 불교예식을 지켜보는 여유가 필요하다. 만약 루앙프라방의 번잡한 탁밧에 실망했다면 라오스 내의 다른 도시에서도 매일 아침 똑같이 탁밧이 치러지므로, 관광객이 덜 붐비는 곳을 찾아보자.

탁밧은 매일 오전 5시 30분 전후에 시작되므로 이를 보기 위해서는 조금 일찍 숙소를 나서야 한다. 사원에서 시작하는 승려의 행렬은 각 골목으로 이어지므로 행렬에 방해가 되지 않는 위치에서 차분히 기다리는 것이 좋다. 라오스사람들은 단정한 옷차림으로 공양할 음식과 물을 준비하고 있으므로 그들과 적당한 거리를 유지하며 떨어져 있어야 한다. 여행객 중에는 직접 탁밧의식에 참여하기도 하는데, 공양음식 싸이밧을 미리 준비하고 자신이 앉아 있을 자리를 마련해 기다리는 수고가 뒤따른다. 승려가 행렬을 이루며 지나가기 때문에 한 분에게만 드리는 것이 아니라 조금씩 나눠서 공양할 양을 준비하자. 특히 여성은 승려와 물리적 접촉을 하지 않도록 각별한 주의가 필요하다. 공양을 한 후에는 승려들이 축원을 해주기 때문에 의식이 마무리할 때까지 자리에서 기다려야 한다. 승려가 다시 이동하면, 자신이 앉아 있던 자리를 정리하는 것으로 의식을 끝마친다.

Special 09 루앙프라방의 여행사 투어상품

도시 전체가 세계문화유산인 루앙프라방에서는 활동적인 야외활동을 계획할 수 있다. 여행사에는 폭포를 둘러보거나 소수민족마을을 방문하는 등의 프로그램이 마련되어 있다. 투어상품을 이용하면 효율적으로 시간을 활용할 수 있으며 가이드의 설명을 들을 수 있어 편리하다.

노하우와 유연한 프로그램을 갖춘

주얼트래블라오스 Jewel Travel Laos

2008년 오픈한 주얼트래블은 탄탄한 노하우를 자랑한다. 한국인여행객의 취향을 고려한 반나절Half Day투어와 일일Full Day투어를 다양하게 편성했다. 루앙프라방의 대자연을 만날 수 있는 카야킹투어와 땃세폭포투어는 일정에 따라 반나절이나 일일투어로 계획하면 좋다.

주소 02/29 Thanon Sisavangvong, Ban Xieng Muan, Luang Prabang 문의 (856) 071 253 910, (856) 020 5568 7663 운영시간 07:00~21:00 찾아가기 여행자안내소에서 야시장거리인 씨사왕웽거리(Thanon Sisavangvong)를 따라 쭉 직진하다보면 우측에 주얼트래블이 보인다. 왕궁박물관에서 100m 거리이다. 홈페이지 www.jeweltravellaos.com

- 카야킹투어 – 반나절투어(09:00~12:30, 13:30~16:30), 일일투어(09:00~16:00) : 남칸의 물살을 따라 물놀이를 즐기는 투어이다. 남칸은 메콩강에 비해 강폭이 좁고 물살도 약한 편이라 초보자가 카야킹을 즐기기에도 적합하다. 반나절 투어는 15만K, 일일투어는 24만K이다. 남칸까지 이동시간이 10분 내외로 짧아 실제로 강에서 보내는 시간이 많다. 하루 투어는 반나절투어보다 상류에서 시작하므로 이동시간이 30분 정도 소요된다.

- 땃세폭포트레킹 – 반나절투어(09:00~13:00) : 차량서비스와 보트 요금, 입장료가 포함된 가격이 $10(8만K)로 알찬 편이다. 땃세에는 코끼리캠프가 있어서 폭포 방문과 함께 코끼리라이딩도 연계할 수 있다. 오전 9시에 출발하며 폭포에서 3시간가량 머물게 된다. 수영복과 타올을 준비하면 좋고, 건기에는 수량을 확인하도록 하자.

라오스 아웃도어 액티비티의 대명사,

그린디스커버리 Green discovery

모험심을 가진 역동적인 여행자를 겨냥한 그린디스커버리는 루앙프라방의 정글을 트레킹을 하려는 이들에게 적당하다. 상품에 따라 난이도가 다르므로 상담을 받아 각자의 체력에 맞는 트래킹을 선택하자.

주소 44/3 Thanon Sisavangvong, Ban Xieng Muan, Luang Prabang 문의 (856) 071 212 093 운영시간 07:00~21:00 귀띔 한마디 홈페이지를 통해 자세한 투어 정보와 참가비용을 확인할 수 있으며 예약도 가능하다. 찾아가기 여행자안내소에서 야시장거리인 씨사왕웽거리(Thanon Sisavangvong)를 따라 쭉 직진하다보면 좌측에 위치한다. 왕궁박물관에서 100m 거리이며 주얼트래블 맞은편에 자리한다. 홈페이지 www.greendiscoverylaos.com

- **꽝시폭포트레킹 – 일일투어(08:30~17:00)** : 꽝시폭포 주변의 산길을 도는 꽝시트레킹은 4시간 동안 정글 속 대자연을 만날 수 있는 투어이다. 또한 땃세폭포 주위를 트레킹(2시간 30분)하고 코끼리라이딩(1시간)을 진행하며 점심식사는 비용에 포함된다. 물론 폭포에서 수영할 수 있는 자유시간이 주어진다. 비용은 참가인원수에 따라 조정되지만 $35 선이다. 영어를 구사하는 전문가이드와 함께 정글 이곳저곳을 살피며 발자국을 남기는 신선한 경험이 가능하다.

소수민족마을을 소개하는
라오스아웃도어 Laos outdoor

트레킹, 싸이클링, 카야킹, 소수민족마을 방문 등 다양한 프로그램을 갖추었다. 루앙프라방과 농키아우에 지점을 두어 아웃도어에 관한 거의 모든 활동을 문의할 수 있다. 한나절이나 반나절 등 활동 전날에 자신의 일정을 고려해 상담을 받는다면 부담 없는 여정을 꾸릴 수 있으며 메콩강크루즈를 위한 보트티켓 등의 문의도 가능하다.

주소 14/1 Thanon Sisavangvong, Ban Choumkhong, Luang Prabang 문의 (856) 071 254 177, (856) 020 5566 3115 운영시간 08:00~20:00 귀띔 한마디 버스티켓과 보트티켓 등의 예약서비스도 제공한다. 찾아가기 여행자안내소에서 야시장거리인 씨사왕웽거리(Thanon Sisavangvong)를 따라 쭉 직진하다보면 좌측에 위치한다. 왕궁박물관에서 80m 거리이다. 홈페이지 www.laosoutdoor.com 이메일 info@laosoutdoor.com

- **소수민족마을투어 – 일일투어(08:30~17:00)** : 트레킹과 함께 몽족과 카무족마을을 방문하는 라오아웃도어 투어는 소수민족에 관심 있는 사람이라면 주목할 만하다. 오전에 3시간가량 정글트레킹을 시작하여 마을에 닿으면 그들의 생활상을 엿보며 소수민족에 대한 이해를 높일 수 있다. 점심식사를 한 후에 다시 3시간에 걸쳐 트레킹을 하는데, 도착지점이 폭포이므로 하루 동안 쌓인 피로의 먼지를 말끔히 씻어낼 수 있다.

지속 가능한 트레킹을 고민하는
화이트엘리펀트 어드벤처투어 White Elephant Adventures Tours

루앙프라방에서 가장 먼저 문을 연 여행사로, 다른 여행사가 가보지 않는 트레킹코스를 개발한다. 또한 소수민족마을을 방문하는 것으로 끝내지 않고 그들의 소득창출을 고민하는 곳이다. 짧은 일정보다 최소 1일이나 2일 이상의 일정으로 정글의 깊은 숨결을 느끼고 훼손되지 않은 자연의 생명력을 몸소 체험하는 데 중점을 둔다. 참가인원을 제한하고, 참가자가 일정 이상이면 2명의 가이드가 동행하는 등 양질의 투어를 제공한다.

주소 44/3 Thanon Sisavangvong, Ban Xieng Muan, Luang Prabang 문의 (856) 030 578 9120 운영시간 08:00~21:30 귀띔 한마디 땃세폭포나 꽝시폭포로 가는 교통편만 제공하는 상품은 각각 25만K, 5만K이다. 일반적으로 트레킹투어와 카야킹투어 등의 일일투어는 성수기와 비수기 구분 없이 $50로 책정되어 있다. 찾아가기 여행자안내소에서 야시장거리인 씨사왕웽거리(Thanon Sisavangvong)를 따라 쭉 직진하다보면 좌측에 위치한다. 왕궁박물관에서 100m 거리이며 주얼트래블 맞은편에 자리한다. 홈페이지 www.white-elephant-adventures-laos.com

- **코끼리쉼터 – 일일투어(08:30~16:30)** : 싸야부리주에 있는 코끼리쉼터를 방문하는 특별한 일정이다. 일반적인 코끼리라이딩 투어가 아니라 학대당했거나 위험에 처한 코끼리를 보호하고 보살피는 곳을 찾아가 먹이를 주는 등의 보호활동에 참여한다.

Part 02

Section 03
루앙프라방에서 가볼 만한 맛집

루앙프라방에는 신선한 식재료로 만든 풍성하고 맛있는 메뉴를 선보이는 식당이 꽤 많다. 저렴하고 알차서 먹고 나면 제대로 든든하다. 특히 유명한 식당일수록 이름에 값하는 맛을 선보여서 믿고 찾아가는 이도 많다. 라오스의 다른 도시에 비해서는 약간 가격이 높은 편이지만 노점으로 운영하는 로컬식당도 곳곳에 숨어 있다.

루앙프라방 식당가의 터줏대감 ★★★★★
탐낙라오 Tamnak Lao

분위기와 맛, 가격까지 삼박자가 어우러진 손꼽히는 맛집이다. 외관에서부터 품격이 느껴지고 고풍스러운 분위기가 펼쳐진다. 더 놀라운 것은 가격대도 부담이 적다는 것이다. 한마디로 루앙프라방의 맛집이자 터줏대감인 식당이다. 프랑스와 일본인이 많이 찾는 곳으로, 라오스음식을 비롯한 퓨전메뉴를 선보이며 세트메뉴도 마련되어 있다. 신선한 식재료로 만든 요리는 라오스의 풍미가 그대로 담겨 있어 입맛을 사로잡는다.
넓은 공간 중에서도 발코니 자리가 식사를 즐기기에 좋다. 혼자서 시간을 보내고 싶을 때도 한적하게 앉아 있기에 손색이 없다. 탐낙라오에서는 쿠킹클래스 P. 211 를 반나절일정으로 진행하는데 참여자의 만족도가 높다.

주소 Thanon Sakarine, Luang Prabang **문의** (856) 071 212 239 **운영시간** 09:00~22:00 **가격** 3만K~ **찾아가기** 여행자안내소에서 야시장거리인 씨사왕웽거리(Thanon Sisavangvong)를 따라 쭉 직진하면 사카린거리(Thanon Sakarine)로 이어진다. 사카린거리를 따라 쭉 직진하면 우측에 자리한다. 빌라산티호텔(Villa Shanti Hotel) 맞은편에 있다. **홈페이지** www.tamnaklao.com **이메일** tamnaklp@yahoo.com.au

엄지손가락을 치켜들만한 루앙프라방의 맛집 ★★★★★
타마린드 Tamarind

루앙프라방에서 자리 잡은 지 오래된 식당이다. 새로운 시도가 돋보이는 음료메뉴에 주목할 필요가 있으며 두부로 만든 랍요리와 생선구이 역시 인기메뉴이다. 근사하고 풍성한 저녁세트메뉴는 라오스음식을 다양하게 맛보고 싶은 사람에게 적합하다. 1인당 12만 K이며 2인 이상 주문이 가능한데, 풀코스가 음료와 함께 준비된다. 루앙프라방에서 재배한 신선한 재료를 직거래하여 만든 라오스요리를 맛볼 수 있다. 향신료 등을 포장한 아이템도 선물용으로 구매하기 좋다. 월~토요일에는 쿠킹클래스 P. 212 를 진행한다.

주소 Ban Wat Sene, Luang Prabang 문의 (856) 071 213 128 운영시간 11:00~22:00 가격 4만 5천K~ 인기메뉴 레몬그라스커리 찾아가기 여행자안내소에서 야시장거리인 씨사왕웽거리(Thanon Sisavangvong)를 따라 쭉 직진하다 다오파비스 트로가 오른쪽에 보이면 꺾어 들어간다. 세이남칸호텔에서 다시 좌측으로 꺾어 남칸강변도로인 킹키사랏거리(Thanon Kingkisarat)를 따라 직진하면 좌측에 위치한다. 홈페이지 www.tamarindlaos.com

완성도 높은 요리를 즐길 수 있는 ★★★★★
블루라군 Blue Lagoon

친절한 서비스, 맛있는 음식, 편안한 분위기. 이 삼박자를 고루 갖춘 블루라군은 라오스를 찾는 여행객뿐만 아니라 거주하는 외국인까지도 사로잡은 퓨전레스토랑이다. 저녁에만 문을 열기 때문에 헛걸음하지 않도록 오픈시간을 기억하자.

정원에 조명을 달아 한여름 밤의 정취를 느끼며 식사를 즐길 수 있다. 더위를 피하고 싶다면 에어컨으로 쾌적한 실내좌석에 자리 잡자. 간단한 샐러드만 주문해도 따뜻한 빵과 버터를 가져다주는 센스도 잊지 않는다. 최고의 맛으로 손님의 한 끼를 책임지려는 에너지가 느껴진다.

주소 Ban Chomkhong, Luang Prabang 문의 (856) 205 925 2525 운영시간 18:00~22:00 가격 4만 5천K~ 귀띔 한마디 메뉴는 라오스요리와 퐁듀 등 스위스요리가 눈에 띄며 와인리스트와 바 코너를 갖추고 있다. 찾아가기 여행자안내소에서 야시장거리인 씨사왕웽거리(Thanon Sisavangvong)를 따라 쭉 직진하다좌측에 왓호파방이 보이면 왓호파방을 끼고 골목으로 들어가면 위치한다. 홈페이지 www.blue-lagoon-restaurant.com 이메일 restaurant@blue-lagoon-restaurant.com

라오스 전통춤을 보며 즐기는 식사 ★★★★★
라오애스닉카페&다이닝 Lao Ethnic Cafe and Dining

라오스의 전통춤을 볼 기회는 흔치 않다. 라이브음악에 맞춰 섬세한 동작의 깊이 있는 춤사위를 엿볼 수 있는 이곳에서는 매일 저녁 7시 30분에 공연이 시작되어 45분간 진행된다. 라오스 전통음식으로 구성된 세트메뉴는 죽순과 콩줄기볶음, 레몬그라스고기튀김 등으로 풍성한 양을 자랑한다. 스프링롤과 커리는 부담 없는 금액으로 맛볼 수 있으며 저녁식사로 즐기기에 손색이 없다. 소박한 공간에서 공연을 진행하지만 차분한 분위기에서 음식과 문화를 누릴 수 있다.

주소 No.59, Unit3, Ban Choumkhong, Thanon Sotikoommanh, Luang Prabang 문의 (856) 071 253 489 운영시간 11:30~22:00 가격 3만K~ 귀띔 한마디 앞자리에 앉으려면 미리 좌석 예약을 해 두는 것이 좋다. 1층 좌석은 공연과 상관없이 식사만 주문하는 것도 가능하다. 공연 입장료는 1인당 3만K이며 공연 후에는 포토타임이 주어진다. 찾아가기 여행자안내소에서 야시장거리인 씨사왕웽거리(Thanon Sisavangvong)를 따라 쭉 직진하다가 우측에 주얼트래블이 보이면 환전소를 끼고 왼쪽 골목길로 들어선다. 왓씨엥무안을 지나 좌측으로 꺾으면 위치한다.

라오스의 자연이 만든 밥상 ★★★★★
루앙프라방아티산스카페 Luang Prabang Artisans Cafe

별 다섯 개 이상을 줄 수 있는 맛집이자 카페이다. 깔끔한 라오스음식과 신선한 생과일주스 등을 맛볼 수 있는데 싱싱한 재료와 풍성한 소스 맛으로 인기가 좋다. 좁은 골목길에 위치한 이곳은 작은 정원을 갖추고 있어 자연 속에서 잠시 쉬어갈 수 있다. 상대적으로 여행자들의 발길이 드물어 한적한 분위기를 즐길 수 있다는 것이 매력적이다. 카페는 견고하고 세련된 직물을 취급하는 아티산스Artisans에서 운영하는 것으로, 내부에 숍도 함께 운영한다. 단, 7~8월 중 정기휴가기간이 있으니 방문 시 참고하자.

주소 111 Ban Xieng Muan, Luang Prabang 문의 (856) 020 5557 1125 운영시간 월~토요일 09:00~18:00 가격 3만K~ 찾아가기 여행자안내소에서 야시장거리인 씨사왕웽거리(Thanon Sisavangvong)를 따라 쭉 직진하다가 우측에 주얼트래블이 보이면 환전소를 끼고 왼쪽 골목길로 들어서면 우측에 위치한다. 귀띔 한마디 사진 메뉴판이 있다. 레몬그라스로 향을 낸 라오스식 떡갈비구이는 보는 즐거움과 먹는 즐거움을 배가시킨다. 홈페이지 www.luangprabangartisanscafe.com 이메일 lpartisanscafe@gmail.com

라오스의 주요도시, 비엔티안&방비엥&루앙프라방

지글지글 신닷을 굽는 냄새가 고소한 ★★★★☆
사바이디레스토랑 Sabaidee Restaurant

삼겹살에 소주 한잔이 낙이었다면 지글지글 고기 굽은 습관이 새록새록 떠오를 수 있다. 사바이디 바는 그윽한 조명 아래서 고기구이를 즐길 수 있는 곳이다. 주메뉴는 신닷으로, 육류에 해산물, 채소와 당면까지 굽고 빠뜨리고 건져 먹는 재미가 쏠쏠하다. 불판 가장자리에 육수를 부어 고기구이와 샤부샤부를 한 상에서 즐길 수 있다. 동행과 함께라면 현지 분위기가 물씬 풍기는 깔끔한 레스토랑에서 저녁식사와 술자리를 한꺼번에 해결하기에 좋다.

주소 Thanon Kingkisarat ban Aphay, Luang Prabang **문의** (856) 020 5868 3299, (856) 020 5567 2100 **운영시간** 17:00~23:30 **가격** 4만K~ **찾아가기** 여행자안내소 사거리에서 메콩강 반대방향으로 다라마켓(Dara Market)이 있는 사거리까지 직진한다. 다라마켓을 끼고 좌측으로 꺾어 직진하여 하이브바를 지나 우측에 자리한다.

루앙프라방에서 만나는 한식 ★★★★☆
빅트리카페 Big Tree Cafe

식당, 야외공간 그리고 사진을 전시한 갤러리를 함께 운영한다. 공간을 확장이전하면서 훨씬 넓고 세련된 분위기로 업그레이드했다. 시내와 멀지 않은 메콩강변에 자리해서 접근성이 좋다. 한국인과 네덜란드인 부부가 운영하며 라오스음식과 함께 한국요리를 중심으로 취급한다. 부대찌개와 김치찌개가 맛이 좋고 라오커피나 셰이크 등 음료도 준비되어 있다.

주소 46 Ban Wat Nong, Luang Prabang **문의** (856) 020 7777 6748 **운영시간** 09:30~21:30 **가격** 2~10만K **추천메뉴** 카이펜, 부대찌개, 김치찌개 **찾아가기** 여행자안내소 사거리에서 메콩강 방향으로 걷다가 우측에 루앙프라방리버로지가 나오면 우측으로 꺾는다. 캠콩거리(Thanon Khem Khong)를 따라 쭉 직진하면 우측에 위치한다. **홈페이지** www.bigtreecafe.com **이메일** smile@bigtreecafe.com

루앙프라방의 숨겨진 맛집 ★★★★★
로젤라퓨전레스토랑 Rosella Fusion Restaurant

현지인의 손맛으로 차려진 음식이 생각난다면 로젤라로 달려가자. 현지인 주인과 스텝이 손발을 맞춰가며 신선한 음식을 만드는 새로운 맛집이다. 신선한 재료로 정성스럽게 만든 음식은 한번 찾은 손님을 다시 찾게 한다. 고소한 그린커리가 인기메뉴이다. 소박한 규모이지만 세련된 조명 덕분에 고급레스토랑 같은 분위기이다.

주소 Thanon Kingkisarat, Luang Prabang 문의 (856) 020 7777 5753 운영시간 월~토요일 09:00~23:00/일요일 휴무 가격 3만K~ 찾아가기 여행자안내소에서 야시장거리인 씨사왕웽거리(Thanon Sisavangvong)를 따라 쭉 직진하다 다오파비스트로가 오른쪽에 보이면 꺾어 들어간다. 세이남칸호텔에서 다시 좌측으로 꺾어 남칸강변도로인 킹키사랏거리(Thanon Kingkisarat)를 따라 쭉 직진하면 좌측에 위치한다. 귀띔 한마디 발코니 자리가 더 운치 있다. 이메일 rosellafusion@gmail.com

깊은 국물이 생각나는 아침에는 ★★★★☆
씨엥통누들수프 Xieng Tong Noodle Soup

오전에만 반짝 문을 열지만 현지인과 외국인 모두에게 소문난 곳이다. 현지 분위기가 물씬 풍기는 이곳은 깊은 국물맛과 쫄깃한 면발로 카오삐약 맛을 평정했다. 여기에 바

삭하게 구운 마늘을 올려 풍미를 더했다. 메뉴는 단 1가지로 계란을 추가하거나 곱빼기로 주문할 수 있다. 팍치(고수) 등 향신료를 기피한다면 '버 싸이 팍치'라고 말하자.

주소 Thanon Sakarine, Luang Prabang 문의 (856) 010 1725 2192 운영시간 07:00~14:00 가격 1만K~ 찾아가기 여행자안내소에서 야시장거리인 씨사왕웽거리(Thanon Sisavangvong)를 따라 쭉 직진하면 사카린거리(Thanon Sakarine)로 이어진다. 사카린거리를 따라 쭉 직진하면 우측에 자리한다. 귀띔 한마디 한국어로 표기된 메뉴가 있어 주문하는 데 어려움이 없다.

소박한 분위기에서 즐기는 뜨끈한 국물 ★★★★☆
카오소이 Khao Soi

길거리맛집으로 통하는 카오소이집이다. 소박하지만 깔끔한 식탁을 갖추고 있으며 깊은 국물맛과 쫄깃한 면발로 익히 이름나 있다. 12시 전에 문을 닫는 아침식당으로, 카오소이와 함께 내오는 채소도 신선하다. 찹쌀도넛도 디저트로 먹기에 좋다.

주소 Thanon Sakarine, Luang Prabang **운영시간** 07:30~12:00 **가격** 2만K **찾아가기** 여행자안내소에서 야시장거리인 씨사왕웡거리(Thanon Sisavangvong)를 따라 쭉 직진하면 사카린거리(Thanon Sakarine)로 이어진다. 사카린거리를 따라 쭉 직진하면 우측에 자리한다. 왓쌘 맞은편에 있다.

트로피컬 열기와 로맨틱한 다이닝을 원한다면 ★★★★★
르엘레팡 L'Elephant

고급스러운 프랑스레스토랑의 대명사로 꼽히는 르엘레팡은 맛있는 음식으로 여행자를 사로잡았다. 넓은 실내와 품격 있는 인테리어에 비해 비싼 편은 아니다. 밤이면 건물에 은은한 조명을 밝혀 멋스러운 이곳은 분위기 좋은 자리에서 저녁식사를 하려면 예약을 하는 것이 좋다. 특별한 분위기에서 정찬을 즐기고 싶다면 와인 한잔을 추가해 완벽한 시간을 계획해 보자.

주소 Ban Wat Nong, Luang Prabang **문의** (856) 071 252 482 **운영시간** 11:00~14:00 18:00~22:00 **가격** 8만~25만K **귀띔 한마디** 14:00~16:00에는 준비시간이므로 시간을 확인한 후 방문하자. 카드결제가 가능하다. **찾아가기** 여행자안내소에서 야시장거리인 씨사왕웡거리(Thanon Sisavangvong)를 따라 쭉 직진하다가 우측에 주얼트래블이 보이면 환전소를 끼고 왼쪽 골목길로 들어선다. 왓씨엥무안을 지나 우측으로 꺾은 후 쭉 직진하면 자리한다. **홈페이지** www.elephant-restau.com

차분한 분위기에 소박한 스타일 ★★★☆☆
솔트&페퍼 Salt and Pepper

차분한 식당에서 여유 있는 한 끼를 즐길 수 있는 곳이다. 패치가 두툼한 햄버거에서부터 반숙한 계란이 슬라이스되어 토핑된 루앙프라방샐러드까지 외국인여행객을 겨냥한 메뉴는 부담 없는 편이다. 투박한 스타일이 정겹게 느껴지는 이곳은 아침부터 문을 열며, 음식을 포장해 갈 수도 있다.

주소 Thanon Sakarine, Luang Prabang **문의** (856) 071 260 311, (856) 030 505 1388 **운영시간** 09:00~22:00 **가격** 스페셜루앙프라방샐러드 3만K, 버거 4만K, 커리 3만 5천K **찾아가기** 여행자안내소에서 야시장거리인 씨사왕웡거리(Thanon Sisavangvong)를 따라 쭉 직진하면 사카린거리(Thanon Sakarine)로 이어진다. 사카린거리를 따라 쭉 조금만 더 직진하면 우측에 자리한다. **귀띔 한마디** 와이파이는 다소 약한 편이다. **홈페이지** www.saltnpepperrestaurantluangprabang.wordpress.com **페이스북** /saltnpeppergastropub

노을로 물드는 메콩강을 즐기는 방법 ★★★★★
뷰켐콩레스토랑 View Khem Khong Restaurant

이름에 걸맞게 메콩의 전망이 시원하게 내려다보인다. 강변과 함께 열대림이 우거져 있어 자연과 함께 여유 있는 식사를 즐길 수 있다. 각종 라오스요리와 간단한 안주로 즐길 수 있는 어니언링이나 프라이드프라이 등의 메뉴가 있다. 생과일주스 한잔을 주문하여 전망을 즐기는 것도 좋다.

주소 Thanon Khem Khong, Luang Prabang **문의** (856) 071 213 032 **운영시간** 08:00~21:00 **가격** 1만 5천~3만 5천K **귀띔 한마디** 식사시간을 제외하면 한산한 편이며 저녁에는 석양을 보려는 이들로 붐빈다. **찾아가기** 여행자안내소 사거리에서 메콩강 방향으로 걷다가 우측에 루앙프라방리버로지가 나오면 우측으로 꺾는다. 캠콩거리(Thanon Khem Khong)를 따라 쭉 직진하면 우측에 위치한다.

캐주얼하면서 분위기 있는 ★★★★☆
코코넛가든 Coconut Garden

르엘레팡에서 새로 오픈한 곳으로 야시장 근처에 자리잡아 캐주얼한 분위기이다. 프랑스와 라오스요리를 맛볼 수 있는 퓨전레스토랑으로 엘레팡의 실력을 이어받아 맛도 상당히 좋다. 널찍한 정원에는 야자수와 테이블이 넉넉하게 자리하고 실내좌석도 마련되어 있다. 비어라오는 다른 곳보다 조금 비싼 편이다.

주소 Thanon Sisavangvong, Luang Prabang **문의** (856) 071 254 504 **운영시간** 09:30~22:30 **가격** 3만 5천K~ **찾아가기** 여행자안내소에서 야시장거리인 씨사왕웡거리(Thanon Sisavangvong)를 따라 쭉 직진하다가 주얼트래블을 지나 조금만 더 직진하면 좌측에 보인다. **귀띔 한마디** 홈메이드 아이스크림도 인기있다. **이메일** coconutgarden@elephant-restau.com

여행객의 입맛을 잘 아는 ★★★☆☆
카이팬 Khaiphaen

강변에서 멀지 않은 까이팬은 참신한 분위기가 돋보이는 퓨전 레스토랑이다. 루앙프라방뿐 아니라 비엔티안, 이웃한 캄보디아에서 특색 있는 요리를 선보이고 청년의 자립을 목적으로 운영된다. 직원들의 친절함이 곳곳에서 묻어나며 식당 한쪽에서는 수공예품도 만나 볼 수 있다.

주소 100 Thanon Sisavang Vatana, Ban Wat Nong, Luang Prabang 문의 (856) 030 515 5221 운영시간 월~토요일 11:00~22:30/ 일요일 휴무 가격 4만K~ 찾아가기 여행자안내소 사거리에서 메콩강 방향으로 걷다가 우측에 루앙프라방리버로지가 나오면 우측으로 꺾는다. 캠콩거리 (Thanon Khem Khong)를 따라 쭉 진진하다 빅트리카페를 끼고 자리한 오른쪽 골목길로 들어서면 보인다. 홈페이지 khaiphaen-restaurant.org 페이스북 /Khaiphaen 이메일 contact@khaiphen-restaurant.org

한적한 분위기에서 즐기는 이탈리아요리 ★★★★☆
다오파비스트로 Dao Fa Bistro

카페가 몰려 있는 거리 끝에 자리해서 복잡한 야시장에서 벗어나 있다. 2001년 문을 연 이후 쭉 자리를 지키고 있는 식당이다. 크림소스로 만든 버섯요리 등의 이탈리아요리와 달콤함이 가득한 디저트메뉴가 맛이 좋다. 내부가 다소 어둡지만 한적한 분위기에서 술 한잔 즐기기에도 적당하다.

주소 Thanon Sisavangvong, Luang Prabang 문의 (856) 071 252 656 운영시간 10:00~23:00 가격 4만~7만 5천K 찾아가기 여행자안내소에서 야시장거리인 씨사왕웽거리(Thanon Sisavangvong)를 따라 쭉 직진하면 사카린거리(Thanon Sakarine)로 이어진다. 사카린거리로 이어지기 전 사거리 우측에 자리한다. 페이스북 /daofabistro 이메일 daofa.bistro@hotmail.com

핑커푸드 타파스 전문점 ★★★★☆
라카사라오 La Casa Lao

스페인의 핑거푸드인 타파스 전문점이다. 타파스는 양이 많지 않기 때문에 보통 2개 이상의 타파스를 주문해 시원한 맥주와 함께 즐기는 것이 정석이다. 튀김요리인 타파스는 바삭한 식감으로 인기가 많지만 식사로 삼기에는 적당하지 않다. 저녁에는 조명을 밝혀 캐주얼한 분위기를 느낄 수 있으며 식당 안쪽 공간이 넓다.

주소 66/6, Ban Xieng Muan, Thanon Sisavangvong, Luang Prabang 문의 (856) 020 2284 1264 운영시간 12:00~23:30 가격 3만K~ 귀띔 한마디 양에 비해 조금 비싼 편이라 식사로 삼기보다는 분위기를 즐기기에 더 적합하다. 찾아가기 여행자안내소에서 야시장거리인 씨사왕웽거리(Thanon Sisavangvong)를 따라 쭉 직진하다 주얼트래블을 조금 더 지나 우측에 위치한다. 홈페이지 lacasalao.com

낭만적인 뒤뜰에서 즐기는 신선한 요리 ★★★★☆
탕고 Tangor

여행자가 즐겨 찾는 식당 중 하나인 탕고는 세련된 분위기와 친절한 프랑스인 주인 덕분에 유쾌한 식사를 할 수 있는 곳이다. 노천좌석은 물론 실내좌석, 안쪽 깊이 놓인 정원좌석까지 마련되어 있다. 모든 식재료를 현지마켓에서 구입하고 얼리지 않은 생선으로 요리하는 것을 자랑으로 여기는 이곳은 신선함 덕분에 다시 찾게 되는 곳이다. 바삭한 감자와 고구마튀김, 베트남식 빵으로 만든 버거가 먹을 만하다.

주소 63/6, Ban Xieng Muan, Thanon Sisavangvong, Luang Prabang **문의** (856) 071 260 761, (856) 020 9560 7262 **운영시간** 11:00~15:00, 17:00~23:30 **가격** 4만 5천K~ **인기메뉴** 남우세비치(Ceviche of Fish), 베트남식 버거(Mao's Bao Burger) **찾아가기** 여행자안내소에서 야시장거리인 씨사왕웽거리(Thanon Sisavangvong)를 따라 쭉 직진하다가 주얼트래블을 지나 조금만 더 직진하면 우측에 보인다. **홈페이지** www.letangor.com **이메일** resa@letangor.com

멋스러운 카페에서 여유를 ★★★★☆
쿨러카페레스토랑 Couleur Cafe Restaurant

야시장거리 중간에서 남칸으로 들어가는 모퉁이에 자리한 이곳은 루앙프라방에 머물면서 한 번쯤 지나치게 된다. 콜로니얼스타일의 건물이 멋스럽게 느껴지는 이곳은 앤티크한 소품으로 꾸민 내부도 카페 외관과 조화를 이룬다. 남칸을 바라보며 앉아 있기 좋고 식사메뉴와 음료나 커피도 주문할 수 있다.

주소 Thanon Kingkirsarat, Luang Prabang **문의** (856) 071 254 694 **운영시간** 07:00~ 22:00 **가격** 4만K~ **찾아가기** 여행자안내소에서 야시장거리인 씨사왕웽거리(Thanon Sisavangvong)를 따라 쭉 직진하다 다오파비스트로가 오른쪽에 보이면 꺾어 들어가면 모퉁이에 세이남칸호텔이 보인다. 세이남칸호텔과 같은 건물이다.

진한 커피 한잔으로 만족도 UP! ★★★★★
인디고카페 Indigo Cafe

저녁이면 그날 구운 초코브라우니 등을 비롯한 케이크를 저렴하게 내놓는 인디고는 야시장거리 초입에서 야시장먹자거리로 가는 골목 입구에 자리한다. 커피와 셰이크는 물론 채식주의자를 겨냥한 메뉴로 차별화된 음식을 선보인다. 라오스 남부지방에서 재배한 신선한 맛의 커피와 풍성한 우유크림의 조합이 탁월하다. 인디고라는 이름답게 다채로운 푸른빛으로 카페 내부를 장식했으며 거리 쪽으로 놓은 좌석도 편안하다.

주소 Thanon Sisavangvong, Pakham Village, Luang Prabang **문의** (856) 071 212 264 **운영시간** 06:00~22:00 **가격** 2만K~ **귀띔 한마디** 저녁시간에는 카페테일과 비어라오 등을 즐길 수 있는 인디고루프톱바도 가볼 만하다. **찾아가기** 여행자안내소에서 야시장거리인 씨사왕웽거리(Thanon Sisavangvong)를 따라 조금만 직진하면 좌측에 보인다. **홈페이지** www.indigohouse.la

담백한 맛에 반하는 ★★★★☆
샌드위치노점 Sandwich Street Food

이른 새벽부터 늦은 밤까지 불을 밝히는 샌드위치노점은 우체국과 가까운 야시장거리 초입에 위치한다. 샌드위치를 취급하는 노점이 일렬로 늘어서 있는데 파란색 파라솔을 쳐 놓아서 편안하게 앉아 식사할 수 있다. 재료에 따라 치킨샌드위치, 아보카도샌드위치, 누텔라샌드위치, 에그샌드위치 등 다양한 맛을 선택할 수 있다. 바삭한 식감을 원한다면 주문할 때 토스트로 요청하면 된다. 샌드위치는 1만~1만 5천K이며 커피와 생과일셰이크도 비슷한 가격대이다.

운영시간 06:00~23:30 **가격** 1만~1만 5천K **찾아가기** 우체국과 여행자안내소가 있는 사거리에서 푸시 방향으로 걸어가는 초입에 위치한다. **귀띔 한마디** 점심시간대에는 노천식당이라 꽤 덥다. 간단한 간식이나 조식으로 먹기 적당하다.

저렴하고 푸짐한 한 끼를 원한다면 ★★★☆☆
야시장먹자거리 Night Food Market

다양한 메뉴를 갖춘 1만 5천K 뷔페로, 저렴한 가격에 저녁을 해결할 수 있는 곳이다. 골목길을 따라 비슷한 메뉴를 갖춘 뷔페노점상이 늘어서 있는데, 위생적인 면에서 아쉬움이 많다. 저녁에도 온도가 높은 4, 5월에는 음식이 쉽게 상할 수 있으니 주의가 필요하다. 저녁시간에 문을 열며 조명이 다소 어두운 편이다.

운영시간 17:30~23:30 **가격** 1만 5천K~ **귀띔 한마디** 음식의 신선도를 확인하고 주문하자. 박물관 옆 골목에도 새로 뷔페식당들이 생기는 추세이다. **찾아가기** 우체국과 여행자안내소가 있는 사거리에서 샌드위치 노점을 우측에 두고 인디고카페 사이에 있는 골목길에 위치한다.

아침에 즐기는 빵 ★★★☆☆
파니노테카 일누라체
PANINOTECA IL NURAGHE Couleur Cafe Restaurant

우체국이 있는 야시장 사거리에서 멀리 않은 아침시장에 자리한 작은 카페 겸 베이커리다. 아침이면 붐비는 아침시장에서 적당한 먹을거리를 발견하지 못했다면 이곳에서 샌드위치나 커피를 마시며 시장 풍경을 구경하기 좋다. 갓 구운 빵은 맛이 좋고 커피도 저렴한 편이다.

문의 (856) 020 7755 6688, (856) 020 5698 4908 **운영시간** 06:00~10:00, 17:00~22:00 **가격** 크루아상 등 1만~1만 5천K, 샌드위치 2만 5천~4만 5천K **찾아가기** 여행자안내소 사거리에서 메콩 방향으로 크게 한 블록 지나면, 우측으로 아침시장이 시작된다. 아침시장으로 조금만 들어가면 우측에 보인다. **페이스북** /PaninotecacaNuraghe

루앙프라방의 랜드마크 ★★★★☆
조마베이커리카페 Joma Bakery Cafè

우체국 옆에 위치하여 이정표 역할을 하는 조마는 실내에서 시원한 에어컨바람으로 더위를 식히고 와이파이로 정보를 검색하는 실용적인 목적으로 더 익숙한 곳이다. 1층과 2층으로 나뉘는 내부는 언제나 빈자리를 찾기 어렵다. 우체국 근처의 1호점에 이은 남칸(칸강)에 위치한 2호점도 공간이 넓다.

주소 Thanon Chao Fa Ngum, Luang Prabang 문의 (856) 071 252 292 운영시간 07:00~21:00 가격 1만 5천K **추천메뉴** 느끼하지 않은 코코넛케이크와 초코브라우니 **귀띔 한마디** 강변을 조망하려는 여행객으로 2호점도 북적인다. **찾아가기** 1호점 여행자안내소에서 맞은편 환전소 방향으로 조금만 걸어가면 위치한다. 2호점 여행자안내소에서 야시장거리인 씨사왕웽거리(Thanon Sisavangvong)를 따라 쭉 직진하다 다오파비스트로가 오른쪽에 보이면 꺾어 들어간다. 세이남칸호텔에서 다시 좌측으로 꺾어 남칸강변도로인 킹키사랏거리(Thanon Kingkisarat)를 따라 쭉 직진하면 좌측에 위치한다. **홈페이지** www.joma.biz

매력적인 노천카페 ★★★★★
르카페반왓쌘 Le Cafè Ban Vat Sene

매력적인 노천카페를 반왓쌘은 고풍스러운 분위기가 물씬 풍기는 곳이다. 고소한 커피와 생과일주스를 비롯해 디저트메뉴, 라오스요리와 서양식메뉴도 갖추고 있다. 아침 일찍 문을 열어 느긋한 아침식사를 즐기기에도 좋고 한적하게 커피와 디저트를 즐기기에도 좋다.

주소 Thanon Sakarine, Luang Prabang 문의 (856) 071 252 482 운영시간 07:30~22:30 가격 3만K **추천메뉴** 카푸치노, 피자 **찾아가기** 여행자안내소에서 야시장거리인 씨사왕웽거리(Thanon Sisavangvong)를 따라 쭉 직진하면 사카린거리(Thanon Sakarine)로 이어진다. 사카린거리를 따라 쭉 직진하면 왓쌘 맞은편에 자리한다. **홈페이지** www.elephant-restau.com/cafebanvatsene

앤티크한 가구로 꾸민 ★★★★☆
카페드라오 Cafè de Lao

칵테일과 라오스산 커피, 특히 드롭커피를 취급하는 곳이다. 앤티크한 콘셉트로 꾸며놓은 인테리어가 멋스럽다. 야시장에서 벗어나 있고 아직 잘 알려지지 않아 한적하다. 이웃한 부라싸리헤리티지에서 운영하는 곳으로, 오전에는 호텔 숙박객의 조식을 위한 장소로 쓰인다.

주소 44-47, Unit 03, Ban Khiri, Thanon Kingkisarat, Luang Prabang 문의 (856) 071 213 331 운영시간 07:00~22:30 가격 4만 5천K **귀띔 한마디** 칵테일을 마시는 것으로 저녁시간을 계획하는 것도 좋다. **찾아가기** 여행자안내소에서 야시장거리인 씨사왕웽거리(Thanon Sisavangvong)를 따라 쭉 직진하다 다오파비스트로가 오른쪽에 보이면 꺾어 들어간다. 세이남칸호텔에서 다시 좌측으로 꺾어 남칸강변도로인 킹키사랏거리(Thanon Kingkisarat)를 따라 쭉 직진하면 좌측에 위치한다.

유기농커피의 깊고 진한 맛 ★★★★☆
샤프란에스프레소커피 2호점 Saffron Espresso Coffee

적당한 가격에 단정한 분위기가 만족스러운 샤프란은 오가닉커피로 유명하다. 라오스 소수민족이 생산하는 커피콩을 판매하며 오가닉에스프레소도 메뉴에 한자리를 차지하고 있다. 3층까지 넓은 공간을 갖추고 있으며 감자튀김과 샐러드 중에 하나를 사이드메뉴로 선택할 수 있는 파니니는 겉은 바삭하고 속은 풍성하다. 메콩강을 바라볼 수 있는 위치에 2호점도 개점했다.

주소 Thanon Khem Khong, Luang Prabang **문의** (856) 020 5458 7134 **운영시간** 07:00~21:00/일요일 휴무 **가격** 2만K~ **귀띔 한마디** 갓 재배한 커피콩 3가지를 다른 가격으로 판매한다. 가장 저렴한 것은 5만 5천K이다. **찾아가기** 1호점 여행자안내소에서 메콩강 방향으로 걸어가면 좌측에 위치한다. 2호점 여행자안내소 사거리에서 메콩강 방향으로 걷다가 우측에 루앙프라방리버로지가 나오면 우측으로 꺾는다. 캠콩거리(Thanon Khem Khong)를 따라 쭉 직진하면 우측에 위치한다. **홈페이지** www.saffroncoffee.com **이메일** info@saffraoncoffee.com

카페에서 책 읽는 여유를 ★★★☆☆
에트랑제북스&티 L'etranger Books&Tea

헌책을 교환할 수 있는 카페인 에트랑제는 바(Bar)가 밀집한 푸시 뒷길 한가운데에 자리한다. 푸시산을 등지고 있어 길 아래를 내려다볼 수 있다. 커다란 파라솔 아래에서 차나 생과일주스를 마시며 잠시 쉬어가기에 적당하다. 공예품 판매점인 컵차이 아이템을 판매하고 있어 숍 내부를 둘러보는 재미도 있다.

주소 Thanon Kitterstrat, Ban Aphay, Luang Prabang **문의** (856) 071 260 248 **운영시간** 07:00~22:00 **가격** 2만K~ **찾아가기** 여행자안내소 사거리에서 메콩강 반대방향으로 다라마켓(Dara Market)이 있는 사거리까지 직진한다. 다라마켓을 끼고 좌측으로 꺾어 직진하여 가다가 나오는 삼거리에 자리한다. **귀띔 한마디** 책을 읽거나 오래 머무르는 사람들이 즐겨 찾는 분위기이다.

Special 10

루앙프라방에서 배우는 라오 쿠킹클래스

사원을 따라 살펴보는 루앙프라방의 문화는 쿠킹클래스를 통해서 리빙푸드로 이어진다. 라오스음식은 랍이나 땀막훙 같이 생소한 이름이지만, 아시아음식이라는 테두리에서 우리 입맛을 사로잡는다. 우리와는 다른 향신료와 소스를 사용하고 같은 재료도 다르게 다루기 때문에 새로운 맛을 경험할 수 있다. 반나절에서 한나절이면 음식을 통해 라오스의 문화읽기를 시도해 볼 수 있다.

음식을 통해 라오스의 문화를 이해하는 시간,

탐낙라오 쿠킹클래스 Tamnak Lao cooking class

고급스러운 분위기가 느껴지는 레스토랑 탐낙라오에서 개설한 쿠킹클래스는 유쾌하다. 10년간 손발을 맞춘 렝리Leng Lee와 피아양Phia Yang이 함께 수업을 진행하여 숨은 노하우를 엿볼 수 있다. 최대정원은 12명이며 2명이 조를 이루어 함께 요리한다. 커피나 차, 과일을 먹으며 쿠킹클래스에 대한 간단한 설명과 요리할 음식에 대한 이야기를 듣는 것으로 시작한다.

오전 10시부터 오후 5시까지 진행하는 1일클래스Day Class는 재료에 대한 이해를 돕는 장보기부터 진행하며 점심에는 2개, 저녁에는 3개의 요리를 직접 만들어 볼 수 있다. 시간이 여의치 않다면 오후 5시~7시 30분에 진행하는 오후클래스Evening Class도 노려볼 만하다. 장보기는 생략되지만 4개의 요리를 시식한 후, 입맛에 맞는 요리를 선택하여 배울 수 있다. 집에서 직접 만들 수 있도록 하는 데 중점을 두어 세부적인 사항까지 설명이 진행되며, 요리법이 담긴 책자도 받아볼 수 있다. 수업을 마치면 쿠킹클래스에 참가한 이들과 식사를 함께 즐기게 된다.

주소 Thanon Sakarine, Ban Watsene, Luang Prabang **문의** (856) 071 212 539, (856) 071 252 525 **운영시간** 월~토요일 10:00~17:00, 17:00~19:30 **가격** 1일클래스(Day Class) $30, 오후클래스(Evening Class) $20 **귀띔 한마디** 탐낙라오레스토랑 바로 뒤에 자리한 건물에서 진행한다. **찾아가기** 여행자안내소에서 야시장거리인 씨사왕웽거리(Thanon Sisavangvong)를 따라 쭉 직진하면 사카린거리(Thanon Sakarine)로 이어진다. 사카린거리를 따라 쭉 직진하면 우측에 자리한다. 빌라산티호텔(Villa Shanti Hotel) 맞은편에 있다. **홈페이지** www.tamnaklao.net **이메일** tamlaklp@yahoo.com.au

라오스요리의 ABC를 배울 수 있는

밤부트리 쿠킹스쿨 Bamboo Tree Cooking School

다년간 쿠킹클래스에 경험이 있는 린다Linda가 진행하는 쿠킹클래스로, 수업이 종료되면 수료증을 발급해준다. 커다란 테이블에 참가자가 함께 둘러앉아 재료와 요리할 음식에 대한 설명을 듣는 것으로 수업을 시작하는데, 직접 요리할 메뉴를 정할 수 있다. 설명을 다 듣고 나면 푸시마켓에서 장을 보고, 재료를 손질하는 방법부터 익히게 된다. 참가자가 함께 둘러앉을 수 있는 넓은 테이블에서 요리를 만드는 과정을 통해 다른 나라 여행객과도 자연스럽게 어울릴 수 있다. 요리가 완료되면 만든 음식을 먹을 수 있는 시간이 주어지며 한나절 일정으로 무리가 없다.

주소 Thanon Kingkisarat, At Nam Khan River Side, Ban Wat Saen, Luang Prabang 문의 (856) 020 2242 5499 운영시간 월~토요일 08:00~12:00, 17:00~20:00 가격 모닝클래스(Morning Class) 25만K, 오후클래스(Evening Class) 20만K 귀띔 한마디 수업은 밤부트리레스토랑 뒤편 건물에서 이루어진다. 찾아가기 여행자안내소에서 야시장거리인 씨사왕웽거리(Thanon Sisavangvong)를 따라 쭉 직진하다 다오파비스트로가 오른쪽에 보이면 꺾어 들어간다. 세이남칸호텔에서 다시 좌측으로 꺾어 남칸강변도로인 킹키사랏거리(Thanon Kingkisarat)를 따라 직진하면 좌측에 위치한다. 이메일 bambootreelpb@live.com

타마린드 쿠킹클래스&라오 다이닝

타마린드 쿠킹스쿨 Tamarind Cooking School

칼질에 익숙하지 않아도 부담이 없는 타마린드 쿠킹클래스는 훌륭한 커리큘럼을 자랑한다. 랍요리와 레몬그라스로 속을 채운 생선요리 등 라오스의 대표요리를 만드는데, 무엇보다 세부적인 사항에 대해서도 성실한 설명을 이어간다는 점에서 참가자들의 만족도가 높다. 이미 입소문으로 알려진 타마린드는 레스토랑에서 다소 떨어져 있는 공간에서 요리한다. 만약 푸짐한 식단을 통해 라오스음식의 이모저모를 알고 싶다면, 쿠킹클래스 이외에 코스요리를 즐길 수 있는 라오다이닝Lao Dining도 만족스럽다. 요리과정은 생략되지만 저녁 만찬을 즐기면서 외국인과 소통하는 기회를 갖는다.

주소 Thanon Kingkisarat, Ban Wat Sene, Luang Prabang 문의 (856) 020 777 0484 운영시간 월~토요일 09:00~15:00, 16:30~20:30 가격 1일클래스(Day Class) 28만 5천K, 오후클래스(Evening Class) 21만 5천K 찾아가기 여행자안내소에서 야시장거리인 씨사왕웽거리(Thanon Sisavangvong)를 따라 쭉 직진하다 다오파비스트로가 오른쪽에 보이면 꺾어 들어간다. 세이남칸호텔에서 다시 좌측으로 꺾어 남칸강변도로인 킹키사랏거리(Thanon Kingkisarat)를 따라 직진하면 좌측에 위치한다. 밤부트리레스토랑 옆이다. 홈페이지 www.tamarindlaos.com

미스터 뚜이가 마련한

카페뚜이 쿠킹프롬더하트 Cafe Toui Cooking from the Heart

다른 쿠킹클래스와 달리 참가자의 요청이 있을 때에만 개별적인 쿠킹프로그램을 진행한다. 요리에 관심 있는 소수 인원을 참가 대상으로 삼는다고 볼 수 있다. 따라서 요리하는 공간 등은 협소한 편이지만 일대일 수업으로 친근감 있는 설명과 정감 어린 대화가 가능하다. 라오스 식재료에 대해 이해할 수 있으며 좋은 식자재를 고르는 노하우까지 챙길 수 있다. 고급식당에서 오랫동안 경력을 쌓고 카페뚜이를 운영하는 미스터 뚜이(Mr.Toui)가 직접 수업을 이끈다. 이메일이나 카페 방문을 통해 쿠킹클래스에 대해 문의할 수 있다.

주소 91 Ban Xieng Muan, Luang Prabang 문의 (856) 020 5657 6763 운영시간 08:30~22:00 가격 $25(20만K) 찾아가기 여행자안내소에서 야시장거리인 씨사왕웽거리(Thanon Sisavangvong)를 따라 쭉 직진하다가 우측에 주얼트래블이 보이면 환전소를 끼고 왼쪽 골목길로 들어선다. 왓씨엥무안을 지나 우측으로 꺾으면 위치한다. 이메일 Tsomphong@ya.hoo.com

Section 04

루앙프라방에서 소문난 나이트라이프

라오스 최고의 여행지답게 여행객이 가볼 만한 펍과 바가 즐비하다. 다른 도시에서는 볼 수 없는 이색적인 분위기가 루앙프라방의 밤거리를 수놓는다. 각양각색의 매력이 넘치는 펍이나 바를 취향에 따라 분위기에 따라 골라 즐겨보자.

이 세상에 없는 그곳 ★★★★★
유토피아 Utopia

루앙프라방을 가리켜 유토피아라 하는데, 이곳은 말 그대로 루앙프라방의 유토피아를 맛볼 수 있는 곳이다. 해가 기울어지면 세계의 젊은이들이 소문을 듣고 몰려드는 이곳은 이제 한국에도 제법 알려졌다. 유토피아는 규모가 퍽 큰 편으로 바, 정원, 리버뷰 테이블이 있다. 특히 남칸(칸강)이 한눈에 들어오는 리버뷰는 낮에 더 붐비는데, 베드와 탁자가 놓여있어 누워서 자연을 만끽할 수 있다.

음료는 다른 곳에 비해 조금 비싼 편이지만, 적절히 어두운 조명 덕분에 일행과 함께 이야기꽃을 피울 수 있는 최적의 분위기를 제공한다. 밤 11시 무렵이면 문을 닫으므로 조금 일찍 가서 자리를 잡는 것이 좋다.

주소 Ban Aphay, Luang Prabang **문의** (856) 020 2388 1771 **운영시간** 08:00~23:30 **가격** 1만 5천K~ **인기메뉴** 헝그리사이클리스트버거, 망고셰이크 **귀띔 한마디** 근사한 전망을 바라보며 요가강좌(오전/오후)를 진행한다. 오전수업은 매일 07:00에 1시간(4만K) 동안, 오후수업은 화, 목, 토요일 18:00에 1시간 반(6만K) 동안 진행된다. **찾아가기** 여행자안내소 사거리에서 메콩강 반대방향으로 다라마켓(Dara Market)이 있는 사거리까지 직진한다. 다라마켓을 끼고 좌측으로 꺾어 직진하다 삼거리가 나오면 오른쪽으로 꺾는다. 좌측 골목길에 유토피아 표지판이 보인다. **홈페이지** www.utopialuangprabang.com **페이스북** / Utopialn Laos

보헤미안 취향인 당신에게 권함. ★★★★★
아이콘클럽 ICON Klub

홍대 뒷골목의 작은 술집 같은 분위기가 편안함을 주는 곳으로, 내부는 보헤미안 스타일의 인테리어로 멋스럽다. 2009년 문을 연 아이콘클럽은 규모는 작지만 'a room for cocktails'을 내세울 만큼 칵테일의 진면목을 보여준다. 흔히 접할 수 있는 블러디 메리 Bloody Mary, 마티니 Martini, 모히토 Mojito가 역시나 인기가 좋다. 적당히 어두운 조명 덕분에 편안하고 소규모공연과 분위기에 걸맞은 음악이 여행의 피로를 날려준다.

주소 Thanon Sakarine, Ban Xieng Muan, Luang Prabang **문의** (856) 071 254 905, (856) 020 9930 0788 **운영시간** 주 6회 17:00~23:30, 주중 휴무일은 미정 **가격** 4만 5천K~ **찾아가기** 여행자안내소에서 야시장거리인 씨사왕웡거리(Thanon Sisavangvong)를 따라 쭉 직진하면 사카린거리(Thanon Sakarine)로 이어진다. 사카린거리가 나오는 사거리에서 오른쪽으로 꺾어 들어가서 쭉 직진하면 우측에 있다. **귀띔 한마디** 문학에 조예가 있는 주인, 리사(Lisa)는 비정기적으로 문학의 밤을 진행한다. 스케줄은 홈페이지를 참고하자. **홈페이지** www.iconklub.com

벨기에맥주 맛을 제대로 맛볼 수 있는 ★★★★☆
하우스레스토랑 House Restaurant

벨기에인 주인장이 운영하는 하우스레스토랑은 벨기에맥주를 전문적으로 취급하는 곳이다. 입구부터 즐비한 맥주병이 이곳의 이력을 짐작하게 한다. 2007년부터 자리를 잡은 이후로 꾸준히 벨기에맥주 맛을 알리고 있는데 시원하게 마련된 뒤뜰이 무엇보다 매력적이다. 벨기에맥주에 조예가 깊지 않아도 문제가 되지 않는다. 친절한 주인이 언제나 조언을 아끼지 않는다. 비어라오에서 벗어나 새로운 맛을 보고 싶다면 가볼 만하다.

주소 Thanon Kingkisarat Ban Aphay, Luang Prabang **문의** (856) 071 255 021, (856) 020 5683 1810 **운영시간** 17:00~23:30 **가격** 1만 5천K~ **귀띔 한마디** Leffe, Karmeliet, La Chouffe, Hoegaarden, Duuel 등이 잘 알려진 벨기에맥주이다. **찾아가기** 여행자안내소 사거리에서 메콩강 반대방향으로 다라마켓(Dara Market)이 있는 사거리까지 직진한다. 다라마켓을 끼고 좌측으로 꺾어 직진하여 하이브바를 지나 좌측에 자리한다. **홈페이지** www.thehouselaos.com **이메일** thehouse_laos@gmail.com

음악이 흐르는 와인바 ★★★★☆
오페라하우스 Opera House

세련된 조명과 분위기 있는 음악 덕분에 저녁시간에 더 붐비는 곳이다. 레스토랑과 바를 겸하는 곳으로 주류와 식사류를 모두 주문할 수 있다. 조명이 어두워 모히토와 무알코올칵테일 야후만으로도 여행의 기분이 고조된다. 와인바인 만큼 와인리스트도 알차게 갖추고 있으며 스탠드바도 있어 혼자서 한 잔을 즐기기에도 부담 없다. 친절한 직원들 덕분에 기분 좋아지는 바이다.

 주소 Thanon Sisavangvong, Ban Xieng Muan, Luang Prabang 운영시간 14:00~23:30 가격 4만 5천K~ 찾아가기 여행자안내소에서 야시장거리인 씨사왕웽거리(Thanon Sisavangvong)를 따라 쭉 직진하면 사카린거리(Thanon Sakarine)로 이어진다. 사카린거리가 나오는 사거리에서 오른쪽으로 꺾어 들어가서 걷다가 다시 사거리를 만나면 오른쪽으로 꺾는다. 홈페이지 www.operahouseluangprabang.com 이메일 phouth_lao@hotmail.com

와인과 차가운 공기로 채우는 밤. ★★★★☆
셰맷 CHEZ MATT

외관과 내부 모두 상당히 고급스러운 분위기를 내지만 와인 가격은 큰 부담 없는 전문 와인바이다. 아이콘클럽 바로 옆에 자리하는데, 시원한 에어컨바람 덕분에 외부의 열기와 소란스러움으로부터 완전히 차단되어 외딴 도시에 들어온 것 같은 느낌이다. 여기에 조명까지 더해져 안락한 분위기를 느낄 수 있다. 와인은 리스트에서 골라 글라스나 병으로 주문할 수 있으며, 직원에게 추천메뉴를 묻는 것도 좋다.

 주소 Off Thanon Sakarine, Ban Wat Sene, Luang Prabang 문의 (856) 020 7777 9497 운영시간 11:00~23:30 찾아가기 여행자안내소에서 야시장거리인 씨사왕웽거리(Thanon Sisavangvong)를 따라 쭉 직진하면 사카린거리(Thanon Sakarine)로 이어진다. 사카린거리가 나오는 사거리에서 오른쪽으로 꺾어 들어가서 쭉 직진하면 좌측에 있다. 이메일 chezmattlpb@gmail.com

야시장을 조망하며 즐기는 한잔의 여유 ★★★★☆
인디고테라스 Indigo Terrace

루앙프라방에서 흔치 않은 루프톱바로, 파란 파라솔과 빨간 파라솔이 사이좋게 늘어서 있는 야시장의 풍경을 내려다볼 수 있

는 곳이다. 호텔 입구의 베이커리카페를 지나 계단을 오르면 인디고테라스를 만날 수 있다. 내부에는 일반테이블부터 좌식테이블과 베드테이블, 해먹까지 준비되어 있어 취향대로 오픈테라스에서 불어오는 바람을 느끼며 루앙프라방의 밤을 즐기기에 좋다.

주소 Thanon Sisavangvong, Ban Pakham, Luang Prabang 문의 (856) 071 212 264 운영시간 10:00~21:00 가격 1만 5천K~ 찾아가기 여행자안내소에서 야시장거리인 씨사왕웽거리(Thanon Sisavangvong)를 따라 조금만 올라가면 자리한다. 샌드위치 노점 건너편에 자리한다.

로맨틱한 정원에서 즐기는 밤, ★★★☆☆
라오라오가든 Lao Lao Garden

안으로 들어서면 근사한 정원이 펼쳐지는 라오라오가든은 층층이 이어진 계단이 널찍하고, 층마다 테이블이 하나씩 놓여 있다. 다소 평범한 이름에 비해 분위기는 로맨틱한 이곳은 실외좌석만 있다. 자리마다 놓인 전등의 은은한 빛은 조금 어둡게 느껴지지만 편안한 대화를 나누기에 좋다. 계단 끝까지 올라가면 꽤나 깊은 언덕에 올라온 기분마저 든다.

주소 Thanon Kingkisarat Ban Aphay, Luang Prabang 문의 (856) 020 7777 4414 운영시간 17:00~ 23:30 가격 비어라오 1만K, 칵테일 3만 5천K 찾아가기 여행자안내소 사거리에서 메콩강 반대방향으로 다라마켓(Dara Market)이 있는 사거리까지 직진한다. 다라마켓을 끼고 좌측으로 꺾어 직진하여 하이브바를 지나 좌측에 자리한다. 귀띔 한마디 칵테일 1잔을 주문하면 같은 칵테일로 1잔을 무료로 준다. 식사보다는 간단하게 한잔하기 좋다.

열대의 밤에 퍼지는 음악 소리가 감미로운 곳 ★★★★★
하이브바&레스토랑 Hive Bar&Restaurant

루앙프라방에서 드물게 라이브음악을 감상할 수 있는 하이브는 라오스 음악인이나 세계 각지에서 온 이들이 서는 무대이기도 하다. 화요일부터 토요일까지는 소수민족의 복식을 무대에서 살필 수 있어 여행객이 많이 찾는다. 낮에는 레스토랑으로 운영하다가 저녁이면 바 분위기로 바뀐다. 바 안쪽으로 들어가면 공연장과 함께 노천좌석이 펼쳐져 있다. 트로피컬한 분위기를 만끽하려는 여행자에게 인기 있는 공간이다.

주소 5 Thanon Kingkisarat Ban Aphay, Luang Prabang 문의 (856) 020 5999 5370 운영시간 10:00~23:30 가격 주류 1만 5천K~ 귀띔 한마디 화~토요일 19:30에 소수민족패션쇼가 열린다. 공연정보는 홈페이지를 참고하자. 찾아가기 여행자안내소 사거리에서 메콩강 반대방향으로 다라마켓(Dara Market)이 있는 사거리까지 직진한다. 다라마켓을 끼고 좌측으로 꺾어 직진하면 자리한다. 홈페이지 www.hivebarlaos.com 이메일 hivebarrestaurant@gmail.com

Section 05
루앙프라방에서 즐기는 쇼핑

루앙프라방의 예술적 감수성은 쇼핑가에서도 빛을 발한다. 라오스 스타일이 묻어나는 소소한 수공예품은 물론 실크로 완성한 슬리브블라우스와 스타일리시한 인테리어 소품 등은 색감과 디자인에서 높은 수준을 자랑한다. 수공예라는 특성 때문에 때때로 높은 가격이 매겨지므로 방심했다가는 두툼한 지갑을 금세 납작하게 만들어 버릴 수 있다.

독창적인 색감과 디자인이 매력적인 ★★★★☆
옥폽톡프래그십스토어 Ock Pop Tok Plagship Store

출중한 아이디어와 감각으로 물건 하나하나가 예사롭지 않은 이곳은 루앙프라방의 대표적인 수공예직물 전문센터이다. 라오스어로 '동서양의 만남'을 뜻하는 옥폽톡은 수공예직물을 통해 라오스를 알리고 오랫동안 직물을 만들어 온 여성장인의 활발한 활동을 장려하는 등 문화적 순환과 만남을 모색한다.

루앙프라방에 3개의 지점이 있는데 각기 다른 테마로 운영된다. 야외공간을 끼고 있는 옥폽톡부티크&아틀리에와 모퉁이 흰색 건물에 들어선 플래그십스토어는 제품을 판매하는 부티크이다. 직조장인의 손길을 거친 원피스, 가방, 스카프, 인테리어 소품 등 다양한 패브릭제품을 만나볼 수 있다. 워크숍을 진행하고 카페도 함께 운영하는 리빙크래프트센터Living Crafts Centre는 시내에서 떨어져 있는 대신, 플래그십숍에서 예약을 통해 무료 성태우 픽업서비스를 받을 수 있다. 워크숍에서는 직접 베틀을 이용해 직물을 만들거나 천연염색 체험 등을 할 수 있다.

주소 73/5, Luang Prabang **문의** (856) 071 254 406, (856) 071 253 219 **운영시간** 부티크·스토어 08:00~20:00, 리빙크래프트센터 08:00~17:00 **가격** 홈데코 및 패브릭류 $10~ **귀띔 한마디** 비정기적으로 워크숍을 진행하므로 참여를 원한다면 홈페이지의 공지를 참고하자. 온라인쇼핑몰도 활발하게 운영하고 있다. **찾아가기** 옥폽톡 플래그숍은 왓쌘(Wat Saen, Wat Sene)근처 나가3호텔(3Naga Hotel) 옆에 위치하고 옥폽톡부티크&아틀리에는 3나가호텔 길 건너편에 자리한다. **홈페이지** www.ockpoptok.com

세련된 소품과 실크 소재 의류가 가득한 ★★★★★
아나카 Anakha

'The Bule House'라고 쓰인 흰색 건물 외관부터 눈길을 사로잡는다. 숍 안으로 들어서면 보는 순간 구매욕이 생기는 옷들이 미묘한 색감에 따라 레드, 블루, 그린 등 계열로 구분해 비치되어 있다. 실크로 만든 블라우스와 원피스, 액세서리 등 여러 품목을 다양하게 선보인다. 한국의 실크블라우스와 비교하면 상대적으로 저렴한 가격이라 더 매력적이다. 홈인테리어 소품도 함께 살펴볼 수 있으니 숍의 안쪽까지 둘러보자.

주소 9 Thanon Sakarine, Ban Wat Sene, Luang Prabang **문의** (856) 020 5875 4990 **운영시간** 09:30~22:00 **가격** 액세서리 $25~, 블라우스 $30~ **찾아가기** 여행자안내소에서 야시장거리인 씨사왕웽거리(Thanon Sisavangvong)를 따라 쭉 직진하면 사카린거리(Thanon Sakarine)로 이어진다. 사카린거리를 따라 쭉 직진하면 우측에 자리한다. **이메일** anakhalao@gmail.com

 천연염색의 결정체 ★★★★☆
제이드 Jade

천연재료로 염색하여 실크제품을 완성하는 제이드는 다른 곳의 제품과 비교를 거부할 정도로 높은 퀄리티를 자랑한다. 자연에서 얻은 빛깔로 색을 내는데, 여러 차례 염색작업을 거쳐 얻은 빛깔이 미려하다. 직조와 염색작업의 순서를 바꾼 것만으로도 다른 분위기가 느껴지는 제품들을 살펴볼 수 있다. 주요 아이템은 스카프로 이 역시 아름다운 빛깔을 자랑한다.

주소 45 Thanon Sakarine, Ban Wat Sene, Luang Prabang **문의** (856) 020 5589 3593 **운영시간** 08:30~21:00 **가격** $80~ **찾아가기** 여행자안내소에서 야시장거리인 씨사왕웽거리(Thanon Sisavangvong)를 따라 쭉 직진하면 사카린거리(Thanon Sakarine)로 이어진다. 사카린거리를 따라 조금만 직진하면 우측에 자리한다. **이메일** pbleton59@yahoo.fr

Part 02

루앙프라방의 대표 골동품숍 ★★★☆☆
오렌지트리 Orange Tree

라오스에서 보기 드문 앤티크숍이다. 라오스를 비롯해 세계 여러 곳에서 수집한 제품들은 시간의 흔적이 깊이 새겨져 있어 멋스럽다. 아시아에서 볼 수 있는 골동품에서 섬세함이 엿보이는데, 적당한 조명 덕분에 작은 박물관에 온 느낌마저 든다. 가격은 다소 비싼 편이지만 식상한 기념품을 대신할 특별한 물건을 찾는다면 천천히 둘러보자.

주소 67. Ban Wat Nong, Luang Prabang **운영시간** 10:00~18:00/일요일 휴무 **가격** $20~ **찾아가기** 여행자안내소 사거리에서 메콩강 방향으로 걷다가 우측에 루앙프라방리버로지가 나오면 우측으로 꺾는다. 캠콩거리(Thanon Khem Khong)를 따라 쭉 직진하면 우측에 위치한다. **이메일** laos.orangetree@gmail.com

활용도 높은 아이템을 모은 부티크 ★★★☆☆
바이올렛 Violet

더운 여름에 활용도가 높은 실크소재의 아이템이 눈길을 끈다. 민소매 블라우스와 스커트는 디테일한 디자인으로 고급스럽다. 비정기적으로 세일코너가 마련되어 이른바 득템을 노려볼 수도 있다. 고급 실크제품은 한국과 비교할 때 부담스럽지 않은 가격대이다.

주소 Thanon Sakarine, Ban Wat Sene, Luang Prabang **문의** (856) 020 2389 4153 **운영시간** 08:30~20:00 **가격** $20~ **찾아가기** 여행자안내소에서 야시장거리인 씨사왕웽거리(Thanon Sisavangvong)를 따라 쭉 직진하면 사카린거리(Thanon Sakarine)로 이어진다. 사카린거리를 따라 20m 정도 올라가면 우측에 자리한다.

종이로 채운 가게 ★★★☆☆
요말라사페이퍼 Yommala Saa Paper

루앙프라방에서 생산한 종이로 만든 소소한 제품을 모아둔 숍이다. 골목에 자리 잡았지만 여행자거리에서 멀지 않아 들러볼 만하다. 거친 질감이 매력적인 하드커버 일기장과 앨범은 저렴하여 주머니 가벼운 여행자에게도 부담 없다. 종이로 만든 전등갓도 실용적인 아이템이다.

주소 Ban Choumkhong, Thanon Sotikoommanh, Luang Prabang 문의 (856) 020 7777 7613 운영시간 08:00~21:00 가격 $3~ 찾아가기 여행자안내소에서 야시장거리인 씨사왕웽거리(Thanon Sisavangvong)를 따라 쭉 직진하다가 우측에 주얼트래블이 보이면 환전소를 끼고 왼쪽 골목길로 꺾어 들어간다. 사거리에서 가던 방향으로 조금만 더 직진하면 좌측에 보인다. 이메일 euluau3@hotmail.com

 품격 있는 수공예품 ★★★★☆
나가크리에이션 Naga Creation

입구에서부터 화려한 색감으로 여행객의 마음을 사로잡는 나가크리에이션은 손재주가 뛰어난 주인이 직접 만든 제품으로 가득하다. 인형, 열쇠고리 등 캐주얼한 제품부터 목걸이, 팔찌 등의 액세서리 등의 고급스러운 제품까지 다양한 종류의 장식품을 만나볼 수 있다. 소수민족의 스타일을 느낄 수 있는 물건도 다른 곳과는 차별된다. 스타일리시한 기념품을 찾는다면 찾아가 보자.

주소 Thanon Sisavangvong, Luang Prabang 문의 (856) 071 212 775 운영시간 10:00~21:00 가격 2만K~ 찾아가기 여행자안내소에서 야시장거리인 씨사왕웽거리(Thanon Sisavangvong)를 따라 쭉 직진하면 사카린거리(Thanon Sakarine)로 이어진다. 사카린거리로 이어지기 전 사거리 우측에 자리한다.

 부티크의 모범 ★★★★☆
산티부티크 Santi Boutique

빌라산티호텔Villa Santi Hotel에서 운영하는 숍이다. 산티호텔 길 건너편에 자리해서 찾기도 쉽다. 무엇보다 라오스에서 쉽게 접할 수 있는 아이템을 견고하게 마감하여 한층 높은 퀄리티를 보여준다. 섬세한 디자인과 색감으로 고급스러운 의류, 가방, 스카프 등의 제품이 눈길을 끈다. 시원한 소재의 블라우스 역시 실용적인 디자인으로 여름에 걸칠 만하다.

주소 Thanon Sakarine, Ban Wat Sene, Luang Prabang 문의 (856) 071 252 157 가격 $10~ 운영시간 09:00~21:00 찾아가기 여행자안내소에서 야시장거리인 씨사왕웽거리(Thanon Sisavangvong)를 따라 쭉 직진하면 사카린거리(Thanon Sakarine)로 이어진다. 사카린거리를 따라 올라가다 탐락라오를 지나 우측에 자리한다.

수준 높은 솜씨의 직물이 전시된 ★★★★☆
TAEC부티크 TAEC Boutique

단순한 듯 보이지만 견고하고 섬세한 아름다움이 느껴지는 제품이 단연 돋보이는 곳이다. 소수민족박물관을 운영하는 TAEC는 여행자들이 주로 다니는 곳에 부티크를 열어 소수민족의 수공예품에 대한 이해를 돕고 박물관의 홍보를 겸하고 있다. 꼼꼼한 박음질과 마무리에서 높은 수준의 솜씨를 엿볼 수 있다.

주소 Ban Wat Sene, Luang Prabang **문의** (856) 030 537 7557 **운영시간** 09:00~21:00 **가격** $10~ **귀띔 한마디** TAEC 소수민족박물관 관람을 통해 소수민족 생활상을 살필 수 있으니 참고하자. 박물관은 여행자안내소 사거리에서 멀지 않은, 다라마켓(Dara Market) 근처에 있다. **찾아가기** 여행자안내소에서 야시장거리인 씨사왕웽거리(Thanon Sisavangvong)를 따라 쭉 직진하면 사카린거리(Thanon Sakarine)로 이어진다. 사카린거리를 따라 올라가면 우측에 자리한다. **홈페이지** www.taeclaos.org **이메일** information@taeclaos.org

작품 이상의 작품이 빼곡히 자리한 ★★★★★
카루소라오 Caruso Lao

저택에 어울릴 만한 카루소라오의 인테리어 소품은 단순한 상품이라기보다는 명인이 다듬은 작품에 더 가깝다. 갤러리에서 작품을 볼 때처럼 아이템을 하나하나 살필 수밖에 없는 물건들이 매혹적이다. 가격은 상당히 비싼 편이지만 실크스카프 하나에서조차 어디에서도 만나본 적 없는 독창적인 아름다움이 느껴진다.

주소 Thanon 60 Sakarine, Wat Sene, Luang Prabang **문의** (856) 071 254 574 **운영시간** 08:00~22:00 **가격** $30~ **귀띔 한마디** 비엔티안에도 분점을 두고 있다. **찾아가기** 여행자안내소에서 야시장거리인 씨사왕웽거리(Thanon Sisavangvong)를 따라 쭉 직진하면 사카린거리(Thanon Sakarine)로 이어진다. 사카린거리를 따라 20m 정도 올라가면 우측에 자리한다. **홈페이지** www.carusolao.com **이메일** sales@carusolao.com

평범하지만 절제미가 돋보이는 ★★★☆☆
마테사이 Ma té sai

루앙프라방 이곳저곳에서 손쉽게 접할 수 있는 직물제품 중에는 저가의 중국산이 섞여 있는 경우가 많다. 오랫동안 자리를 지켜온 덕분에 잘 알려진 마테사이는 메이드인 라오스의 견고하고 정성껏 만든 수공예품 덕분에 기분이 좋아지는 곳이다. 스카프, 쿠션, 모

자, 테이블보 등 패브릭제품이 가득하고 기념품으로 챙길 만한 초 작은 인형, 열쇠고리 등도 있다.

주소 Ban Aphay, Luang Prabang **문의** (856) 071 260 654 **운영시간** 09:00~20:30 **가격** $5~ **찾아가기** 여행자안내소 사거리에서 메콩강 반대방향으로 다라마켓(Dara Market)이 있는 사거리까지 직진한다. 다라마켓을 끼고 좌측으로 꺾어 직진하다 삼거리가 나오면 오른쪽으로 꺾는다. 바로 앞 좌측 골목길에 위치한다. 유토피아 근처이다. **홈페이지** www.matesai.com **이메일** info@matesai.com

투박함과 모던함 사이 ★★☆☆☆
왓쌘갤러리 Wat Sene Gallery

루앙프라방에서 봤음 직한 거의 모든 아이템을 접할 수 있는 곳이다. 의류는 소재가 다소 투박하지만, 라오스 스타일이 묻어나는 제품들이 멋스럽다. 소수민족이 만든 수공예품은 한 땀 한 땀 정성이 느껴진다. 다양한 물건을 취급하는 만큼 차분히 둘러보자.

주소 Thanon Sakarine, Luang Prabang **운영시간** 08:00~19:00 **가격** $5~ **찾아가기** 여행자안내소에서 야시장거리인 씨사왕웽거리(Thanon Sisavangvong)를 따라 쭉 직진하면 사카린거리(Thanon Sakarine)로 이어진다. 사카린거리를 따라 올라가다 탐락라오를 지나 직진하면 우측에 자리한다.

다양한 재질의 실크제품 ★★☆☆☆
라오텍스타일 내추럴다이 Lao Textile Nature Dyes

소박한 외관의 라오텍스타일은 야시장에서 보았음 직한 물건들을 꼼꼼히 살필 수 있는 곳이다. 실용적인 가방이 많으며 2층에도 실크스카프 등의 수공예제품을 갖추고 있다. 야시장에 비해 가격이 다소 비싸 아쉽지만 다양한 재질의 실크제품을 둘러볼 만하다.

주소 86 Ban Xang Khong, Luang Prabang **문의** (856) 071 252 803 **운영시간** 07:30~19:00 **가격** $20~ **찾아가기** 여행자안내소에서 야시장거리인 씨사왕웽거리(Thanon Sisavangvong)를 따라 쭉 직진하면 사카린거리(Thanon Sakarine)로 이어진다. 사카린거리를 따라 조금만 올라가면 우측에 자리한다. **귀띔 한마디** 자전거도 대여하고 있다. **이메일** rang_textile@hotmail.com

Section 06
루앙프라방의 추천 숙소

배낭여행자를 위한 게스트하우스에서부터 휴양을 위한 럭셔리호텔까지 다양한 호텔이 그야말로 즐비하다. 루앙프라방이 관광지로 이름을 떨치면서 주택을 개조한 게스트하우스도 늘어났다. 따라서 극성수기인 크리스마스 연휴와 라오스 새해인 삐마이라오, 보트축제, 중국 춘절 등 극히 일부 시기를 제외하면 예약 없이도 숙소를 구하는 것은 어렵지 않다. 남칸과 메콩강을 배경으로 지는 석양을 바라볼 수 있는 리버뷰가 인기 있지만 정원뷰도 루앙프라방의 호젓함을 즐기는 데 부족함이 없다.

세월의 흔적이 멋스러운 호텔 ★★★★★
쓰리나가스 3 Nagas

루앙프라방의 역사라도 해도 과언이 아닐 정도로 유서 깊은 호텔이다. 객실 수는 15개로 많지 않지만, 정원과 길 건너편의 식당 등 고객편의를 고려한 공간을 배치해서 규모가 크게 느껴진다. 오래된 나무집이지만 전체적으로 낡았다는 느낌보다는 오래된 가죽처럼 온기가 느껴진다.

은은한 조명과 현대적 감각으로 꾸민 욕실은 물론 군더더기 없는 침대에서 고풍스러움이 그대로 전해진다. 객실에는 테라스를 갖추고 있고 무료 와이파이를 제공한다. 주변에 사원과 야시장, 식당 등이 있는 중심부에 자리하여 관광을 즐기기에 좋은 위치이다. 이른 아침에는 호텔 앞으로 탁밧행렬이 지나가며, 훌륭한 조식도 맛볼 수 있다.

주소 Thanon Sakarine, Ban Vatnong, Luang Prabang 문의 (856) 071 260 777 가격 디럭스룸 $145~225/조식 포함 체크인/아웃 12:00/14:00 귀띔 한마디 호텔 내 풀장에서 여유 있는 시간을 보내고 싶다면 수영복을 챙겨가자. 찾아가기 여행자안내소에서 야시장거리인 씨사왕웽거리(Thanon Sisavangvong)를 따라 쭉 직진하면 사카린거리(Thanon Sakarine)로 이어진다. 사카린거리를 따라 올라가다 탐락라오를 지나 직진하면 좌측에 자리한다. 홈페이지 www.3-nagas.com 페이스북 /3Nagas

남칸의 풍경이 펼쳐지는 호텔 ★★★★★
더 압사라 The Apsara

남칸이 바라다보이는 곳에 위치한 압사라는 루앙프라방의 풍경을 고스란히 볼 수 있는 전망 좋은 객실을 보유했다. 호텔 1층에 레스토랑을 운영하여 저녁이면 화려한 조명으로 불을 밝힌다. 객실에는 라오스풍의 베개쿠션, 침대커버 등으로 포인트를 주었다. 복고적인 철제 선풍기 등으로 요란하지 않은 감각적인 인테리어가 돋보인다. 강이 보이지 않는 객실은 답답할 수 있으므로 전망을 확인하는 것이 좋다.

주소 Ban Wat Sene, Thanon Kingkisarat, Luang Prabang **문의** (856) 071 254 670 **가격** 스탠더드 1층 $63~85, 스탠더드룸 2층 $72~90, 수피리어 2층 $99~130, 수피리어 1층 $67~90/조식 포함 **체크인/아웃** 14:00/12:00 **찾아가기** 여행자안내소에서 야시장거리인 씨사왕웽거리(Thanon Sisavangvong)를 따라 쭉 직진하다 다오파비스트로가 오른쪽에 보이면 꺾어 들어간다. 세이남칸호텔에서 다시 좌측으로 꺾어 남칸강변도로인 킹키사랏거리(Thanon Kingkisarat)를 따라 쭉 직진하면 좌측에 위치한다. **홈페이지** www.theapsara.com **이메일** info@theapsara.com

집 한 채를 통으로 빌려 쓰는 ★★★★★
키리다라빌라 반킬리 Kiridara Villa Ban Kili

호텔이라기보다는 저택 한 채를 통으로 빌려 머물 수 있는 특별한 숙소이다. 객실은 계단으로 연결된 1층과 2층이 있어 두 가족이 함께 사용해도 문제없다. 1층과 연결되는 정원이 있어 품격 있는 휴가를 누릴 수 있다. 원목으로 꾸민 빌라는 견고한 느낌인데, 밝은 패브릭으로 둔탁한 분위기를 해소했다. 주방과 미니바도 갖추어 간단한 요리를 직접 해 먹을 수도 있다. 요리사와 관리인이 대기하고 있어 최고급의 서비스를 제공한다. 욕조와 샤워시설을 갖추었고 무료로 공항으로 가는 교통편을 제공한다. 독립된 공간을 선호하는 이들에게 좋은 선택이다.

주소 45 Ban Khili, Luang Prabang **문의** (856) 071 261 888, (856) 071 260 935 **가격** $400~535/조식 포함 **체크인/아웃** 14:00/12:00 **귀띔 한마디** 루앙프라방에 호텔도 운영하고 있다. 무료로 자전거를 대여할 수 있다. **찾아가기** 여행자안내소에서 야시장거리인 씨사왕웽거리(Thanon Sisavangvong)를 따라 쭉 직진하다 다오파비스트로가 오른쪽에 보이면 꺾어 들어간다. 세이남칸호텔에서 다시 좌측으로 꺾어 남칸강변도로인 킹키사랏거리(Thanon Kingkisarat)를 따라 쭉 직진하면 좌측에 위치한다. **홈페이지** www.kiridara.com **이메일** info@kiridara.com

감각적인 객실 인테리어가 인상적인 ★★★★☆
인디고하우스호텔 Indigo House Hotel

스타일과 접근성을 겸비한 호텔이다. 야시장 초입에 위치하여 일부러 찾으려 하지 않으면 눈에 들어오지 않지만 아침에는 제법 붐비는 베이커리카페도 함께 운영하는 곳이다. 호텔 이름처럼 천연염료인 인디고의 푸른빛을 다양한 톤으로 표현하여 편안하고 산뜻하다. 곳곳에는 소수민족이 만든 패브릭소품이 있고 공간이 널찍하여 여유롭다. 감각적인 객실은 깨끗하고 편안하다. 무엇보다 루프톱바 인디고테라스Indigo Terrace를 운영하여 야시장을 내려다보며 맥주나 칵테일 등을 즐길 수 있다.

주소 Thanon Sisavangvong, Ban Pakham, In the center of town, Luang Prabang **문의** (856) 071 212 264 **가격** 플러스트윈·더블룸 $75~85/조식 포함 **체크인/아웃** 13:00/11:30 **귀띔 한마디** 비수기에는 가격이 많이 내려가므로 프로모션을 노려보자. **찾아가기** 여행자안내소 사거리에서 샌드위치 노점을 지나 바로 왼쪽 첫 번째 건물이다. 1층에는 카페와 베이커리를 운영한다. **홈페이지** www.indigohouse.la **이메일** info@indigohouse.la

메콩강이 내려다보이는 ★★★★☆
메콩레지던스 Mekong Residence

메콩강을 바로 조망할 수 있는 메콩레지던스는 2층 건물의 아담한 숙소이다. 객실이 강변 쪽과 강변 반대쪽으로 나뉘어 있으며, 2층 리버뷰객실이 조금 더 비싸다. 객실 수는 많지 않지만 감각적인 스타일이 돋보이는 매력적인 객실을 자랑한다. 침대와 조명으로만 구성된 객실은 단순하지만 원목으로 마감된 천장과 벽면 덕분에 아늑하고 편안하다. 전체적으로 시설대비 가격은 만족스러운 편이다.

주소 Ban Pakham, Luang Prabang **문의** (856) 071 253 939 **가격** 더블룸 $23~35 **체크인/아웃** 14:00/12:00 **찾아가기** 여행자안내소 사거리에서 메콩강 방향으로 걷다가 우측에 루앙프라방리버로지가 나오면 우측으로 꺾는다. 캠콩거리(Thanon Khem Khong)를 따라 쭉 직진하면 우측에 있으며 호텔 앞에 작은 표지판을 달아놓았다. **귀띔 한마디** 침대가 3개인 트리플룸을 하나 갖추었다.

라오스의 주요도시, 비엔티안&방비엥&루앙프라방

친절한 미소를 머금은 부티크호텔 ★★★☆☆
마이라오홈부티크호텔 Mylaohome Boutique Hotel

규모와 시설 대비 저렴한 가격과 친절한 서비스로 인기 있는 호텔이다. 조마카페 옆 골목으로 들어서 있는 게스트하우스 중 단연 돋보이는 이곳은 부티크호텔이라는 이름에 걸맞게 아기자기한 인테리어로 고객만족을 이끈다. 작지만 건물 사이에는 마당이 있고, 야시장이 가깝다. 전 객실에 에어컨이 설치되어 있으며 맛있는 조식을 제공한다. 제한된 비용 내에서 쾌적하게 머물고 싶다면 고려해볼 만한 곳이다.

주소 Ban Hua Xieng, Thanon Sisavangvong, Luang Prabang, Laos **문의** (856) 071 260 680 **가격** 트래디션 $35, 클래식 $45, 모던 $55/조식 포함 **체크인/아웃** 14:00/12:00 **찾아가기** 여행자안내소 사거리에서 90m 떨어져 있는 조마카페 옆 골목 안쪽 초입에 위치한다. **홈페이지** www.mylaohome.com **이메일** mylaohome@gmail.com

저렴한 가격으로 멋진 전망을 즐기는 ★★★★☆
오우이스게스트하우스 Oui's Guesthouse

남칸을 따라 늘어서 있는 숙소 중 도심에서 가장 떨어져 있지만 오가기에는 문제가 없다. 청결하게 관리한 객실은 좁지만 깔끔한 편이다. 마루와 천장을 원목으로 마감했으나 채광이 좋아 어둡지 않고, 환풍기를 설치하여 쾌적하다. 2층 객실에는 발코니가 있어 편안하게 앉아 남칸 풍경을 즐기기에 부족함이 없다. 조용한 휴식을 선호한다면 다리품을 팔아 가볼 만하다.

주소 Ban Khili, Luang Prabang **문의** (856) 071 252 374, (856) 020 5434 9589 **가격** 더블룸 $35~45/조식 포함 **체크인/아웃** 14:00/12:00 **찾아가기** 여행자안내소에서 야시장거리인 씨사왕웡거리(Thanon Sisavangvong)를 따라 쭉 직진하다 다오파비스트로가 오른쪽에 보이면 꺾어 들어간다. 세이남칸호텔에서 다시 좌측으로 꺾어 남칸강변도로인 킹키사랏거리(Thanon Kingkisarat)를 따라 쭉 직진하면 좌측에 위치한다. **귀띔 한마디** 두 사람 기준 공항 픽업서비스를 5만K에 제공한다. **이메일** ouisguesthouse@gmail.com

차분한 분위기와 세련된 스타일이 품격 있는 ★★★★★
빌라라오듬남칸뷰 Villa Laodeum Namkhan View

고급스러운 편안함이 느껴지는 라오듬남칸뷰는 객실 안으로 그대로 전해지는 남칸 전망이 압권이다. 넓은 부지에 자리 잡아 공간이 넉넉하며 대부분의 객실에서 리버뷰를 감상할 수 있어 특별한 시간을 보낼 수 있다. 가격 대비 시설이 월등하여 인기가 좋으며, 모든 객실에 발코니를 갖추고 있다. 우리나라의 여름휴가기간에는 가격이 저렴하므로 시기가 맞는다면 서둘러 예약해 두는 것이 좋다. 직원들이 친절하여 머무는 동안 불편함이 없다.

주소 Ban Khili Village, Thanon Sonkkaseum, Luang Prabang 문의 (856) 021 3299, (856) 020 7777 5899 가격 디럭스더블·트윈룸 $50~80, 디럭스더블·트윈리버뷰 $60~90, 디럭스트리플리버뷰 $70~100/조식 포함 체크인/아웃 13:00/11:30 귀띔 한마디 성수기(10~3월)와 비수기(4~9월)의 가격 차가 많으니 참고하자. 함께 운영하는 빌라라오듬(Villa Laodeum)은 조금 더 저렴하며, 홈페이지를 통해 객실 정보를 구할 수 있다. 찾아가기 여행자안내소에서 야시장거리인 씨사왕웡거리(Thanon Sisavangvong)를 따라 쭉 직진하다 다오파비스트로가 오른쪽에 보이면 꺾어 들어간다. 세이남칸호텔에서 다시 좌측으로 꺾어 남칸강변도로인 킹키사랏거리(Thanon Kingkisarat)를 따라 쭉 직진하면 좌측에 위치한다. 강변에 자리하며 입구에 등나무가 무성한 2층 목조건물이다. 홈페이지 www.villalaodeum2.com 이메일 booking@villalaodeum2.com

기품 있는 섬세함으로 특별한 하룻밤을 완성하는 ★★★★★
빌라산티호텔 Villa Santi Hotel

콜로니얼스타일의 정석을 보여주는 곳이다. 특히 창문과 문에 파란색을 덧입혀 더 멋스럽다. 리셉션으로 들어서는 건물에서 느껴지는 화사한 첫인상 때문에 순식간에 마음을 빼앗기기 쉽다. 청량함이 느껴지는 작은 수영장과 야자수로 꾸민 정원에서 빌라산티만의 특색을 느낄 수 있다. 밤이 깊어지면 조명을 밝혀 낭만적인 분위기가 고조된다. 나무로 짠 바닥과 소품에서 아날로그감성이 묻어나는 객실은 잘 정돈되어 있으며, 공항픽업 등 세심한 서비스가 돋보인다.

주소 Thanon Sakarine, Ban Wat Sene, Luang Prabang 문의 (856) 071 252157 가격 주니어 더블룸 $120~170, 디럭스슈트룸 $110~160/조식 포함 체크인/아웃 14:00/12:00 귀띔 한마디 성수기(10~3월)와 비수기(4~9월)의 가격 차가 심하다. 찾아가기 여행자안내소에서 야시장거리인 씨사왕웽거리(Thanon Sisavangvong)를 따라 쭉 직진하면 사카린거리(Thanon Sakarine)로 이어진다. 사카린거리를 따라 올라가다 탐락라오를 지나 직진하면 좌측에 자리한다. 홈페이지 www.villasantihotel.com 이메일 info@villasantihotel.com

아는 사람만 찾아가는 착한 숙소 ★★★★☆
빌라솜퐁 Villa Somphong

부담 없는 가격으로 남칸의 매력을 충분히 누릴 수 있어 입소문으로 알려진 숙소이다. 평범한 분위기에 외관과 내부 모두 딱 평균적인 시설을 갖추었지만 과하거나 부족하지 않아 쾌적한 편이다. 직원들의 친절함도 편안함을 더한다. 남칸의 끄트머리에 위치하여 야시장에서 약간 벗어나 있지만 걸어 다닐 만하고, 소란스러움에서 벗어나 있어 강변의 호젓함을 즐길 수 있다. 유유히 흐르는 남칸을 바라보며 즐기는 조식에 대한 평이 좋다.

주소 Thanon Soukaseum, Ban Khili, Luang Prabang 문의 (856) 071 254 896, (856) 020 5577 0657 가격 더블룸 $30~38, 트리플룸 $40~45/조식 포함 체크인/아웃 14:00/12:00 귀띔 한마디 5~9월 비수기, 10~4월 성수기로 구분한다. 찾아가기 여행자안내소에서 야시장거리인 씨사왕웽거리(Thanon Sisavangvong)를 따라 쭉 직진하다 다오파비스트로가 오른쪽에 보이면 꺾어 들어간다. 세아남칸호텔에서 다시 좌측으로 꺾어 남칸강변도로인 킹키사랏거리(Thanon Kingkisarat)를 따라 쭉 직진하면 좌측에 위치한다. 홈페이지 www.villasomphong.com 이메일 villa_somphong@hotmail.com

넓은 정원에 신록이 우거진 휴식 공간 ★★★★☆
더생추어리호텔 The Sanctuary Hotel

호텔의 명성에 걸맞은 넓은 정원이 생추어리호텔의 가장 큰 매력이다. 정원을 중심으로 2층 높이의 라오스 전통가옥이 멀찌감치 배치되어 있는 구조이며, 각 객실과 연결된 발코니에 테이블을 마련해 루앙프라방의 한적함을 십분 누릴 수 있도록 배려했다. 연못을 끼고 자리한 식당에서 조식과 함께 정원의 신록을 즐기기에 충분하다. 객실 내부는 다소 투박하지만 직원들의 수준 높은 친절함이 돋보인다.

주소 Thanon Kitsalat, Ban Aham, Luang Prabang 문의 (856) 071 213 779 가격 수피리어 $65~90, 디럭스 $80~110, 스위트 $95~150/조식 포함 체크인/아웃 14:00/12:00 찾아가기 여행자안내소 사거리에서 메콩강 반대방향으로 다라마켓(Dara Market)이 있는 사거리까지 직진한다. 진행 방향으로 좀 더 직진하면 좌측에 위치한다. 홈페이지 www.sanctuary luangprabang.com 이메일 info@sanctuaryluangprabang.com

갤러리에 침실을 꾸민 듯한 최고급 숙소 ★★★★★
부라사리헤리티지 Burasari Heritage

남칸의 자연을 호텔 정원까지 끌어들인 부라사리는 넓고 아늑한 객실로 방문객을 매료시킨다. 객실의 조명과 작은 소품 하나하나는 갤러리에 놓아도 손색이 없을 정도의 품격을 자랑한다. 쾌적함을 배가시키는 컬러 배치 역시 고급스럽다. 정원에 놓인 의자에 앉아 루앙프라방의 풍요로움을 즐길 수 있다. 호텔 식당에서는 남칸이 흐르는 평화로운 풍경을 바라보며 조식을 즐길 수 있다.

주소 44-47 Unit 3, Ban Khili, Luang Prabang 문의 (856) 071 213 331, (856) 071 255 031 체크인/아웃 14:00/12:00 가격 디럭스가든 $142~202, 수피리어 $127~198 /조식 포함 귀띔 한마디 2박 비용으로 3박을 제공하는 프로모션과 저녁식사 무료제공 옵션을 눈여겨보자. 무료 공항 픽업서비스도 입국 일자에 맞춰 문의할 수 있다. 찾아가기 여행자안내소에서 야시장거리인 씨사왕웽거리(Thanon Sisavangvong)를 따라 쭉 직진하다 다오파비스트로가 오른쪽에 보이면 꺾어 들어간다. 세이남칸호텔에서 다시 좌측으로 꺾어 남칸강변도로인 킹키사랏거리(Thanon Kingkisarat)를 따라 쭉 직진하면 좌측에 위치한다. 홈페이지 www.burasariheritage.com

루앙프라방 내에 여러 지점을 둔 ★★★★☆
세이남칸호텔 Saynamkhan Hotel

루앙프라방 내에 여러 지점을 둔 호텔로, 세이남칸 중 가장 전망이 좋은 곳은 푸시 뒤편 길에서 씨사왕웽거리Thanon Sisavangvong로 가는 코너에 위치한다. 1층에는 카페가 자리하며 2층 객실 가운데 강변 쪽 객실 전망이 가장 뛰어나다. 객실에 따라 전망이 없는 곳도 있으니 예약 전에 확인해야 한다. 1층 객실에는 강변 쪽으로 난 발코니가 마련되어 있고, 2층에는 발코니가 없어 창문을 통해서만 강변을 볼 수 있다.

주소 Thanon Kingkisarat, Ban Wat Sene, Luang Prabang 문의 (856) 071 212 976 가격 트윈·더블룸 $35~40/조식 포함 체크인/아웃 14:00/12:00 찾아가기 여행자안내소에서 야시장거리인 씨사왕웽거리(Thanon Sisavangvong)를 따라 쭉 직진하다 다오파비스트로가 오른쪽에 보이면 꺾어 들어가면 위치한다. 홈페이지 www.saynamkhanhotel-luangprabang.com 이메일 saynamkhanhotel@gmail.com

따뜻함이 느껴지는 게스트하우스 ★★★★☆
사요리버 Sayo River

입구를 통해 안쪽으로 들어가면 조그마한 정원을 끼고 2층 건물로 객실이 이어져 있다. 조용한 길목에 위치하여 차분하게 머물 수 있다. 넉넉한 크기의 객실에는 고풍스러운 원목침대와 테이블 등이 자리한다. 다소 노후한 객실은 전반적으로 깨끗하게 관리되어 머무는 데 불편함은 없다.

주소 Ban Xieng Muan, Luang Prabang 문의 (856) 071 212 484 가격 1층 수피리어더블룸 $30~45, 1층 스탠더드더블룸 $25~35, 2층 객실은 $5~10 추가/조식 포함 체크인/아웃 14:00/12:00 찾아가기 여행자안내소에서 야시장거리인 씨사왕웽거리(Thanon Sisavangvong)를 따라 쭉 직진하다가 우측에 주얼트래블이 보이면 환전소를 끼고 왼쪽 골목길로 들어선다. 왓씨엥무안을 지나 우측으로 꺾으면 위치한다. 초록색 창문이 선명하다. 귀띔 한마디 사요게스트하우스에서 운영하는 곳으로 사요나가(Sayo Naga), 사요씨엥무안(Sayo Xieng Muan)도 운영하고 있다. 홈페이지 www.sayoguesthouse.com

창문을 갖춘 방이라면 추천할 만한 평범한 숙소 ★★★☆☆
빌라참파 Villa Champa

메콩강변에서 한 블록 거리이고 야시장에서도 멀지 않아 여러 숙소가 몰려 있는 곳에 위치한다. 메콩강 전망을 볼 수 없으며 창문이 없는 객실은 환기가 좋지 않아 답답할 수 있다. 무난한 숙소로 알려져 여행객이 많이 다녀가지만 평판에 비해 시설은 보통이다. 1층과 2층으로 구분되고, 객실의 절반은 창문이 없어 체크인하기 전 객실 확인이 필수이다. 객실은 침대 하나가 딱 들어갈 만큼 좁지만 아기자기하게 꾸며져 있다. 비수기 가격은 적당한 편이지만 성수기에는 시설 대비 다소 높다.

주소 Ban Vatnang, Thanon Sisavangvathana, Luang Praban 문의 (856) 071 253 555, (856) 020 5550 3789 가격 수피리어더블룸 $38~49, 2층 스탠더드트윈·더블룸 $31~43, 1층 스탠더드트윈·더블룸 $28~40/조식 불포함 체크인/아웃 14:00/12:00 찾아가기 여행자안내소에서 야시장거리인 씨사왕웽거리(Thanon Sisavangvong)를 따라 쭉 직진하다가 우측에 주얼트래블이 보이면 환전소를 끼고 왼쪽 골목길로 들어선다. 왓씨엥무안을 지나 우측으로 꺾어 직진하면 위치한다. 이메일 villacham pa@yahoo.com

가격 대비 만족도가 높은 ★★★★★
암마타게스트하우스 Ammata Guesthouse

숙소가 모여 있는 곳에 위치하지만 소란한 거리에서 벗어나 있어 번잡하지 않다. 환기와 채광이 좋은 방을 청결하게 관리하여 고급스럽다. 널찍한 객실은 원목을 사용한 심플한 인테리어 덕분에 아늑함이 느껴진다. 화장실에는 욕조가 있으며, 친절한 주인 덕분에 기분 좋게 머물 수 있다. 비슷한 가격대 가운데 가장 쾌적한 숙소로 꼽힌다.

 주소 37 Thanon Kounxoa, Luang Prabang 문의 (856) 071 212 175, (856) 020 5628 9848 체크인/아웃 14:00/12:00 가격 더블룸 $25~45/조식 불포함 찾아가기 여행자안내소에서 야시장거리인 씨사왕웽거리(Thanon Sisavangvong)를 따라 쭉 직진하면 사카린거리(Thanon Sakarine)로 이어진다. 사카린거리를 따라 직진하다 옥폽톡이 보이면 왼쪽 골목으로 들어서서 직진하면 만나는 사거리에 자리한다. 썽태우는 야시장 메인거리로 가지 않으려는 경우가 많아 강변도로로 접근하는 것이 일반적이다. 이메일 pphilasouk@yahoo.com

쾌적함 그리고 품격이 느껴지는 ★★★★★
빌라듀리비에레스호텔 Villa Deux Rivières Hotel

두 개의 강Delux Rivières이라고 이름 붙인 이곳은 금빛으로 포인트를 준 그림 한 점이 객실에 무게감을 더한다. 화려한 인테리어가 특징적이며 여러 타입의 객실은 고급스럽다. 남칸에 위치하여 상당히 조용하며 리버뷰와 정원뷰 객실로 구분된다. 비슷한 수준의 호텔 가운데 특히 독립된 공간에 신경을 쓴 곳이다.

주소 43/02 Thanon Kingkisarat, Ban Khili, Luang Prabang 문의 (856) 020 7737 8575 체크인/아웃 14:00/12:00 가격 수피리어 $90, 디럭스 $110, 디럭스리버뷰 $140, 미니스위트 $180/조식 포함 찾아가기 여행자안내소에서 야시장거리인 씨사왕웽거리(Thanon Sisavangvong)를 따라 쭉 직진하다 다오파비스트로가 오른쪽에 보이면 꺾어 들어간다. 세이남칸호텔에서 다시 좌측으로 꺾어 남칸강변도로인 킹키사랏거리(Thanon Kingkisarat)를 따라 쭉 직진하면 좌측에 위치한다. 홈페이지 www.villadeuxrivieres.com 이메일 info@villadeuxrivieres.com, hotellaos@gmail.com

메콩강변에 위치한 ★★★☆☆
메콩홀리데이빌라 Mekong Holiday Villa

메콩강변에 위치하지만 차량통행이 잦은 길목이라서 소음이 거슬릴 수 있다. 뷰가 좋기로 알려져 있지만 시설에 비해 가격이 비싼 편이다. 객실은 무난한 수준이며 창문이 없는 방은 답답할 수 있다. 전망 여부를 살핀 후 객실을 선택해야 만족도를 높일 수 있다.

주소 Mekong River Road(next to museum), Luang Prabang 문의 (856) 071 254 991, (856) 020 2299 9917 체크인/아웃 14:00/12:00 가격 1층 더블룸 $30~40, 2층 더블룸 $35~45/조식 포함 시 $5 추가 찾아가기 여행자안내소 사거리에서 메콩강 방향으로 걷다가 우측에 루앙프라방리버로지가 나오면 우측으로 꺾는다. 캠콩거리(Thanon Khem Khong)를 따라 직진하면 우측에 위치한다.

작은 골목길에 자리 잡은 ★★★★☆
콩캄빌라 Khongkham Villa

시내 한복판에 위치하지만 산책하기 좋은 골목길에 위치하여 차분하다. 2개의 동으로 나뉜 콩캄빌라는 라오스 전통가옥 형태이며, 객실 자체는 크기가 작지만 새로 정비한 시설이 산뜻하고 깨끗해 여행객이 선호한다. 가격 역시 중급호텔 수준으로, 채광이 좋은 2층 객실이 더 인기가 많다.

주소 Thanon Sisavang Vong, Ban Choum Khong, Luang Prabang 문의 (856) 071 212 800 체크인/아웃 14:00/ 12:00 가격 더블룸 $50 귀띔 한마디 콩캄게스트하우스(Khongkahm Gusesthouse)와 혼동해서 잘 못 찾아가지 않도록 주의해야 한다. 찾아가기 여행자안내소에서 야시장거리인 씨사왕웽거리(Thanon Sisavangvong)를 따라 쭉 직진하다가 우측에 주얼트래블이 보이면 환전소를 끼고 왼쪽 골목길로 들어서서 직진하면 자리한다.

시설 대비 저렴한 ★★★★☆
라오우든하우스 Lao Wooden House

전형적인 라오스의 가옥이지만 하얀 페인트를 칠한 1층 석조건물과 2층 목조건물의 대비가 선명하다. 깨끗한 외관만큼이나 객실도 청결하며 시설 대비 가격이 저렴하다. 공간이 넉넉한 객실은 심플하지만 다소 어두운 편이다. 뒤편에는 넓은 잔디밭이 있어 여유를 즐기기에 좋다.

주소 Ban Wat Nong, Luang Prabang 문의 (856) 071 260 283, (856) 020 5547 1966 가격 더블·트윈룸 $35~$60/조식 포함 체크인/아웃 15:00/11:00 찾아가기 여행자안내소에서 야시장거리인 씨사왕웽거리(Thanon Sisavangvong)를 따라 쭉 직진하다가 우측에 주얼트래블이 보이면 환전소를 끼고 왼쪽 골목길로 들어선다. 왓씨엥무안을 지나 우측으로 꺾어 직진하면 위치한다. 귀띔 한마디 1층보다 2층이 전망이 좋다. 홈페이지 www.lao woodenhouse.com 이메일 booking@laowoodenhouse.com

조용하고 공간이 넉넉한 ★★★★☆
씨엥무안게스트하우스 Xieng Muan Guesthouse

왓씨엥무안 바로 앞에 위치하여 조용한 편인 데다가 객실 앞으로 널찍한 정원을 끼고 있어 한결 더 호젓하다. 침대를 기본으로 탁자를 놓아둔 객실은 평범한 편이며, 정원을 향해 창문이 나 있고 객실 앞에 발코니가 마련되었다. 시설은 다소 낡았지만, 저렴한 가격임에도 넉넉한 공간을 누릴 수 있다는 장점이 있다.

주소 Ban Xieng Muan, Luang Prabang 문의 (856) 071 252 152 가격 더블룸 16만~36만K, 패밀리룸 30만K, VIP룸 45만K 체크인/아웃 14:00/12:00 찾아가기 여행자안내소에서 야시장거리인 씨사왕웡거리(Thanon Sisavangvong)를 따라 쭉 직진하다가 우측에 주얼트래블이 보이면 환전소를 끼고 왼쪽 골목길로 들어선다. 왓씨엥무안을 지나 우측으로 꺾으면 위치한다. 귀띔 한마디 성수기(11~2월)를 제외한 비수기에는 현장에서 가격을 흥정할 수 있다. 이메일 XiengMuan@yahoo.com

소박하고 편안한 객실을 갖춘 ★★★☆☆
찬타폰게스트하우스 Chanh Tha Phone Guesthouse

여러 숙소가 몰려 있는 조마카페 골목에 위치했다. 골목 안에 비슷한 숙소가 많지만 다른 곳에 비해 저렴하고 깨끗한 편이다. 루앙프라방 게스트하우스의 표준으로, 야시장과 멀지 않아 시내를 오가기 좋다. 침대 등 기본만 갖춘 객실은 창문 유무를 살펴보고 정하는 것이 좋다. 차와 커피, 바나나를 무료로 제공한다.

주소 Ban Hua Xieng, Luang Prabang 문의 (856) 020 5597 0324 체크인/아웃 14:00/12:00 가격 더블룸 8~10만K 찾아가기 여행자안내소에서 야시장거리를 등지고 조마카페까지 와서 바로 옆 골목길로 들어서면 8m 거리 좌측에 위치한다.

라오스의 주요도시, 비엔티안&방비엥&루앙프라방

최고의 전망을 자랑하는 ★★★☆☆
루앙프라방리버로지 Luang Prabang River Lodge

우체국이 있는 사거리에서 메콩 쪽으로 내려와 가장 먼저 보이는 루앙프라방리버로지는 시원하게 내다보이는 리버뷰를 즐길 수 있는 곳이다. 다만 차량이 많이 다니는 위치라서 출퇴근 시간대에 소란스러울 수 있다. 객실 내부는 평범하며, 리버뷰 객실에 머물 경우 환상적인 전망을 누릴 수 있다.

주소 Bam Paxom, Thanon Khemkhong, Luang Prabang 문의 (856) 020 5540 5192 가격 더블룸 $40/조식 포함 체크인/아웃 14:00/12:00 찾아가기 여행자안내소 사거리에서 메콩강 방향으로 직진하면 우측에 위치한다. 홈페이지 www.luangprabangriverlodge.com 이메일 kllpqlaotel@hotmail.com

정원이 매력적인 ★★★☆☆
로터스빌라 Lotus Villa

리버뷰를 감상할 수 없는 위치임에도 이 정도의 가격대로 책정된 것이 사실상 아쉽다. 로터스룸의 경우, 객실 크기가 상당히 작은 편이라서 창밖 풍경이 보임에도 답답한 느낌을 준다. 객실은 아기자기한 소품을 배치해서 산뜻하게 마무리했다. 잘 손질된 정원은 큰 편은 아니지만 정성껏 가꾼 인상이 든다.

주소 Ban Phone Heuang, Unit 3, Thanon Kounxoa, Luang Prabang 문의 (856) 071 255 050 가격 로터스룸 $73~87, 프랜지패니룸 $67~80, 워터릴리룸 $82~98, 오키드스위트룸 $130~155 체크인/아웃 14:00/11:00 찾아가기 여행자안내소에서 야시장거리인 씨사왕웽거리(Thanon Sisavangvong)를 따라 쭉 직진하면 사카린거리(Thanon Sakarine)로 이어진다. 사카린거리를 따라 직진하다 옥폽톡이 보이면 왼쪽 골목으로 들어서서 직진한다. 다음 사거리 우측에 자리한다. 홈페이지 www.lotusvillalaos.com 이메일 reception@lotusvillalaos.com

위치 좋고 산뜻한 숙소 ★★★★☆
탓사폰게스트하우스 That Saphone Guesthouse

콩캄빌라 Khongkham Villa와 이웃한 탓사폰게스트하우스는 골목에 있으면서 야시장과 멀지 않은 위치가 장점이다. 산뜻하게 관리된 객실은 적당한 크기에 깔끔하다. 쾌적한 시설대비 가격이 저렴한 편이라서 예약이 일찍 차는 경우가 많다. 1분 거리에 사원이 있고 골목길 산책을 즐기기에도 좋다.

주소 Thanon Sisavangvong, Ban Choum Khong, Luang Prabang **문의** (856) 02 2863 5629, (856) 071 253 577 **가격** 더블룸 $25, 트윈룸 $35, 패밀리룸 $75 **체크인/아웃** 14:00/12:00 **찾아가기** 여행자안내소에서 야시장거리인 씨사왕웡거리(Thanon Sisavangvong)를 따라 쭉 직진하다가 우측에 주얼트래블이 보이면 환전소를 끼고 왼쪽 골목길로 들어서서 직진하면 자리한다. **이메일** pangkhamhotel@gmail.com

고급호텔 못지않은 서비스 ★★★★☆
뷰켐콩게스트하우스 View Khemkhong Guesthouse

메콩강과 가깝고 객실이 깔끔한 뷰켐콩은 쾌적한 시설이 장점이다. 특별히 세련되지는 않았지만 청결하고 깨끗하며 직원의 세련된 서비스 덕분에 고급 숙소에 머무는 인상을 받는다. 강변 반대쪽 객실에는 환풍기를 설치해서 통풍 문제를 말끔하게 해결했다. 리버뷰 객실이 좀 더 비싼 편이나, 메콩 주변 숙소 중에서 시설 대비 저렴한 편이다.

주소 Ban Xieng Muan 01/10, Luang Prabang **문의** (856) 071 213 032, (856) 020 5678 3080 **가격** 스탠더드룸 $20~25, 리버뷰수피리어룸 $50 **체크인/아웃** 14:00/12:00 **찾아가기** 여행자안내소 사거리에서 메콩강 방향으로 걷다가 우측에 루앙프라방뷰로지가 나오면 우측으로 꺾는다. 캠콩거리(Thanon Khem Khong)를 따라 쭉 직진하면 우측에 위치한다. 2층으로 된 검은색 목조건물이며 건물 앞에 작은 간판이 붙어 있다. 좌측에는 뷰켐콩레스토랑(View Khem Khong Restaurant)이 있으니 참고하자. **이메일** ericsensaoui@msn.com

넓은 객실과 발코니까지 갖춘 ★★★★☆
빌라반락캄 Villa Ban Lakkham

객실에서 남칸의 전망이 시원하게 내려다보이는 빌라반락캄은 채광이 좋아 객실에서 환한 분위기가 느껴진다. 발코니에 편안한 의자를 놓아두어 머무는 내내 남칸을 정원 삼아 여유와 경치를 즐길 수 있다. 침대를 비롯해 탁자와 소형냉장고 등을 비치했으며 평범하지만 깔끔하다.

주소 70/02 Thanon Soukkasuem, Ban Vatsene, Luang Prabang **문의** (856) 071 252 677 **가격** 스탠더드 $38~60, 수피리어 $42~80, 디럭스 $45~90/조식 포함 **체크인/아웃** 14:00/12:00 **귀띔 한마디** 성수기인 10~4월에는 요금이 상승하므로 비수기 가격과 혼동하지 않도록 한다. 자전거를 무료로 빌릴 수 있다. **찾아가기** 남칸강변도로인 킹키사랏거리(Thanon King kisarat)에서 왓농씨쿤므앙(Wat Nong Sikhunmuang)가기 전 길가에 위치한다. 씨사왕와타나거리(Thanon Si savang Vatthana) 코너에 있는 세이남칸호텔을 기준으로 할 때 115m 떨어져 있다. **이메일** vbl.lakkham@gmail.com

무난한 시설과 무난한 위치 ★★★☆☆
속디레지던스 Sokdee Residence

비교적 최근에 지은 게스트하우스이며 조용한 위치에 자리 잡았다. 견고한 나무로 마감해서 시설 자체는 뛰어난 편이지만, 1층 객실 등은 환기가 원활하지 못한 것이 아쉽다. 모기장 없는 창문을 열어두기 어려워서 다소 습하다. 객실 앞에 의자를 놓았지만 맞은편 객실을 마주하여 다소 불편할 수 있다.

주소 Ban Wat Nong, Thanon Kounxoa, Luang Prabang **문의** (856) 071 260 395, (856) 020 9999 8567 **가격** 더블룸 $40~60, 트윈룸 $55~70/조식 포함 **체크인/아웃** 13:00/12:00 **찾아가기** 여행자안내소에서 야시장거리인 씨사왕웽거리(Thanon Sisavangvong)를 따라 쭉 직진하다가 우측에 주얼트래블이 보이면 환전소를 끼고 왼쪽 골목길로 들어선다. 왓씨엥무안을 지나 우측으로 꺾어 직진하면 위치한다. **홈페이지** www.sok deeresidence-Laos.com **이메일** sokdee residence@gmail.com

Part
03

신록이 우거진 라오스 북부지역

Northern Lao

Chapter 01. 라오스 역사와 상처를 엿보다, 폰사반(시엥쿠앙)

Section 01. 폰사반(시엥쿠앙)을 잇는 교통편
Section 02. 폰사반(시엥쿠앙)에서 둘러봐야 할 명소
Section 03. 폰사반(시엥쿠앙)에서 가볼 만한 맛집
Section 04. 폰사반(시엥쿠앙)의 추천 숙소

Chapter 02. 푸른 산과 강 그리고 낭만이 있는, 농키아우

Section 01. 농키아우를 잇는 교통편
Section 02. 농키아우에서 둘러봐야 할 명소
Special 11. 농키아우의 액티비티와 여행사 투어상품
Section 03. 농키아우에서 가볼 만한 맛집
Section 04. 농키아우에서 머물 만한 숙소

Chapter 03. 여유를 낚는 곳, 므앙응오이

Section 01. 므앙응오이를 잇는 교통편
Section 02. 므앙응오이에서 둘러봐야 할 명소
Special 12. 므앙응오이에서 찾는 마이웨이, 셀프트레킹
Section 03. 므앙응오이에서 가볼 만한 맛집
Section 04. 므앙응오이에서 머물 만한 숙소

Chapter 04. 호젓한 세상 끝 동네, 루앙남타

Section 01. 루앙남타를 잇는 교통편
Section 02. 루앙남타에서 둘러봐야 할 명소
Special 13. 트레킹 투어상품 선택 시 주의사항
Special 14. 남하국립공원트레킹 여행사 알아보기
Section 03. 루앙남타에서 가볼 만한 맛집
Section 04. 루앙남타에서 머물 만한 숙소

Chapter 05. 메콩강크루즈의 출발점이자 도착지, 훼이싸이

Section 01. 훼이싸이를 잇는 교통편
Section 02. 훼이싸이의 명소와 액티비티
Section 03. 훼이싸이에서 가볼 만한 맛집
Section 04. 훼이싸이에서 머물 만한 숙소

Chapter 01

라오스 역사와 상처를 엿보다, 폰사반 (시엥쿠앙)

Phonsavan (Xieng Khouang)

★★★★☆
★★☆☆☆
★★☆☆☆

신비로운 항아리평원과 아직도 남아 있는 불발탄의 상처를 살펴볼 수 있는 폰사반은 다이내믹한 액티비티보다는 라오스의 역사와 상처를 엿볼 수 있는 곳이다. 수없이 흩어져 있는 돌항아리에서 숨은 이야기를 발견하고, 미국의 공습으로 깊게 파인 웅덩이에서 전쟁의 상흔을 매만지는 시간을 가질 수 있다. 매일 황홀한 빛을 발하는 노을 지는 풍경도 놓치지 말자.

신록이 우거진 라오스 북부지역

폰사반(시엥쿠앙)에서 이것만은 꼭 해보자

1. 항아리평원을 차분히 돌아보기
2. MAG 등을 방문하여 전쟁의 참상 바로 보기
3. 노을 지는 시간에 폰사반 시내 산책하기

사진으로 미리 살펴보는 폰사반(시엥쿠앙) 베스트코스

여행객이 폰사반을 찾는 이유는 단 하나, 항아리평원을 보기 위해서이다. 1~2m 높이에 한 아름에도 들어오지 않는 돌항아리가 넓게 분포해 있는 항아리평원은 세계에서 유래를 찾기 어려운 수수께끼 같은 지역이다. 일일투어를 신청하면 1, 2, 3번 항아리평원과 므앙쿤(Muang Khoun)까지 둘러보게 되는데, 오전 8시부터 오후 4시까지 하루코스로 진행된다.

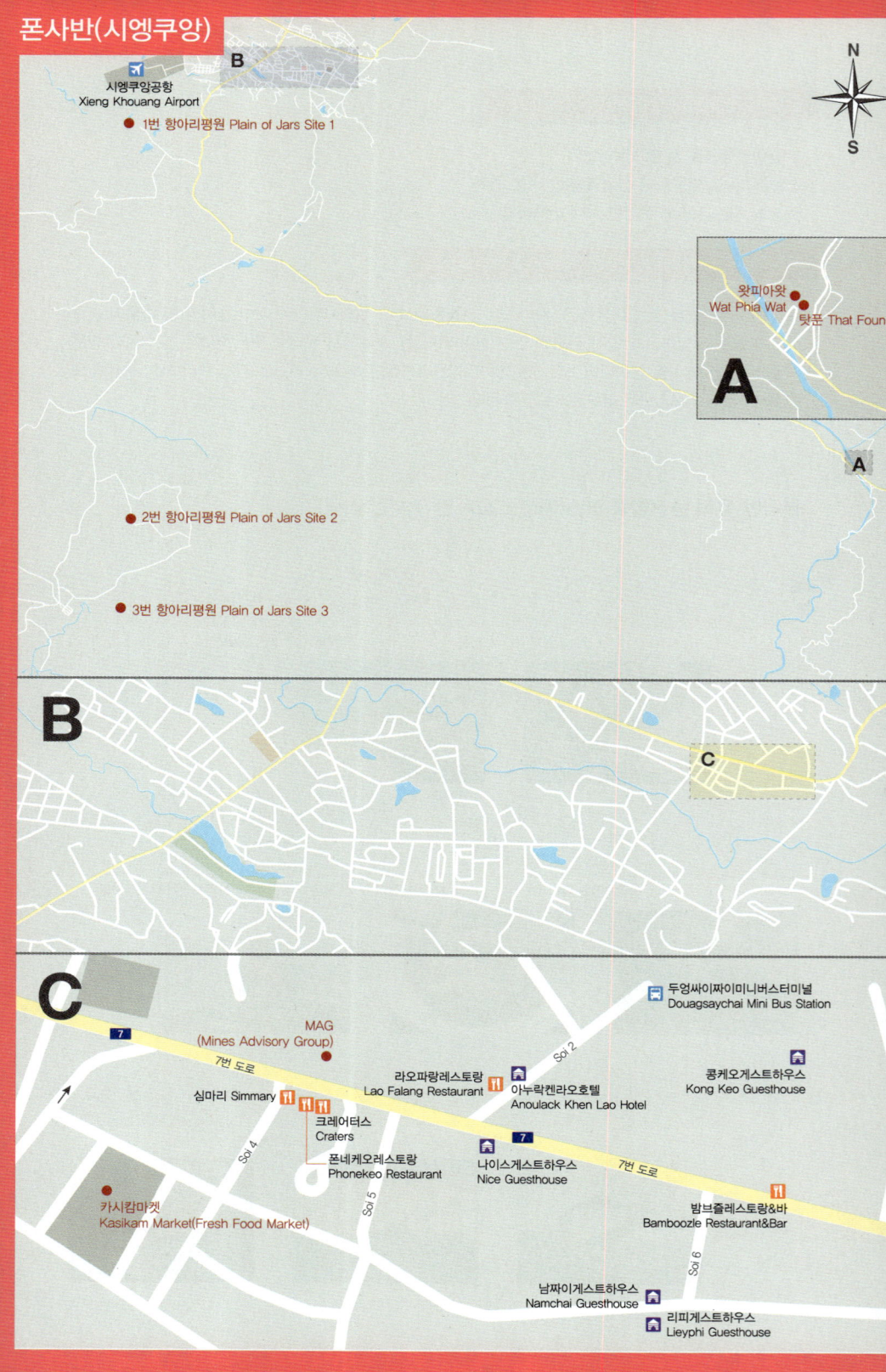

Section 01
폰사반(시엥쿠앙)을 잇는 교통편

> 라오스 북동부에 속하는 폰사반은 방비엥과 루앙프라방의 중간지점에서 동쪽으로 치우친 곳에 위치한다. 따라서 버스로 이동할 경우, 루앙프라방이나 방비엥에서 오가는 노선으로 계획할 수 있다. 또한 수도인 비엔티안까지는 하루 다섯 편의 버스 노선이 편성되어 있다. 폰사반이라는 명칭과 함께 시엥쿠앙이라는 이름도 구분 없이 사용하므로 유의하자.

• 출금 : ATM, 은행   • 환전 : 은행, 사설환전소

🖊 폰사반공항에서 시내로 들어가기

폰사반공항(시엥쿠앙공항)은 폰사반 시내에서 약 5km 떨어져 있으며, 썽태우로 이동한다. 4인 이상이 모이면 썽태우 비용을 분담할 수 있으며 1인당 2만K 내외로 흥정해야 한다. 1인 탑승 시에는 3만K 선에서 지불한다.

🖊 폰사반에서 다른 도시로 이동하기

🧳 항공

공식명칭은 폰사반공항Phonsavan's Airport(XKH)이며, 주 4~6회 수도 비엔티안으로 향하는 국내선을 운항한다. 매일 항공편이 배정되지만 일정이 취소되는 경우도 있으니 스케줄을 확인하자.

노선	출발시간	예상 소요시간	운항편	요금
폰사반–비엔티안	16:20	30분	주 4~6회	약 $110
비엔티안–폰사반	15:10			

🧳 버스

여행자가 가장 효율적으로 접근하고 탑승할 수 있는 버스편은 미니버스로, 폰사반 시내에 있는 두엉싸이짜이미니버스터미널Douagsaychai Mini Bus Station에서 탑승할 수 있다. 터미널이 시내에 있어 직접 버스티켓을 구입할 수 있으며, 루앙프라방과 방비엥으로 향하는 버스편은 하루에 1대만 있으므로 당일 출발시간보다 일찍 도착해서 티켓을 구입(티켓은 당일에만 판매)해야 한다. 미니버스는 지정석이 아니어서 도착하는 순서대로 자리를 잡을 수 있다. 장거리를 이동하는 것인 만큼 상당한 피로감이 있으니 도착 후의 일정은 여유 있게 잡는 것이 좋다. 또한 해가 진 후 도착하면 숙소를 구하는 데 어려움이 있으니 늦은 시간에 도착하는 일정이라면 숙소를 예약해 두거나 위치를 정확히 확인해 두자.

출발지	도착지	출발시간	예상 소요시간	요금
두엉싸이짜이 미니버스터미널 Douagsaychai Mini Bus Station	루앙프라방	08:30	9시간	11만K
	방비엥	08:30	7시간	10만K
	비엔티안	06:30, 08:00 17:00, 22:30	10시간	11~13만K

Part 03

Section 02
폰사반(시엥쿠앙)에서 둘러봐야 할 명소

항아리평원과 므앙쿤의 왓피아왓과 탑폰이 주요 명소로 꼽힌다. 라오스의 선사유적과 불교 유적인 이곳은 탁 트인 전경을 즐기며 차분히 하루코스로 돌아볼 수 있다.

 항아리평원에 가기 전 불발탄 피해 사례를 살펴보는 ★★★☆
MAG(Mines Advisory Group)

비영리단체인 MAG가 운영하는 여행자를 위한 시청각안내공간이다. 시엥쿠앙주, 항아리평원 일대에서 폭탄을 제거하고 있는 이 기관은 1989년에 설립되어 라오스를 비롯해 40여 개국에서 지뢰와 불발탄 해체작업을 활발하게 펼치고 있다. MAG에서는 피해자를 양산하는 불발탄 피해의 실태를 고발하는 데이터를 공개하고 있다. 오랫동안 미국이 은폐해 온 라오스 비밀전쟁의 실상을 객관화해 전시해 놓았으며 매일 다큐멘터리(16:30, 17:50, 18:30)를 상영한다. 지뢰피해를 본 사람들에게 재활의 기회를 제공하여 미래를 설계하는 데에 목표를 둔 MAG는 무고한 어린이와 학생 등의 피해를 막기 위해 예방교육 사업 등 다각적인 프로그램을 진행하고 있다. 입장료는 무료이나 기부함이 있다.

문의 (856) 061 211 010 운영시간 월~금요일 08:00~22:00, 토~일요일 16:00~20:00 입장료 무료 귀띔 한마디 또 다른 불발탄 관련 전시에 관심이 있다면, 비엔티안에 위치한 COPE Vientiane에 방문하는 것도 좋다. 찾아가기 폰사반 시내 메인도로, Highway 7(Xaysana Road)에서 크레어터스펍&레스토랑(Craters Pub & Restaurant) 건너편에 위치한다. 홈페이지 www.maginternational.org

 불상만 남은 사원, ★★★☆
왓피아왓 Wat Phia Wat

시엥쿠앙 시내에서 한참 떨어진 항아리평원을 방문했다면 좀 더 남쪽으로 내려가 왓피아왓과 탓폰을 볼 수 있는 므앙쿤Muang Khoun으로 향할 수 있다. 폰사반에서 남동쪽으로 35km 떨어져 있는 므앙쿤은 14세기 푸안왕국의 수도였다. 푸안왕국은 16세기에 가장 번성했으며 당시에는 란쌍왕국와 어깨를 나란히 했다.

1966년 미국의 공습으로 왕국의 유적이 대부분 파괴되었고 폭격의 피해로 인해 시엥쿠앙의 주도가 므앙쿤에서 폰사반으로 바뀌었다. 폐허가 된 므앙쿤에는 전쟁의 참상이 그대로 보이는 왓피아왓이 있다. 1564년에 짓기 시작해 1582년에 완성한 왓피아왓에는 눈과 입이 훼손된 불상이 남아 있다. 사원은 지붕의 흔적조차 없는 상태로 아슬아슬하게 남아있는데, 기둥으로 그 형태를 짐작할 수 있는 정도이다.

입장료 무료 **찾아가기** 폰사반 시내에서 므앙쿤까지는 35km 떨어져 있다. 폰사반 시내의 메인도로, Highway 7(Xaysana Road)을 따라 달리다가 폰사반공항 방면인 남서쪽으로 꺾어 도로 1D를 따라 직진한다. 왓피아왓은 므앙쿤 큰길 쪽에 위치한다.

 폰사반 재래시장 ★★★☆☆
카시캄마켓 Kasikam Market(Fresh Food Market)

라오스 주요 관광지로 손꼽히는 폰사반(시엥쿠앙)에서는 여전히 지방색이 선명한 재래시장을 둘러보는 재미도 쏠쏠하다. 각종 고기와 채소를 비롯해 과일이 거래되는 시장에는 싱그러움이 그득하다. 풍성하게 쌓아 올린 먹거리를 소규모로 사고파는 모습이 정겹다. 저울에 무게를 달아 파는 모습이나 강가에서 잡아온 물고기를 바로 잡아 손질하는 모습에서 대도시와 다른 생활방식을 엿볼 수 있다. 여행자 입장에서는 기념품으로 구입할 물건보다는 요깃거리로 삼을 만한 과일 등을 구입해볼 만하다. 이른 아침부터 오후 4시 무렵까지 장이 열린다.

찾아가기 폰사반 시내의 메인도로, Highway 7(Xaysana Road)에서 심마리레스토랑(Simmaly Restaurant)을 지나 바로 있는 좌측 길, 소이4(Soi 4)로 한 블록 가서 다시 우회전한 후 한 블록 걸어가면 시장 앞의 노점을 찾을 수 있다.

   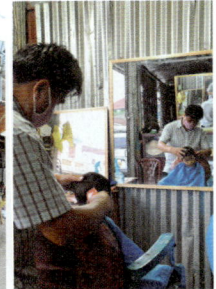

항아리평원(텅하이힌) Plain of Jars(Thong Hai Hin)

수수께끼의 거대한 항아리가 산재한 ★★★★☆

현재까지 항아리유적지로 명명된 곳은 대략 60곳이다. 베트남전쟁(비밀전쟁, P. 031) 시 미국은 베트남의 접경국인 라오스에도 엄청난 양의 폭탄을 투하하였고, 많은 불발탄이 항아리평원에 잔존해 있다. 어마어마한 공습이 감행되었음에도 항아리평원이 모두 훼손되지 않았다는 것이 놀라울 정도이다. 1번, 2번, 3번 항아리평원을 비롯해 16번, 23번, 52번 항아리평원도 방문할 수 있지만, 그 이외의 유적지는 불발탄 피해를 입을 수 있어 접근을 제한한다. 또한 1번, 2번, 3번 항아리평원을 둘러볼 때도 'MAC'라는 표시가 되어 있는 길을 따라가야 한다.

항아리평원에는 1.5~2m가량의 거대한 돌항아리가 여기저기 흩어져 있는데, 지금으로부터 약 2,500년 전에 만들어진 것으로 추정한다. 기록을 통해서는 이 돌항아리를 누가 왜 만들었는지에 대해서 알 수 없다. 1930년대에 고고학자 마들렌콜라니 Madeleine Colani 가 항아리 근처의 동굴에서 인간의 유골을 발견하여, 항아리가 장례의식에 쓰였다는 설을 제기하였다. 이 밖에도 라오스사람들로부터 전해지는 가장 널리 알려진 전설은 빗물을 모으는 저장고로 사용했다는 설, 기우제를 위한 도구였다는 설, 술을 담는 항아리였다는 설 등이 있다.

1번 항아리평원

특히 술 담는 항아리라는 설에서 유래하여 1번 항아리평원의 가장 큰 항아리를 '왕의 잔King's Cup'이라고 부른다. 규모 면에서는 200여 개의 돌항아리가 있는 1번 항아리평원이 가장 크다. 완만한 언덕 위에 여기저기 항아리가 흩어져 있으며, 항아리를 살피며 걸어 다닐 수 있는 길에서 폭격으로 커다랗게 패인 웅덩이도 찾을 수 있다. 주차장에서 여행자안내센터가 있는 지점까지 무료셔틀이 운행한다. 2번 항아리평원은 경사진 언덕을 걸어 올라가야 한다. 나무가 많아 그늘진 것이 특징이며 언덕 위에서 아래쪽의 평야를 조

2번 항아리평원

신록이 우거진 라오스 북부지역

3번 항아리평원

망할 수 있다. 3번 항아리평원은 소가 풀을 뜯는 모습을 볼 수 있는 목가적인 분위기이며, 규모 면에서는 1, 2, 3번 중에서 가장 작은 편에 속한다.

항아리평원으로 오가는 대중교통이 없고 시내와 거리가 꽤 멀어 투어를 통해 방문하는 것이 좋다. 머무는 숙소를 통해 일일투어를 신청하면 일반적으로 1, 2, 3번 항아리평원과 왓피아왓과 탓푼이 있는 므앙쿤까지 둘러볼 수 있는데 예약 시 방문코스를 명확하게 확인하자. 보통 미니밴 1대에 여행자가 함께 비용을 분담하는 식으로 진행하며 미니밴 1대에 60~80만K이다. 만약 개인적으로 투어에 참여한다면 1인당 20만K이 든다.

개방시간 08:00~16:00 입장료 1만K 귀띔 한마디 불발탄 제거 등에 대한 사항은 MAG 홈페이지(www.maginternational.org)를 참고하자. 찾아가기 폰사반 시내에서 1번 항아리평원이 있는 마을 통하이힌(Thong Hai Hin)까지 남쪽으로 10km 떨어져 있다. 2번 항아리평원은 하이힌푸싸라타오(Hai Hin Phu Salatao)를 끼고 있으며 1번 항아리평원에서 남쪽으로 15km 가야 한다. 3번 항아리평원은 2번 항아리평원에서 다시 10km 떨어져 있으며 3번 항아리평원이 있는 마을은 하이힌 랏카이(Hai Hin Lat Khai)라고 부른다.

항아리평원 여행자센터(Tourist information centre)

1번 항아리평원에 들어가기 전, 입구의 여행자센터에 들어가면 개괄적이나마 돌항아리와 관련된 자료를 살필 수 있다. 아울러 센터 뒤편에는 유적지 일대에서 수집한 불발탄 잔해를 모아 두어 참혹한 전쟁의 실상을 그대로 볼 수 있다. 유적지에는 별다른 안내판이 없으나 여행자센터를 방문하면 연대기 정보를 통해 돌항아리에 대한 이해를 높일 수 있다.

언덕 위에 우뚝 솟은 전탑. ★★☆☆☆
탓푼 That Foun

므앙쿤 언덕 위에 자리한 탓푼은 흙을 구워 만든 벽돌로 쌓은 높이 30m의 탑이다. 탓푼이 지어진 1576년은 비엔티안에 탓루앙That Luang이 지어진 시기와 비슷하며, 이때를 라오스에 불교가 확산된 시기로 본다. 탑의 외부와 내부에서 선명한 벽돌 형태를 볼 수 있으며 탑 상층부에는 공습으로 훼손된 부분이 있다. 벽돌 사이에 풀이 자랄 만큼 틈새가 크지만 여전히 건재하다. 탑을 지을 당시 인도에서 전해진 부처의 사리가 보관되었다고 해서 지금도 신성시한다.

입장료 무료 찾아가기 폰사반 시내에서 므앙쿤까지는 35km 떨어져 있다. 폰사반 시내의 메인도로, Highway 7(Xaysana Road)을 따라 달리다가 폰사반공항 방면인 남서쪽으로 꺾어 도로 1D를 따라 직진한다. 마을의 시장 뒤편을 따라 약간 경사진 언덕길을 올라가면 자리한다.

Section 03
폰사반(시엥쿠앙)에서 가볼 만한 맛집

폰사반(시엥쿠앙)은 항아리평원으로 이름난 곳이지만 여행객을 위한 식당은 손에 꼽을 정도로 제한적이다. 숨은 맛집보다는 현지 분위기가 물씬 느껴지는 식당에서 푸짐하게 식사할 수 있다는 것이 폰사반의 특징이다.

스타일과 맛까지 겸비한 맛집 ★★★★☆
밤브즐레스토랑&바 Bamboozle Restaurant&Bar

시내 규모가 작아 자그만 식당이 띄엄띄엄 있는 폰사반에서 밤브즐은 단연 돋보이는 식당이다. 대나무로 꾸민 실내는 아늑하고, 팟타이와 두부로 만든 랍 등 신선한 재료로 요리한 음식은 맛이 뛰어나다. 서양식과 현지식메뉴가 있으며 염소치즈Goat Cheese를 곁들인 샐러드는 치즈마니아라면 선택할 만하다. 폰사반은 밤이 되면 기온이 낮아져 따뜻한 생강차도 인기가 좋다. 입식과 좌석으로 구분된 좌석은 넉넉한 편이지만, 식사 시간대에는 찾는 이가 많아 만석인 경우가 많으므로 조금 일찍 자리를 잡는 것이 좋다.

주변의 다른 식당에 비해 비싼 편이지만 지역 젊은이의 자립을 돕고 있기도 해서 평판이 좋다. 지역사회에 어린이와 청소년 그리고 성인을 대상으로 비영리 커뮤니티활동을 한다는 것이다. 지리적으로 도시로부터 소외되고 불발탄 등의 위험에 노출된 이곳의 청소년을 구심점으로 삼아 상급학교 진학 등의 가능성을 현실화한다. 이에 대한 정보는 페이스북을 참고하자.

문의 (856) 030 952 3913 가격 팟타이, 볶음밥 등 2만 5천K~ 운영시간 07:00~10:30, 15:30~23:00 귀띔 한마디 무료 와이파이가 제공된다. 찾아가기 두엉싸이짜이미니버스터미널(Douagsaychai Mini Bus Station)을 등지고 메인도로 (Highway 7)로 나와서 왼쪽으로 100m 걸어가면 밤브즐 간판이 보인다. 페이스북 /LoneBuffalo

푸짐한 한 끼가 생각날 때, ★★☆☆☆
폰네케오레스토랑 Phonekeo Restaurant

한 끼 식사를 주문하면 푸짐한 양으로 답하는 폰네케오는 신선한 라오스음식을 즐길 수 있는 곳이다. 아낌없이 접시에 수북하게 담아주는데, 설탕을 많이 넣는 경향이 있으니 주문 전 설탕량을 줄일 것을 요청하자.
별다른 장식이 없어 지나치기 쉽지만 저녁 늦게까지 불을 밝히는 간판 덕분에 찾기 어렵지는 않다.

문의 (856) 061 312 292, (856) 020 566 442 **가격** 채소덮밥 1만 5천K, 랍 3만K **운영시간** 07:00~21:30 **찾아가기** 두엉싸이짜이미니버스터미널(Douagsaychai Mini Bus Station)을 등지고 메인도로(Highway 7)로 나와서 우측으로 80m 걸어가면 길 건너에 위치한다.

이탈리안의 장인 손맛! ★★★★☆
라오파랑레스토랑 Lao Falang Restaurant

직접 재배한 야채로 샐러드를 만들고 손수 마련한 고기를 다져 소시지를 만드는 라오파랑레스토랑은 이미 폰사반을 거쳐간 여행자들을 통해 소문이 자자할 정도로 평판이 좋다. 특히 이탈리안 토종 입맛을 사로잡을 정도로 전문적인 수준을 자랑한다. 피자를 기본으로, 스테이크 등이 인기가 좋고 볼로네즈나 까르보나라 등의 스파게티도 깊은 맛을 선보인다.

문의 (856) 020 2330 5614, (856) 059 557 459 **가격** 피자 등 7만K **운영시간** 07:00~21:30 **귀띔 한마디** 음식과 달리 커피맛은 기대보다 부족한 편이다. 오토바이 대여도 겸하고 있다. **찾아가기** 메인도로(Highway 7)에서 두엉싸이짜이미니버스터미널(Douagsaychai Mini Bus Station)로 가는 Soi2로 조금만 들어가면 위치한다. **페이스북** /Laofalangrestaurant

가볍게 토스트 한 조각, ★★★☆☆
크레어터스 Craters

작은 규모이지만 식당 앞에 커다란 크기의 해체된 불발탄이 있어 눈에 띈다. 별다른 인테리어가 없는 실내좌석보다는 야외좌석에 앉아 간단하게 끼니를 해결하거나 커피를 마시기에 좋다. 버거와 피자도 판매하지만 전문점이 아니다 보니 맛을 기대하기 어렵다. 외국인여행자를 겨냥한 빵과 차로 구성된 조식과 샌드위치 등이 먹을 만하다.

문의 (856) 020 647 4022 **가격** 샌드위치 4만K **운영시간** 07:00~21:30 **귀띔 한마디** 가볍게 조식을 먹으려는 이들이 주로 찾는다. **찾아가기** 두엉싸이짜이미니버스터미널(Douagsaychai Mini Bus Station)을 등지고 메인도로(Highway 7)로 나와서 우측으로 70m 걸어간 지점, 길 건너편에 위치한다.

깔끔한 맛이 일품인 ★★★☆☆
심마리 Simmary

폰사반에서는 드물게 생과일주스를 맛볼 수 있는 심마리는 현지 시장에서 그날그날 준비하는 신선한 채소와 고기 덕분에 신선한 풍미를 느낄 수 있는 곳이다. 별다른 인테리어를 하지 않아 평범한 현지식당 분위기이다. 연유가 들어간 라오커피와 라오스에서 재배한 차가 저렴하고 생과일주스는 주문 즉시 갈아 만들어 산뜻한 맛이 일품이다. 소박한 공간에서 편안하게 식사할 수 있는 분위기이다.

문의 (856) 020 5546 0062 **가격** 덮밥류 1만 5천~2만K, 라오커피 5천K **운영시간** 07:00~21:30 **귀띔 한마디** 주문한 요리가 빨리 나오는 편이다. **찾아가기** 두엉싸이짜이미니버스터미널(Douagsaychai Mini Bus Station)을 등지고 메인도로(Highway 7)로 나와서 우측으로 90m 걸어가면 길 건너편에 위치한다.

신록이 우거진 라오스 북부지역

Section 04
폰사반(시엥쿠앙)의 추천 숙소

폰사반의 숙소는 전반적으로 단조로운 분위기로, 선택의 폭이 넓지 않다. 숙소 대부분은 메인도로나 한 블록 안쪽에 밀집해 있다. 보통 선풍기가 설치되어 있고 와이파이 사용이 가능하다. 메인도로에 위치한 숙소에서는 자동차 소음이 들릴 수 있다.

조용하고 편안하게 쉴 수 있는 ★★★★★
남짜이게스트하우스 Namchai Guesthouse

2011년에 문을 연 비교적 신생 게스트하우스이다. 40개의 객실을 갖출 정도로 규모가 크지만 소란스럽지 않다. 대로변에서 한 블록 들어와 있어 조용하고 한적하다. 안정감이 느껴지는 3층 건물은 2개의 동으로 나뉘어있는데, 건물 사이에 마당이 있어 공간이 여유롭다. 외부는 현대식으로 꾸몄으며 내부는 라오스스타일로 천장이 높고 타일이 바닥에 깔려 있다.

객실은 고급스럽다기보다는 깔끔한 느낌으로 침대와 TV, 책상 등이 배치되어 있다. 묵직한 프레임으로 완성한 침대는 깨끗한 침구 덕분에 더 쾌적하고, 폰사반의 선선한 날씨에 대비하여 두툼한 이불도 제공한다. 일부 창문이 없는 객실은 환풍이 좋지 않을 수 있으니 체크인 전에 객실 내부를 확인하자. 무료로 따뜻한 차와 커피 등을 마실 수 있는 공간이 있으며 직원과 주인이 모두 친절하다.

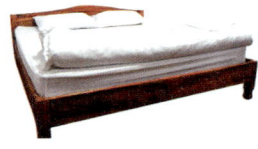

문의 (856) 061 312 095, (856) 020 2340 546 가격 더블룸 8만K 체크인/아웃 14:00/12:00 찾아가기 두엉싸이짜이미니버스터미널(Douagsaychai Mini Bus Station)을 등지고 메인도로(Highway 7)로 나와서 길을 건너면 바로 우측에 골목길, 소이5(Soi 5)가 보인다. 그 길로 한 블록 걸어가서 바로 좌회전하면 15m 내 좌측에 남짜이게스트하우스 간판이 보인다. 이메일 ssonluni@gmail.com

깨끗하고 조용한 숙소 ★★★★☆
리피게스트하우스 Lieyphi Guesthouse

많이 알려져 있지는 않지만 깨끗하고 조용한 숙소이다. 산뜻한 2층 건물은 군더더기 없이 심플하다. 특별한 분위기나 서비스가 있다기보다는 시내에서 가깝고 시끄럽지 않아 편히 쉬기 좋다. 특히 온수가 나와 다른 곳과 차별되며 전체적으로 시설이 새것이라 만족도가 높다.

문의 (856) 061 312 095, (856) 020 2340 546 가격 더블룸 8만K 체크인/아웃 14:00/12:00 찾아가기 두엉싸이짜이미니버스터미널(Douagsaychai Mini Bus Station)을 등지고 메인도로(Highway 7)로 나와서 길을 건너면 바로 우측에 골목길, 소이5(Soi 5)가 보인다. 그 길로 한 블록 걸어가서 바로 좌회전하면 15m 내 좌측에 남짜이게스트하우스 간판이 보인다. 이메일 ssonluni@gmail.com

3층 발코니에서 석양을 즐기기 좋은 ★★★☆☆
나이스게스트하우스 Nice Guesthouse

폰사반 시내에 흩어져 있는 인기 있는 게스트하우스 중 하나이다. 3층 건물은 북향이라 객실이 서늘하고 깔끔하게 정돈된 인상을 준다. 기본적인 시설을 갖추고 있으며 온수가 나온다. 3층에는 테라스가 있어 저녁시간에 한가한 시간을 즐기기 좋으나 큰길에 위치하여 자동차 소음이 들리기도 한다. 카운터에서 투어에 대한 정보를 구할 수 있다.

문의 (856) 061 312 454, (856) 020 222 8658 가격 더블룸 7~10만K 체크인/아웃 14:00/12:00 귀띔 한마디 비수기에는 6만K까지 흥정이 가능하다. 찾아가기 두엉싸이짜이미니버스터미널(Douagsaychai Mini Bus Station)에서 메인도로(Highway 7) 방면으로 걸어 나와 길을 건너면 좌측 3m에 위치한다. 메인도로에 있어 찾기 쉽다.

규모 있는 숙소를 찾는다면 ★★★☆☆
아누락켄라오호텔 Anoulack Khen Lao Hotel

5층 건물의 반듯한 외관과 원목으로 꾸민 객실을 갖춘 대형호텔이다. 침대와 탁자 등 깔끔한 가구로 채운 널찍한 객실과 쾌적한 욕실이 돋보인다. 그러나 고급호텔의 품격을 기대하긴 어려우며, 특별한 콘셉트나 아늑함은 없다. 숙박비에 포함된 조식은 7~9시에 5층 레스토랑에서 제공한다.

문의 (856) 061 213 599, (856) 020 2383 8899 가격 더블룸 25만K, 더블룸·VIP룸 30~80만K/조식 포함 체크인/아웃 14:00/12:00 찾아가기 두엉싸이짜이미니버스터미널(Douagsaychai Mini Bus Station)을 등지고 메인도로(Highway 7)로 걸어 나오면 우측에 위치한다. 홈페이지 www.anoulackkhenlao.com 이메일 anoulack_hotel@live.com

라오스 주택을 개조한 숙소, ★★☆☆☆
콩케오게스트하우스 Kongkeo Guesthouse

시설에 비해서 숙박비에 거품이 있으나 숙소 자체가 조용한 편이라 머물 만하다. 라오스식 2층 건물을 개조해 게스트하우스로 마련했으며 약간 낡은 인상을 준다. 객실에 따라 창문이 있는 곳과 없는 곳이 있으므로 내부 상태를 확인하고 선택하는 것이 좋다. 항아리평원 투어에 대한 정보를 문의할 수 있는데, 대부분의 투어는 인원수가 많을수록 가격이 저렴해지므로 다른 곳과 비교하도록 한다.

문의 (856) 061 211 354 가격 싱글룸 6만K, 더블룸 8만K 체크인/아웃 14:00/12:00 귀띔 한마디 배낭여행자가 주로 찾는 숙소이다. 찾아가기 두엉싸이짜이미니버스터미널(Douagsaychai Mini Bus Station)을 등지고 메인도로(Highway 7)로 방향으로 5m 정도 걷다가 바로 좌측으로 난 골목으로 직진하면 콩케오게스트하우스가 위치한다. 가는 길 중간에 표지판이 세워져 있다. 이메일 kongkeojar@hotmail.com

Chapter 02

푸른 산과 강 그리고 낭만이 있는, 농키아우

Nong Khiaw

★★★★☆
★★★★☆
★★☆☆☆

협곡이 병풍처럼 둘러싼 농키아우는 풍경 하나로만 따지자면 라오스 북부에서 손꼽히는 곳이다. 농키아우 시내 다리 위에서 한눈에 들어오는 협곡은 빼어난 절경을 자랑한다. 남우(우강)의 깊이와 협곡의 높이가 빚어내는 풍광은 이웃한 므앙응오이나 므앙쿠아와는 전혀 다르다. 강을 가운데 두고 다리 사이로 이어진 두 마을이 전부인 작은 지역이지만 여행자의 마음을 사로잡는 곳이다.

농키아우에서 이것만은 꼭 해보자

1. 뷰포인트에 올라 농키아우 전망 바라보기
2. 파톡동굴(탐파톡)을 찾아가는 산책길과 마을 풍경 즐기기
3. 마을다리 위에서 노을 지는 남우 풍경 바라보기
4. 트레킹투어 참여하기
5. 마을 사원인 왓농키아우, 왓솝훈을 찾아 아침 공양(탁밧) 참관하기

사진으로 미리 살펴보는 농키아우 베스트코스

작은 마을이다 보니 하루 동안 모든 명소를 돌아볼 수 있다. 체력을 요하는 곳은 뷰포인트 산행인데 걷는 속도에 따라 올라가는 데 40~60분이 걸리며, 정상에서 멋진 전경을 감상하면서 휴식을 취하는 데 최소한 1시간을 잡아야 한다. 따라서 뷰포인트를 중심으로 일정을 계획하면 꽉 찬 하루일정을 소화할 수 있다.

튼튼한 두 다리로 농키아우를 돌아보는 알짜배기 일정 (예상 소요시간 8시간 이상)

투어상품을 선택해서 참여하는 어드벤처투어 일정 (예상 소요시간 8시간 이상)

농키아우

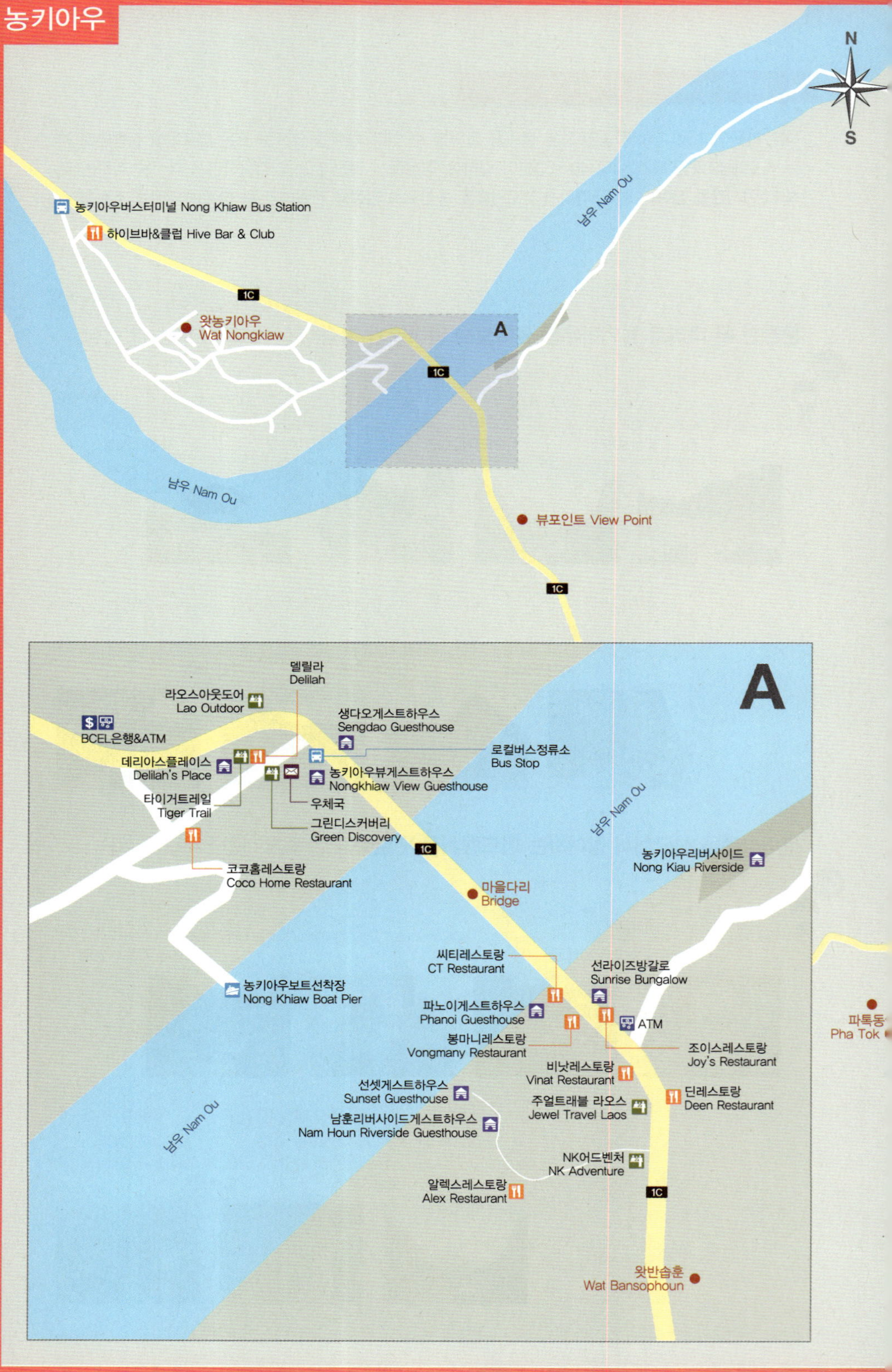

N
S
농키아우버스터미널 Nong Khiaw Bus Station
하이브바&클럽 Hive Bar & Club
1C
왓농키아우
Wat Nongkiaw
A
남우 Nam Ou
뷰포인트 View Point
A
델릴라
Delilah
라오스아웃도어
Lao Outdoor
BCEL은행&ATM
생다오게스트하우스
Sengdao Guesthouse
로컬버스정류소
Bus Stop
데리아스플레이스
Delilah's Place
농키아우뷰게스트하우스
Nongkhiaw View Guesthouse
우체국
타이거트레일
Tiger Trail
그린디스커버리
Green Discovery
코코홈레스토랑
Coco Home Restaurant
농키아우리버사이드
Nong Kiau Riverside
마을다리
Bridge
씨티레스토랑
CT Restaurant
선라이즈방갈로
Sunrise Bungalow
농키아우보트선착장
Nong Khiaw Boat Pier
파노이게스트하우스
Phanoi Guesthouse
ATM
파톡동
Pha Tok
봉마니레스토랑
Vongmany Restaurant
조이스레스토랑
Joy's Restaurant
비낫레스토랑
Vinat Restaurant
선셋게스트하우스
Sunset Guesthouse
딘레스토랑
Deen Restaurant
주얼트래블 라오스
Jewel Travel Laos
남훈리버사이드게스트하우스
Nam Houn Riverside Guesthouse
NK어드벤처
NK Adventure
알렉스레스토랑
Alex Restaurant
왓반솝훈
Wat Bansophoun

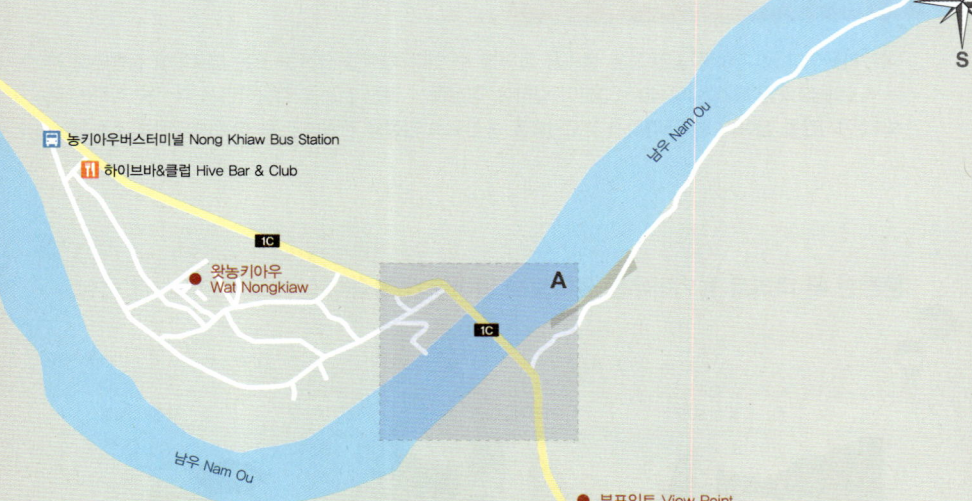

신록이 우거진 라오스 북부지역

Section 01
농키아우를 잇는 교통편

농키아우와 루앙프라방을 잇는 여러 버스편이 있다. 농키아우버스터미널에서 루앙프라방행 버스를 타면 북부버스터미널이나 남부버스터미널로 도착하게 되므로 일정을 고려해서 선택하자. 이 외에도 루앙남타와 우돔싸이를 잇는 버스편이 있으며, 므앙응오이는 보트로 오간다.

• 출금 : ATM, 은행   • 환전 : 은행, 사설환전소

🖊 농키아우버스터미널에서 시내로 들어가기

농키아우버스터미널까지는 썽태우로 이동하는 것이 일반적이며, 탑승인원에 따라 가격이 달라지지만 4인 탑승 시 1인당 7천~1만K 정도의 요금이 든다. 농키아우버스터미널에서 보트선착장까지는 썽태우로 약 5분이 소요되며 승차요금은 1인당 5천~1만K이다.

🖊 농키아우에서 다른 도시로 이동하기

🧳 버스

시내에서 2km가량 떨어진 곳에 농키아우버스터미널이 자리한다. 버스는 우리가 봉고차라고 부르는 허름한 미니밴으로, 짐을 차량 지붕 위로 올리는 것이 보통이다.

도착지	출발시간	예상 소요시간	요금
루앙프라방 북부버스터미널	08:30 10:00 12:00	4시간	4만K
루앙프라방 남부버스터미널	13:30	5시간	5만 5천K
루앙남타	11:30	6~7시간	8만K
우돔싸이	11:00	3~4시간	4만 5천K

루앙프라방으로 향하는 야간버스
18:00에 야간버스가 운행하는데 라오스 북부의 경치를 감상할 수 없으며 사고위험을 감수해야 하므로 시간에 쫓기는 경우가 아니라면 추천하지 않는다. 퐁살리에서 출발해 농키아우를 지나 비엔티안으로 향하는 버스를 중간에 탑승하는 것으로, 티켓을 판매한 여행사에서 버스가 멈추는 길목까지 함께 이동하여 버스 탑승을 돕는다.

🧳 보트

농키아우선착장에서 므앙응오이를 잇는 배편이 있다. 매일 오전 11시에 운항하고, 비정기적(인원이 모인 경우)으로 오후 2시에 운항한다. 므앙쿠아까지 이동하려면 므앙응오이에서 다시 보트를 타고 이동해야 한다.

도착지	출발시간	예상 소요시간	비용
므앙응오이	11:00 14:00(비정기)	1시간 20분	2만 5천K

시내에서 이동하기
시내에서 자전거(일 2~3만K) 혹은 산악자전거(일 3~5만K), 오토바이(일 5~7만K) 등을 대여해서 이동할 수 있다.

선착장에는 농키아우버스터미널로 이동하는 썽태우가 대기하고 있으며, 요금은 5천K가량이다.

Section 02

농키아우에서 둘러봐야 할 명소

보트선착장에서부터 마을다리까지 이어지는 길을 걷는 것만으로도 농키아우의 매력을 단숨에 느낄 수 있다. 또한 다른 것은 모두 제쳐두고 뷰포인트에 오르는 것만으로도 농키아우에 온 보람을 느끼기 충분하다. 천천히 걸으며 자연이 주는 풍요를 온전히 느낄 수 있는 마음의 여유를 챙겨간다면, 목가적인 라오스 북부의 매력을 충분히 발견할 수 있다.

 라오스 북부의 절경을 즐기는 전망대 ★★★★★
뷰포인트 View Point

농키아우를 찾는 여행객들 사이에서 조금씩 입소문으로 알려진 뷰포인트는 절경이 내다보이는 산 위의 전망대이다. 농키아우에서 절대 빼놓지 말아야 할 명소이자 라오스 북부의 비경을 단숨에 만끽할 수 있는 산행루트이기도 하다. 마을 곳곳에서 'Don't miss' 혹은 'View Point'라고 쓰인 표지판을 볼 수 있으니 이를 잘 살피면 입구를 찾을 수 있다. 입구에서 티켓을 끊고 뷰포인트로 향하자.

약 2km 약간 경사진 길을 따라 울창한 산길이 펼쳐진다. 마을 주민들이 탐방로를 정비해 놓아 차근차근 가파른 길을 따라가면 정상에 다다를 수 있다. 걷는 속도에 따라 40분~1시간 정도가 걸리는데, 초입이 퍽 가파르고 중간에 나무 넝쿨을 잡고 올라야 하는 길도 있지만 운동화를 착용하면 큰 무리는 없다. 정상에는 정자가 있어 탁 트인 전경을 감상할 수 있다. 석양이나 일출을 보기 위해 오르는 경우도 있는데, 해 질 녘은 어두워서 하산길이 위험하므로 되도록 밝은 시간대에 오르도록 하자.

운영시간 06:30~16:00 **입장료** 2만K **귀띔 한마디** 산행을 위해 생수와 모기퇴치제가 필요하다. **찾아가기** 마을다리를 중심으로 파톡동굴(Pha Tok Cave)로 향하는 메인도로를 따라 800m가량 지난 지점 왼쪽에 입구가 자리한다. 메인도로에 표지판이 많아 길을 찾는 데 도움이 된다.

폭탄을 피해 몸을 숨겼던 ★★★★☆
파톡동굴 Pha Tok Cave

다른 지역의 동굴과 비교해 웅장함은 다소 떨어지지만 3층 높이까지 계단으로 이어진 동굴 입구로 들어서면 물 댄 볏논과 들판이 펼쳐진다. 울창한 숲이 우거져 있어 사방으로 초록빛에 둘러싸인 가운데 암벽 속 동굴을 탐험하는 기분이 짜릿하기 이를 데 없다. 가파른 콘크리트 계단을 올라 들어서는 입구는 아슬아슬하다.

내부는 석회암의 기괴한 모습을 드문드문 살필 수 있는 정도이고 그밖에는 별다른 표시 없이 휑한 모습이지만 과거의 흔적으로 경찰서나 은행이라는 선명한 표지판이 놓여 있다. 파톡동굴은 우리가 베트남전쟁 Vietnam war 으로 부르고 베트남에서는 미국전쟁 America war 으로 부르는 제2차인도차이나전쟁 때 빠텟라오 Pathet Lao P. 031 의 은신처로 사용되었다. 당시 행정공간으로도 사용되어 경찰서나 은행이라는 표식이 남아 있다.

계단과 연결된 큰 동굴과 큰 동굴 좌측으로 걸어가면 발견할 수 있는 작은 동굴이 있다. 작은 동굴은 위치를 알리는 표지판이 전혀 없어 찾기가 어렵다. 큰 동굴이나 동굴 입구에서 가이드를 자청하는 현지인이 길을 안내하기도 하니 수고비를 흥정하고 길을 문의하는 것도 좋다.

운영시간 07:00~16:00 **입장료** 5천K **귀띔 한마디** 큰 동굴은 손전등이 없으면 무척 어두우므로 손전등을 준비해 가거나 입구에서 대여(5천K)해야 한다. **찾아가기** 마을다리를 기준으로 파톡동굴(탐파톡)까지는 대략 2km 떨어져 있다. 자전거를 대여하거나 걸어서 이동할 수 있다. 농키아우보트선착장에서 마을다리를 건너는 방향으로 메인도로를 따라 쭉 걸어가다 보면 2km 지점에 동굴을 알리는 표지판이 나타난다. 표시를 따라 내려가면 입구에 다다른다.

남우를 휘감은 협곡의 전경 ★★★★★
마을다리 Bridge

남우(우강)를 사이에 두고 두 개의 마을로 나뉘어 있는 농키아우에는 두 마을을 잇는 마을다리가 있다. 중국의 지원으로 지은 마을다리는 석조교량으로, 마을을 끼고 흐르는 남우와 협곡을 시원하게 내려다볼 수 있는 전망대 역할을 한다. 남우의 물살이 그대로 다리 아래로 지나가 바람도 시원하게 불고, 높은 건물이 없어 V자의 협곡을 즐기기에 손색이 없다. 석양이 지는 시간에는 사그라지는 오렌지빛 여운이 길게 남아 낭만적인 분위기를 느낄 수 있다. 또 아침 일찍 해가 밝아오는 시간에는 연무가 거치는 강 풍경이 더 없이 운치 있다.

귀띔 한마디 평소 교통량이 적은 편이며 해 질 녘 풍경이 특히 아름답다. 아침에는 안개가 자주 끼는 편이어서 특별한 분위기를 느낄 수 있다. **찾아가기** 농키아우보트선착장에서 마을길을 따라 오른 다음 우회전하여 길을 따라가다가 메인도로를 만나면 우회전한다. 직진하다 삼거리에서 우회전하면 20m 내에 마을다리가 위치한다.

고즈넉한 사원 ★★★☆☆
왓농키아우&왓반솝훈 Wat Nongkiaw&Wat Bansophoun

1-2 왓농키아우
3-5 왓반솝훈

농키아우에서 걸어서 찾아갈 수 있는 사원이다. 언덕에 위치한 왓농키아우는 대로에서 쉽게 찾아볼 수 있으며 매일 아침이면 여지없이 탁밧을 하는 마을 주민들을 볼 수 있다. 한편 왓반솝훈은 농키아우를 둘러싼 산세를 품고 있어 고즈넉하다. 골목길에 위치해 산책을 겸해 마을을 둘러볼 때 다녀가기 적절하다.

찾아가기 왓농키아우는 마을다리에서 파톡동굴로 가는 길, 메인도로를 따라 500m 걸어가서 좌측에 위치한다. 왓반솝훈은 선착장에서 마을길로 올라왔을 때 마을다리를 건너지 말고, BCEL은행이 있는 메인도로를 쭉 가다가 첫 번째 골목에 좌회전한 후 갈림길에서 다시 우회전해서 운동장이 있는 공터를 지난 곳에 위치한다.

Special 11 농키아우의 액티비티와 여행사 투어상품

라오스 북부의 지형적, 환경적 장점을 최대한 누리기 위해서는 트레킹과 카야킹만 한 것이 없다. 농키아우 시내에 흩어져 있는 여행사를 통해 하루나 이틀 혹은 반나절일정으로 투어에 참여할 수 있다. 일반적으로 참여 인원이 많이 모일수록 저렴하며, 영어를 구사하는 가이드가 인솔한다. 투어는 전날이나 당일 이른 아침까지 신청해야 한다. 여행사 두어 곳을 방문해 상담한 후, 투어의 특징을 비교해 자신의 취향껏 선택하는 것이 만족도를 높이는 가장 좋은 방법이다.

다양한 옵션으로 선택의 폭이 넓은

주얼트래블라오스 Jewel Travel Laos

산을 좋아하지만 산행이 부담스럽다면 주얼트래블라오스를 염두에 두자. 여행자의 빠듯한 일정과 취향을 고려한 일일투어와 반나절투어가 있다. 남우에서 카야킹을 즐길 수 있으며 주변 지역의 트레킹 코스를 개발하여 여행자 혼자서 찾아가기 힘든 소수민족과도 만날 수 있다. 카무족, 몽족마을을 방문하고 직물과정을 직접 엿볼 수 있으며 지역 토박이만 아는 숨은 비경으로 안내한다. 여행사 앞 칠판에 각 일자에 참가인원 등 정보를 공유한다.

문의 (856) 071 81 008, (856) 020 9991 8831 **운영시간** 06:30~21:00 **귀띔 한마디** 담당자가 진행하는 프로그램 설명을 자세히 들으며 투어 내용을 비교할 수 있다. **찾아가기** 농키아우보트선착장에서 마을길을 지나 오른쪽으로 꺾어 마을다리를 건넌 후, 100m가량 걸어가면 오른쪽에 위치한다. **홈페이지** www.jeweltravellaos.com **이메일** jeweltravelnongkhiaw@gmail.com

★ **하이킹&카야킹 - 2일투어(08:00~이튿날 17:00)** : 20m가량 차로 이동한 후 6시간을 하이킹을 진행하는 난이도 있는 코스이다. 소수민족마을인 크무마을(나루앙빌리지, 나양빌리지)에서 하룻밤을 머물고 이튿날 오전에 4~5시간가량 정글을 탐닉한다. 이후 폭포에서 수영을 즐기다 마지막으로 남우강에서 카야킹을 즐기는 알찬 투어로 식사와 숙소가 제공되며 3명 이상일 경우 1인당 $80, 4~6명이면 $600이다.

고된 루트만큼 보람이 가득한 트레킹을 선보이는

라오스아웃도어 Laos Outdoor

루앙프라방에 또 다른 지점을 운영하는 이곳은 난이도가 높은 코스를 준비하고 있다. 정글을 걷고 카약을 타는 코스로, 온몸에 땀을 흘리며 제대로 트레킹을 즐길 수 있다. 그만큼 만족도가 높은 것이 특징이며, 낚시가 포함된 투어상품도 있어 다양한 아웃도어 스포츠를 즐길 수 있다.

문의 (856) 071 810 086, (856) 020 5566 3115 운영시간 06:30~21:00 찾아가기 농키아우보트선착장에서 마을길을 따라 올라가다 오른쪽으로 꺾어 직진하다 다리 반대편(왼쪽)으로 50m 걸어가면 오른쪽에 위치한다. 홈페이지 www.laosoutdoor.com 이메일 nongkhiew@laosoutdoor.com

★ **트레킹 – 일일투어(07:00~16:00)** : 농키아우 시내에서 차량을 통해 10km 떨어져 있는 카무족마을(반후아이렉)까지 이동해 시골 논길과 정글, 산길 등 다양한 풍경을 즐기며 3시간 이상 트레킹에 오른다. 오후에는 솝반마을에서 보트나 카약킹을 통해 다시 남우(우강)를 따라 농키아우로 되돌아오는 일정이다. 1명 참가 시 $90이며, 2명 이상 참가 시 1인당 비용은 $62으로 책정되며 점심 등이 포함된다.

★ **카약킹 – 반나절투어(4시간 예상)** : 안전한 구명조끼와 카약킹보트와 패들을 지급받고, 20분가량 안전수칙에 대한 간략한 교육을 받고 남우로 이동한다. 농키아우에서 므앙응오이 사이를 이동하는 코스이며 참가자의 수준에 맞게 중간중간 휴식 시간을 갖는다. 카약킹 참가비용은 1인당 $54이다.

농키아우 토박이가 소개하는 상세한 루트

NK어드벤쳐 NK Adventure

농키아우 토박이이자 트레킹가이드로 다년간 경험을 쌓은 미스터 홈Mr. Home이 운영하는 이곳은 사바이사바이스파Sabai Sabai Spa 옆에 위치한다. 1일 트레킹과 2일 트레킹을 중심으로 카약킹이 곁들여진 투어를 진행한다. 영어를 구사하는 가이드가 동행하기 때문에 참여자들의 만족도가 높다.

문의 (856) 020 5537 9269 운영시간 08:30~21:30 찾아가기 농키아우보트선착장에서 마을길을 지나 오른쪽으로 꺾어 마을다리를 건넌 후 100m 가량 걸어가면 오른쪽에 위치한다. 이메일 Bounhome68@hotmail.com

★ **폭포&카약킹 – 일일투어(08:00~16:00)** : 보트를 타고 소수민족마을 반솝콩(Ban Sopkong)까지 보트로 이동한다. 들판과 논이 펼쳐진 마을길을 지나 탓목(목폭포, Tad Mock)까지 이동한 후, 그곳에서 피크닉과 수영을 즐기고 남우를 따라 카약킹을 하는 여정이다. 1인당 비용은 참가인원을 기준으로 2명 30만K, 3명 28만K, 4명 25만K, 5명 20만K이다.

★ **폭포&카약킹&소수민족마을 – 2일투어(08:00~이튿날 16:00)** : 2일투어는 일일투어에 트레킹의 강도를 6시간으로 높이고 소수민족마을에서 하룻밤 묵는 프로그램을 더한 것이다. 1인당 비용은 참가인원을 기준으로 2명 60만K, 3명 55만K, 4명 45만K, 5명 45만K이다.

알찬 트레킹 정보를 대방출하는

타이거트레일 Tiger Trail

2006년 문을 연 타이거트레일 농키아우점은 미스터 바나나Mr. Banana가 직원 5명과 운영하는 곳이다. 다른 업체와 차별된 루트로 트레킹과 폭포를 접목시킨 투어가 돋보인다. 트레킹 정보 외에도 농키아우와 그 주변의 소소한 정보를 알림판에 게시하여 여행객을 배려한다.

문의 (856) 020 5439 5686 운영시간 07:30~21:30 찾아가기 농키아우보트선착장에서 마을길로 들어서서 오른쪽으로 꺾어 메인도로를 따라 걷다가 세 갈래길로 접어들기 전 좌측에 자리한다. 델리아레스토랑 바로 옆이다. 홈페이지 laos-adventures.com

🎖 **트레킹&폭포투어 – 일일투어(08:30~17:30)** : 약 1시간에 걸쳐 보트를 타고 강가의 돈쿤마을에 도착한다. 그곳에서 카무족과 몽족, 라오족이 함께 사는 모습을 살펴보고 휴식을 취한 후, 본격적인 트레킹에 접어든다. 트레킹 중간에 탓로이(로이폭포)에서 점심을 겸한 휴식시간을 보낸다. 수령 100년이 넘은 470m 높이의 망고나무가 자리한 정글 속 신비를 체험할 수 있다. 1인당 참가비용은 참가인원 4명을 모였을 경우를 기준으로 25만K이다. 미스터 바나나가 농키아우 구석구석 숨은 비경을 찾아주는 것이 이곳만의 장점이다.

라오스 트레킹 업체의 살아 있는 전설

그린디스커버리 Green Discovery

라오스 주요 도시에 분점이 많은 그린디스커버리이지만 농키아우지점이 가장 친절하다. 7~10월 우기에는 소수민족마을 방문이 인기 있고, 건기로 접어들면 폭포트레킹이 대세라고 귀띔한다. 하루 일정으로 소수민족과 폭포, 트레킹의 세 마리 토끼를 잡을 수 있는 상품도 취급한다.

문의 (856) 071 810 081 운영시간 07:30~21:30 찾아가기 농키아우보트선착장에서 마을길로 들어선 후 오른쪽으로 꺾어 메인길을 따라 걷다가 세 갈래 길로 접어들기 전 우측에 자리한다. 홈페이지 www.greendiscoverylaos.com 이메일 nongkahiaw@green discoverylaos.com

🎖 **트레킹&폭포&소수민족마을 – 일일투어(08:00~17:00)** : 보트를 타고 작은 마을 반솝봉Ban Sopwong으로 이동하여 본격적인 트레킹을 시작한다. 1시간을 걸어 탓목(목폭포)에 이르면 점심을 먹고 카무족마을 등 2곳의 마을을 더 방문한다. 이후 강가에서 2시간 반 동안 카야킹을 즐길 수 있다. 하루 동안 소수민족을 만나고 다이내믹한 활동에 참가하는 본 상품은 참가 인원수에 따라 1인당 부담하는 금액의 차이가 크다. 1인당 비용은 1명 참여 시 $100, 2명 참여 시 $63, 3명 참여 시 $44, 4명 참여 시 $39이다.

Section 03
농키아우에서 가볼 만한 맛집

라오스 북부지방에서 가장 맛있는 음식을 맛볼 수 있는 농키아우에는 저렴한 가격으로 현지음식을 제공하는 곳이 많다. 비싼 가격대의 식당보다 적당한 가격대의 식당이 회전이 빨라 신선한 식재료로 만든 훌륭한 음식을 맛볼 수 있다.

화덕을 갖춘 인도식당 ★★★★☆
딘레스토랑 Deen Restaurant

조금은 허름한 분위기이지만 인도 남부의 맛을 제대로 보여주는 곳으로 인도인 주인이 직접 요리한다. 점심시간에는 햇볕이 내리쬐기 때문에 손님이 드물지만 저녁때에는 어스름한 조명에도 불구하고 여행객이 즐겨 찾는다.

주인이 직접 제작한 화덕에서 갓 구워내는 난Naan은 씹을수록 고소하다. 치킨티카마살라Chicken Tikka Masala나 치킨마살라Chicken Masala는 난에 찍어서 함께 먹기에 좋고 치킨코르마Chicken Korma도 부드러운 맛을 찾는 이들이 좋아할 만하다. 채식을 즐긴다면 난과 함께 아루파락Aloo Palak(시금치감자커리)도 가볍게 먹기 좋다. 바삭한 식감이 좋은 도사Dosa는 달커리Dhal Curry와 함께 서빙되며, 인도식에 익숙하지 않아도 즐길 만하다. 생과일주스나 라씨Lassi는 단맛이 강하므로 주문 시 설탕 첨가 여부를 말해두자.

문의 (856) 030 200 5374, (856) 020 2214 8895 **운영시간** 07:30~22:30 **가격** 주메뉴 2~3만K, 음료 1만K~ **귀띔 한마디** 마살라, 커리, 코르마는 모두 커리요리로 매운 정도에 따라 구분한 것이다. 난과 도사는 얇게 구워낸 인도식 빵이다. **추천메뉴** 치킨마살라(Chicken Masala), 라씨(Lassi) **찾아가기** 농키아우보트선착장에서 마을길을 지나 오른쪽으로 꺾어 마을다리를 건넌 후, 80m 가다 보면 좌측에 위치한다. **이메일** deenfoodnongkiau@hotmail.com

매일 찾아가도 질리지 않는 ★★★★★
알렉스레스토랑 Alex Restaurant

다녀간 사람마다 극찬을 마지않는 이 작은 식당은 특별한 요리비법이 있는 것 같다. 육즙이 가득한 치킨 랍요리는 최고의 풍미와 식감을 선사한다. 오믈렛으로 맛을 낸 라오스식 조식과 채식메뉴 역시 먹을 만하다. 뷰포인트와 멀지 않아 잠시 쉬어가기 좋으며 특별한 인테리어를 뽐내기보다는 신선한 재료와 음식 맛으로 작은 감동을 준다. 골목길에 있어 조용하고 편안하게 식사할 수 있으며 혼자 여행하는 사람도 즐겨 찾는다.

문의 (856) 020 5544 0540 운영시간 07:00~22:00 가격 주메뉴 2만K~, 치킨랍 2만 5천K, 라오커피 1만K 귀띔 한마디 와이파이가 연결되지 않는다. 찾아가기 농키아우보트선착장에서 마을길을 지나 오른쪽으로 꺾어 마을다리를 건넌 후, 직진해서 100m 걸어가면 오른쪽으로 주얼트래블라오스와 NK어드벤처가 보인다. 그 사이의 골목길로 접어들면 알렉스레스토랑의 노란 간판이 보인다.

라오스음식이 신선한 ★★★☆☆
봉마니레스토랑 Vongmany Restaurant

평범하지만 라오스음식 맛이 좋다. 죽순요리는 매콤하여 찹쌀밥과 함께 먹기 좋고, 선선한 아침에는 따뜻한 국물도 먹을 만하다. 강 풍경이 완전히 들어오지는 않지만 식당 안쪽으로 들어가면 바깥 경치를 볼 수 있다. 식당 내부가 넓어 북적이지 않으며 가격은 다른 곳에 비해 조금 비싼 편이다.

문의 (856) 030 9230 639, (856) 020 5597 9886 운영시간 06:00~23:00 가격 볶음밥 2만K~, 셰이크 1만K 귀띔 한마디 산악자전거 대여도 할 수 있다. 하루 대여비는 5만K이다. 찾아가기 농키아우보트선착장에서 마을길을 지나 오른쪽으로 꺾어 마을다리를 건너면 바로 오른쪽에 위치한다.

전망이 좋은 여행자 식당 ★★☆☆☆
씨티레스토랑 CT Restaurant

다리 입구에 바로 위치하여 빼어난 풍경을 덤으로 즐길 수 있는 CT레스토랑은 주변의 다른 곳보다 약간 비싼 편이다. 채소볶음밥 등의 라오스음식과 시원한 음료를 즐길 수 있다. 식당 내부가 널찍하며 전망을 즐기기 위해서는 강변 쪽으로 자리를 잡는 것이 좋다.

문의 (856) 020 5557 0825, (856) 071 810 019 운영시간 07:00~23:00 가격 볶음밥류 2만K~ 찾아가기 농키아우보트선착장에서 마을길을 지나 오른쪽으로 꺾어 마을 다리를 건너면 바로 오른쪽에 위치한다.

정성 가득한 라오스음식을 맛볼 수 있는 ★★★★☆
조이스레스토랑 Joy's Restaurant

여행객 사이에서는 많이 알려져 있지 않지만 내부가 깨끗하고 깔끔한 식당이다. 바로 옆에 선셋게스트하우스를 끼고 있어 이곳에 머무는 여행객이 주로 식사를 한다. 무엇보다 깔끔하고 정갈하게 나오는 음식이 맛이 좋다. 리버뷰가 아닌 것이 아쉽지만 편안한 분위기가 인상적이다. 달콤한 맛을 좋아한다면 찹쌀 위에 망고와 코코넛밀크를 얹은 간식 망고스티키라이스 Mango Sticky Rice를 먹어볼 만하다.

문의 (856) 030 985 3899, (856) 020 9854 8500 운영시간 06:00~22:00 가격 1만 5천K~ 찾아가기 농키아우보트선착장에서 마을길을 지나 오른쪽으로 꺾어 마을다리를 건너면 바로 왼쪽에 위치한다.

신록이 우거진 라오스 북부지역

전망 좋은 카페에서 시간 보내기 ★★★★☆
코코홈레스토랑 Coco Home Restaurant

라오인과 스위스인 커플이 운영하는 코코홈은 외관은 소박하지만 탁 트인 전망과 친절함을 갖춘 곳이다. 정성껏 손질한 작은 정원이 있어 싱그러운 여유를 만끽할 수 있다. 공간이 넉넉하고 남우 전경이 시원하게 펼쳐져 해 질 무렵에는 낭만적인 분위기를 즐길 수 있다.

문의 (856) 020 2367 7818 운영시간 08:00~22:00 가격 주스 1만 5천K, 피시랍 등 주메뉴 3만 5천K~, 칵테일 3만 5천~5만K 추천메뉴 오렌지주스 찾아가기 농키아우보트선착장에서 마을 길로 들어서서 우회전한 다음 5m 근방 우측에 위치한다.

신선한 생과일주스와 라오스음식이 먹음직스러운 ★★★☆☆
비낫레스토랑 Vinat Restaurant

찾아가기 쉬운 길목에 위치한 비낫레스토랑은 비교적 최근에 문을 연 식당이다. 레스토랑 앞에 음료코너가 보이도록 배치하여 여행객을 유혹한다. 특별한 전망이 없는 대신 합리적인 가격을 앞세운다. 라오스음식이 주메뉴이며 매콤한 오이샐러드나 파파야샐러드가 더위에 지친 여행자의 기운을 북돋는다.

문의 (856) 020 9921 8581 가격 볶음밥 1만 5천K~, 셰이크 1만K 인기메뉴 생과일셰이크 운영시간 07:00~22:00 찾아가기 농키아우보트선착장에서 마을길을 지나 오른쪽으로 꺾어 마을다리를 건넌 후 80m가량 걷다 보면 우측에 위치한다.

배낭여행자의 아지트 ★★★☆☆
델릴라 Delilah

게스트하우스 입구에 자리한 델릴라라는 바와 카페를 합쳐놓은 분위기이다. 여행자가 즐겨 찾는 저녁에는 흥겨운 분위기가 연출되는데 주머니가 가벼워도 부담 없다. 비어라오 한병에 이야기가 무르익는 델릴라 바로 옆에는 여행사가 있어 여행정보를 구하기에도 좋다.

문의 (856) 030 976 7345 가격 주메뉴 2만 5천K, 아이스크림 5천K, 파이 1만K 운영시간 07:00~22:30 귀띔 한마디 도미토리를 겸한 게스트하우스도 운영한다. 찾아가기 농키아우보트선착장에서 마을길로 올라가다 오른쪽으로 꺾어 조금만 직진하면 좌측에 위치한다. 그린디스커버리 맞은편이다.

뒤뜰에서 만나는 작은 자연. ★★☆☆☆
하이브바&클럽 Hive Bar&Club

시내에서 벗어나 있어 접근성이 떨어지지만 농키아우에서 찾아보기 힘든 클럽이다. 실내좌석과 푸른 하늘과 산, 강이 한눈에 들어오는 테라스 좌석이 마련되어 있다. 작은 연못과 논이 펼쳐진 뒤뜰은 조용하고 한적하다. 비어라오와 칵테일을 즐기는 여행자를 만날 수 있다.

문의 (856) 030 537 7990 운영시간 08:00~22:30 가격 비어라오 1만K 귀띔 한마디 클럽이라고 알려졌지만 시내와 거리가 멀어 외국인여행객의 발길이 뜸한 편이다. 와이파이를 연결할 수 없다. 찾아가기 농키아우보트선착장에서 마을길을 따라 올라가다 오른쪽으로 꺾어 직진한다. 마을다리 반대편(왼쪽)으로 길을 따라 약 500m 직진하면 위치한다. 시내 곳곳에서 하이브바 이정표를 볼 수 있다.

Section 04
농키아우에서 머물 만한 숙소

농키아우는 저녁이 되면 선선한 편이라 대부분 에어컨이 없는 방갈로 형태가 많다. 무엇보다 남우를 조망할 수 있도록 강을 따라 늘어선 것이 특징이다. 때문에 농키아우에서는 무조건 강변에 숙소를 잡아야 하는 것이 불문율이다. 라오스 전역에서 가장 저렴한 가격으로 강변에 위치한 숙소에 머물 수 있기 때문이다. 강변에 위치한 숙소 테라스에서 여유를 즐기며 농키아우의 매력을 즐겨보자.

분위기, 시설, 전망! 삼박자를 고르게 갖춘 ★★★★★
농키아우리버사이드 Nong Kiau Riverside

농키아우에서 가장 세련된 숙소를 고르라면 단연 농키아우리버사이드를 꼽을 수 있다. 15개 단독 방갈로가 자리한 이곳은 라오스스타일에 중후함을 더했다. 발코니에서 조망할 수 있는 풍경이 무엇보다 칭찬할 만하다. 거칠 것 없는 강변이 객실 발코니에서 바로 바라다보인다. 덴마크인이 2005년에 문을 연 이곳은 잘 갖춰진 욕실과 풍성한 조식도 만족스러운 곳이다. 냉장고와 커피포트, 책상이 갖춰져 있는 객실 구석구석에서 세심함을 느낄 수 있다. 원목으로 만들고 꾸민 객실에는 아늑함과 편안함이 깊이 스며 있다.

문의 (856) 071 810 004 **가격** 싱글룸 $44, 더블룸·트윈룸 $30~54 **체크인/아웃** 14:00/12:00 **찾아가기** 농키아우보트선착장에서 마을길을 지나 오른쪽으로 꺾어 마을다리를 건넌 후, 70m 걸어가면 좌측 첫 번째 골목길 입구에 농키아우리버사이드 간판을 찾을 수 있다. 그 길을 따라 입구로 들어가면 된다. **귀띔 한마디** 식당에는 와인리스트도 갖추고 있다. **홈페이지** nongkiau.com **이메일** info@nongkiau.com

전망이 제일 중요하다면 ★★★★☆
선셋게스트하우스 Sunset Guesthouse

남훈리버사이드와 더불어 멋진 전망을 즐길 수 있는 숙소이다. 선셋이라는 이름답게 해넘이 풍광이 한눈에 들어온다. 골목에 위치하여 조용한 이곳은 발코니에 걸린 해먹에 누워 신선놀음을 즐기기에 그만이다. 나무 방갈로로 지은 객실은 잘 관리되어 불편함이 없다. 바닥은 목조로, 벽면은 벽돌로, 지붕은 대나무로 만든 방갈로의 화장실은 다소 낡은 인상을 준다. 넉넉한 크기의 침대에 깨끗한 침구를 놓아 이동으로 인한 여독을 풀기에 부족함이 없다.

문의 (856) 071 810 033 가격 10만~15만K 체크인/아웃 14:00/12:00 찾아가기 농키아우보트선착장에서 마을길을 지나 오른쪽으로 꺾어 마을다리를 건넌 후, 직진해서 100m 걸어가면 오른쪽으로 주얼트래블라오스와 NK어드벤처가 보인다. 그 사이의 골목길로 접어들어 그 길 끝까지 걸어가면 선셋게스트하우스의 간판이 보인다.

라오스 전통의 간결한 인테리어가 인상적인 ★★★★☆
파노이게스트하우스 Phanoi Guesthouse

상당히 세심하게 객실을 꾸민 파노이게스트하우스는 에스닉풍 수공예 직물로 만든 커튼 등에서 라오스 북부의 멋을 느낄 수 있다. 강변을 끼고 자리하여 객실 앞 발코니에 앉아 강변을 조심스럽게 엿볼 수 있다. 널찍한 객실을 깔끔하게 관리하고 있고 메인도로와 멀지 않아 편리하다.

문의 (856) 071 810 019, (856) 020 5557 0825 가격 더블룸 10만K(팬룸), 더블룸 12만K(AC룸) 체크인/아웃 14:00/12:00 찾아가기 농키아우보트선착장에서 마을길을 지나 오른쪽으로 꺾어 마을다리를 건너면 바로 오른쪽 CT레스토랑 옆에 위치한다. 이메일 Chuthao.ct@gmail.com

넓은 뜰을 끼고 있는 게스트하우스 ★★★☆☆
생다오게스트하우스 Sengdao Guesthouse

강변에 자리하지만 객실에서 강변을 조망할 수 없어 아쉽다. 나무와 대나무로 짠 벽 등 라오스 전통가옥을 닮은 방갈로는 독채로 구성되어 있어 독립적으로 공간을 사용할 수

신록이 우거진 라오스 북부지역

있다. 넓은 객실과 잘 꾸민 정원이 장점이다.

문의 (856) 030 923 7089 가격 트윈, 더블룸 7~9만K 체크인/아웃 14:00/12:00 찾아가기 농키아우보트선착장에서 마을길을 지나 오른쪽으로 꺾어 마을다리를 건너기 직전 왼편에 자리한다.

새로 지은 방갈로가 쾌적한 ★★★☆☆
선라이즈방갈로 Sunrise Bungalow

객실을 확장하여 이전의 방갈로와 새로 지은 것이 섞여 있으니 먼저 내부를 확인하는 것이 좋다. 새로 지은 방갈로는 목조가 아닌 시멘트로 만들었고 에어컨 시설을 갖추어 쾌적한다. 한편 대나무로 만들어진 옛 방갈로는 시설에 비해 가격이 높게 책정되어 있다. 객실에서 바로 강 풍경이 내려다보이지만 앞 방갈로의 지붕도 보인다.

문의 (856) 020 247 8799 가격 6만~15만K 체크인/아웃 14:00/12:00 찾아가기 농키아우보트선착장에서 마을길을 지나 오른쪽으로 꺾어 마을다리를 건너면 바로 왼쪽에 위치한다. 귀띔 한마디 게스트하우스 입구에 식당을 함께 운영하고 있어 다소 번잡한 분위기이다.

전망 좋은 방을 찾아라! ★★★☆☆
남훈리버사이드 게스트하우스 Nam Houn Riverside Guesthouse

골목길을 따라 자리한 이곳은 대나무 방갈로가 잘 정비되어 있다. 강을 바로 마주한 객실과 강을 내다볼 수 없는 객실로 나뉘며 숙박료에도 차이가 있다. 골목이 차분해 강 풍경을 바라보며 시간을 보내기 좋은 곳이다. 객실 앞 해먹이 걸린 테라스에서 여행의 여유를 만끽할 수 있다. 저녁에 외출할 때는 골목길이 어두우므로 손전등을 챙기자.

문의 (856) 020 5577 4462 가격 더블룸 8만K 체크인/아웃 14:00/12:00 귀띔 한마디 더블룸을 혼자 쓸 경우에는 흥정도 가능하다. 찾아가기 농키아우보트선착장에서 마을길을 지나 오른쪽으로 꺾어 마을다리를 건넌 후, 직진해서 100m 걸어가면 오른쪽으로 주얼트래블라오스와 NK어드벤처가 보인다. 그 사이의 골목길로 거의 끝자락까지 가면 왼쪽에 위치한다.

Chapter 03
여유를 낚는 곳, 므앙응오이
Muang Ngoy

므앙쿠아(Muang Kua)에서 배로 4시간 반, 농키아우(Nong Khiaw)에서 배로 1시간 반이 걸리는 므앙응오이는 남우(우강)를 끼고 자리하는 작은 마을이다. 정식 명칭은 므앙응오이느아(Muang Ngoy Neua)이지만 보통 므앙응오이로 줄여서 부른다. 보트를 타지 않고는 이동이 어려운 곳이기도 하다. 유유히 흐르는 물길을 따라 높이 솟은 절벽은 마치 세상과 단절된 느낌을 준다. 므앙응오이에서라면 자연의 거대함 속에서 한 박자 느린 라오스의 속도를 즐길 수 있다.

므앙응오이에서 이것만은 꼭 해보자

1. 강이 바라다보이는 카페에서 풍경 감상하며 여유 즐기기
2. 훼이보마을이나 반나마을로 셀프투어 다녀오기
3. 탐캉과 탐파깨우 구경하고 동굴 앞 맑은 냇물에서 더위 식히기

사진으로 미리 살펴보는 므앙응오이 베스트코스

므앙응오이에서 누릴 수 있는 특권은 무언가 하지 않아도 마음이 편안해진다는 것이다. 많은 것을 하지 않아도 무언가 채워지는 것을 느낄 수 있어 특별한 일정 없이 사나흘을 머무는 여행자가 태반이다. 한편, 대자연의 풍요로움을 누릴 수 있는 트레킹을 즐기기 위해 이곳을 찾는 여행자도 적지 않다. 편안한 운동화나 등산화 한 켤레, 생수와 간식을 준비하여 자연과 마주 서 보자.

대자연의 풍요로움을 즐기는 트레킹코스(예상 소요시간 11시간 이상)

신록이 우거진 라오스 북부지역

Section 01
므앙응오이를 잇는 교통편

라오스 북동부에 위치한 므앙응오이는 보트를 통한 교통편이 유일하므로 충분한 시간 여유를 두고 여행하는 것이 좋다. 보트는 하루 1번 운행되며 인원이 차지 않으면 운항하지 않는 것을 원칙으로 하나 여행객이 꾸준히 찾는 곳이므로 매일 운항한다고 보아도 무방하다.

- 출금 : 불가능   • 환전 : 가능(사설식당에서 가능하나 환율이 좋지 않음.)

✎ 므앙응오이로 들어가기

므앙응오이로 들어가는 방법은 배편을 이용하는 것이 유일하다. 배편을 이용하면 므앙응오이보트선착장에 도착하며, 선착장은 시내와 매우 가까운 위치이므로 걸어서 이동한다. 므앙응오이로 들어오는 배편은 다음과 같다.

출발지	도착지	출발시간	예상 소요시간	요금
농키아우	므앙응오이	11:00 14:00(비정기)	1시간~1시간 30분	2만 5천K
므앙쿠아	므앙응오이	09:30	4시간 30분	10~12만K

루앙프라방에서 출발한다면?

루앙프라방에서 농키아우를 거쳐 므앙응오이로 오는 코스를 선택하면 농키아우를 거치게 된다. 루앙프라방에서 농키아우까지는 버스로 약 4시간 소요되며 티켓은 4만K이다. 버스는 루앙프라방 북부버스터미널에서 09:00, 11:00, 13:00에 출발한다.

✎ 므앙응오이에서 다른 도시로 이동하기

보트는 하루 1회 오전에만 운행하기 때문에 출발시간을 엄수하고 출발시간 전에 남우보트선착장에서 대기해야 안전하게 탑승할 수 있다. 티켓은 선착장에서 라타나웽사레스토랑Lattanavongsa Restaurant 샛길을 따라 한 블록 들어간 방갈로에서 구입할 수 있다. 매일 오전 8시에 문을 열고 당일 티켓을 판매하며, 탑승인원에 따라 티켓가격이 조정된다. 탑승인원이 10명 이상이면 10만K, 10명 미만이면 12만K이다. 탑승인원은 탑승시간 30분 전에 확실히 알 수 있다.

출발지	도착지	출발시간	예상 소요시간	요금
므앙응오이	농키아우	09:30	1시간 30분	2만 5천K
므앙응오이	므앙쿠아	09:30	4시간 30분	10~12만K

Section 02
므앙응오이에서 둘러봐야 할 명소

산과 물이 둘러싼 므앙응오이는 트레킹과 사이클링, 수영을 즐길 수 있는 자연 그대로의 공간이다. 마을에서 조금만 벗어나면 카르스트지형이 근사한 풍경도 쉽게 만날 수 있다. 워낙 길이 단조로워서 길을 잃을 일은 잘 없지만 지도를 참고하여 오가는 길목을 기억하는 것이 좋다.

 므앙응오이 사람들의 삶의 터전 ★★★★★
남우(우강) Nam Ou(Ou River)

므앙응오이를 들고날 때 지나는 관문인 남우는 므앙응오이에 대한 거의 모든 기억이라고 할 만하다. 마을 자체가 남우를 끼고 자리하기 때문에 대부분의 숙소에서는 강 풍경을 만날 수 있다. 남우는 중국과 국경을 가르는 라오스 북부에서 산과 계곡을 끼고 450km를 줄기차게 흘러 퐁사리와 우돔싸이를 거쳐 루앙프라방에서 메콩강과 합류한다.

므앙쿠아와 므앙응오이 그리고 루앙프라방에서는 보트로 라오스 북부 도시를 이동하며 자연스럽게 강변 풍경을 즐길 수 있다. 현지인의 일상이 엿보이는 남우는 수영하는 아이들, 아이를 씻기는 아낙들, 물고기를 낚는 청년들과 삼삼오오 담소를 나누는 어르신이 풍경을 만든다. 맑은 공기가 감도는 이른 아침과 한풀 더위가 꺾인 해 질 녘이 특히 아름답다.

귀띔 한마디 남우(우강)에서 수영하는 것도 무더위를 식힐 수 있는 방법이다. 가끔 강물 속에 손바닥만 한 크기의 물고기(일명 빠캥, 빠께)가 무는 경우가 종종 있다. 사람을 공격한다기보다는 피부를 살짝 무는 정도이다.

신록이 우거진 라오스 북부지역

동반자와 함께 흥미진진한 동굴탐험, ★★★★☆
탐캉&탐파깨우 Tham Kang&Tham Pha Kaew

므앙응오이에서 가장 많이 알려진 산책 코스이자 명소이다. 중앙동굴을 뜻하는 탐캉은 워낙 캄캄하므로 각별한 주의가 필요하다. 생각했던 것보다 동굴이 상당히 깊고 어둡다. 혼자서 동굴을 구경하다가 만약 손등이 중간에 꺼지게 되면 낭패를 보기 십상이다. 랜턴은 2개를 지참하고, 동행과 함께하는 것이 바람직하다. 동굴 안 바위를 타고 오르며 한 바퀴 돌아보는데, 동굴 끝에는 물이 있어 더는 갈 수 없다. 안전수칙을 잘 따른다면 흥미진진한 동굴탐험을 즐길 수 있다.

호찌민트레일이 지나는 길과 가까운 탐파깨우는 탐캉과 함께 대대적인 폭탄공습을 받을 당시 은신처로 사용되었던 곳이다. 탐파깨우는 홀리이미지동굴 Holly Image Cave 이라는 별칭으로도 불리는데, 탐캉과 연결되어 있다. 동굴 자체는 규모가 크지 않지만 동굴에서 흘러나온 물이 만든 냇물은 무척 맑고 차가워 물놀이를 즐기기에 좋다. 동굴 앞에 큰 나무가 많아 그늘진 곳에서 잠시 쉬어가는 이들이 많다.

운영시간 08:00~16:00 **입장료** 1만K **귀띔 한마디** 랜턴 등은 따로 지급하지 않기 때문에 미리 준비해야 한다. **찾아가기** 므앙응오이보트선착장을 등지고 직진해서 계속 가야 한다. 마을에서 벗어난 길로 접어들어 산책로 같은 길을 계속 걸어간다. 탐캉은 이 길을 따라 30분가량 걸어가야 닿을 수 있으며 동굴 앞에서 입장권을 판매하고 있어 쉽게 알아볼 수 있다.

호찌민트레일과 비밀전쟁

전쟁과 무관한 라오스에 미군이 퍼부은 폭탄은 2백만톤 이상이며 이 양은 제2차세계대전에 독일과 일본에 투하한 것보다 많은 양이다. 호찌민트레일은 베트남이 물자를 보급하던 루트로 6,000km에 달한다. 이 호찌민트레일을 발각한 미국은 인접한 라오스까지 대규모 공격을 가했다. ▶ P. 031

마을장터 Market
열흘마다 열리는 아침 10일장 ★★★★☆

매월 10일마다 서는 마을장터는 인근의 몽족, 카무족 등도 참여하며 직접 재배한 신선한 식재료와 중국 등에서 들여온 의류를 주로 취급한다. 무엇보다 먹거리가 풍성해서 구경을 나온 사람도 지갑을 열게 된다. 국수요리와 코코넛우유로 만든 라오스식 푸딩은 달콤한 간식거리로 손색이 없다. 소수민족의 이색적인 전통의상을 엿볼 수는 없지만, 소박한 시장 풍경과 갓 재배한 먹을거리 덕분에 내내 흥겹다. 오전 6시부터 오후 1시까지 열리니 매달 10, 20, 30일에 므앙응오이를 찾는다면 조금 일찍 일어나 마을의 일상을 엿보자.

운영시간 06:00~13:00 **귀띔 한마디** 푸드코트라고 할 수 있는 공간에는 이것저것 요기할 만한 것이 가득해서 조식으로 삼아도 손색이 없다. 오후 1시가 지나면 파장 분위기이다. **찾아가기** 므앙응오이보트선착장을 등지고 쭉 걸어 올라가면 사거리 너머에 시장이 선 모습을 볼 수 있다.

왓오깟사야람 Wat Okad Sayaram
작은 마을에 자리한 사원 ★★★☆☆

탁밧의 전통이 므앙응오이를 빗겨가지 않는 것처럼 왓오깟사야람에 대한 사람들의 애정도 각별하다. 왓오깟사야람이라는 긴 이름 대신 왓오깟이라고도 불리며 건축시기는 16세기로 거슬러 올라갈 정도로 고찰이다. 베트남전쟁 당시 훼손된 왓오깟은 1970년대 말에 재건되었다. 화려한 사원은 아니지만 잘 다듬어진 잔디가 앞뜰을 이루고, 붉은 바탕에 금빛으로 칠한 대법전 입구 장식이 화려하다.

운영시간 24시간 **찾아가기** 므앙응오이보트선착장을 뒤로하고 사거리까지 올라간 후 좌회전해서 10m 걸어가면 입구가 보인다.

Special 12

므앙응오이에서 찾는 마이웨이, 셀프트레킹

므앙응오이는 외진 마을이지만 트레킹을 즐기는 사람들에게는 천국 같은 곳이다. 도시의 소음과 분주함을 벗어나 자연과 하나 된 기분을 만끽할 수 있다. 므앙응오이에서 하루일정으로 3개의 마을을 둘러보는 코스는 마을 사람들의 소박한 생활 모습. 다큐멘터리에서나 봄 직한 소수민족, 방비엥을 유명하게 한 카르스트지형까지 오롯이 만날 수 있다. 므앙응오이에서 일행을 만나 이웃 마을까지 이동해 그곳에서 1박을 하는 것도 어렵지 않다. 지도를 참고하여 루트를 정해보자.

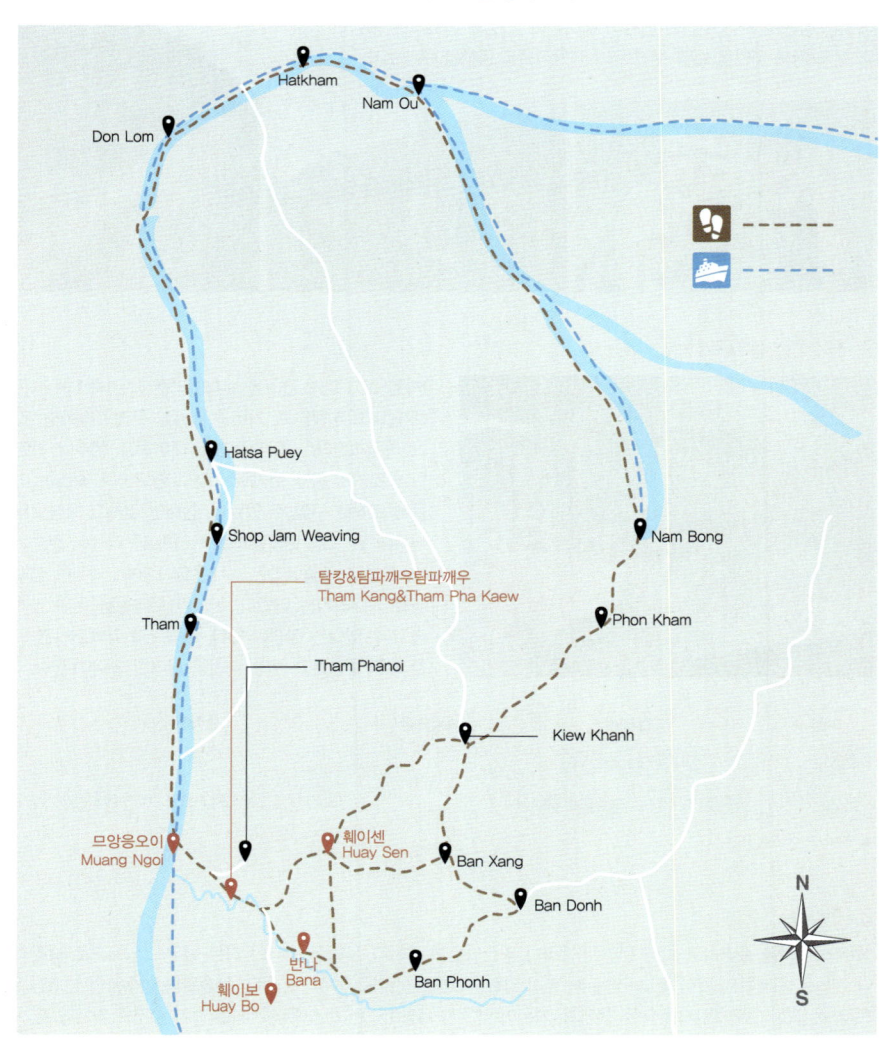

279

므앙응오이가 품은 작은 마을 훼이보, 반나, 훼이센 셀프트레킹

마을길을 따라 자전거를 타거나 트레킹을 하면서 마을 곳곳을 살필 수 있는 여정으로, 라오스의 소수민족을 만날 수 있다. 트레킹을 통해 므앙응오이의 작은 마을 훼이보Huay Bo, 반나Bana, 훼이센Huay Sen을 둘러보는 것으로 광활한 자연과 마주할 수 있다.

1. 동행 구하기

혼자 여행한다 해도 걱정할 것 없다. 므앙응오이만큼 사람을 만나기 좋은 곳도 없기 때문이다. 워낙 작은 마을이다 보니 점심 때 같은 식당에 있던 사람들을 저녁에 만난다든지, 보트를 함께 타고 온 사람이 같은 게스트하우스에 머문다든지 하는 우연한 만남이 이어진다. 산행을 함께하는 동행이 있다면 더 즐거운 시간을 보낼 수 있으니 적극적으로 동행을 구해보자.

2. 1박 2일 셀프트레킹

1박을 하고 다시 돌아올 계획이라면 짐은 숙소에 보관해 달라고 부탁하고, 가벼운 배낭을 꾸려 이동하는 것이 바람직하다. 산악자전거를 대여하고 생수나 간단한 요깃거리 등을 준비하는 것도 중요하다. 숙소는 마을에 도착해 구할 수 있는데, 침대만 갖추고 화장실은 외부에 있는 등 편리함과는 거리가 먼 객실이 전부이다. 특히 4~6월이라면 실내온도가 높아 쾌적한 잠자리를 기대하기는 어렵다. 하지만 트레킹을 여유 있게 즐길 수 있다는 장점이 있다. 무박으로 다녀오려면 아침 일찍 출발하고, 쉬는 시간을 최대한 줄여야 한다.

마을	업체명	숙박요금	연락처
훼이보	쏨싸눅(Somsanouk)	2~3만K	-
반나	찬다눔반나(Chanthanoum Bana)		(856) 030 923 5810, (856) 030 973 7835

▲ 식당 겸 게스트하우스

3. 준비물

생수와 간식을 준비하고 발이 편한 운동화나 등산화를 착용하자. 냇물을 건너야 하는 경우도 있으므로 슬리퍼나 샌들을 준비하는 것이 좋고, 젖은 후 빨리 말릴 수 있는 신발도 가져가면 좋다. 야외활동 필수품인 선크림과 모자, 선글라스, 모기퇴치제 등을 챙기자. 기온이 낮은 11~1월이라면 긴소매 옷가지를 챙기는 것도 잊지 말자.

4. 루트

앞서 제시한 지도를 따라가면 길을 잃을 염려가 없다. 또한 주요 길목마다 표지판이 있어 길 찾기가 어렵지 않다. 하지만 므앙응오이를 벗어나 동굴을 지나면서부터는 특별한 랜드마크가 없고 마주치는 사람도 드물어 오로지 표지판과 지도에만 의지해야 한다. 때문에 지도를 보고 미리 방향을 숙지해 두는 것이 좋다. 루트는 외길을 따라가므로 어렵지 않게 트레킹을 즐길 수 있다.

므앙응오이에서 이어지는 외길을 따라 탐캉Tham Kang으로 향하면, 탐캉 5m 앞에 훼이보Houay Bo를 가리키는 표지판이 있다. 표지판이 가리키는 샛길을 따라 시냇가를 지나고 논을 지난다. 훼이보에는 게스트하우스를 겸한 식당 쏨싸눅Somsanouk이 있어 간단하게 식사를 해결할 수 있다. 키가 큰 나무가 우거져 있는 울창한 숲의 오솔길을 따라가면 훼이보를 지나 반나마을Bana로 이어진다.

메인도로를 계속 따라가면 반나로 이어지고, 표지판을 만나게 된다. 표지판을 기준으로 좌측 샛길에서 냇물을 건너면 훼이센으로 접어들고, 메인도로 오르막길을 따라가면 반나 입구이다. 표지판이 붙은 입구에는 할머니가 운영하는 게스트하우스를 겸한 식당, 찬다눔반나Chanthanoum Bana가 자리한다. 탁 트인 논 풍경이 펼쳐지는 소박한 식당에서는 간단한 식사나 음료를 즐길 수 있다. 반나마을에는 길을 따라 옹기종기 라오스 전통가옥이 늘어서 있으며 도시와 다른 삶의 방식을 만날 수 있다. 므앙응오이보트선착장에서 반나마을까지는 약 2시간 30분 정도 거리이다.

훼이센은 표지판이 있는 갈림길에서 2시간가량 떨어져 있다. 소수민족이 살고 있으며, 아이들이 므앙응오이까지 등교하는 모습을 만나볼 수 있다. 훼이보와 반나에 비해 멀리 떨어져 있으며 오르막길과 내리막길이 이어져 있다.

진 전원 풍경을 배경으로 고요길을 따라 사색을 즐기기에 이보다 좋을 순 없다. 메인도로는 그늘이 없는 편이지만 카르스트지형으로 인해 깎아 지르는 절벽이 이색적이다. 또한 드넓게 펼쳐진 카르스트지형이 논을 감싸는 풍경은 감탄사를 터뜨리게 한다. 하루에 3개의 마을(훼이보, 반냐, 훼이센)을 모두 둘러보기 위해서는 아침 일찍 일정을 시작해야 한다. 한낮의 더위를 피해 점심을 해결하고 잠시 쉬어가는 시간을 고려해야 하기 때문이다.

정보와 조언을 구할 수 있는 여행사

트레킹을 하기 위해 므앙응오이를 찾는 이들이 늘어나자 이 작은 마을에 여행사가 두 곳이나 자리를 잡았다. 두 곳 모두 비용이 부담스러운 것이 단점이지만, 므앙응오이 주변 마을과 인근 트레킹 루트에 대한 소개를 받을 수 있으므로 트레킹에 대한 개념을 얻는 데 많은 도움이 된다. 인원수가 많을수록 참가비용이 저렴해진다.

라오유스트래블 Lao Youth Travel

선착장에서 마을길로 들어서는 곳에 위치하여 눈에 띈다. 처음으로 므앙응오이에 문을 연 여행사로 미스터 조이(Mr. Joy)를 통해 루트에 대한 설명을 들을 수 있다.

문의 (856) 022 266 9940, (856) 030 514 0046 운영시간 06:00~10:30, 13:30~18:00 찾아가기 므앙응오이보트선착장 앞길, 레인보우게스트하우스 건너편에 자리한다. 홈페이지 www.laoyouthtravel.com

므앙응오이어드벤처 Muang Ngoy Adventure

마을커뮤니티에서 운영하는 여행사로 공익의 성격을 띤다. 므앙응오이에서 보트를 타고 인근 마을로 이동하는 루트를 통해 소수민족마을과 연결하는 등 지역 특징을 반영한 프로그램을 갖추고 있다.

운영시간 06:00~19:00 찾아가기 므앙응오이보트선착장에서 올라와 사거리가 보이면 우회전해서 마을길에 들어선다. 마을길에서 150m 정도 직진하면 오른쪽에 위치한다.

신록이 우거진 라오스 북부지역

Section 03
므앙응오이에서 가볼 만한 맛집

마을길을 따라 드문드문 마주치는 식당은 대부분 현지식메뉴를 갖추고 있지만, 인도음식을 선보이는 식당이나 칵테일 한잔의 여유를 즐길 만한 바도 자리한다. 루앙프라방을 제외한 라오스 북부 도시에서는 맛집을 찾기 어려운 편이지만 므앙응오이는 신선한 재료로 요리한 맛 좋은 음식을 내어 놓는 마을이다. 모든 식당에서는 와이파이 사용이 가능하다.

담백한 현지식메뉴를 저렴하게 ★★★★★
베란다레스토랑 Veranda Restaurant

베란다레스토랑은 특별한 장식은 없지만 깔끔한 노천식당이다. 신선한 재료를 사용하여 맛 하나로 즐거움을 준다. 랍요리와 그린파파야샐러드 등 전형적인 라오스음식을 정성껏 마련하는데 한번 다녀간 사람은 다시 찾을 정도이다.

고기를 넣은 랍이 싫다면 으깬 가지를 넣은 베지랍이 제격이다. 맛으로만 평가한다면 므앙응오이에서 이 집을 따라올 곳이 없다. 다만 쌀국수를 전문으로 하지 않기 때문에 국수류는 진한 맛을 기대하기 어렵다. 식당을 알아볼 만한 간판 하나 걸어놓지 않았지만 거리 중간에 체크무늬 식탁보가 눈에 띄어 쉽게 찾을 수 있다.

문의 (856) 030 532 9478 운영시간 06:30~22:00 가격 치킨랍 2만 5천K, 볶음밥 1만 2천~1만 8천K, 셰이크 1만 5천~2만K 찾아가기 므앙응오이보트선착장에서 올라와 사거리가 보이면 우회전해서 마을길에 들어선다. 마을길에서 200m 정도 직진하면 오른쪽에 위치한다.

골목 끝에서 찾아낸 작은 정원 ★★★★★
비트리푸드&바 Bee Tree Food&Bar

오전 11시 반 이후에 문을 여는 비트리는 정원이 잘 가꾸어져 있다. 해가 지면 조명을 밝힌 분위기가 꽤 좋아 므앙응오이 내에서 손꼽히는 바이다. 바좌석과 테이블석, 좌식 좌석은 정원에 흩어져 있어 멋진 분위기에서 칵테일이나 맥주 한잔을 즐길 수 있다. 음식도 맛이 좋아 저녁식사를 즐기기에도 좋다. 마을 가장 끝에 자리하여 찾아가기 쉽다.

문의 (856) 030 208 4877 **운영시간** 11:30~23:30 **가격** 비어라오 1만K~, 스무디 1만 5천K, 칵테일 3만K **추천메뉴** 애플라임스무디민트(Apple Lime Smoothie Mint) **귀띔 한마디** 주류 한 잔을 주문하면 한 잔이 무료인 해피아워는 18:00~19:00이다. **찾아가기** 므앙응오이보트선착장에서 올라와 사거리가 보이면 우회전해서 마을길에 들어선다. 마을길에서 350m 정도 직진하여 길 끝까지 가면 왼쪽에 위치한다.

전망 좋은 곳에서의 아침식사, ★★★★☆
라타나웽사레스토랑 Lattanavongsa Restaurant

시원하게 펼쳐진 강 풍경이 한눈에 들어오고, 선착장이 바로 아래에 있어 들고나는 사람들을 구경할 수 있는 라타나웽사는 나무 그늘로 운치가 더해진다. 라오커피는 물론 샌드위치와 요거트를 올린 뮤즐리 등 가벼운 조식을 즐기며 여유를 챙겨보는 것도 좋다. 하지만 직원이 친절하지 않아 좋은 서비스를 기대할 수 없다.

문의 (856) 030 5140 770, (856) 020 386 3640 **운영시간** 06:30~22:00 **가격** 샌드위치 1만 5천K, 볶음밥 1만 5천~2만K, 생과일주스 1만K, 비어라오 1만 2천K **찾아가기** 므앙응오이보트선착장에서 올라와 계단이 끝나는 지점에서 바로 왼쪽에 보이는 첫 번째 식당이다.

마을 아낙들이 내놓는 집밥 ★★★★☆
아침노점 Street Food Shop

닭울음소리로 요란한 아침, 차분히 동네를 산책하면 음식솜씨가 좋은 주민이 차린 노점을 간간이 만날 수 있다. 아침에만 비정기적으로 잠깐 국수 등을 팔고 정리하지만, 종종 라오스사람들이 즐겨 먹는 집밥을 맛볼 수 있다. 달콤한 도넛 등의 간식을 파는 곳도 있어 아침에 동네 한 바퀴를 산책하며 허기를 달랠 수 있다.

귀띔 한마디 정해진 운영시간이 있는 것은 아니지만, 아침 8~9시, 해가 뉘엿뉘엿한 오후 5시 전후에 평상에 음식을 진열한다. 구입하기 전에 맛을 볼 수 있도록 배려하기도 한다.

남우의 풍경을 마음껏 즐기는 ★★★☆☆
리버사이드레스토랑 Riverside Restaurant

뷰가 좋은 리버사이드는 골목 안쪽에 위치하여 조용한 시간을 즐길 수 있다. 펼쳐지는 풍경은 말이 필요 없을 정도이며 나무바닥과 기대기 좋은 등나무의자 등 쉬어가기 좋은 시설을 갖추었다. 전망 좋은 라타나웽사레스토랑 Lattanavongsa Restaurant과 함께 인기가 좋은데, 선착장에서 가까운 라타나웽사는 오전에 특히 번잡하므로 차분한 아침을 시작하고 싶은 이들은 이곳을 찾아가 보자.

문의 (856) 020 2337 7877 **운영시간** 09:00~23:00 **찾아가기** 므앙응오이보트선착장에서 올라와 사거리에서 우회전해서 마을길로 진입 후, 우회전해 오른쪽 첫 번째 골목길로 들어서면 보인다. 위치상으로는 레인보우게스트하우스 바로 옆이지만 길이 막혀 있어 마을 중앙길을 통해야 한다.

조용하게 전망을 즐길 수 있는 ★★★☆☆
레인보우레스토랑 Rainbow Restaurant

선착장에서 멀지 않은 레인보우레스토랑은 깔끔한 객실을 갖춘 게스트하우스에서 함께 운영하는 식당이다. 붐비지 않고 강변이 바로 내려다보여 조용한 시간을 갖기에 좋다. 신발을 벗고 들어가야 하는 나무바닥이고 저녁시간에는 다소 어두운 편이다. 직원들이 친절한 편은 아니며 음식보다는 전망과 시원한 음료를 즐기기에 적당하다.

문의 (856) 030 514 2296 운영시간 06:30~22:00 찾아가기 므앙응오이보트선착장에서 올라와 계단이 끝나는 지점에서 15m 내 오른쪽으로 보이는 식당 가운데 두 번째에 위치하며 같은 이름으로 커다란 게스트하우스 지붕이 보인다.

감각적인 멀티숍 ★★★★☆
팍폰싸바이 북스앤아트 Pakphon Sabai Books&Art

예술적 감각이 가득한 이곳은 마을 청년들의 커뮤니티이자 외국인여행객이 쉬어가는 곳이다. 가벼운 음료와 커피를 취급하고 중고서적과 주인이 직접 제작한 종이공예품을 판매하며 마사지숍도 운영하고 있다. 루앙프라방과 비엔티안, 치앙마이 등에서 생활한 경험이 있다는 주인은 고향이 좋아 돌아온 므앙응오이 토박이다. 감각적으로 꾸민 외관에서 주인의 솜씨를 짐작할 수 있다.

문의 (856) 020 5870 1872 운영시간 09:00~23:00
찾아가기 므앙응오이보트선착장에서 올라와 사거리가 보이면 우회전해서 마을길에 들어선다. 마을길에서 250m 정도 직진하면 왼쪽에 위치한다.

신록이 우거진 라오스 북부지역

인도음식을 맛볼 수 있는 ★★★☆☆
밈레스토랑 Meem Restaurant

새로운 메뉴를 맛보고 싶다면 밈레스토랑을 찾아가 보자. 이곳은 인도음식을 주로 취급하는 식당 겸 바이다. 테이블석, 바좌석, 좌식좌석이 마련되어 있으며 밤이 되면 조명 덕분에 분위기가 좋다. 망고와 파인애플 등을 곁들인 라씨와 호박커리 등은 우리 입맛에 잘 맞는다.

운영시간 10:00~22:00 **찾아가기** 므앙응오이보트선착장에서 올라와 사거리가 보이면 우회전해서 마을길에 들어선다. 마을길에서 250m 정도 직진하면 왼쪽에 위치한다.

조식뷔페로 풍성을 아침을 만끽하는 ★★★☆☆
펫다반레스토랑 Phetdavanh Restaurant

길목에 자리해 쉽게 찾을 수 있는 펫다반은 스웨덴인과 라오스인 부부가 운영하는 곳으로, 조식뷔페와 저녁뷔페를 운영한다. 산뜻한 분위기 덕분에 사람들이 즐겨 찾지만 호불호가 갈린다. 열대과일을 비롯해 팬케이크와 와플, 케이크, 주스와 커피 등을 즐길 수 있는 조식뷔페는 성수기에만 진행한다. 저녁뷔페는 예약을 해야 하며 주변 식당에 비해 가격이 비싼 편이다.

문의 (856) 020 2214 8777 **운영시간** 06:30~22:30 **가격** 조식뷔페 2만 5천K, 셰이크 1만 5천K, 파파야샐러드 2만K **귀띔 한마디** 달러 환전이 가능하지만 환율이 좋은 편은 아니다. 오토바이도 대여할 수 있지만 상태가 좋지 않은 경우도 있으니 주의하자. **찾아가기** 므앙응오이보트선착장에서 마을길로 쭉 올라가다 처음 만나는 작은 사거리 모퉁이에 위치한다. **이메일** pdvbungalows@gmail.com

가볍게 조식을 해결할 수 있는 ★★★☆☆
오케이100레스토랑 OK100Restaurant

펫다반 건너편에 자리한 이곳은 생과일주스 등으로 여행자의 입맛을 사로잡는다. 신선한 과일을 보기 좋게 전시하고 있으며 소박하게 마련한 테이블과 의자는 현지와 딱 어울리는 편안함을 준다. 조식세트가 푸짐하고 저렴하며, 마을 사거리 모퉁이에 자리하여 오가는 사람을 구경하는 재미가 있다. 선착장과 멀지 않아 보트를 기다리며 아침 식사하기 좋은 위치이기도 하다.

운영시간 07:00~20:00 **가격** 조식세트 2만~2만 5천K **귀띔 한마디** 주인아저씨가 영어구사에 다소 소극적이지만 주문하는 데에는 큰 무리가 없다. **찾아가기** 므앙응오이보트선착장에서 올라와 사거리가 나오면 바로 오른쪽 모퉁이에 위치한다.

현지 특산물을 판매하는 멀티숍 ★★★★★
게코 Gecko

라오스 가옥에 넝쿨 진 나무가 조화로운 공간이다. 현지에서 생산한 꿀과 차 등을 판매하는 게코는 2015년 문을 열었다. 타마린느차와 생강차 등은 100% 유기농제품이라 선물용으로 인기이다. 카페를 겸하고 있어 차 한잔 마시며 쉬어갈 수 있다. 게코는 마사지숍을 중심으로 운영하고 있는데, 보디마사지가 저렴하여 여독에 지친 몸을 회복하기에 좋다.

문의 (856) 020 5294 0899, (856) 020 2295 2277 **운영시간** 08:00~21:00 **가격** 오일·보디마사지 6만K, 발마사지 5만K, 생강차 3만 9천K, 잎차 3만 5천K **귀띔 한마디** 작은 마당을 끼고 있어 잠시 호젓하게 쉬어가기 더없이 좋은 카페이기도 하다. **찾아가기** 므앙응오이보트선착장에서 올라와 사거리가 보이면 우회전해서 마을길에 들어선다. 마을길에서 250m 정도 직진하면 또 다른 사거리가 나온다. 사거리의 표지판이 있는 왼쪽 방향으로 15m 더 걸어가면 오른쪽에 위치한다. **이메일** maungngoihand made@gmail.com

신록이 우거진 라오스 북부지역

Section 04
므앙응오이에서 머물 만한 숙소

므앙응오이는 선착장에서 마을을 끝까지 돌아보는 데 30분이 채 걸리지 않지만, 각국의 여행객이 몰려와 해마다 규모와 시설을 확충하는 숙소가 생겨나고 있다. 세련된 호텔이나 고급스러운 리조트와는 거리가 멀지만 소박한 마을에 어울리는 소규모 게스트하우스가 여행객을 맞이한다. 북부지역인 만큼 해가 지는 시간부터는 선선하여 대부분 에어컨을 구비하고 있지 않다. 1박 이상 머물 경우 가격을 흥정할 수 있으며, 체크인 전에 객실 상태를 먼저 꼼꼼하게 확인해야 한다.

전망 좋은 식당을 끼고 자리한 ★★★★★
라타나웡사게스트하우스 Lattanavongsa Guesthouse

선착장 바로 앞에 위치하기 때문에 무엇보다 동선이 짧은 것이 큰 장점이다. 방갈로 형태의 객실은 트윈룸과 더블룸으로 나뉘어 있으며 별다른 장식 없이 깔끔하다. 객실은 시원한 편이며 작은 발코니가 마련되어 있어 해먹 위에서 여유를 만끽할 수 있다. 객실에 욕실이 딸려있으며 온수를 사용할 수 있다.

객실 전망이 훌륭하진 않지만 정원을 지나 자리한 식당에 앉으면 빼어난 강 풍경을 감상할 수 있다. 비교적 조용한 분위기가 인상적이며, 레스토랑을 함께 운영하고 있어 조식을 해결하기에 좋다. 단, 콘센트 등 전기시설이 다소 낡은 편이므로 주의해야 한다.

문의 (856) 020 2236 2444 가격 방갈로 8~10만K 체크인/아웃 14:00/12:00 찾아가기 므앙응오이보트선착장에서 올라와서 계단이 끝나면, 바로 좌측에서 가장 첫 번째 건물이다. 귀띔 한마디 선착장 근처에 있지만 마당이 있어 조용하게 머물 수 있다.

발코니에서 즐기는 전망, ★★★★☆
렛케오선셋게스트하우스 Lertkeo Sunset Guesthouse

다른 곳에 비해 청결한 렛케오선셋은 침구 등이 잘 정돈되어 쾌적한 분위기를 느낄 수 있다. 객실은 방갈로 형태이며 객실 앞 발코니에 해먹이 걸려 있어 강 풍경을 즐기며 쉴 수 있다. 선착장에서 다소 떨어져 있지만 한적하게 쉬어가기에 좋다.

문의 (856) 020 7730 5041 **가격** 방갈로 8~10만K **체크인/아웃** 14:00/12:00 **찾아가기** 므앙응오이보트선착장에서 올라와 사거리가 보이면 우회전해서 마을길에 들어선다. 마을길에서 100m 정도 직진하면 오른쪽에 간판이 보인다.

강과 산 풍경이 시원하게 펼쳐진 ★★★★☆
닉사플레이스 Nicksa's Place

방갈로로 이루어진 닉사플레이스는 발코니에 해먹이 걸려있고, 방갈로 앞에 돌로 만든 테이블이 있어 여유로운 공간을 즐길 수 있다. 강변이 바로 내다보이지는 않지만 므앙으오이를 둘러싼 산 전경이 시원하게 들어온다. 강변 골목길에 들어서 있어 조용하며 잘 가꾼 정원이 싱그럽다.

문의 (856) 020 5454 8291 **가격** 6~8만K **체크인/아웃** 14:00/12:00 **찾아가기** 므앙응오이보트선착장에서 올라와 사거리가 보이면 우회전해서 마을길에 들어선다. 마을길에서 50m 정도 직진하면 오른쪽에 나무간판이 보인다.

친절한 주인아저씨가 반겨주는 ★★★★☆
싸이롬게스트하우스 Saylom Guesthouse

선착장에서 계단에 올라서면 바로 오른쪽에 위치한다. 방갈로 형태의 무난한 숙소로, 객실 내에 모기장이 설치되어 있으며 화장실이 있다. 객실 앞 테라스에는 해먹이 설치되어 있으며 오전에는 보트가 들고나는 소리가 들리지만 신경 쓰일 정도는 아니다. 주인아저씨가 친절하며 시설을 잘 관리하여 쾌적하게 머물 수 있다.

신록이 우거진 라오스 북부지역

체크인/아웃 14:00/12:00 가격 6~8만K 귀띔 한마디 1인이 머물 경우나 2박 이상 머물 경우에는 가격을 흥정할 수 있다. 찾아가기 므앙응오이보트선착장에서 올라와서 우측에 보이는 첫 게스트하우스이다.

대나무선베드에서 즐기는 여유, ★★★☆☆
레인보우게스트하우스 Rainbow Guesthouse

선착장에서 멀지 않은 곳에 위치한 2층 건물의 레인보우게스트하우스는 규모가 커 다른 곳과 차별된다. 1층이 더 시원한 편인 반면, 2층에는 객실 앞 발코니에 대나무선베드가 놓여 있어 바람을 맞으며 운치 있는 시간을 보낼 수 있다. 식당도 함께 운영하는데 음식보다는 간단한 음료를 마시기에 좋다. 친절한 주인 덕분에 머무는 시간이 즐겁다.

문의 (856) 030 514 2296, (856) 020 221 0787 가격 6만K 체크인/아웃 14:00/12:00 귀띔 한마디 게스트하우스에서 함께 운영하는 식당에서 내려다보는 풍경이 한적하다. 찾아가기 므앙응오이보트선착장에서 올라와 우측에 있는 두 번째 게스트하우스이다. 이메일 muangngoi@yahoo.com

한적한 곳에 자리한 ★★★☆☆
수아파오게스트하우스 Sua Pao Guesthouse

한적한 위치에 자리하여 유독 조용하다. 창문에 모기장이 따로 설치되어 있지 않아 창문을 열어 두지 못하는 점이 아쉽다. 객실 자체는 잘 관리되어 있는데 날씨가 무더워지면 방갈로 내부온도가 상당히 높아지므로 체크인 전 객실 상태를 확인하는 것이 좋다. 11~2월 중에는 므앙응오이의 기온 자체가 떨어지기 때문에 머무는 데 문제가 없지만 4~8월까지는 객실이 더워 불편할 수 있다.

문의 (856) 020 2266 9940 가격 트윈·더블룸 6~8만K 체크인/아웃 14:00/12:00 귀띔 한마디 나무방갈로라서 운치 있지만 다른 숙소들에 비해 환기가 원활하지 않은 편이다. 찾아가기 므앙응오이보트선착장에서 올라와 사거리가 보이면 우회전해서 마을길에 들어선다. 마을길에서 270m 정도 직진하면 오른쪽에 간판이 보인다.

Chapter 04

호젓한 세상 끝 동네, 루앙남타

Luang Namtha

 ★★★★★
 ★★★★☆
　★★★☆☆

남타(타강)를 낀 루앙남타는 남하자연보호구역(Namha National Protect Area)이 자리하여 라오스의 그 어느 지역보다 푸르른 곳이다. 북서쪽에 위치한 이곳은 여행자가 찾는 다른 도시와 동떨어져 있어 접근성이 떨어지지만, 다른 도시와 비교할 수 없을 정도의 원시자연과 고유문화를 지켜나가는 소수민족을 만날 수 있다. 이제 도로가 잘 닦여 어느 곳에서든 손쉽게 닿을 수 있는 곳이 되었다.

루앙남타에서 이것만은 꼭 해보자

1. 남디폭포 찾아가는 자전거길 코스 즐기기
2. 랜텐족마을에서 여유 부리기
3. 남타(타강)에서 루앙남타의 풍경 엿보기
4. 남하국립공원 트레킹하며 발자국 남기기
5. 야시장에서 현지인이 즐기는 라오스의 산해진미 맛보기
6. 탓루앙남타와 왓삼마키싸이에서 루앙남타 시내 바라보기

사진으로 미리 살펴보는 루앙남타 베스트코스

루앙남타는 작은 도시이지만 자전거를 타고 발길 닿는 곳마다 새로움이 가득하다. 소수민족과 함께 남타를 중심으로 생겨난 마을에는 크고 작은 사원이 곳곳에 자리한다. 연중 기후가 선선한 것이 이곳의 장점이기도 하다. 아울러 정글트레킹을 통해 생명력이 가득한 자연의 생태를 엿볼 수 있다.

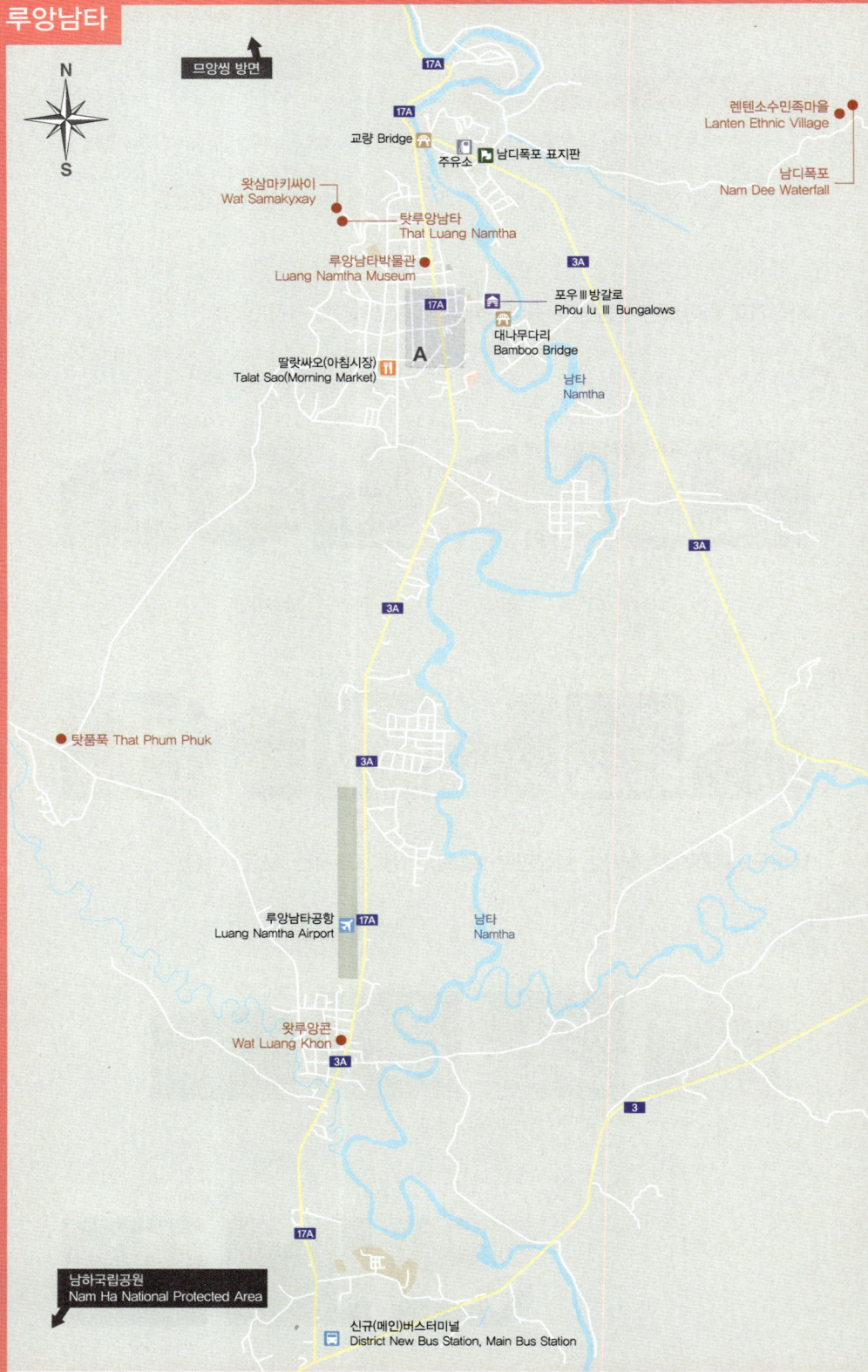

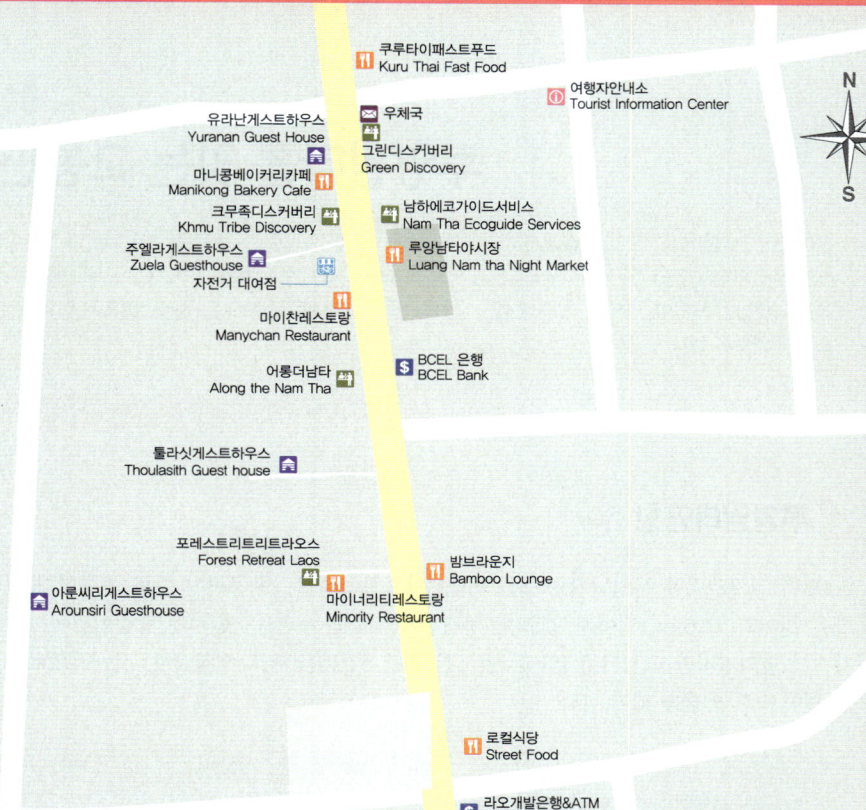

Section 01
루앙남타를 잇는 교통편

굽이굽이 산길을 따라 오르는 길에 만나는 첩첩 산이 높이를 가늠할 수 없을 정도로 치솟아 있다. 북서쪽에 치우쳐 있어 접근성이 떨어지는 곳으로 치부되곤 했지만, 이제는 잘 닦여진 도로 덕분에 그것도 옛말이 되었다. 라오스 최고 풍경인 남하의 절경을 제대로 즐기기 위해서는 반드시 야간버스는 피하도록 하자.

• 출금 : ATM, 은행   • 환전 : 은행, 사설환전소

🖊 루앙남타공항

2008년 리모델링한 루앙남타공항은 비엔티안으로 오가는 항공편이 주로 운항한다. 공항은 시내와 약 6km 떨어져 있으며, 성태우가 시내와 공항을 잇는다. 탑승인원에 따라 가격이 달라지지만 4인 기준 1인당 1만 5천~2만 5천K 정도로 책정되며, 전반적으로 비싼 편이므로 흥정을 해야 한다.

노선	출발시간	예상 소요시간	운항편	요금
루앙남타-비엔티안	10:05	55분	매일	약 $120
비엔티안-루앙남타	08:30			

🖊 신규(메인)버스터미널

신규(메인)버스터미널 District New Bus Station, Main Bus Station 은 멀리 중국과 베트남, 루앙프라방, 비엔티안 등의 주요 도시를 잇는다. 다른 지역에서 루앙남타로 들어올 경우 보통 신규버스터미널에 도착하며, 신규버스터미널은 루앙남타 시내에서 11km 떨어져 있어 성태우를 타고 이동한다. 성태우는 해가 진 시간에는 일반요금보다 더 높은 금액을 요구하는데 보통 탑승비용은 합승 시 1인당 2만K이며, 혼자만 탑승하면 3~4만K이다. 또한 루앙남타에서는 출발 전 승차비용을 선지불하는 방식이다. 목적지를 분명하게 밝혀야 하며, 같은 버스편으로 도착한 여행객과 함께 흥정하고 비용을 나누는 것이 현명하다.

다른 도시로 이동할 때는 루앙남타 시내의 대행사 등에서 버스표를 구입하면 출발시간에 맞추어 썽태우로 신규버스터미널까지 픽업서비스를 받을 수 있다. 유독 버스 안에서 바라보는 창밖 풍경이 빼어나므로 날이 밝을 때 버스를 타야 첩첩산중의 루앙남타를 찾은 보람을 느낄 수 있다. 버스에 따라 에어컨을 과도하게 가동하는 경우가 있으니 추위를 막을 작은 담요나 재킷, 양말 등을 챙기는 것이 좋다. 버스시간표와는 별도로 비엔티안으로 가는 버스는 가는 도중 방비엥을 경유한다. 따라서 비엔티안행 버스를 탑승해서 방비엥까지 이동이 가능하다.

출발지	도착지	출발시간	예상 소요시간	요금
루앙남타 신규(메인) 버스터미널 Luang Namtha District New Bus Station	비엔티안 Vientiane	08:30, 14:30	20시간	20만K
	방비엥 Vang Vieng (비엔티안행)	08:30, 14:30	15시간	16만 5천K
	루앙프라방 Luang Prabang	09:00	9시간	10만K
	우돔싸이 Oudomxai	08:30, 12:00, 14:30	4시간	4만K
	시엥쿠앙 Xiengkhuang	15:30	12시간	18만K
	보케오 Bokeo (훼이싸이 Huay Xai)	09:00, 12:30, 16:00	4시간	6만K
	퐁사리 Phongsaly	08:30	5시간	9만K

(구)루앙남타버스터미널

루앙남타 시내에서 500m가량 떨어진 (구)버스터미널 Old Bus Station, District Bus Station 은 중국과 루앙남타 인근을 잇는 노선을 중심으로 편성되어 있다. 신규버스터미널이 생기면서 자연스럽게 구버스터미널이 되었으며 시내에서 도보로 이동할 수 있으나 표지판이 작아 지나치기 쉬우므로 찾을 때 주의해야 한다.

출발지	도착지	출발시간	예상 소요시간	요금
(구)루앙남타버스터미널 Luang Namtha District Bus Station	므앙씽 Muangxing	08:00, 09:30, 11:00, 12:30, 14:00, 15:30	2시간 30분	2만 5천K
	므앙롱 Muanglong	08:30	4~5시간	5만K
	므앙나래 Muangnalae	12:00	3~4시간	4만K
	보텐 Boten	08:00, 09:30, 11:00, 12:30, 14:00, 15:30	1시간~1시간 30분	2만 5천K

Section 02
루앙남타에서 둘러봐야 할 명소

루앙남타는 깊고 높은 산을 끼고 있어서 소수민족을 만날 수 있는 **특별함**이 있다. 남하국립공원을 무대로 트레킹을 즐길 수 있으며, 이는 농키아우보다 더 울창한 트레킹루트로 알려져 있다. 자전거를 대여해서 둘러보는 것만으로 자연을 만끽할 수 있는 곳이기도 하다.

호젓하게 즐기는 트레킹 ★★★★★
남디폭포 Nam Dee Waterfall

울창한 산속에서 바위를 뚫을 기세로 쏟아지는 남디폭포는 루앙남타 시내에서 자전거로 닿을 수 있는 거리(6km)에 있다. 숲이 우거져 신록을 만끽하고 삼림욕을 즐기기에 더없이 좋다. 인적은 드문 편이지만 자전거를 탄 여행자와 마을 주민을 만날 수 있다. 오토바이 등이 간간이 보이지만 차량이 없어 차분히 페달을 밟기에 그만이다.

우기에는 수량이 많아 더 웅장한 소리를 들을 수 있고 건기에는 수량이 눈에 띄게 줄지만 폭포를 중심으로 한 열대림의 절경은 한결같다. 티켓을 끊고 폭포까지 걸어와서 폭포를 등지고 다시 우측 샛길로 들어서면 또 다른 걷기 좋은 탐방로가 있다. 탐방로 입구로 통하는 길 중간에는 벤치 등이 있어 쉬어가기 좋다.

입장료 1만K, 자전거 주차 시 5천K **운영시간** 07:00~17:00 **귀띔 한마디** 폭포 입구에서 입장권을 판매하고 있으며 작은 가게에서 간단한 스낵류와 생수 등을 판매하는데 미리 간식거리를 사서 6km를 달려온 후에 요기를 하자. **찾아가기** 루앙남타 시내(BCEL은행 기준) 메인도로를 따라 북쪽 므앙씽 방향으로 1km가량 가면 로터리가 나온다. 로터리에서 우회전하여 다리를 건너 계속 직진하다가 우측 주유소에서 2m 지나면 좌측으로 남티폭포를 알리는 표지판을 확인할 수 있다. 그 길을 따라 비포장도로를 5km 달려야 한다.

자연의 거대함이 느껴지는 ★★★★☆
남하국립공원 Nam Ha National Protected Area

2,224km²의 광활함을 자랑하는 남하국립공원은 중국 국경과도 맞닿아 있는 광범위한 숲이다. 메콩강과 합류하는 남하$^{Nam\ ha}$, 남파$^{Nam\ Fa}$, 남롱$^{Nam\ Long}$이 흐르기 때문에 트레킹과 함께 래프팅, 카야킹 등 다양한 액티비티를 즐기는 장소로도 사랑받고 있다. 또한 사슴, 표범, 호랑이, 코끼리 등 야생동물 서식지이기도 하다. 열대림은 물론 상록수림과 초원이 혼합된 숲으로 이루어져 있는 것이 특징이다. 대중교통으로 접근하기 어렵고, 국립공원 내에서 길을 잃기 쉽기 때문에 여행사의 투어를 통해 방문하는 것이 일반적이다. ▶ P. 304

귀띔 한마디 남하국립공원은 여행사를 통해 투어차량을 이용하여 방문한다. 산속에서 길을 잃을 수 있으므로 반드시 전문 가이드를 동행해야 한다. **홈페이지** www.namha-npa.org

고즈넉한 분위기에 잦아드는 ★★★☆☆
남타&대나무다리 Namtha&Bamboo Bridge

우기와 건기 모두 짙은 흙빛을 띠는 남타는 강폭이 50m 남짓이지만 물살이 제법 센 편이다. 지역 사람들의 생활터전이라서 낚시는 물론, 목욕이나 빨래하는 모습을 흔하게 볼 수 있고 농작물에 물을 대거나 작은 보트를 띄우는 것도 예삿일이다.
메인도로를 따라 북쪽 방향으로 가다 로터리에서 우측으로 들어가면 돌다리에서도 타강을 바라볼 수 있는데, 해 질 녘에는 붉게 물드는 하늘빛까지 즐길 수 있다. 루앙남타 시내에는 총차이타이마을$^{Chong\ Chai\ Tai}$에서 메인도로로 오갈 수 있는 대나무다리가 건기인 11월에서 5월까지만 제 모습을 하고, 물살이 거친 우기에는 빗물에 쓸려가 다리 자체를 찾아볼 수 없다.

찾아가기 루앙남타 시내 BCEL은행에서 므앙씽 방면(북쪽)으로 직진하면 사거리가 나타난다. 그린디스커버리를 끼고 오른쪽으로 꺾어 첫 번째 블록을 지나서 계속 직진하면 Phou Iu III Bungalows 간판이 세워진 골목길이 나타난다. 그 골목길을 따라 끝까지 들어가면 남타와 대나무다리가 보인다. 메인도로에는 타강을 알리는 도로 표지판이 전혀 없지만 멀지 않아 손쉽게 찾을 수 있다.

남디폭포와 인접한 ★★★☆☆
렌텐소수민족마을 Lanten Ethnic Village

루앙남타에서 자연스럽게 소수민족의 생활상을 살펴볼 수 있는 방법은 투어상품을 이용하는 것보다 개인적으로 그들의 마을로 찾아가는 것이다. 남디폭포를 보러 가는 길목에서 넉넉한 미소를 간직한 렌텐족을 어렵지 않게 만나볼 수 있다. 렌텐 마을은 남디폭포 입구에 형성된 곳으로 시내에서는 6km 떨어져 있다. 마을에서는 전통복장을 입은 여성들의 모습과 옷감을 널어놓은 모습을 볼 수 있다.

찾아가기 남티폭포로 가는 길과 동일하다. 루앙남타 시내(BCEL은행 기준) 메인도로를 따라 북쪽 므앙씽 방향으로 1km가량 가다가 로터리에서 우회전하여 다리를 건너 계속 직진하다가 우측 주유소에서 2m 지나면 좌측으로 남티폭포를 알리는 표지판을 확인할 수 있다. 그 길을 따라 5km 비포장도로를 계속 가야 한다.

렌텐족의 수공예품 만나기
메인도로에서 공항이 있는 우측 길로 접어들어 탓품푹(That Phum Phuk)으로 가는 길에서 수를 놓으며 수공예품을 만들고 있는 렌텐족을 어렵지 않게 만날 수 있다. 관광상품으로 전락하지 않은 일상적인 모습을 볼 수 있다.

루앙남타가 한눈에 들어오는 사원 ★★★☆☆
왓삼마키싸이&탓루앙남타 Wat Samakyxay&That Luang Namtha

왓삼마키싸이는 남하국립공원을 끼고 자리한 사원으로, 루앙남타에서 가장 손쉽게 마을을 조망할 수 있으며 석양을 감상하는 뷰포인트로 인기 있다. 메인도로에서 살짝 빗겨 있는 오르막길에 위치해 높은 건물이 없는 루앙남타 시내가 손에 잡힐 듯 가까이 보인다.

사원 안에는 금빛 불탑 탓루앙남타가 화려하다. 언덕 위에 우뚝 솟은 불탑은 멀리서도 쉽게 눈에 들어온다. 사원 마당에는 다양한 형상을 한 불상이 있다. 언덕 위에 공간이 넓고 사원 주위에 나무가 우거져 있어 해지는 시간이나 이른 아침에 사람들이 즐겨 찾는다.

입장료 없음 **찾아가기** 루앙남타 메인도로에서 BCEL은행을 기준으로 북쪽 방향으로 직진하다가 루앙남타 박물관을 지나 네 번째 블록에서 좌측 길로 들어선다. 그곳에서 다시 네 블록을 지난 후 우회전해서 길 끝까지 올라가면 위치한다.

언덕 끝에 자리한 불탑 ★★★☆☆
탓품푹 That Phum Phuk

1628년에 지어진 탓품푹은 루앙남타에서 유서 깊은 탑으로 꼽힌다. 란쌍왕조와 란나왕조 사이의 영토 경계를 표시하기 위해 세워졌다. 제2차인도차이나전쟁에서 미군에 의해 파괴되어 본래의 형태는 기단으로만 남아 있으며 원형 탑 옆에 2003년에 새로 올린 금빛 탑이 나란히 자리한다.

찾아가기 루앙남타 메인도로를 따라 공항 방면으로 4km를 달린 후, 공항을 알리는 표지판을 따라 우회전하여 그 길을 따라 직진한다. 사거리가 나오면 우측에 탓품푹으로 들어가는 입구에서 나가상을 찾을 수 있다.

란쌍왕조와 란나왕조

란쌍왕조는 14세기에서 18세기에 메콩강 중류 일대, 특히 라오스 영토 대부분을 지배하였다. 지금도 라오스를 지칭할 때 란쌍왕국이라고도 부른다. 란나왕조는 13세기에서 18세기까지 태국 북부, 특히 치앙라이와 치앙마이를 차지했다.

🔴 루앙남타박물관 Luang Namtha Museum
불상에서 소수민족 의복까지 전시한 ★★★☆☆

박물관이라고 부르기에는 전시물이 많지 않지만 루앙남타의 기록과 자취를 수집하여 전시했다는 데에 의의가 있다. 카무, 아카, 몽, 렌텐 등의 소수민족 복식을 전시하여 여러 소수민족이 살고 있는 루앙남타의 지역적 특징을 반영했다. 청동드럼과 도자기류는 물론 대나무로 만든 생활도구와 옷감을 짜는 베틀 등을 살펴볼 수 있다. 전시상태는 쾌적하지 못하지만 라오스의 옛 생활을 이해할 수 있도록 돕는다.

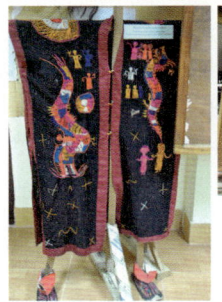  

입장료 5천K **개방시간** 월~금요일 08:00~11:30, 13:30~16:00 **찾아가기** 루앙남타 메인도로에서 BCEL은행을 기준으로 북쪽 방향, 므앙씽 방면으로 100m 지점, 좌측에 위치한다.

🔴 왓루앙콘 Wat Luang Khon
마을 주민이 다녀가며 두 손 모으는 ★★★☆☆

라오스는 보통 마을마다 사원을 하나씩 끼고 자리하는데, 반 루앙콘마을을 지키는 왓루앙콘도 그중 하나이다. 루앙남타 시내에서 공항 방면으로 직진하면 만나는 왓루앙콘은 대법전 내부의 섬세한 장식이 인상적인 곳이다. 자전거로 루앙남타를 여행하다 잠시 쉬어가기에 좋고 사원 내 승려를 만날 기회도 있다.

귀띔 한마디 자전거를 타고 루앙남타를 둘러보는 일정을 계획한다면 들리기 적당한 위치이다. **찾아가기** 루앙남타 시내 BCEL은행에서 공항 방향으로 일직선 도로를 따라 4km를 달린 후, 공항으로 가는 표지판을 지나서 우측에 위치한다.

Special 13 트레킹 투어상품 선택 시 주의사항

루앙남타는 농키아우와 더불어 가장 트레킹하기 좋은 도시로 꼽힌다. 방비엥과 루앙프라방에도 트레킹 투어 상품이 다양하지만 루앙남타에는 산속의 공기를 깊이 들이마시며 야생의 느닷없음과 조우할 수 있는 특별함이 있기 때문이다. 정글 속 오솔길을 따라 자신의 발자국을 남기며 푸른 자연과 하나가 되는 특별함을 체험할 수 있다.

참가인원과 비용

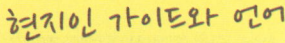

매일 트레킹에 참여하는 인원은 유동적이다. 여행 전 예약하여 참가하는 여행자도 있지만, 대부분 도착한 날 프로그램을 살펴보고 비교한 후 참가 여부를 결정한다. 투어는 인원에 따라 가격이 달라지므로, 원하는 날짜와 참여인원을 확인하면 비용을 알 수 있다. 업체 앞 알림판에 참가인원을 표기하는 곳도 있어 참고할 만하다.

현지인 가이드와 언어

대부분 외국인여행객을 대상으로 투어가 진행되므로 보통 영어구사가 가능한 가이드가 동행한다. 루트에 따라 소수민족마을에 들어가기도 하고 유서 깊은 구간을 지나기도 한다. 때문에 가이드가 기본적인 영어구사가 가능한지 확인해야 한다.

출발시간과 도착시간, 점심식사 포함 여부

다소 불확실할 수 있지만 전체적인 시간 편성에 대한 부분을 문의하는 것이 좋다. 정확한 루트와 각 지점에서 할애하는 시간을 미리 이해하면 자신이 참여하는 트레킹의 전체적인 그림을 파악할 수 있다. 일일투어인 경우 대부분 업체에서 미리 도시락을 준비한다. 생수도 지급되는데 1인 할당량이 정해져 있으므로 필요한 여분의 물을 준비해 가는 것도 좋다.

준비물

발목의 부담을 최소화할 수 있는 운동화나 등산화가 필수이며, 체력보충을 위해 초코바도 챙겨두면 요긴하다. 물론 정글 속 방갈로에서는 반드시 먹거리를 밖에 두어 야생동물의 공격대상이 되지 않도록 해야 한다. 투어에 폭포 방문이 포함되어 있다면 작은 수건과 수영복, 샌들 등을 챙기자. 특히 모기퇴치제는 필수 준비물이다.

Special 14 남하국립공원트레킹 여행사 알아보기

루앙남타에는 남하국립공원 트레킹 투어상품을 갖춘 여러 여행사가 있다. 업체마다 강조하는 테마와 루트가 조금씩 다르지만, 소수민족마을을 지나고 남하국립공원 정글을 트레킹하는 골자는 공통이다. 남타(타강)와 지류의 강을 끼고 돌아 래프팅(카야킹)을 추가한 프로그램도 주목받고 있다. 운동화나 등산화 착용이 필수이며, 여유 있는 마음이 무엇보다 중요하다.

릴렉싱과 리프레시를 한꺼번에 채우는

포레스트 리트리트라오스 Forest Retreat Laos

2008년 문을 연 이곳은 동영상 등을 보유하여 트레킹 선택 시에 유용하며 루트에 대한 자세한 설명을 들을 수 있는 곳이다. 트레킹투어는 오전 8시 30분에 시작하며 하루 평균 5~6시간, 10km 거리를 트레킹하고 오후 4시에 활동을 종료한다. 1박 2일이나 2박 3일로 진행할 경우, 최고의 전망을 즐길 수 있는 숙소에 머문다. 트레킹 이외에 카야킹투어도 인기가 많다. 28km 거리의 물살을 가르는 카야킹은 수위가 적당한 7~1월에 즐길 수 있다.

문의 (856) 020 5556 0007 **운영시간** 07:30~20:00 **가격** 1일 남하트레킹 $29~$105(8명~1명 참여), 카야킹 $37~$120(8명~1명 참여) **귀띔 한마디** 세부화된 프로그램이 편성되어 있는 것이 특징이다. **찾아가기** BCEL은행에서 공항 방면으로 한 블록 내려와 길을 건너면 위치한다. 골목 안쪽에 식당과 함께 있으며 큰길에 간판이 눈에 잘 띈다. **홈페이지** www.forestretreatlaos.com

남타를 따라 즐기는 야생코리끼의 세계,

어롱더남타 Along the Namtha

코끼리라이딩이 아니라 야생코끼리를 직접 만나러 가는 트레킹으로 차별화된 투어를 선보인다. 취향에 따라 소수민족마을 방문, 트레킹, 카야킹 등을 붙여 자신만의 루트를 정할 수 있는 것이 가장 큰 장점이다. 건기에는 '헌터런치스타일 Hunter launch style'이라는 타이틀로 정글에서 직접 대나무를 베어 요리도구로 사용하고 죽순을 채취해 재료로 사용하는 등 특별한 식사를 준비하는 프로그램을 진행한다. 또한 소수민족마을에서 하룻밤을 보낼 경우, 소수민족의 전통음식을 맛보며 생활양식을 직접 체험할 수 있다. 트레킹은 쉬운코스와 모험코스로 구분되어 있어 체력을 고려하여 선택할 수 있다. 비수기(5~10월)에는 조금 더 할인된 가격으로 참여할 수 있다.

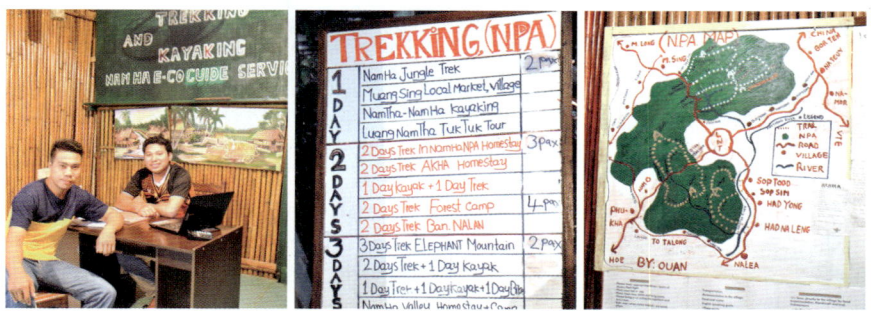

문의 (856) 020 9666 0505 운영시간 07:30~20:00 가격 1일 남하트레킹 20만~50만K(8명~1명 참여) 귀띔 한마디 여행사 앞 알림판을 통해 참여인원을 확인할 수 있다. 찾아가기 루앙남타 시내 BCEL은행 길 건너편에 위치한다. 이메일 ouankham2011@hotmail.com

정글 속에서 땀 흘리는 트레킹

그린디스커버리 Green Discovery

그린디스커버리는 2002년 루앙남타에서 가장 먼저 문을 열었다. 트레킹과 카야킹 그리고 두 가지를 묶은 옵션 등 남하자연보호구역 투어상품을 취급한다. 하루 8~10km를 트레킹하는 것을 기본으로 투어를 진행하며 참가자의 선택에 따라 소수민족마을이나 정글에서 하루를 묵는다. 오전 8시 30분부터 4시 30분까지를 활동시간으로 두고, 점심은 시내에서 준비한 도시락을 트레킹 중에 함께 먹고 생수 등을 지급받는다. 8명을 최대인원으로 한 그룹으로 묶고 1명의 가이드가 동행한다. 홈페이지를 통해 트레킹을 신청할 수 있는데, 참가비의 50%를 보증금으로 카드결제해야 한다.

문의 (856) 086 211 484 운영시간 07:30~20:00 가격 1일 남하트레킹 $22~$92(8명~1명 참여), 1박 2일 트레킹코스 $63~$178(8명~1명 참여) 귀띔 한마디 홈페이지를 통해 라오스 전역에 있는 그린디스커버리 트레킹 정보를 확인할 수도 있다. 찾아가기 야시장에서 므앙씽(Muang Sing) 방향으로 한 블록 가면 코너에 위치한다. 홈페이지 www.green discovery laos.com 이메일 namtha@greendiscoverylaos.com

남하와 소수민족마을을 둘러보는

남하에코 가이드서비스 Namtha Ecoguide Services

우체국 옆에 위치한 남하에코가이드는 Mr. Sone과 11명의 영어구사가 가능한 가이드가 함께 운영하는 곳이다. 다른 업체보다 조금 더 긴 거리를 트레킹루트로 삼고 카무, 렌텐마을을 경유해서 점심을 먹는 점이 특징적이다. 정글에서 채취한 통대나무를 냄비 삼아 요리한다. 업체를 방문하면 직접 제작한 지도를 통해 코스를 쉽게 설명해준다. 프로그램은 트레킹과 트레킹&래프팅으로 구분되며, 그 안에서 세부적인 내용을 마련해 선택의 폭이 넓다. 3일 장기트레킹도 가능하다.

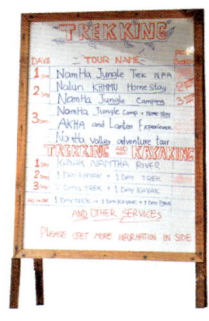  

문의 (856) 020 9978 0088, (856) 020 9813 9998 **운영시간** 07:30~20:00 **가격** 1일 남하트레킹 $23~$38(8명~2명 참여) **찾아가기** 야시장과 우체국 사이에 자리한다. **이메일** anousonekitvongsa@hotmail.com

크무족의 실생활을 안내하는

크무족디스커버리 Khmu Tribe Discovery

크무족 아버지, 아카족 어머니를 두어 누구보다 소수민족의 생활을 잘 알고 있는 Mr.Sai가 운영하는 크무디스커버리는 2009년 문을 열었다. Mr. Sai는 성장배경을 바탕으로 여행자가 트레킹에서 만나는 소수민족의 생활과 문화, 언어 등에 대한 자세한 설명을 들려준다. 정글에서 얻은 재료로 점심을 준비하며 4일 장기트레킹 상품도 갖추고 있다.

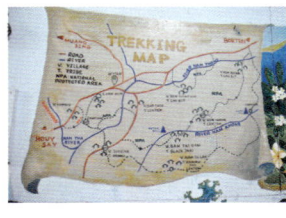  

문의 (856) 086 312 337 **운영시간** 07:30~17:00 **가격** 1일 남하트레킹 18만~30만K(8명~1명 참여) **귀띔 한마디** 소수민족에 대한 각별한 관심이 있다면 크무족과 아카족에 대한 생생한 이야기를 들을 수 있으며 다른 소수민족에 대한 정보도 얻을 수 있다. **찾아가기** 야시장 길 건너편에 위치한다. **홈페이지** www.luangnamthatrek.com **이메일** singsai1@hotmail.com

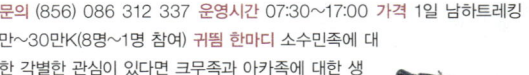

신록이 우거진 라오스 북부지역

Section 03
루앙남타에서 가볼 만한 맛집

라오스 북부의 다른 지역에 비해 맛집이 드물다. 몇몇 식당으로 여행객이 몰리는 경향이 있는데, 가장 훌륭한 맛집은 매일 저녁 불을 밝히는 야시장이다. 야시장 식당가는 출출한 여행객의 배고픔을 덜어준다.

맛과 분위기 모두에서 합격점인 ★★★★☆
마이너리티레스토랑 Minority Restaurant

대로에 커다란 간판이 있어 쉽게 찾을 수 있는 마이너리티레스토랑은 작은 골목 끝에 자리한다. 나무로 지은 식당은 루앙남타의 호젓한 분위기와도 썩 잘 어울린다. 식당은 자리가 넉넉한 편이며 저녁에는 조명을 밝혀 편안한 분위기를 연출한다.

아침부터 저녁까지 여행자의 삼시 세끼를 책임지는데, 루앙남타에서 생산한 신선한 식재료를 사용하여 기분 좋은 식사를 즐길 수 있다. 특히 라오스음식을 맛깔나게 요리해 입소문이 자자한데 대통밥인 깝타오, 랍, 야채볶음 등 라오스 가정식의 풍미를 즐길 수 있다. 기온이 떨어지면 따뜻한 차 한잔을 주문해 마셔도 좋다.

문의 (856) 020 299 8224, (856) 020 5608 8088 **가격** 똠얌꿍 3만K, 그린파파야샐러드 1만 5천K, 라임주스 1만 5천K **운영시간** 07:00~22:00 **귀띔 한마디** 트레킹 상품을 취급하고 있어 이에 대한 정보도 함께 얻을 수 있다. **찾아가기** BCEL은행에서 공항 방면으로 한 블록 내려왔을 때 길 건너편에 위치한다. 골목 안쪽에 자리하며 큰길의 간판이 눈에 잘 띈다.

Part 03

루앙남타야시장 Luang Namtha Night Market
라오스에서 맛볼 만한 먹거리가 총집합하는 ★★★★☆

산해진미가 가득한 야시장에서는 푸짐한 먹거리를 즐길 수 있다. 줄지어 선 부스에는 전기통구이가 노릇노릇 익어가고, 파파야샐러드의 싱그러움이 들썩인다. 야시장 안쪽으로 들어가면 접시마다 가지각색의 나물과 반찬류가 입맛을 다시게 한다. 쌈처럼 보이는 롤 안에는 매콤하게 조리한 다진 가지가 차 있고, 죽순샐러드는 알싸하여 입맛을 돋운다. 음식으로 라오스를 이해하고자 한다면 이곳이 최적의 장소이다. 퓨전요리가 아니라 제대로 맵고 달콤하여 한국인여행객 입맛에도 잘 맞는다.

가격 1만K~ **운영시간** 17:00~22:30 **귀띔 한마디** 생수와 물티슈 등을 미리 준비하는 것이 좋다. 돌의자와 테이블이 있어 주문한 음식을 앉아서 먹을 수 있다. **찾아가기** 루앙남타 시내 BCEL은행에서 므앙씽 방면(북쪽)으로 15m 내에 위치하며 입구에 커다란 간판이 있어 쉽게 알아볼 수 있다.

딸랏싸오(아침시장) Talat Sao(Morning Market)
보는 즐거움과 먹는 즐거움, ★★★☆☆

먹거리가 가득하고 구경거리가 많아 하릴없이 기웃대는 아침시장. 소수민족이 많은 루앙남타이지만 아침시장에서 소수민족이 만든 수공예품을 보기 어려워 아쉽다. 농작물 이외의 제품은 중국에서 생산해 들여온 것이 대부분이다. 시장 안쪽에는 식당가가 있어 따끈한 국수로 아침을 해결할 수 있다. 가격도 저렴해서 부담이 없고, 코코넛향이 짙은 푸딩과 즉석에서 만들어내는 찹쌀튀김 등은 간식으로 손색이 없다.

가격 메뉴당 5천K~1만K **운영시간** 06:00~12:00 **귀띔 한마디** 국수요리는 향이 강한 향채를 넣어주므로 싫어한다면 주문 시 빼달라고 얘기하자. **찾아가기** 루앙남타 시내 BCEL은행에서 공항 방면(남쪽)으로 직진하여 라오개발은행을 지나 조금 더 걸어가면 오른쪽에 골목길이 나온다. 그 길을 따라 500m 정도 걸어가면 오른쪽으로 자리한다.

다양한 메뉴를 갖춘 ★★★☆☆
마니콩베이커리카페 Manikong Bakery Cafe

목이 좋은 자리에 있어 눈에 잘 띄는 마니콩베이커리는 식당에 준하는 메뉴를 갖추고 있어 레스토랑이라고 불러도 될 만한 곳이다. 각종 빵과 함께 버거, 커리, 국수, 볶음밥 등의 다양한 식사메뉴가 준비되어 있다. 갓 튀겨낸 스프링롤은 바삭함이 남달라 인기가 좋으며 전반적으로 신선하고 깔끔하다. 카페메뉴 중에서는 상쾌한 민트향이 진한 후레시앤사우어 Fresh n' Sour가 맛이 좋다.

문의 (856) 020 2863 4334 추천메뉴 쇠고기버거(Beef bugger) 2만 5천K 가격 샐러드 1만 5천K, 스무디 1만 2천K, 음료 1만K~ 운영시간 06:30~22:30 찾아가기 루앙남타 시내 BCEL은행에서 므앙씽 방면(북쪽)으로 조금만 직진하면 왼쪽에 자리한다. 이메일 houmphanhmanikong@gmail.com

비어라오 한잔으로 즐거운 ★★★☆☆
밤브라운지 Bamboo Lounge

화덕피자가 맛있는 곳으로, 저녁시간에 간단하게 맥주를 즐기기에 좋다. 초록색으로 장식한 화려한 외관에 비해 내부는 투박하고 협소한 편이다. 피자는 저녁에만 주문할 수 있으며 파스타메뉴와 채식주의자를 위한 메뉴도 갖추고 있다. 피자를 제외한 음식에 대해서는 호불호가 갈리는 편이다. 영어를 구사하지 못하는 직원이 있어 주문할 때 다소 불편할 수 있다.

문의 (856) 020 5568 0031 가격 비어라오 1만 5천K, 마가리타피자 5만K~ 운영시간 07:00~23:00 찾아가기 루앙남타 시내 BCEL은행에서 공항 방면(남쪽)으로 50m 정도 직진하면 자리한다. 홈페이지 www.bamboolcungelaos.com

태국식 패스트푸드를 지향하는 ★★★☆☆
쿠루타이패스트푸드 Kuru Thai Fast Food

패스트푸드라는 이름을 당당하게 건 이 식당은 삶의 방식 자체가 슬로우인 라오스이기 때문에 신선하게 느껴진다. 태국음식이 메뉴의 중심이며 태국식 볶음면인 팟타이가 단연 인기인데, 태국 현지의 맛을 그대로 느낄 수 있다. 패스트푸드라는 이름에 걸맞게 주문한 음식이 제법 빠르게 서빙된다. 외국인여행객을 겨냥한 생과일주스와 소프트아이스크림도 있다.

가격 팟타이 2만~2만 5천K, 볶음밥 등 주메뉴 2만K~, 바닐라소프트아이스크림 3천K, 초콜릿소프트아이스크림 7천K **운영시간** 11:00~23:00 **찾아가기** 루앙남타 시내 BCEL은행에서 므앙씽 방면(북쪽)으로 직진하면 사거리에 위치한다.

위치가 좋은 ★★☆☆☆
마이찬레스토랑 Manychan Restaurant

비슷한 식당이 큰길을 따라 늘어서 있는데 마이찬은 그중 하나이다. 원목테이블이 식당을 채우고 있는 마이찬은 게스트하우스를 같이 운영하고 있으며, 라오스음식과 서양식음식을 판매한다. 가격이 조금 비싸고 양이 적은 편이지만 레스토랑이 많지 않은 루앙남타 중심가에 위치하여 이용할 만 하다.

문의 (856) 020 2881 6789 **가격** 치킨랍 4만K, 버섯랍 3만K **운영시간** 07:30~22:00 **찾아가기** 루앙남타 시내 BCEL은행에서 므앙씽 방면(북쪽)으로 조금만 직진하면 왼쪽에 위치한다. 야시장 바로 건너편이다.

신록이 우거진 라오스 북부지역

Section 04

루앙남타에서 머물 만한 숙소

여행객이 많아져 여기저기에서 증축공사가 한창이다. 난립하여 생겨나는 게스트하우스가 많아 통풍이 좋지 않은 곳이 있으니 주의해야 한다. 시설에 상관없이 비슷한 가격을 요구하므로 서너 곳을 둘러보고 숙소를 정하자.

자연 속에 어우러진 투박한 스타일 ★★★★☆
포우Ⅲ방갈로 Phou Iu III Bungalows

남타로 향하는 길에 위치한 이곳은 새소리와 바람소리가 가득한 친환경숙박시설Ecolodge이다. 풍경과 잘 어우러진 이곳은 넓은 부지에 독채 방갈로를 배치하여 여유로움을 느낄 수 있다. 대나무를 엮어 벽을 장식하고 소수민족이 만든 커튼을 무심한 듯 배치하여 라오스의 품격을 느낄 수 있다. 쌀쌀한 날씨를 고려해 객실 한쪽엔 벽난로를 설치하였고, 객실과 이어진 발코니는 앉아 쉬기 좋다. 간소하고 깔끔한 조식도 평이 좋으나 주변에 닭이 우는 등의 소음을 고려해야 한다. 숙소와 함께 여행사를 운영하고 있다. 투어상품에 대한 내용은 홈페이지를 참고하자.

문의 (856) 020 9944 0084(영어), (856) 022 390 195 체크인/아웃 14:00/12:00 가격 트윈·더블방갈로 $25~35 귀띔 한마디 여행사를 함께 운영하고 있어 트레킹 정보를 문의할 수 있다. 찾아가기 루앙남타 시내 BCEL은행에서 므앙씽 방면(북쪽)으로 직진하면 사거리가 나타난다. 그린디스커버리를 끼고 오른쪽으로 꺾어 첫 번째 블록을 지나서 계속 직진하면 Phou Iu III Bungalows 간판이 세워진 골목길이 나타난다. 그 골목길을 따라 80m 정도 걸어가면 왼쪽에 위치한다. 홈페이지 www.phouiubungalows.com 이메일 phouiu_tnt@hotmail.com

Part 03

새로 지어 산뜻한 정원 속 작은 쉼터 ★★★★☆
툴라싯게스트하우스 Thoulasith Guesthouse

작은 정원을 끼고 있어 도로의 소음으로부터 차단된 조용한 숙소이다. 새로 지은 건물은 전체적으로 깔끔하며 욕실이 다른 곳보다 쾌적하다. 객실 역시 정갈하며 객실 앞에 탁자를 두어 여유를 즐길 수 있다. 1층과 2층으로 구분되는데 2층에서 바라보는 정원 조망이 더 산뜻하다. 신축건물은 3층으로 제법 큰 규모를 자랑한다.

문의 (856) 086 212 166 **체크인/아웃** 14:00/12:00 **가격** 더블룸 7~9만K(팬룸), 더블룸 9~11만K(AC룸) **귀띔 한마디** 5~8월 비수기에는 낮은 금액이 적용된다. **찾아가기** 메인도로에서 BCEL은행을 등지고 길을 건너면 왼쪽으로 10m 내에 세워진 입간판을 볼 수 있다. 입간판을 따라 골목 안으로 들어가면 자리한다. **페이스북** /thoulasith

평범한 숙소를 찾는다면 ★★★☆☆
유라난게스트하우스 Yuranan Guesthouse

루앙남타 시내에 위치하여 접근성이 좋다. 입구부터 환한 타일을 깔아 청결함을 강조하였다. 객실은 시원한 편이며 나무바닥이라 아늑하다. 객실에 따라 다소 어두운 방이 있으니 체크인 전 객실을 확인하는 것이 좋다. 창문을 열 수 있지만 특별한 조망이 없고 직원에게 친절함을 기대하기 어렵다.

문의 (856) 020 238 0916 **체크인/아웃** 14:00/12:00 **가격** 더블룸 7~9만K(팬룸) **찾아가기** 루앙남타 시내 야시장 건너편에 위치한다.

나무로 만든 멋스러움이 가득한 ★★★★☆
아만드라빌라 Amandra Villa

루앙남타에서 가격대비 만족도가 높은 숙소 중 하나로 2015년에 문을 연 곳이다. 시설과 탁월한 인테리어가 돋보이며 객실이 넓어 공간활용이 자유롭다. 객실은 대나무를 엮은 벽으로 꾸며 라오스 북부의 목가적인 분위기를 십분 누릴 수 있다. 2층 발코니

에서는 전원주택의 운치가 그대로 느껴지며 직원들의 세련된 서비스도 칭찬할 만하다.

문의 (856) 086 212 401, (856) 020 9808 8878 **체크인/아웃** 14:00/11:00 **가격** 클래식더블·트윈룸 $15, 디럭스더블 $38~54 **귀띔 한마디** 숙박객에게 자전거를 무료로 대여한다. **찾아가기** 루앙남타야시장을 기준으로 공항 방면으로 300m 걸어가면 대로변에 위치한다. **홈페이지** www.amandrahotels.com **이메일** amandravilla@gmail.com

빨간 벽돌과 은은한 조명으로 편안한 ★★★★☆
주엘라게스트하우스 Zuela Guesthouse

꽤 오래전부터 운영해온 주엘라는 시설을 확장하고 정비해 새로운 모습을 선보였다. 도로변에 위치하지만 작은 골목 안쪽에 자리 잡아 조용한 편이고, 객실마다 조명 등을 세심하게 배치하여 편안한 분위기를 연출했다. 새로 단장한 만큼 침대와 테이블 등이 깔끔하고 쾌적하다. 특히 2층 객실에서는 발코니에 앉아 여유를 누릴 수 있다. 널찍한 마당은 노천카페 분위기이며 친절한 직원이 편안하게 머물 수 있도록 돕는다.

문의 (856) 020 2206 3888, **체크인/아웃** 14:00/11:30 **가격** 스탠더드더블·트윈룸 $20~25(팬룸), 스탠더드더블·트윈룸 $38(AC룸), VIP더블·트윈룸 $45 **귀띔 한마디** 비수기와 성수기의 가격 차가 크고 프로모션의 가격 폭도 크므로 가격을 충분히 비교하자. 현장에서 예약하는 경우 흥정을 하는 것도 좋다. 루앙남타 자체 기후가 서늘한 편이라 에어컨 사용이 많지 않다. **찾아가기** 야시장 건너편에 자리하고 길가에 표지판이 세워져 있다. **홈페이지** www.zuela.asia **이메일** contact@zuela.asia

조용하고 차분한 ★★★★☆
아룬씨리게스트하우스 Arounsiri Guesthouse

숙소가 밀집한 도로변에서 벗어나 있어 조용하다. 객실 가운데 창문이 마당 쪽으로 난 곳이 통풍이 잘되어 눅눅함이 적다. 비수기에 이틀 이상 머문다면 흥정을 시도해 볼 만하다. 단층 건물이라 개인 주거공간을 객실로 꾸며 놓은 듯하지만 잘 관리하여 불편함은 없다. 리셉션을 중심으로 의자를 놓아두어 다른 여행객과 인사를 나누기에도 좋다.

문의 (856) 020 2299 1898, (856) 020 5536 3987 **체크인/아웃** 14:00/12:00 **가격** 더블룸 6~8만K(팬룸) **귀띔 한마디** 해가 지면 게스트 하우스 앞길이 다소 어두운 편이다. **찾아가기** 루앙남타 시내 BCEL은행에서 공항 방면(남쪽)으로 직진하여 라오개발은행이 보이면 오른쪽으로 꺾는다. 다시 사거리가 나타나면 다시 오른쪽으로 꺾어 조금 더 들어가면 노란 간판과 함께 눈에 들어온다.

Chapter 05

메콩강크루즈의 출발점이자 도착지, 훼이싸이

Huay Xai

★★★☆☆
★★★☆☆
★☆☆☆☆

마르지 않은 시멘트와 가시지 않은 페인트 냄새로 이 도시의 부흥을 이야기하지만 국경도시로서의 가능성, 그 이상을 발견하는 것은 여행자의 몫이다. 태국과 고작 15km 거리여서 두 나라를 오가는 이들의 경유지이자, 하룻밤 머물러가는 도시이기도 하다. 훼이싸이에서 슬로우보트를 타고 메콩강의 물살을 따라 루앙프라방까지 이동하는 여정은 라오스여행의 으뜸으로 꼽을 만큼 인상적이다. 메콩강 최고의 매력을 발견하는 메콩강크루즈를 꼭 즐겨보자.

신록이 우거진 라오스 북부지역

▶ 훼이싸이에서 이것만은 꼭 해보자 ◀

1. 훼이싸이에서 루앙프라방까지 메콩강을 즐기는 메콩강크루즈, 슬로우보트 탑승하기
2. 왓촘카우마니랏 등 언덕 위의 사원에서 노을 감상하기
3. 이른 아침 보트선착장에서 메콩강 풍경 사진에 담기
4. 카놋요새를 따라 마을산책하기

▶ 사진으로 미리 살펴보는 훼이싸이 베스트코스 ◀

가볍게 둘러보는 마을산책 (예상 소요시간 4시간 이상)

일직선 도로를 따라 새로 건물을 짓는 모습을 흔하게 볼 수 있는 훼이싸이는 여행객이 잠깐 스쳐 가는 곳이다. 루앙프라방에서 메콩강크루즈를 타고 출발하여 이틀에 걸쳐 이곳에 도착하면 오후 4시가 지난 시간이므로 짧게 마을을 돌아볼 수 있다. 메콩강을 낀 언덕에 자리한 사원을 중심으로 산책코스를 잡아 보자.

Go!

(신규)보트선착장 — 도보 혹은 썽태우 20분 — 숙소 도착 30분 코스 — 도보 5분 — 카놋요새 15분 코스 — 도보 10분

왓촘카우마니랏 30분 코스 — 도보 5분 — 저녁식사 1시간 코스 — 도보 5분 — 바 30분 코스

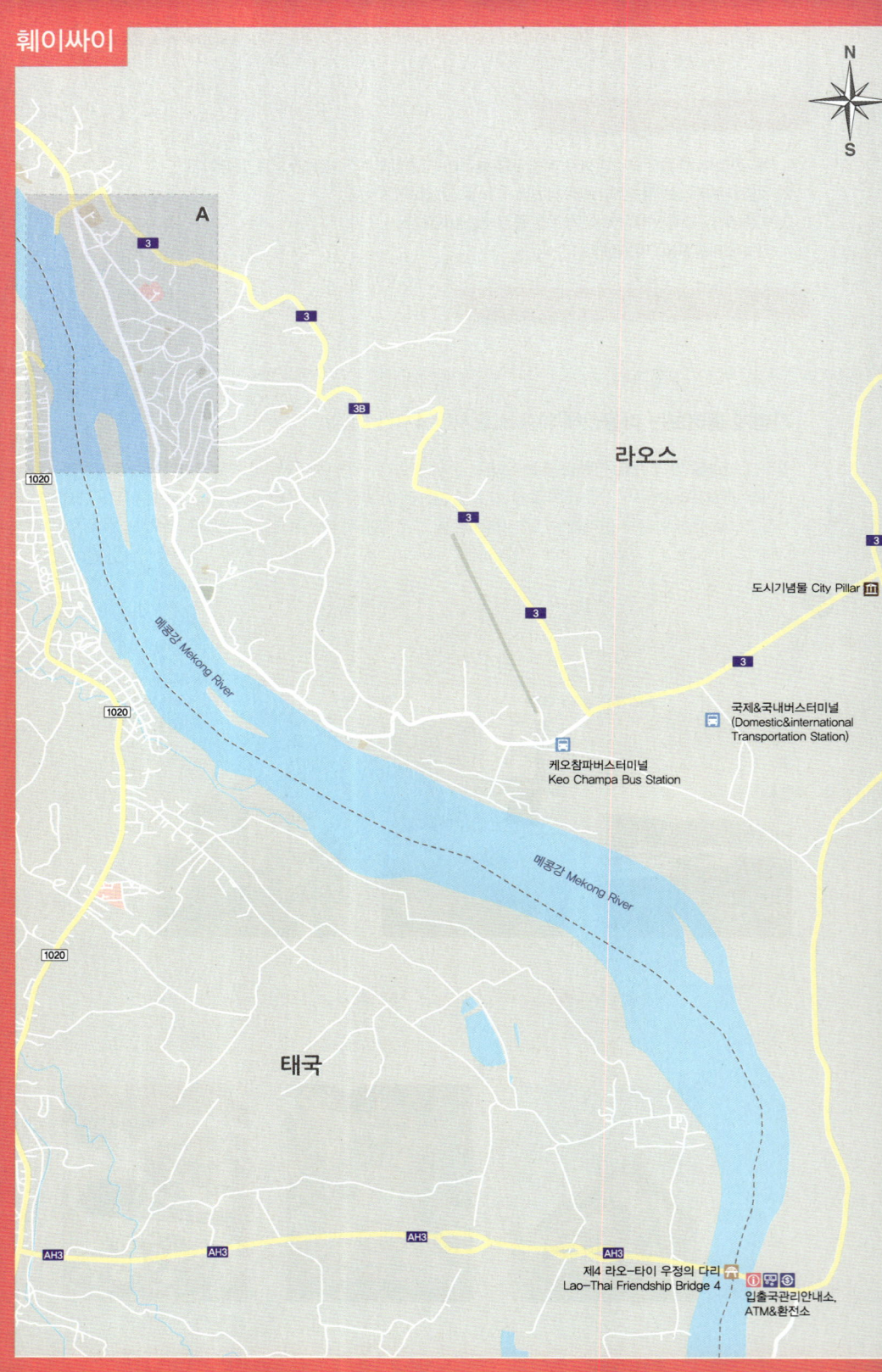

Section 01
훼이싸이를 잇는 교통편

훼이싸이는 국경도시로서의 의미를 빼면 따분할 수 있는 곳이다. 특히 숙소가 다른 도시에 비해 열악하기 때문에 여행지로서의 매력은 없다. 하지만 보트를 타고 루앙프라방으로 이동하거나 가까운 태국으로 이동하려는 여행자가 이곳을 거친다. 훼이싸이 자체를 여행하려는 목적보다는 태국으로의 국경 이동이 목적이기 때문에 하루 이상 머무는 경우는 드물다.

• 출금 : ATM, 은행   • 환전 : 은행, 사설환전소

🖊 국제&국내버스터미널

훼이싸이에서는 루앙프라방, 루앙남타 등으로 갈 수 있다. 북부도시로의 이동이기 때문에 비교적 무난한 여정이며 도로도 아스팔트로 포장된 상태이다. 다만 에어컨버스일 경우 얇은 이불이나 긴소매 옷을 준비하는 것이 좋다. 훼이싸이 국제&국내버스터미널Domestic&international Transportation Station은 시내에서 태국 국경 방향으로 5km 떨어져 있으며 여행사를 통해 버스 티켓을 구입할 경우, 픽업서비스 비용이 추가된다.

출발지	도착지	출발시간	예상 소요시간	요금
훼이싸이 국제&국내 버스터미널	루앙남타	08:30, 10:00, 13:00, 18:00	4시간	6만K
	루앙프라방	08:30, 10:00, 18:00	13시간	14만 5천K
	우돔싸이	08:30, 10:00, 18:00	7시간	11만K
	비엔티안	10:00	25시간	25만K
	방비엥	10:00	20시간	21만 5천K

🖊 훼이싸이(신규)보트선착장(슬로우보트선착장)

슬로우보트로 루앙프라방까지 이동하는 메콩강크루즈는 이미 손꼽히는 여정으로 소문이 자자하다. 여행 일정이 충분하고 힐링이 필요하다면 훼이싸이에서 출발하는 메콩강크루즈는 빠뜨리지 말아야 할 루트이다. 슬로우보트는 매일 오전 11시에 시내에서 태국

국경 반대 방향으로 1km 떨어져 있는(신규)보트선착장에서 출발한다. 지정좌석이 아니기 때문에 앞자리를 차지하려는 여행자는 보통 1시간 일찍 선착장에 도착해야 한다. 보트티켓은 (신규)보트선착장 티켓오피스에서 직접 구입하는 것이 가장 저렴하다. 1인당 22만K인데, 이는 티켓오피스 구입 가격이며 훼이싸이 시내 여행사를 통할 경우, 33만K에 구입해야 한다. 여행사에서 구입할 경우 픽업서비스가 포함되는지를 확인하자.

훼이싸이 Huay Xai—팍뱅 Pakbeng—루앙프라방 Luang Prabang으로 이어지는 이 보트는 메콩강 상류에서 하류로 하루 7시간을 이동하고 저녁에는 팍뱅에서 1박한 후, 이튿날 오전 8시에 출발해 7시간 여정 끝에 루앙프라방에 도착한다. 성수기에는 탑승객이 많을 수 있으나 보통은 넉넉한 자리에서 메콩강과 주변 산 풍경을 바라보며 저렴한 크루즈를 즐길 수 있어 여행객 사이에서 인기가 높다. 반대로 루앙프라방에서 훼이싸이로도 향할 수도 있다. 루앙프라방에서 출발하는 슬로우보트 관련 정보는 P.180 에서 확인할 수 있다.

경유지	도착지	출발시간	거리	예상 소요시	요금
팍뱅(1박)	루앙프라방 보트선착장	11:00	300km	하루 7시간 운항하여 이틀에 걸쳐 이동	22만K (숙박비 불포함)

보트선착장의 이전

보트선착장은 훼이싸이 시내에서 태국 국경 반대 방향으로 약 1km 거리로 이전했다. 슬로우보트가 정차하는 곳이라서 슬로우보트선착장이라고도 부른다. 이전하기 전의 왓촘카우마니랏(Wat Chom Khao Manirat) 건너편과 혼동하지 않도록 주의해야 한다.

Section 02
훼이싸이의 명소와 액티비티

기번익스피리언스(Gibbon Experience) 덕분에 유명세를 얻은 곳이지만, 메콩강크루즈를 타고 낭만적인 시간을 여유롭게 보낼 수 있어 더 매력적인 곳이다. 태국 국경과 가까워 두 나라를 함께 여행하는 이들이 많이 들르는 곳이기도 하다. 신선놀음을 즐길 수 있는 메콩강크루즈는 시간 여유가 있다면 빠뜨리지 말자.

 거울같이 맑은 풍경을 품은 ★★★★★
메콩강 Mekong River

태국과 라오스 국경을 가르는 메콩강은 소박한 강변 풍경으로 훼이싸이의 단조로움을 풍성하게 한다. 게스트하우스가 밀집한 시내보다는 (신규)보트선착장 부근에 더 멋진 풍경이 펼쳐진다. (신규)보트선착장까지는 걸어가거나 자전거를 대여해서 오가기 좋다. 강 건너 태국이 손에 잡힐 듯 가깝게 보이는데, 특히 이른 시간에는 파문이 일지 않는 강 표면으로 비치는 아침 하늘과 고기를 잡는 라오스사람들의 모습을 볼 수 있다.

귀띔 한마디 (구)보트선착장은 관리를 하지 않아 황량한 모습만 남아 있다. **찾아가기** 시내에서 BCEL은행을 기준으로 태국 국경을 등지고 일차선 도로를 따라 직진해 1km를 달리다가 좌측에 BCEL ATM이 보이면 그다음 블록에서 좌회전한다. 다른 표지판은 없으나 식당이 생겨나고 있어 여러 간판이 눈에 띈다.

메콩강크루즈 Mekong River Cruise
이동수단 그 이상! 최고의 신선놀음. ★★★★★

별을 다섯 개밖에 줄 수 없는 것이 안타까울 정도로 아름다운 여정이다. 다이내믹한 활동을 선호한다면 불만족스러울 수도 있으나 책을 읽거나 사색을 즐기고 싶다면 메콩강크루즈에서 힐링을 얻을 수 있다. 루앙프라방과 훼이싸이를 잇는 보트는 교통편인 동시에 메콩강의 신비한 매력을 느낄 수 있는 최선의 길이다. 장장 이틀간의 여정이라는 말은 다소 오해의 소지가 있기 때문에 바로 잡을 필요가 있다. 이틀 내내 보트를 타고 있는 것이 아니라 하루 7~8시간씩 이틀에 걸쳐 보트에 승선한다.

승선한 인원수에 따라 공간 활용이 다르겠지만, 일부는 비교적 편안한 좌석이고 일부는 딱딱한 나무의자이다. 매끈한 나무 바닥이 쾌적하고 지붕도 견고하여 뜨거운 햇볕을 가린다. 바람을 가르고 물결을 가르는 보트가 미끄러지듯 항해를 시작하면

메콩강의 드넓은 풍경과 만나게 된다. 가도 가도 같은 풍경이 펼쳐져 많은 생각과 기억을 불러온다. 시원하고 맑은 공기와 숨 막힐 듯 빽빽하게 들어선 정글의 푸르름 그리고 거칠 것 없는 하늘을 배경으로 하는 여정이다.

귀띔 한마디 교통편을 소개한 **P. 318** 에서 자세한 일정을 확인할 수 있다. **찾아가기** (신규)보트선착장은 훼이싸이 시내에서 태국 국경 방면을 등지고 곧게 뻗은 직선도로를 따라 1km 떨어져 있다. 슬로우보트선착장이라고 말하면 썽태우를 1~2만K에 이용할 수 있다.

메콩강이 내려다보이는 언덕 위의 사원 ★★★★☆
왓촘카우마니랏 Wat Chom Khao Manirat

나른한 국경도시 훼이싸이에서 전망대로 삼을 만한 왓촘카우마니랏은 시내에서 나가상으로 장식한 계단을 따라 오르면 다다를 수 있다. 언덕 위에 자리하여 메콩강과 훼이싸이 시내를 조망할 수 있는 탁 트인 전망이 시원하다. 1880년에 지어졌으며 치앙콩의 왕자가 전달한 돌비문이 남아 있다. 대법전을 정성스럽게 관리했는데 외벽을 자타가 Jataka(고대 인도 불교설화집)를 담은 그림으로 장식한 것이 눈에 띈다. 오후에는 석양을 보기 위해 외국인과 현지인이 언덕길을 오른다.

귀띔 한마디 라오스에서는 드물게 평지가 아닌 언덕에 자리한 사원이다. **찾아가기** 여행자안내소를 왼쪽에 두고 길을 따라 북쪽으로 조금 올라간다. 첫 번째 만나는 사거리 좌측에 나가상, 즉 뱀 형상의 계단이 보이는데 그 계단을 따라 올라가면 된다.

산책길 위에서 만날 수 있는 ★★☆☆☆
카놋요새 Fort Carnot

1893년부터 1953년까지 프랑스통치를 받은 흔적이 남아있는 요새이다. 카놋요새는 1900년 프랑스군이 언덕에 배치한 요새로, 강 건너의 모습이 한눈에 들어온다. 프랑스로부터 독립한 후 1954년부터는 군인의 숙소로 사용되기도 하였다.

요새 입구를 둘러싸고 있는 성벽과 두 개의 타워가 많이 훼손된 상태로 버티고 있으며 보존상태가 좋지 않아 성벽에 지지대를 받쳐 놓았다. 타워 앞에는 어마어마한 크기의 나무가 서 있고 요새 주변에는 들풀이 마구 자라고 있다. 정기적인 개방시간이 정해지지 않아서

신록이 우거진 라오스 북부지역

언덕길을 산책할 때 잠시 살필 수 있는 정도이다.

찾아가기 여행자안내소를 오른쪽에 두고 길을 따라 남쪽으로 직진한다. 컵짜이게스트하우스를 지나 왼쪽 골목길로 들어서서 오르막을 오른다. 다른 표지판이 없으나 높이 솟은 안테나를 향해 걸어가면 쉽게 찾을 수 있다.

여독을 풀 수 있는 ★★★☆☆
허브사우나&마사지 Herbal Sauna&Massage

소박한 나무집에 사우나까지 갖춘 이곳은 작은 마을인 훼이싸이에서 스파를 즐길 수 있는 몇 안 되는 곳이다. 선착장에서 내려 게스트하우스가 밀집한 곳의 중간 즈음에 위치하므로 시간 여유가 있다면 가 볼 만하다. 발마사지와 오일마사지, 전신오일마사지가 있으며, 사우나는 운영하는
시간이 정해져 있다. 내부에는 서너 개의 침대가 깔끔하게 정돈되어 있는데, 정원을 끼고 있어 창문을 열어 놓아도 상당히 조용하다.

문의 (856) 084 211 935 **운영시간** 월~금요일 13:30~21:00, 토~일요일 10:30~21:00 **가격** 발마사지 5만K, 허브마사지 6만K, 오일마사지 6만K **찾아가기** 시내 BCEL은행에서 (신규)보트선착장 방면으로 500m가량 걷다가 작은 다리를 지나면 바로 왼쪽에 위치한다.

남칸국립공원을 만나는 투어, 더기번익스피리언스 The Gibbon Experience

세계 각국에서 몰려든 젊은이들이 정글을 탐험하고 집라인을 타는 것으로 극한의 모험심을 시험하기도 한다. 2004년 문을 연 기번익스피리언스는 '나무 위의 집'으로 더 잘 알려진 아웃도어액티비티 전문업체이다. 남칸국립공원(Nam Khan National Park)의 정글 속 대자연을 트레킹과 집라인으로 만날 수 있는 절호의 기회이다.

매일 오전 8시 30분에 동영상 시청으로 안전교육을 진행한다. 영어를 구사하는 총 10명의 가이드가 있으며, 안전을 중요하게 여겨 각 그룹의 앞뒤로 가이드가 따라붙는다. 집라인은 처음엔 75m에서 시작하지만 다음 단계로 갈수록 점점 높아지는데 최고 높이 150m를 자랑한다.

문의 (856) 030 5745 866, (856) 084 212 021 **가격** 일일투어 $190/175(1인/2인 이상), 2일투어 $310/295(1인/2인 이상) **운영시간** 08:00~19:00 **귀띔 한마디** 본 업체와 비슷한 프로그램은 팍세의 그린디스커버리에서 진행하는 더트리탑익스플로어(The Tree Top Explorer)와 방비엥 여러 업체가 제공하는 짚라인 투어상품이 있다. 트레킹은 루앙남타와 농키아우의 여행사가 저렴하게 제공한다. **찾아가기** 훼이싸이 시내 BCEL은행을 등지고 오른쪽으로 20m 걷다가 길을 건너면 자리한다. **홈페이지** www.gibbonexperience.org

Section 03
훼이싸이에서 가볼 만한 맛집

얼치기 여행객을 대상으로 하는 식당도 많지만 아직도 지역 사람들이 주고객이다. 대체로 비슷한 수준의 식당이라서 선택의 폭이 넓지 않은 편이지만 신선한 재료를 사용한 노점국수집은 훌륭한 솜씨를 뽐낸다.

화덕에서 피자가 익어가는 ★★★★☆
다우홈레스토랑 Daauw Home Restaurant

훼이싸이에서 손에 꼽을 만한 분위기를 자랑하는 다우홈은 숙소를 같이 운영하는 곳이다. 낮은 언덕에 밖이 훤히 보이는 위치에 자리하는 이곳은 아늑함이 느껴진다. 식당 마룻바닥에 흙상자를 놓아 모닥불을 피우고 둘러앉을 수 있는 공간이 이색적이다.

피자가 유명한데 화덕에서 구운 도우가 얇은 피자는 바삭한 식감이 탁월하며 다양한 토핑을 선택할 수 있다. 골목길에 있어서 찾아가기 전에 위치를 확인하는 것이 좋다. 별다른 간판을 설치하지 않아서 늦은 저녁에는 찾기가 어려울 수 있으므로 밝은 시간에 가도록 하자.

문의 (856) 309 041 296 **운영시간** 08:00~23:00 **가격** 피자 5만K~, 음료 1만~ **귀띔 한마디** 소수민족 마을커뮤니티를 위해 대안적인 공간을 지향하고 있으며 외국인봉사자를 환영한다. **찾아가기** BCEL은행에서 (신규)보트선착장 방면으로 직진해 밍매웅레스토랑(Mingmeaung Restaurant)이 있는 삼거리에서 좌회전한 다음, 조금 앞 오른편 골목길로 20m 걸어 올라간다. **홈페이지** www.projectkajsiablaos.org **이메일** projectkajsiablaos@gmail.com

북적북적 여행객이 즐겨 찾는 ★★★★☆
므앙노이 Mueang Nuea

게스트하우스와 함께 운영하는 덕분에 숙소에 머무는 사람들이 즐겨 찾는 므앙노이는 식사시간에는 항상 만원이다. 특별한 인테리어 장식은

없지만 가족적인 분위기가 느껴진다. 라오스식 볶음요리는 물론 스파게티까지 다양한 메뉴를 선보인다. 시원한 생과일셰이크도 1만K으로 저렴한 편이며 양념 맛이 풍부한 덮밥류도 인기가 많다.

문의 (856) 020 5568 4257 **운영시간** 07:30~22:30 **가격** 볶음밥 2만K~, 음료 1만K~ **찾아가기** 훼이싸이 시내 BCEL은행 길 건너편에 자리한다.

조식으로 손색없는 쌀국수집, ★★★★☆
누들숍 Noodle Shop

넓은 마당이 있는 누들숍은 아침에만 문을 여는 곳이다. 퍼와 카오삐약 쎈, 카오소이. 이 세 가지 메뉴만 다루지만 국물맛을 제대로 보여주기 때문에 보통 라오스사람이 더 많이 찾는다. 신선한 채소와 함께 푸짐하게 내어놓는 국수로 아침식사를 즐길 수 있다. 차와 커피 등도 판매한다.

문의 (856) 020 5588 3391 **운영시간** 06:30~12:00 **가격** 퍼, 카오소이 1만 5천K~ **찾아가기** 여행자안내소를 왼쪽에 두고 길을 따라 북쪽으로 올라간다. BCEL은행을 지나 조금 더 올라가면 왼쪽에 자리한다.

깔끔한 국물이 일품인 ★★★★☆
카오소이노점식당 Khaosoi Noodle Shop

깔끔한 국물, 탄력 있는 면발, 부드러운 고기와 라오스식 된장으로 만든 고명까지. 이 삼박자가 만들어 내는 카오소이의 조화는 노점식당에서 빛을 발한다. 커다란 들통에서 끓는 국물은 연신 김을 피어 올리는데 면은 주문하면 삶아내어 쫄깃하다. 쌀국수 면과 함께 접시에 채소를 수북이 담아 주어 풍성한 한 끼를 해결할 수 있다. 마늘튀김과 각종 양념이 있어 입맛에 따라 고명을 첨가하거나 간을 조절할 수 있다.

운영시간 08:00~20:00 **가격** 카오소이 1만 5천K **찾아가기** 훼이싸이 시내에서 여행자안내소 건너편, 라오항공사무소 옆에 위치한다.

지글지글 고기가 익어가는 ★★★☆☆
밍매웅레스토랑 Mingmeaung Restaurant

저녁이면 라오스식 생고기와 소시지구이로 고소한 냄새를 풍기는 밍매웅은 현지인도 즐겨 찾는 이 동네 맛집이다. 여행자들도 즐겨 찾지만 아직까지 현지인이 주고객이라 가격도 부담 없다. 샐러드와 볶음요리는 물론 똠얌꿍까지 많은 요리를 섭렵하고 있다.

문의 (856) 020 5917 5559, (856) 020 5557 5616 **운영시간** 09:00~22:30 **가격** 볶음면 등 주메뉴 1만 5천K~, 생과일셰이크 1만K **찾아가기** 훼이싸이 시내 BCEL은행에서 (신규)보트선착장 방면으로 100m가량 걷다가 삼거리 지나 바로 우측 코너에 위치한다.

과일주가 익어가는 ★★★☆☆
바하우? Bar How?

은은한 조명 덕분에 저녁에 잔을 기울이기 좋은 분위기이다. 소박하지만 펑키한 스타일로 꾸민 내부도 정감 있다. 직접 담근 과일주를 선보인다는 점이 이곳만의 특징이다. 비어라오 이외에 새로운 주류를 접하고 싶다면 도전할 만하다. 스프링롤, 햄버거, 볶음밥 등의 메뉴도 있다.

문의 (856) 020 5516 7220 **운영시간** 06:00~23:00 **가격** 볶음밥 2만 5천K~, 칵테일 3만K~ **찾아가기** BCEL은행에서 (신규)보트선착장 방면으로 80m가량 직진하면 우측에 위치한다.

콜로니얼스타일이 매력적인 ★★★☆☆
마이라오스 My Laos

직접 운영하는 농장에서 수확한 유기농 재료를 사용하는 마이라오스는 아침에 더 붐비는 곳이다. 콜로니얼풍의 외관과 깔끔한 인테리어가 인상적이다. 서양식과 라오스식, 중국식 메뉴가 있으며 연유를 따로 내오는 라오커피도 마실 만하다.

문의 (856) 084 212 180 운영시간 07:00~21:00 가격 주스 1만K, 볶음밥류 2만 5천K~ 샌드위치 1만 5천K~ 찾아가기 여행자안내소를 왼쪽에 두고 길을 따라 북쪽으로 조금만 올라가면 왼쪽에 자리한다.

달콤한 크림빵을 맛볼 수 있는 ★★★☆☆
드림베이커리 Dream Bakery

게스트하우스가 밀집한 구역에서는 조금 벗어나 있지만 카페모카와 카페라테 등 우리 입맛에 익숙한 커피를 내리는 드림베이커리는 한적한 나들이 길에 들러 커피를 마시기에 좋은 곳이다. 신선한 생크림빵과 시나몬빵 등 맛이 좋은 빵이 있어 부드럽고 달콤한 간식을 즐길 수 있다. 샌드위치, 버거 등의 메뉴와 함께 주스와 차도 다양하다. 한국인이 운영하는 곳으로, 우리 입맛에 익숙한 빵을 맛볼 수 있다는 것이 장점이다.

문의 (856) 030 498 4272 운영시간 08:00~19:30 가격 빵류 5천K~, 카페라테 1만K~ 찾아가기 여행자안내소를 오른쪽에 두고 길을 따라 남쪽으로 900m가량 직진하면 좌측으로 드림베이커리 간판을 확인할 수 있다. 시내에서는 조금 벗어난 위치이다. 귀띔 한마디 라오스 남부에서 재배한 원두를 판매하고 있다.

일몰을 감상하며 즐기는 비어라오 ★★★☆☆
리버사이드 훼이싸이레스토랑 Riverside Houaysai Restaurant

리버사이드 훼이싸이호텔에서 운영하는 레스토랑이다. 리버사이드라는 이름답게 강변에 테이블을 놓아 해 지는 시간에 가 볼 만하다. 높은 건물 없이 앞이 탁 트여 강 건너 태국 치앙콩이 손에 잡힐 듯 가깝게 보이기도 한다. 음식보다는 가벼운 맥주로 분위기를 즐기기 좋은 곳이다.

문의 (856) 084 211 064 **운영시간** 07:00~22:30 **가격** 비어라오 1만 2천K~ **찾아가기** 여행자안내소 맞은 편 골목길로 들어가면 메콩강과 면해 있으며 길에 있는 간판으로 입구를 확인할 수 있다.

아늑한 분위기에 앉아 있기 좋은 ★★★☆☆
보케오카페 Bokeo Cafe

이렇다 할 카페가 드문 훼이싸이에서 비교적 세련된 인테리어로 야심 차게 문을 연 보케오카페는 볶음밥에서 그릴스테이크까지 다양한 메뉴를 선보인다. 특히 다양한 취향을 고려한 샐러드는 그린샐러드에 구운 고기나 새우튀김 등의 토핑을 선택할 수 있다. 게스트하우스가 밀집한 거리 한 가운데에 있어서 찾아가기 좋다.

운영시간 07:00~21:00 **가격** 비어라오 1만 5천K~ **찾아가기** 여행자안내소를 왼쪽에 두고 길을 따라 북쪽으로 조금만 올라가면 오른쪽에 자리한다.

꼬치구이가 생각날 때, 그릴 노점

지글지글 고기가 익어가고, 야들야들 꼬치의 육즙이 맛을 더하는 길거리 그릴은 훼이싸이 시내와 멀지 않은 곳에 자리한다. 외국인보다는 현지인이 더 많이 찾아 가격도 저렴(꼬치당 5천K)한데, 라오스 특유의 소스와 숯불의 향으로 입맛을 사로잡는다. 오후 4시가 넘어가면서부터 하나둘씩 노점이 자리를 펴고 고기 굽는 냄새가 모락모락 피어나기 때문에 손쉽게 찾을 수 있다. 주로 한낮의 더위가 누그러지는 16시 이후에 영업을 시작한다. 시내를 등지고 프랜드십게스트하우스2를 지나 일직선으로 향하면(약 100m) 우측에 위치한다.

신록이 우거진 라오스 북부지역

Section 04
훼이싸이에서 머물 만한 숙소

훼이싸이의 숙소는 대체로 낡았다는 인상을 주는 곳이 많다. 대부분 하루 정도 머무는 여행객을 대상으로 영업하기 때문에 시설투자에 소극적이다. 외관이 깨끗한 곳이 비교적 쾌적한 객실을 보유하고 있으며, 강변에 자리한 숙소에는 발코니가 있어 메콩강을 바라보며 시간을 보내기에 좋다.

 언덕 위의 소박한 방갈로, ★★★☆☆
다우홈 Daauw Home

시내에서 약간 빗겨 있는 이곳은 골목길 언덕 위에 자리하는 장점을 최대로 살렸다. 골목이라 조용하고 언덕이라 전망이 좋다. 단순한 형태의 방갈로로 침대와 욕실을 갖춘 소박한 숙소이며 총 6개의 방갈로를 보유했다.

방갈로에서 창문을 열면 작은 숲을 마주할 수 있어 자연과 가까이 있는 기분을 누릴 수 있다. 또한 각 방갈로가 띄엄띄엄 떨어져 있어 개인공간을 충분히 활용할 수 있다. 게스트하우스와 함께 운영하는 식당은 화덕피자를 전문으로 하며 라오스 음식을 함께 취급하는데, 라운지 형태의 식당에서는 탁 트인 야외를 즐기기에 그만이다.

문의 (856) 030 904 1296 **체크인/아웃** 14:00/12:00 **가격** 9만K(방갈로)/조식 불포함 **귀띔 한마디** 라오몽 소수민족 자립프로젝트에 참가할 봉사자를 수시로 모집한다. **찾아가기** 여행자안내소를 왼쪽에 두고 길을 따라 북쪽으로 올라가다 우돔폰게스트하우스를 끼고 오른쪽 골목으로 꺾는다. 여기서 다시 바로 우측 작은 골목길로 들어선 곳에 위치한다. 우측 골목 입구가 워낙 작으니 찾는 데 주의를 기울이자. **홈페이지** www.projectkajsiablaos.org **이메일** projectkajsiablaos@gmail.com

호텔의 면모를 갖춘 ★★★☆☆
리버사이드 훼이싸이호텔 Riverside Houyxay Hotel

훼이싸이 시내에서 가장 호텔다운 면모를 갖춘 곳으로 비교적 고급스러운 분위기를 뽐낸다. 특별한 스타일이 있다기보다는 단순하고 깔끔하다. 객실은 비교적 넓은 편이며 나무바닥으로 마감하여 아늑한 느낌을 준다. 객실은 라오스식 원목가구로 채워 단순함을 강조했다. 창밖으로 경치를 조망할 수 없는 것이 아쉽지만 건물 측면으로 난 통로에서 강변을 약간 바라볼 수 있다. 메콩강을 조망할 수 있는 식당을 함께 운영하는데, 더운 한낮을 제외하면 앉아서 강 풍경을 즐기기에 좋다.

문의 (856) 020 5420 2222, (856) 084 211 064 **체크인/아웃** 14:00/11:30 **가격** 스탠더드더블룸 15만K, 수피리어더블룸 20만K **찾아가기** 여행자안내소를 왼쪽에 두고 길을 따라 북쪽으로 올라간다. BCEL은행을 지나 여행자안내소 길 건너편 안쪽 골목에 위치한다. **이메일** Riverside_houayxay_laos_@hotmail.com

(구)보트선착장의 영광이 깃든 ★★☆☆☆
게이트웨이 빌라게스트하우스 Gateway Villa Guesthouse

(구)보트선착장 바로 옆에 자리하여 예전에는 많은 여행자로 북적였던 곳이다. 객실이 지나치게 조밀하게 배치된 점과 객실 벽을 얇은 나무판으로 마감하여 방음이 잘 되지 않는다는 점이 아쉽다. 더블룸 등의 가격은 적당한 편이지만 객실에서 와이파이 신호가 강하게 잡히고 메콩강 풍경을 볼 수 있는 객실은 최고 15만K으로 시설에 비해 비싼 편이다. 체크인 전에 객실 상태를 확인하는 것이 좋다. 1층 리셉션에서는 따뜻한 차를 무료로 제공한다.

문의 (856) 084 212 180, (856) 081 554 0923 **체크인/아웃** 14:00/12:00 **가격** 더블룸 10만K, 12만K, 15만K **찾아가기** 여행자안내소를 왼쪽에 두고 길을 따라 북쪽으로 조금만 올라가면 오른쪽에 있다. **이메일** gatewayhotel.laos@hotmail.com

신록이 우거진 라오스 북부지역

새로운 시설로 쾌적한
쏨분쏩게스트하우스 Sombounsob Guesthouse ★★★☆☆

객실이 다소 좁지만 전체적으로 깔끔하고 청결하여 머물기 무난한 숙소이다. 새로 오픈한 곳으로, 모든 객실에 창문을 내어 채광과 환기에 문제가 없다. 강을 조망할 수 있으며 시내를 걸어서 오갈 수 있다. 훼이싸이에 자리한 다른 숙소보다 에어컨 등의 시설이 잘 갖춰져 있는 것이 장점이다.

문의 (856) 084 212308, 020 5578 4545 **체크인/아웃** 14:00/12:00 **가격** 12만 5천K **찾아가기** BCEL은행을 왼쪽에 두고 남쪽으로 600m 직진하면 오른편에 위치한다.

가격대비 무난한 백패커의 공간
BAP게스트하우스 BAP Guesthouse ★★★☆☆

다소 오래되었지만 잘 관리되어 깔끔한 BAP의 객실은 나무바닥이 깔려 있어 아늑한 분위기이다. 기본시설을 갖춘 객실에는 기다란 창이 나 있어 채광이 좋고 밝은 편이다. 메콩강을 향한 작은 발코니에서는 해 질 녘 풍경을 감상할 수 있지만 메콩강 자체가 한눈에 들어오지는 않는다. 게스트하우스 입구로 이어지는 건물 1층은 식당이어서 식사시간과 저녁에는 사람들로 붐빈다. 시내 한가운데 있어 주변을 오가기에 편리하다.

문의 (856) 020 5518 5398 **체크인/아웃** 14:00/10:30 **가격** AC룸 13만K, 팬룸 8만K **찾아가기** 훼이싸이 시내 BCEL은행 바로 건너편에 자리한다. **귀띔 한마디** 게스트하우스와 함께 식당, 티켓 예매 등 여행자를 위한 다양한 서비스를 제공한다.

옥탑 테라스에서 여유를 즐길 수 있는 ★★★☆☆
컵짜이게스트하우스 Kaupjai Guesthouse

타일바닥이 깔린 라오스의 전형적인 게스트하우스이지만 환기와 채광 등을 고려한 점이 돋보인다. 전체적으로 깨끗하고 화장실도 깔끔한 편이다. 훼이싸이 시내 한가운데에서 약간 벗어나 있지만 오가기에 불편함은 없으며 조용해 휴식을 취하기에 좋다. 꼭대기 층 작은 발코니에 의자를 두어 강가를 바라볼 수 있다.

문의 (856) 020 5568 3164, 020 2284 2885 체크인/아웃 12:00/10:00 가격 더블룸 12만K(AC룸), 10만K(팬룸) 찾아가기 BCEL은행을 왼쪽에 두고 남쪽으로 250m 직진하면 오른편에 위치한다.

발코니에서 강변이 바라다보이는 ★★★☆☆
사바이디게스트하우스 Sabaydee Guesthouse

채도가 낮은 푸른색 외관이 깔끔한 사바이디게스트하우스는 훼이싸이 시내 초입에 위치한다. 신축건물인 만큼 객실 역시 외관만큼 산뜻하게 꾸며져 있다. 객실의 창문은 널찍하여 밝고 환풍기가 설치되어 있다. 에어컨이나 선풍기 등의 시설도 새것이라 쾌적하다. 3층에는 지붕을 갖춘 라운지 겸 발코니가 있어 의자에 앉아 메콩강을 내려다보며 맥주 한 잔을 즐기기에 좋다. 간판이 작아 찾아가는 데 주의가 필요하다.

문의 (856) 084 212 252 체크인/아웃 14:00/12:00 가격 더블룸 9~13만K 찾아가기 BCEL은행을 오른쪽에 두고 북쪽으로 조금만 직진하면 왼편에 위치한다. 이메일 sabaiydee-ghkt@hotmail.com

시내에서 조금 벗어난 ★★★☆☆
프랜드십게스트하우스2 Friendship Guesthouse 2

'2'라는 숫자가 붙은 이곳은 새로운 시설이 돋보이는 깔끔한 숙소이다. 상당히 시설이 낙후한 프랜드십게스트하우스와 혼동하지 않도록 주의하자. 목조로 지은 외관이 고풍스러운 이곳은 객실에도 원목가구를 배치하여 무게감 있게 연출했다. 환기가 원활하지 않은 창문 없는 객실도 있으니 체크인 전 내부를 살펴보자. 훼이싸이 시내에서 다소 떨어진 곳에 위치하지만 직원이 친절한 편이며, 태국화폐로 객실료를 지불할 수 있다.

문의 (856) 030 521 5751, (856) 020 2238 7888 체크인/아웃 14:00/12:00 가격 12만 5천K 찾아가기 BCEL은행을 왼쪽에 두고 남쪽으로 500m 직진하면 오른편에 위치한다.

작은 마당이 있는 ★★☆☆☆
우돔폰게스트하우스 Oudomphone Guesthouse

다른 숙소에 비해 객실을 많이 보유한 우돔폰게스트하우스는 강 전경을 볼 수 없다는 점이 아쉽지만 저렴한 비용으로 편리한 숙박을 할 수 있는 곳이다. 객실은 거리 쪽과 거리 반대쪽으로 나뉘어 있는데, 자동차 소음이 덜한 거리 반대쪽이 더 좋다. 안쪽 객실 쪽에는 작은 마당이 있어 한적함도 즐길 수 있다. 객실은 다소 산만한 인상을 풍기지만 불편함은 없어 잠시 머물 만하다.

문의 (856) 084 211 308, (856) 020 5568 3154 체크인/아웃 14:00/12:00 가격 더블룸 8만K(팬룸), 10만K(AC룸) 찾아가기 BCEL은행을 오른쪽에 두고 북쪽으로 조금만 직진하면 오른편에 위치한다.

Part
04

대자연을 만나는 라오스 남부지역
Southern Lao

Chapter01. 천연동굴 대탐험, 타켁
- **Section01.** 타켁을 잇는 교통편
- **Section02.** 타켁에서 둘러봐야 할 명소
- **Special15** 오토바이를 타고 즐기는 타켁루프
- **Section03.** 타켁에서 가볼 만한 맛집
- **Section04.** 타켁에서 머물 만한 숙소

Chapter02. 자연의 경이로움을 마주하는, 콩로마을
- **Section01.** 콩로마을을 잇는 교통편
- **Section02.** 콩로마을에서 둘러봐야 할 명소
- **Section03.** 콩로마을의 맛집과 숙소

Chapter03. 왓푸와 볼라웬의 관문, 팍세
- **Section01.** 팍세를 잇는 교통편
- **Section02.** 팍세에서 둘러봐야 할 명소
- **Special16** 오토바이를 타고 즐기는 볼라웬루프
- **Special17** 탓로마을에 머물기
- **Section03.** 팍세에서 가볼 만한 맛집
- **Section04.** 팍세의 추천 숙소
- **Special18** 커피향이 넘실대는 볼라웬고원, 라오스의 커피

Chapter04. 사천 개의 섬 위에서 하룻밤, 시판돈
- **Section01.** 시판돈을 잇는 교통편
- **Special19** 돈콩, 돈뎃, 돈콘 매력 비교
- **Section02.** 섬마을의 일상을 엿보는 돈콩
- **Special20** 급류가 굽이치는 콘파팽폭포
- **Section03.** 세계각지의 여행자로 흥겨운 돈뎃
- **Section04.** 시판돈의 떠오르는 여행지, 돈콘
- **Special21** 돈뎃&돈콘에서 즐기는 액티비티

Chapter 01

천연동굴 대탐험, 타켁

Tha khaek

📷 ★★★★★
 ★★☆☆☆
 ★☆☆☆☆

라오스에서 타켁은 그 비경에 비해 인지도가 낮은 편이다. 오가는 길이 다소 험난할 수 있지만, 비엔티안을 기점으로 시작하는 남부여행의 하이라이트 중 하나로 꼽을 만큼 풍광이 빼어나다. 라오스의 하롱베이라고 불리는 타켁루프는 오토바이를 타고 2박 3일 일정으로 둘러볼 수 있는데, 시원하게 펼쳐진 아름다운 풍경과 연이어 늘어서 있는 동굴을 만날 수 있다.

대자연을 만나는 라오스 남부지역

타켁에서 이것만은 꼭 해보자

1. 탐시엥리압과 탐낭엔의 웅장한 내부를 둘러보며 동굴탐험 즐기기
2. 탐파파 앞의 늪지대 풍경 즐기기
3. 메콩강을 물들이는 석양 감상하기

사진으로 미리 살펴보는 타켁 베스트코스

타켁이 품고 있는 천연동굴의 신비를 느껴보자. 별다른 대중교통 수단이 없어 대부분의 여행자가 오토바이를 대여해 이동한다. 메인도로인 12번 도로는 포장상태가 좋은 편이지만 오솔길로 들어서면 비포장 도로가 이어진다.

타켁

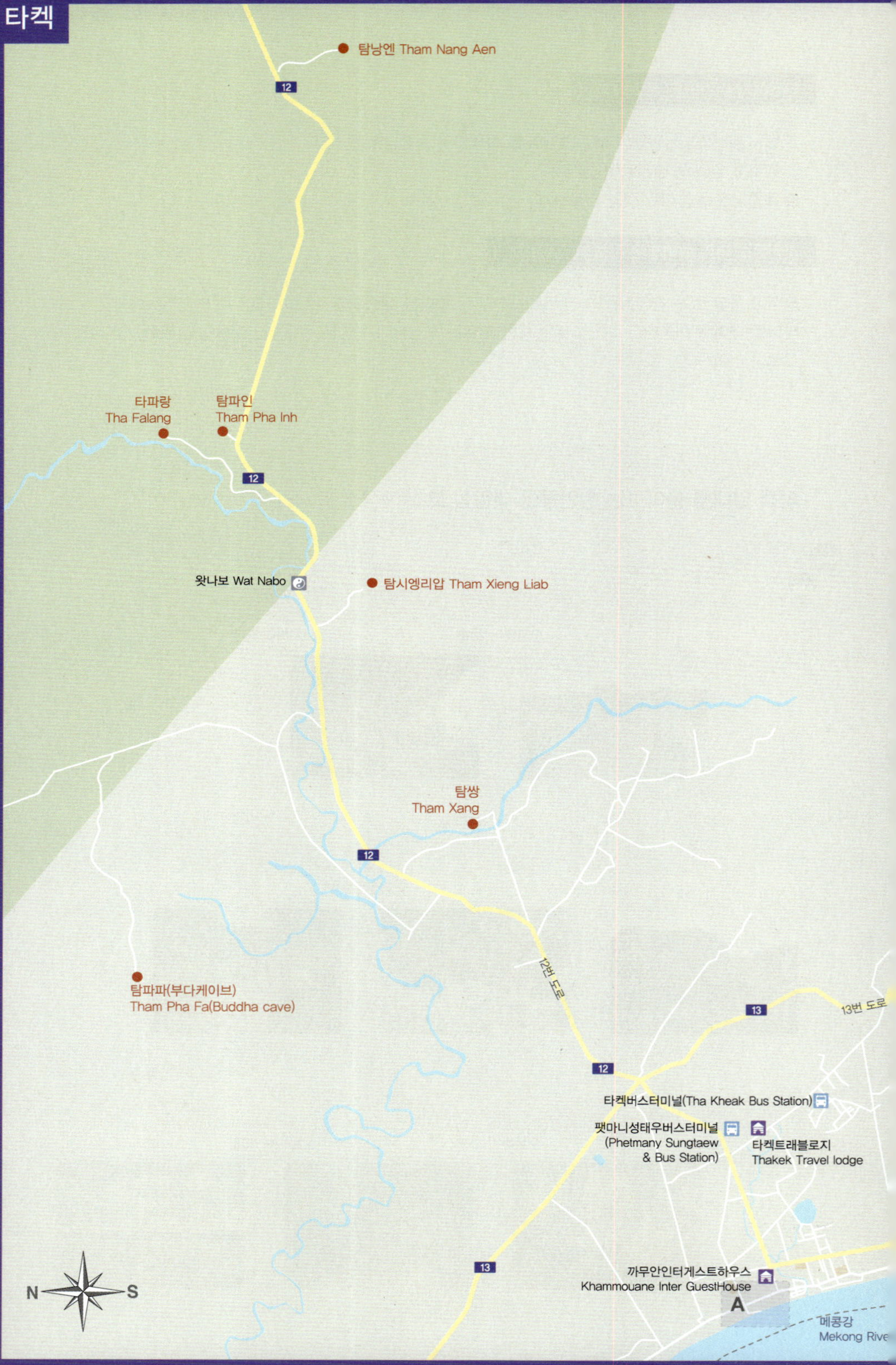

- 탐낭엔 Tham Nang Aen
- 타파랑 Tha Falang
- 탐파인 Tham Pha Inh
- 왓나보 Wat Nabo
- 탐시엥리압 Tham Xieng Liab
- 탐쌍 Tham Xang
- 탐파파(부다케이브) Tham Pha Fa(Buddha cave)
- 타켁버스터미널(Tha Kheak Bus Station)
- 팻마니썽태우버스터미널 (Phetmany Sungtaew & Bus Station)
- 타켁트래블로지 Thakek Travel lodge
- 까무안인터게스트하우스 Khammouane Inter GuestHouse
- 메콩강 Mekong River

12번 도로
13번 도로

Section 01
타켁을 잇는 교통편

타켁은 비엔티안과 팍세 중간에 자리해 남부여행의 기점으로 손색이 없다. 차창 밖으로 경치를 즐길 수 있다는 것이 무엇보다 큰 장점이며 도로 상태가 양호한 편이라 덜컹거림이 적은 상태로 이동할 수 있다. 그 멋진 풍광을 즐기기 위해서는 야간버스보다는 아침버스를 선택하는 것이 좋다.

• 출금 : ATM, 은행   • 환전 : 은행, 사설환전소

🖊 타켁버스터미널

타켁버스터미널 Tha Kheak Bus Station 은 태국과 베트남을 잇는 국제버스가 들고나며 라오스의 남부 도시를 잇는다. 타켁 시내에서 4km 떨어져 있으며 성태우는 1인당 2만K가량이다.

출발지	도착지	출발시간	예상 소요시간	요금
타켁	비엔티안 Vientiane	05:30, 06:30, 07:30, 08:30 / 09:15-VIP 09:45~24:00에는 매시간 1대 운행	6시간	6만K/VIP 8만K
	사반나켓 Savannakhet	10:30, 11:30~23:00 매 시간 1대 운행	3시간	3만K
	팍세 Pakse	10:30, 11:30~23:00 매 시간 한 대 운행 08:30-VIP	7시간	6만K/VIP 8만K
	살라완 Salavan	24:00	8시간	9만K
	세콩 Sekong	12:00, 23:00	9시간	8만K
	아타프 Attapeu	15:00, 23:00	11시간	9만K

팍세행 버스
팍세에 도착하기 전 버스기사가 국도에 정차하여 하차를 요구한다. 팍세까지는 거리가 떨어져 있는데도 도시가 아닌 곳에서 하차를 요구하면 당당하게 거절하자. 기사가 하차시키려는 곳에는 여러 대의 성태우가 대기하고 있어 어차피 버스로 이동해야 할 곳을 추가비용을 내고 성태우로 이동하라고 재촉하는 것이다.

🖊 팻마니성태우버스터미널

팻마니성태우버스터미널 Phetmany Sungtaew&Bus Station 에서는 콩로마을로 출발하는 성태우를 하루 단 1대만 운행하며, 현지인이 많이 이용한다.

출발지	도착지	출발시간	예상 소요시간	요금
팻마니성태우버스터미널 Phetmany Sungtaew&Bus Station	콩로마을	07:00	5시간	7만 5천K

비엔티안-콩로마을-타켁 루트
콩로마을과 가까운 락싸오(Laksao)에서 내리면 비엔티안-콩로마을-타켁으로 루트를 잡을 수 있다. 바로 콩로마을로 들어가면 비엔티안-타켁-콩로마을-타켁으로 중복되는 동선을 잡아야 한다. 바로 콩로마을로 들어가면 이튿날 아침 버스를 타고 타켁으로 이동할 수 있다. 계속 라오스 남부를 여행하는 일정을 계획할 때 가장 효율적인 동선이다.

대자연을 만나는 라오스 남부지역

Section 02
타켁에서 둘러봐야 할 명소

타켁에는 카르스트지형을 따라 각기 다른 모습을 뽐내는 동굴이 늘어서 있다. 저마다 다른 형태를 한 동굴은 자연의 신비를 느끼기에 부족함이 없다. 몇몇 동굴은 물길과 이어져 있어 수영을 즐기는 여행객이 많다. 많은 동굴을 방문하는 것보다 충분히 즐기며 여유 있게 돌아보는 여정이 오래 기억된다는 것을 염두에 두자.

과거의 영광을 간직한 ★★★★☆
타켁광장&메콩강 Fountain Square & Mekong River

프랑스통치 당시 계획도시였던 타켁에는 1910~20년대에 지은 공관건물이 지금도 광장 주변을 지키고 있다. 쇠락한 콜로니얼풍 건물과 과거의 영광을 간직한 타켁광장은 여행자가 이정표로 삼기에 좋다. 타켁시내라 하면 보통 이 광장을 뜻하며, 버스터미널로 향하는 성태우가 대기하고 있기도 하다. 분수광장Fountain Square으로 불리기도 하는 타켁광장을 중심으로 여러 식당이 분포해 있다.

타켁광장은 태국 나콘파놈Nakhon Phanom을 마주 보고 있는 메콩강과 멀지 않다. 높은 건물이 없고 정면으로 해가 져 붉은 해가 메콩강을 물들이는 장관을 감상할 수 있다.

귀띔 한마디 프랑스가 점령했던 식민소도시에서 공통적으로 보이는 광장 구조이다. 광장 좌측에 현금인출기가 있다. **찾아가기** 타켁버스터미널에서 12번 도로까지 나와 좌회전한 후 메콩강 방향으로 1.6km 직진한다.

📷 고요 속에 숨은 비경 ★★★★★
탐파파(부다케이브) Tham Pha Fa(Buddha Cave)

부다케이브 Buddha Cave 라고도 불리는 탐파파는 동굴 입구에 형성된 늪지대가 빚어내는 풍경이 장관이다. 메인도로에서 많이 벗어나 있어 가만히 눈을 감으면 바람 소리조차 멈춘 듯한 경험을 할 수 있다. 방문객을 위해 산책로를 조성해 놓아 쾌적한 동선을 따라갈 수 있다. 늪지대 위로 마련한 산책로에서 즐기는 풍경도 풍경이지만 동굴 위로 걸어 올라가면서 바라보는 전망 또한 눈이 부시게 아름답다. 열대나무가 내뿜는 싱그러움은 물론 사방으로 펼쳐진 논 풍경이 한눈에 들어온다.
부다케이브로 불리는 것은 동굴 내부에 부처상을 모시고 있기 때문이다. 돌계단을 오르면 동굴 입구에 닿는다. 현지인들은 부처상을 각별히 신성하게 여기므로 동굴 내부에서는 잡담을 삼가는 것이 예의이며 촬영이 제한된다. 자연동굴 속의 어둠과 침묵이 오히려 편안함을 준다.

입장료 5천K 귀띔 한마디 여성은 의식의 형식으로 전통 치마인 씬을 착용해야 하며 대여료는 2천K이다. 찾아가기 타켁광장(Fountain Square)을 출발점으로 삼았을 때, 메콩강을 등지고 메인도로를 따라 직진하면 12번 도로에 위치한다. 13번 도로와 12번 도로가 만나는 사거리에서 2km 지나 좌측 오솔길로 들어서야 한다. 타켁광장에서 약 6km 거리 떨어져 있다. 오솔길은 비포장상태라서 과속하면 사고 위험이 커진다.

📷 사원 같은 동굴 ★★☆☆☆
탐쌍(코끼리동굴) Tham Xang(Elephant Cave)

라오스어로 코끼리동굴을 뜻하는 탐쌍은 여러 동굴 중 시내와 가장 가깝다. 탐쌍에 가까워지면 작은 마을이 보이는데 안내판도 볼 수 있다. 하지만 다소 찾아가기가 어려우니 표지판을 따라가다가 마을 주민에게 문의하는 것도 좋다. 입구 양쪽에 코끼리상이 지키고 서 있으며 동굴

대자연을 만나는 라오스 남부지역

안쪽으로 각종 조각상이 자리하여 사원의 성격을 띤 공간임을 알 수 있다. 탐쌍과 멀지 않은 위치에 뷰포인트가 있으므로 시간을 충분히 두고 함께 둘러보도록 하자.

입장료 5천K **찾아가기** 타켁광장(Fountain Square)을 출발점으로 삼았을 때, 메콩강을 등지고 메인도로를 따라 직진하면 12번 도로에 위치한다. 13번 도로와 12번 도로가 만나는 사거리에서 1.5km 지난 우측 오솔길로 들어서야 한다. 타켁광장에서 약 5km 거리 떨어져 있으며 부다케이브라고 쓰인 표지판이 대로에 서 있다. 작은 마을에서 안내판에 따라 좌회전을 해야 하지만, 큰 냇가가 있어서 건너기가 쉽지 않다. 따라서 조금 더 지나와서 마을 내 사원 안으로 들어간 후 다리를 건너야 한다. 다리를 건너면 보이는 안내판을 따라 약 100m 걸어가면 탐쌍을 볼 수 있다.

푸른 물빛이 찬란한 시냇가 ★★★★☆
타파랑 Tha Falang

타파랑은 푸른빛이 도는 물가이다. 일명 타켁의 블루라군으로, 방비엥에 비해 인적이 드물고 나무그늘이 적다. 타파랑은 옛 시절에 프랑스사람들이 물놀이를 즐겼던 것에 유래한 이름이다. 카르스트지형을 배경 삼아 수영을 즐기는 여행객을 볼 수 있지만, 아직은 많이 알려지지 않아 한적한 분위기가 압권이다.

귀띔 한마디 라오스에서는 외국인을 파랑이라고 구어적으로 부르는데, 이 말은 프랑스사람을 파랑(Falang)이라고 부른 것에서 유래했다. **찾아가기** 타켁광장(Fountain Square)을 출발점으로 삼았을 때, 메콩강을 등지고 메인도로를 따라 직진하면 12번 도로에 닿는다. 13번 도로와 12번 도로가 만나는 사거리에서 12km 지나 좌측 오솔길로 들어서야 한다. 타켁광장에서 약 14km 거리 떨어져 있다. 오솔길은 비포장상태이므로 과속하지 않는 것이 중요하다.

꼭꼭 숨은 비경과 원시성을 지닌 ★★★★★
탐시엥리압 Tham Xieng Liab

메인도로의 알림판은 선명하게 방향을 가리키지만 정확한 위치를 찾기는 결코 쉽지 않다. 보통은 현지인이 가이드를 자청하는데 5천K 정도의 비용이 든다. 생각보다 깊은 곳에 위치하는 동굴은 인공적으로 관리하지 않아 자연 그대로의 원시성을 느낄 수 있다. 동굴의 크기도 크기이지만, 동굴 안으로 흐르는 물길과 깊이 또한 모험심을 자극하기에 충분하다.

외적으로도 바위산이지만 동굴 내부에 있는 바위도 상당히 뾰족하고 각이 져 있다. 트레킹화를 신고 바위를 뛰어넘으며 동굴 안쪽까지 걸어 들어가 보자. 또한 수영복을 준비하면 더위를 식히기에 그만인데, 동굴 내부에는 수심이 깊은 곳이 있으니 주의하자.

입장료 무료 귀띔 한마디 대로에 표지판이 서 있지만 애매한 지점에 있어 혼동을 줄 수 있다. 표지판을 지나서 작은 가게를 끼고 안쪽으로 들어선 곳에 있다. 가게 주변의 현지인 가이드와 동행하거나 주변에 경로를 문의하는 것이 좋다. 찾아가기 타켁광장(Fountain Square)을 출발점으로 삼았을 때, 메콩강을 등지고 메인도로를 따라 직진하면 12번 도로에 위치한다. 13번 도로와 12번 도로가 만나는 사거리에서 9km 지나 우측에 위치한다. 타켁광장에서 약 11km 떨어져 있다.

인적이 드문 숨은 동굴, ★★★☆☆
탐파인 Tham Pha Inh

불상이 안치되어 있으며 좀 더 높이 올라가면 제법 큰 규모의 동굴 내부로 들어갈 수 있다. 내부는 어두우므로 손전등을 반드시 준비해 가도록 하자. 거대한 카르스트지형의 단면 위에 동굴이 자리하여 동굴 입구에서 느껴지는 위압감이 대단하다. 다른 동굴들보다 인적이 드문 편이며 물이 흐르지 않는 마른 동굴이다.

대자연을 만나는 라오스 남부지역

입장료 무료 **귀띔 한마디** 메인도로에서 커브로 돌아서는 곳에 위치하기 때문에 주의 깊게 살피지 않으면 지나치기 쉽다. 모퉁이에 위치하여 사고위험이 있으니 주의해야 하며 메인도로보다 약간 낮은 지대로 내려가야 해서 불편할 수 있다. **찾아가기** 타켁광장(Fountain Square)을 출발점으로 삼았을 때, 메콩강을 등지고 메인도로를 따라 직진하면 12번 도로에 위치한다. 13번 도로와 12번 도로가 만나는 사거리에서 14km 지나 좌측에 위치한다. 타켁광장을 기준으로 이동거리는 16km이다.

 공원으로 조성된 대형 석회동굴 ★★★★★
탐낭엔 Tham Nang Aen

탐낭엔은 타켁 부근의 동굴 중 방문자가 가장 많은 곳으로, 현지인이 더 많이 찾는다. 대로에서 동굴 입구까지 거리가 꽤 떨어져 있고 나무가 우거져 작은 공원처럼 조성되었다. 동굴 밖으로는 푸른 물줄기가 흘러나와 작은 냇물을 이룬다. 웅장한 내부는 깊고 어둡지만 환한 전등을 달아놓아 안전하게 석회동굴의 매혹적인 기암과 신성시되는 돌을 둘러볼 수 있다. 살펴보기 편리하도록 탐방로가 마련되어 있어 화살표를 따라 이동하면 동굴 전체를 살필 수 있다.

입장료 2만K **귀띔 한마디** 타켁시내에서 멀리 떨어져 있으므로 돌아가는 시간을 충분히 안배해야 한다. 6시에 해가 지면 도로가 암흑에 묻히므로 어두워지기 전에 운전속도를 고려해서 숙소로 이동하자. **찾아가기** 타켁광장(Fountain Square)을 기준으로 메콩강을 등지고 메인도로를 따라 직진하면 12번 도로에 위치한다. 13번 도로와 12번 도로가 만나는 사거리에서 16km 지나 우측에 위치한다. 타켁광장을 기준으로 18km 거리이다. 선명한 표지판이 있어 손쉽게 찾을 수 있다.

Special 15
오토바이를 타고 즐기는 타켁루프 Tha khek Loop

타켁루프는 팍세의 볼라웬루프와 더불어 손꼽히는 아웃도어 액티비티로 알려져 있다. 라오스의 도로 상태가 해마다 개선되는 것과 비례하여 점차 많은 여행객이 이 루프에 오른다. 타켁과 주변지역, 콩로동 굴을 오토바이를 타고 둘러보는 이 코스는 이렇다 할 편의시설은 없지만 아름다운 사람과 풍경을 만날 수 있어 주로 모험심이 많은 여행자가 도전한다. 최소 3일이 소요되며 반시계방향으로 진행하되, 비엥 캄에서 다시 타켁으로 돌아오는 13번 도로(Road13)는 트럭과 버스가 과속으로 달리기 때문에 주의를 요한다.

타켁루프의 여정

타켁에서 콩로마을로 접어드는 도로는 오르막과 내리막이 이어져 있어 초보운전자에게는 힘에 부치는 여정이다. 외길일 뿐만 아니라 여전히 자갈 등으로 덮여 있는 구간이 펼쳐져 있기 때문이다. 특히 비가 잦은 우기에는 미끄럽기까지 해 사고위험이 높다. 이런 어려움에도 타켁루프가 인기 있는 것은 타켁에서 조금만 벗어나면 만날 수 있는 동굴을 방문하는 동선과 연계할 수 있기 때문이다. 효율적으로 여정을 누리며 오토바이로 즐기는 속도감으로 자유와 낭만을 만끽할 수 있어 충분히 매력적이다.

타켁루프는 타켁에서 시작하여 반시계방향으로 돌아 콩로마을을 찍고, 다시 타켁으로 돌아오는 코스이다. 여행자의 오토바이 운전 실력에 따른 이동시간과 각 명소에서 체류하는 시간에 따라 하루 일정으로 잡을 수 있고 여러 날 일정으로 삼을 수도 있다.

오토바이 대여하기

타켁시내의 오토바이 대여점을 출발 전날 찾아가서 상태를 확인하고 시승해 보는 것이 좋다. 여행객이 몰리는 성수기에는 좋은 기종이 아침 일찍 대여되는 경우가 많다. 헬멧 역시 일찍 가서 고를수록 상태가 좋은 것을 대여할 수 있다. 기종은 오토와 세미오토로 구분되는데, 주인이 직접 운전방법을 알려준다. 인지도 없는 브랜드나 소리가 나는 오토바이는 고장 나기 쉬우므로 피하자. 첫째 날은 보통 2만K 정도를 주유하면 하루 동안 이동할 수 있으며, 둘째 날은 1~2만K 정도를 채우면 된다.

오토바이 대여 시에는 여권 제시 및 보관이 기본(사본은 받지 않는다.)이며, 반납 시 여권을 돌려받는다. 또한 오토바이에 난 흠이나 자국을 빌미로 수리비를 요구하는 불상사를 막기 위해 오토바이 대여 전에 사진을 찍어두는 것이 좋다. 계약서는 대여점이 보관하는데 이 역시 사진을 찍어두자. 대여비는 선불이며, 24시간 기준으로 반납할 수 있다. 처음 계약 시 이틀을 예정했는데, 개인 일정이 변경되어 하루를 지체해 날짜가 늦어지면, 늦어진 하루에 대한 추가 요금만 반납 시에 부담한다. 물론 대여점의 연락처 등을 미리 알아두면 필요할 때 연락을 취할 수 있으니 미리 확인하자.

왕왕렌탈 Wang Wang Rental

중국인이 운영하는 이곳은 중급 오토바이를 다량 보유하고 있으며 오토와 수동(매뉴얼) 등을 선택할 수 있다. 대여 전에 시승이 가능하며 루트가 소개된 간단한 지도를 항상 제공한다. 팍세에 분점을 운영하며 여행자의 짐을 보관해 주는 서비스를 제공한다. 상태가 좋은 헬멧은 오토바이와 함께 빨리 소진되므로 서둘러 방문하는 것이 좋다.

문의 (856) 020 5697 8535, (856) 020 5663 5360 가격 수동 6만K, 오토매틱 9~10만K 운영시간 07:00~22:00 찾아가기 타켁광장(Fountain Square)에서 메콩강을 바라볼 때, 좌측으로 들어선 초입에 위치한다.

매드몽키모토바이크 Mad Monkey Motorbike

독일인이 운영하는 곳으로, 오토바이 상태가 매우 좋은 렌탈숍이다. 경험자에게만 대여한다는 원칙을 고수하며 대여 전 시승할 수 있다. 항상 지도가 비치되어 있으며 루트에 대한 간단한 정보를 문의할 수 있다. 위험구간이나 경치가 좋은 지점 등을 귀띔해 준다.

문의 (856) 020 5993 9909, (856) 020 2347 7799 **가격** 오토매틱 16~18만K **운영시간** 07:00~22:00 **귀띔 한마디** 일행과 함께 자동차를 대여해 돌아볼 예정이라면 차량 대여를 문의해보자. **찾아가기** 타켁광장(Fountain Square)에서 메콩강을 바라볼 때, 좌측으로 들어서서 두 블록 떨어진 지점에 위치한다. **이메일** dcn66@hotmail.de, madmonkeymotorbike@outlook.com

주의사항

라오스의 날씨와 자신의 체력을 고려하여 안전운행을 하는 것이 가장 중요하다. 시간에 쫓겨 과속하지 않기 위해서는 아침 일찍 출발하고, 해가 지기 전에 숙소에 도착해야 한다. 가로등이 없는 도로에서는 사고위험이 높을 수밖에 없다. 또한 오토바이 운행 중 다른 여행자의 속도에 맞추는 것은 사고를 불러올 수 있다. 자신이 편한 속도를 유지하되, 비포장도로에서는 더욱 속도를 줄이는 것이 최선이다. 마른 흙길이라도 비포장도로는 오토바이에게는 위험구간이다. 군데군데 패인 웅덩이가 있어 바퀴가 빠지면 헛돌 수 있으며 사고로 이어지기 쉽다. 도로가 단순하게 구획되어 있으므로 길을 잃을 염려는 없지만, 지도를 확인하여 루트를 바로바로 체크해야 한다. 이때, 혼자 가는 것보다는 동행자를 구해 도움을 주고받는 것이 좋다. 자외선차단제와 선글라스는 필수이며, 혹시 모를 사고를 대비해 렌탈숍 연락처를 챙겨가도록 하자. 생수도 넉넉히 준비하여 수시로 목을 축이자. 마지막으로 운전에 불편이 없도록 긴 바지와 운동화를 착용하는 것이 좋다. 슬리퍼보다는 샌들이나 운동화가 안전하다.

- ☑ 지도를 바르게 볼 것
- ☐ 동행과 함께 갈 것
- ☐ 일찍 출발하고 어두워지기 전 숙소에 도착할 것
- ☐ 태양을 가리고 수분을 보충할 것
- ☐ 긴 바지와 운동화를 착용할 것

Section 03
타켁에서 가볼 만한 맛집

타켁에는 여행객이 선호하는 타입의 식당이 드물다. 여행객을 겨냥한 식당은 아직까지 손가락을 꼽을 정도로 제한적이다. 즉, 라오스사람들이 즐겨 찾는 곳이 곧 맛집이라는 공식이 통한다. 메콩강을 따라 늘어선 노점에서 로컬음식을 맛볼 수 있으며, 그만큼 허름한 분위기와 저렴한 가격이 특징이다.

타켁에서 맛집으로 손꼽히는 ★★★★☆
미즈탕 Ms. Tang

즉석 꼬치구이와 딤섬, 덮밥 등 푸짐한 메뉴를 자랑하는 현지식당이다. 현지인이 포장해 가는 모습을 쉽게 볼 수 있는 식당으로, 소도시 현지 식당의 소박한 분위기가 매력적이다. 모락모락 숯불이 피워내는 연기가 멀리서부터 코끝을 자극한다.

닭발이나 삼겹살 등을 꼬치에 끼워 숯불에 구운 꼬치요리는 간식으로 손색이 없으며 삶은 채소와 함께 나오는 고기덮밥은 한 끼 식사로 적당하다. 신선한 재료를 사용하고 가격이 저렴해 즐거운 식사를 할 수 있다. 영어 소통이 원활하지는 않지만 테이블에 놓여 있는 음식을 보고 손짓으로 주문할 수 있다.

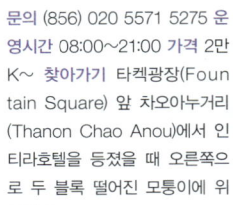

문의 (856) 020 5571 5275 운영시간 08:00~21:00 가격 2만K~ 찾아가기 타켁광장(Fountain Square) 앞 차오아누거리(Thanon Chao Anou)에서 인티라호텔을 등졌을 때 오른쪽으로 두 블록 떨어진 모퉁이에 위치한다.

분위기와 맛이 좋은 카페 겸 식당 ★★★★☆
미스터블랙커피 Mr. Black Coffee

커피와 식사를 즐길 수 있는 카페 겸 식당으로, 현지인과 여행객 모두에게 인기가 높다. 신선한 재료를 사용하여 가격 대비 음식 퀄리티가 좋다. 특히 팟타이나 똠얌꿍 등의 태국메뉴가 여행객 사이에서 인기이다. 시내 중심에 위치해 접근성이 좋으며 저녁시간에는 빈자리를 찾기 어렵다.

문의 (856) 020 2217 3224 운영시간 08:00~22:30 가격 볶음밥 1만 5천K~ 찾아가기 타켁광장(Fountain Square)에서 메콩강을 등지고 쿠웨라웡거리(Thanon Kuvoravong)를 따라 20m가량 걸으면 좌측에 위치한다.

콜로니얼풍 건물과 은은한 조명이 멋스러운 ★★★☆☆
더키친 The Kitchen

인티라호텔에서 경영하는 식당 겸 카페이다. 콜러니얼풍의 건물이 멋스러운 더키친은 목 좋은 곳에 있어 눈에 쉽게 띈다. 밝고 경쾌한 분위기의 실내에는 에어컨이 따로 없지만 그늘이 짙어 시원한 편이다. 국수, 스프링롤 등의 현지식메뉴와 피자, 버거 등의 서양식메뉴를 함께 취급하며 주류와 커피도 갖추고 있다.

문의 (856) 051 251 237 운영시간 07:30~22:00 가격 치킨랍 3만K~ 찾아가기 타켁광장(Fountain Square)과 차오아누거리(Thanon Chao Anou)가 만나는 모퉁이에 자리한다. 노란 건물에 큰 간판이 선명하다.

대자연을 만나는 라오스 남부지역

허름한 분위기와 저렴한 가격에 반하는 ★★★☆☆
강변노점 Street Restaurant

말 그대로 강변에 늘어선 노점이다. 거리 위의 식당으로, 흙바닥에 펼친 플라스틱 테이블이 전부이다. 하지만 메콩강의 낭만에 빠져들면 약간의 불편함도 정겹게 느껴진다. 시원한 마실 거리와 함께 꼬치구이 등 간식으로 삼을 만한 요깃거리가 있다. 광장 바로 건너에는 노점 뒤로 넓은 공간이 있는데, 의자를 놓고 앉을 수 있어 해가 지는 시간에 노을을 보려는 여행객이 모여든다.

가격 꼬치구이 5천~1만K, 생과일셰이크 1만K **운영시간** 07:00~22:00 **귀띔 한마디** 단맛이 가득한 생과일셰이크는 더위를 식히기에 그만이다. 단맛이 싫다면 설탕을 적게 넣어달라고 말하자. **찾아가기** 타켁광장(Fountain Square)에서 메콩강을 바라볼 때 강변도로인 셋타티랏거리(Thanon Setthathirath)를 따라 위치한다.

메콩강을 바라보며 즐기는 ★★★☆☆
그릴덕식당가 Grill Duck Restaurant Street

강변 인근 타켁광장 Fountain Square 주변에 늘어선 식당가로, 오리고기를 전문으로 한다. 주인의 이름과 그릴덕 Grill Duck이라고 쓰인 노란 간판 덕분에 알아보기 쉽다. 식당가 앞에 메콩강을 따라 테이블이 늘어서 있어 강 풍경을 즐기며 맥주 한잔을 즐기기에 좋다. 점심에는 오리고기볶음밥이 무난하며, 저녁에는 오리고기구이를 즐길 수 있다. 여행객을 대상으로 하는 곳으로, 음식에 대한 만족도가 높지는 않으나 차분한 분위기에서 강변 풍경을 즐기기에 좋다.

가격 볶음밥 2만K~ **운영시간** 07:00~22:00 **찾아가기** 메콩강을 바라볼 때, 타켁광장(Fountain Square)을 등지고 좌측으로 첫 번째 블록부터 쭉 자리한다.

소박한 도시에서 느껴지는 도시감성 ★★★☆☆
디디비스트로&카페 D.D.Bistro&Cafe

타켁광장 한쪽에 자리한다. 에어컨을 켠 실내좌석과 철제테이블을 놓은 노천좌석으로 구분되며 음식과 음료, 커피 등을 함께 취급한다. 내부가 넓은 편이며 모던한 인테리어에서 도시감성이 느껴진다. 태국여행객을 겨냥한 매콤달콤한 음식이 많다.

문의 (856) 051 212 355 운영시간 07:30~21:00 가격 볶음밥 2만 5천K~ 찾아가기 메콩강을 바라보고 타켁광장(Fountain Square)에서 오른쪽 거리 한가운데 모퉁이에 위치한다.

맛보다 분위기가 좋은 ★★★☆☆
르부통더허레스토랑 Le Bouton D'or Restaurant

르부통더허호텔에서 경영하는 레스토랑으로 저녁시간에만 문을 연다. 강변에 즐비한 식당 가운데 가장 청결하며 적당한 조명 덕분에 불편함 없이 식사할 수 있다. 튀김류가 맛이 좋은데, 식사류는 무난한 수준이다. 해가 지는 시간대에 노을을 바라보며 맥주 한잔을 즐기려는 이들이 즐겨 찾는다.

문의 (856) 051 250 678 운영시간 17:00~22:30 가격 볶음밥 2만 5천K~ 찾아가기 타켁광장(Fountain Square)에서 메콩강을 바라볼 때 강변도로 셋타티랏거리(Thanon Setthathirath)를 따라 우측으로 100m 지점에 위치한다. 이메일 botondor-tk@hotmail.com

Section 04
타켁에서 머물 만한 숙소

뛰어난 시설을 갖춘 호텔이 많지는 않지만 도시 규모에 비례한 다양한 수준의 호텔이 여행객을 반긴다. 그동안 배낭여행객이 즐겨 다녀간 까닭에 허름한 게스트하우스가 대부분인데, 외관부터 화려한 중급 이상의 고급호텔도 속속 자리를 잡았다. 메콩강 주위에는 주로 고급 숙소가 위치하고, 게스트하우스는 시내를 중심으로 흩어져 있다.

확인된 명성만큼 편안한 서비스가 만족스러운 ★★★★★
인티라호텔 Inthira Hotel

타켁에서 손꼽히는 중급 호텔로 방비엥, 참파삭에도 지점이 있다. 심플한 인테리어와 품질 높은 서비스로 인지도가 높은 호텔이다. 깔끔한 침대와 견고한 가구는 무게감 있는 분위기이며 객실은 깔끔하게 관리되고 있다. 붉은 벽돌의 적절한 배치, 빈티지풍의 타일 문양, 감각적인 조명, 현대적인 욕실 등 여행객 사이에서 평판이 좋은 편이다. 테라스에는 테이블을 두어 라오스 남부의 운치를 즐길 수 있다. 노란색의 콜로니얼풍 건물은 타켁광장 바로 앞에 위치하여 여행자들의 이정표가 되기도 한다. 1층에는 레스토랑 겸 카페 더키친이 자리하지만 소란스럽지 않다.

문의 (856) 051 251 237 체크인/아웃 14:00/12:00 가격 스탠더드룸 $29, 수피리어 $35, 디럭스 $39, 스위트룸 $45 귀띔한마디 1층에 여행사 그린디스커버리가 있어 여행정보를 문의할 수 있다. 찾아가기 타켁광장(Fountain Square)과 차오아누거리(Thanon Chao Anou)가 만나는 지점 코너에 자리한다. 노란 건물에 큰 간판이 선명하다. 홈페이지 www.inthira.com

고급 시설에 저렴한 가격을 자랑하는 ★★★★☆
호텔리베리아 Hotel Riveria

콘도형 숙소로 56개의 객실을 갖춘 대형호텔이다. 타켁과 태국의 국경이 가깝다 보니, 태국 여행객이 편하게 머물 수 있는 중급호텔로 인기가 높다. 넉넉한 크기의 객실과 메콩강이 내려다보이는 높이 등 규모 면에서 주변 호텔보다 뛰어나다. 호텔 내의 식당은 물론, 모던한 호텔서비스를 누릴 수 있다.

문의 (856) 051 250 000 가격 디럭스룸 $49~65, 수퍼디럭스 $67~85, 스위트룸 $85~110 체크인/아웃 14:00/12:00 찾아가기 타켁광장(Founrain Square)에서 메콩강을 바라볼 때, 셋타티랏거리(Thanon Setthathirat)를 따라 우측으로 450m 지점에 위치한다. 홈페이지 www.hotelriveriathakhek.com 이메일 reservations@hotelriveriathakhek.com

반짝반짝 빛이 나는 럭셔리 공간, ★★★★☆
르부통더허부티크호텔 Le Bouton D'or Boutique Hotel

콜로니얼스타일을 세심하게 입힌 이곳은 타켁에서 독보적인 시설과 분위기를 자랑한다. 화이트톤의 외관과 리셉션의 바로크풍 샹들리에는 이곳의 품격과 격조를 말하는 듯하다. 객실 역시 화이트톤과 바로크풍 조명으로 일관된 느낌이며, 기다란 창문으로 프렌치스타일을 재현했다. 메콩강이 정면으로 내다보여 타켁에서 더 특별한 기억을 만들 수 있다. 객실은 공간이 넉넉하며 화려한 고급스러움이 곳곳에 묻어난다.

문의 (856) 051 250 678 가격 스탠더드 더블·트윈룸 $45~50, 디럭스룸 $60~70 체크인/아웃 14:00/12:00 찾아가기 타켁광장(Fountain Square)에서 메콩강을 바라볼 때 셋타티랏거리(Thanon Setthathirath)를 따라 우측으로 100m 지점에 위치한다. 이메일 botondor-tk@hotmail.com

배낭족의 안식처 ★★★☆☆
수티다게스트하우스 Sutthida Guesthouse

좁고 긴 창문을 갖춘 발코니가 굳게 닫혀있어 다소 폐쇄적으로 보이는 수티다는 까무안인터게스트하우스와 더불어 배낭족의 아지트로 여겨지는 숙소이다. 투박한 외관에 비

해 내부시설은 비교적 잘 관리되었는데, 창문이 있는 객실이 아무래도 조금 더 쾌적하다. 강변 부근이지만 도로 쪽에 가까워 메콩강을 볼 수는 없다. 시내 중심에 위치하는데도 번잡하지 않아 비교적 차분한 분위기이다.

문의 (856) 051 212 568 가격 더블·트윈룸 10~15만K(AC룸) 체크인/아웃 14:00/12:00 찾아가기 타켁광장(Fountain Square) 앞 차오아누거리(Thanon Chao Anou)에서 인티라호텔을 등졌을 때 오른쪽으로 두 블록 떨어진 모퉁이에 위치한다.

아름다운 앞뜰이 여유로운 ★★★★☆
타켁트래블로지 Thakek Travel lodge

트래블로지라는 이름답게 별장 같은 이곳은 앞뜰이 있어 다른 숙소와 구별된다. 도미토리와 싱글, 더블, 트리플룸으로 객실이 편성되어 있다. 타켁 중심가와 대로에서 떨어져 있어 조용하게 휴식을 취하기에 좋다. 숙소 내에는 식당을 겸한 카페와 오토바이 대여점이 있어 편리하다. 타켁버스터미널과 타켁시내의 중간에 위치하며, 이곳에서 메콩강까지는 거리가 떨어져 있어서 석양을 보기 위해서는 썽태우나 오토바이를 이용해야 한다.

문의 (856) 051 212 931 가격 도미토리 5만K(팬룸), 싱글룸 6만K(팬룸), 트윈·더블룸 7~13만K(AC룸), 트리플룸 12만K 체크인/아웃 14:00/12:00 귀띔 한마디 메콩강에서 비교적 멀리 떨어져 있으나 게스트하우스에서 오토바이를 대여할 수 있어 큰 불편함이 없다. 찾아가기 버스터미널을 등지고 13번 도로를 따라 타켁 시내로 가는 방향으로 700m 지점 오른편에 위치한다. 13번 도로와 12번 도로가 만나는 교차로에서 200m 거리에 있다. 이메일 thakektravellodge@gmail.com

최소 비용으로 머물 수 있는 ★★★☆☆
까무안인터게스트하우스 Khammouane Inter Guesthouse

투박한 정원과 연두색 외관이 단정한 이곳은 타켁광장에서 두 블록 떨어져 있다. 배낭여행객이 즐겨 찾는 숙소로, 객실은 다소 허름하다. 에어컨룸과 팬룸으로 구분되며, 팬룸일 경우 1층이 더 시원하다. 1층 라운지에서 다른 여행객과 여행정보를 교환하는 경우가 많다.

문의 (856) 051 212 171 가격 싱글룸 5~6만K(팬룸), 트윈·더블룸 8만K(AC룸) 체크인/아웃 14:00/12:00 찾아가기 타켁광장(Fountain Square)에서 메콩강을 등지고 쿠웨라웽거리(Thanon Kuvoravong)에서 300m가량 떨어진 지점 좌측에 위치한다.

Chapter 02

자연의 경이로움을 마주하는, 콩로마을

Konglo Village

 ★★★★★
 ★★★☆☆
★☆☆☆☆

7.5km 길이를 자랑하는 콩로동굴이 있어 콩로마을(반콩로)로 불리는 이곳은 자연의 경이로움이라고 극찬할 만한 풍광을 자랑한다. 굽이굽이 휘감아 도는 돌산의 절경과 카르스트 산세를 타고 넘는 맑은 공기는 여행자의 마음을 평온하게 한다. 방비엥에 이미 마음을 빼앗긴 여행자라도 콩로마을의 웅장한 카르스트지형을 만나면 또 한 번 감탄사를 연발한다. 비엔티안-콩로마을-타켁-팍세-시판돈으로 이어지는 라오스 남부여행을 계획한다면 콩로마을을 기억하자.

대자연을 만나는 라오스 남부지역

▶ 콩로마을에서 이것만은 꼭 해보자 ◀

1. 해가 지는 저녁 어스름 또는 이른 아침에 마을 산책하기
2. 배를 타고 콩로동굴 탐험하기
3. 콩로공원에서 풀벌레 소리 들으며 여유로운 시간 보내기

▶ 사진으로 미리 살펴보는 콩로마을 베스트코스 ◀

콩로동굴로 들어가기 위해서는 보트를 탑승해야 하는데, 동행을 구해야 비용을 절약할 수 있다. 보트 1대에 3인으로 제한되며 보트에 오르면 함께 동굴을 돌아보는 여정이 시작된다.

콩로동굴을 돌아보는 필수 반나절코스(예상 소요시간 약 6시간)

Go! → 조식 — 도보 15분 — 콩로동굴 2시간 30분 코스 — 보트 30분 — 콩로동굴 근처에서 수영 30분 코스 — 도보 5분 — 콩로동굴에서 휴식 30분 코스 — 도보 5분 — 콩로공원 1시간 코스 — 도보 10분 — 마을산책 및 노을 감상 30분 코스

한가로운 콩로마을 즐기기

콩로마을은 콩로동굴로 향하는 길에서부터 다양한 풍경을 만나게 된다. 콩로마을 길을 따라 콩로공원 입구로 들어서면 아름드리나무가 에워싼 이채로운 숲을 지난다. 동굴 입구에서는 카르스트지형의 동굴을 통과하여 흘러나와 형성된 냇물이 펼쳐진다. 특별한 관광상품이 없기 때문에 수영 등을 즐기거나 물놀이를 하는 등 호젓한 자연을 벗 삼아 한나절 소풍을 즐기면 금상첨화이다. 간단한 먹거리, 수영복, 타올 등을 지참하고 보트 승선을 전후해서 동굴 입구가 보이는 지점에서 시간을 보낼 것을 추천한다. 마을에서 멀지 않기 때문에 언제든 산책하러 다녀올 수 있다는 것도 장점이다. 콩로마을에서 콩로공원 입구까지는 보통 걸어서 20분 남짓 걸린다.

콩로마을

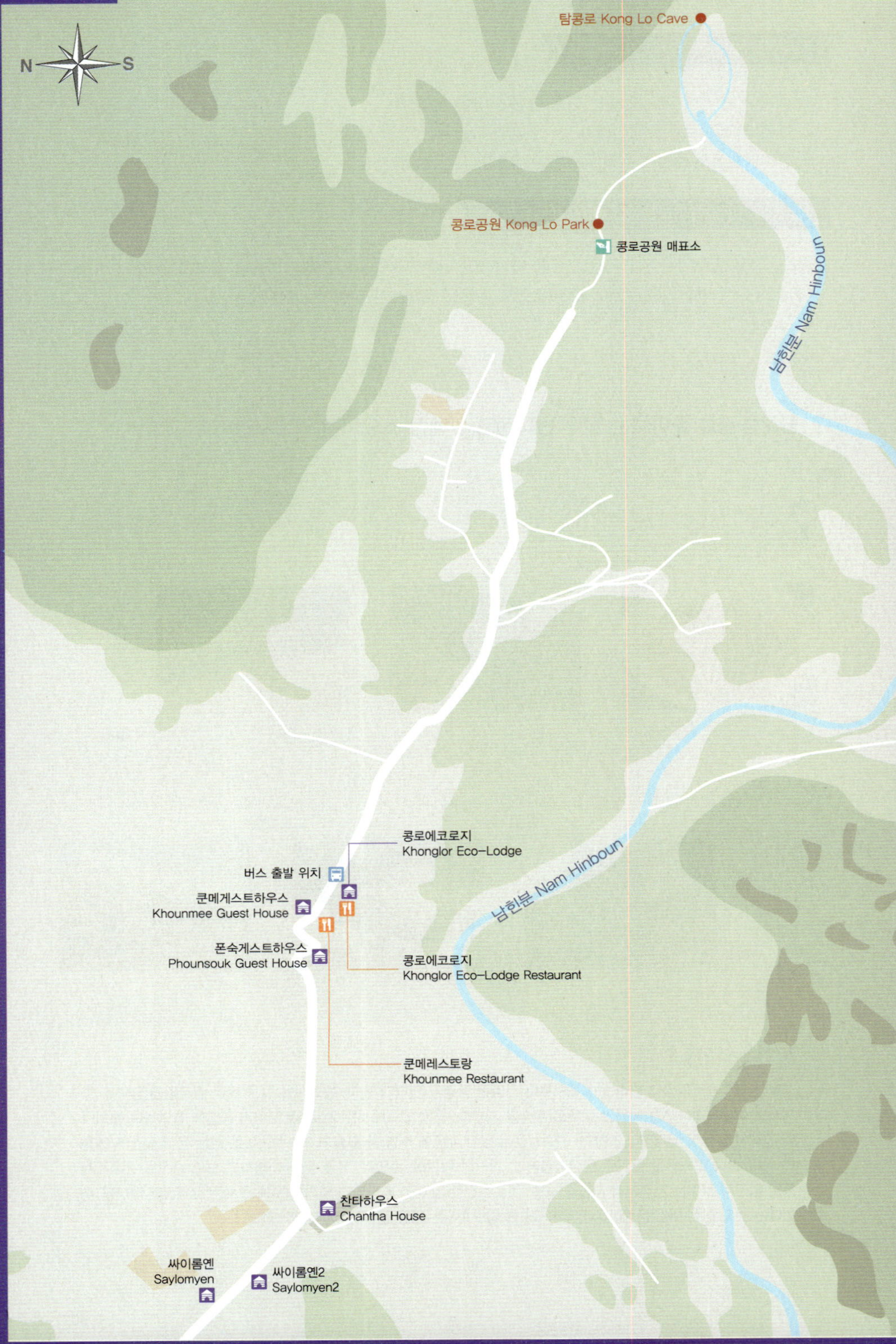
N
S
탐콩로 Kong Lo Cave
콩로공원 Kong Lo Park
콩로공원 매표소
남힌분 Nam Hinboun
콩로에코로지
Khonglor Eco-Lodge
버스 출발 위치
쿤메게스트하우스
Khounmee Guest House
폰숙게스트하우스
Phounsouk Guest House
콩로에코로지
Khonglor Eco-Lodge Restaurant
남힌분 Nam Hinboun
쿤메레스토랑
Khounmee Restaurant
찬타하우스
Chantha House
싸이롬옌
Saylomyen
싸이롬옌2
Saylomyen2

대자연을 만나는 라오스 남부지역

Section 01
콩로마을을 잇는 교통편

메인도로에서 벗어난 길을 따라 마을 안쪽으로 들어가야 하는 콩로마을에 가까워지면 비포장도로를 달리기 때문에 차체의 흔들거림이 심하다. 따라서 오가는 시간과 거리를 줄이는 것이 피로감을 줄일 수 있는 방법이다.

• 출금 : 불가능   • 환전 : 불가능

비엔티안에서 콩로마을로 들어가기

락싸오행 버스

타켁행 버스보다 락싸오Laksao행 버스를 이용하는 것이 비용 면에서 효율적이다. 락싸오에 도착해 썽태우나 마을버스를 타면 콩로마을로 이동할 수 있다. 락싸오행 버스는 비엔티안 남부버스터미널에서 승차한다. ▶P. 099

타켁행 버스

타켁의 팻마니썽태우버스터미널에서 콩로마을로 출발하는 썽태우를 탈 수 있다. 하루 단 1대(07:00)만 운행하며 현지인이 주로 이용한다. 트럭을 개조한 형태라서 다소 승차감이 떨어지지만 매일 정기적으로 운행한다. 또한 비엔티안 남부버스터미널에서 타켁행 버스를 탈 수 있으며 콩로마을에 간다고 말하고 비엥캄Vieng Kham이라는 곳에 하차를 요청할 수 있다. 타켁에 들렀다 콩로마을에 가는 것보다 훨씬 경제적이다. 비엥캄에 하차하면 반나힌Ban Na Hin까지 썽태우를 이용하거나 히치하이킹을 해서 이동한 후, 반나힌에서 콩로마을을 오가는 버스를 탈 수 있으나 비정기적이다. ▶P. 340

콩로마을에서 다른 도시로 이동하기

버스

외진 마을이지만 비엔티안이나 팍세로 가는 버스편을 매일 정기 운행한다. 도착시간을 고려한다면 아침 7시 버스편을 타

출발지	도착지	출발시간	요금	예상 소요시간
콩로마을	비엥캄	07:00, 14:00	2~3만K	40분
	비엔티안		8만K	7시간
	타켁		5만K	2시간 30분
	사반나켓		6만K	5시간
	팍세		10만K	11시간

는 것이 좋다. 아침 7시에 출발하여 비엔티안으로 향하는 버스는 비엥캄Vieng Kham에 정차하는데, 비엥캄에서 버스를 갈아타 타켁, 사반나켓, 팍세로 이동할 수 있다. 보통 콩로마을 숙소에 타켁, 사반나켓 버스편을 문의하여 탑승하면 버스 직원이 비엥캄에서 정차하는 동안 갈아탈 버스를 연결해 준다. 콩로마을은 워낙 작아 따로 버스터미널이 없으며, 콩로에코로지Khonglor Eco-Lodge 앞에서 버스가 출발하고 도착한다. 콩로에코로지 주인에게 문의하면 버스편에 대해 친절히 알려준다.

Section 02

콩로마을에서 둘러봐야 할 명소

콩로마을의 명소는 콩로동굴 하나이다. 하지만 7.5km에 달하는 동굴탐험과 동굴을 중심으로 펼쳐진 강가에서의 여유 그리고 콩로마을을 산책하는 즐거움은 이곳만의 매력이다. 이곳을 다녀간 여행객은 베트남의 하롱베이에 물이 빠지면, 콩로마을 같은 모습일 거라는 상상 어린 귀띔을 전하기도 했다. 아직까지 제한된 여행객이 다녀가서 라오스 시골 마을의 넉넉함이 남아 있다.

배를 타고 건너는 묘미가 가득한 ★★★★★
탐콩로(콩로동굴) Tham Kong Lo(Kong Lo Cave)

7.5km의 길이를 자랑하는 탐콩로는 그 기다란 길이로 유명한데, 너비가 100m가 되는 구간도 있을 정도로 거대한 규모를 자랑한다. 매표소에서 표를 끊고 들어가면 울창한 산책길을 지나 동굴 입구로 걸어 들어갈 수 있고, 대기하고 있는 보트를 볼 수 있다. 내부에 물이 흐르는 콩로동굴은 보트를 타고 통과하게 되는데, 동굴을 돌아보는 데 약 3시간이 걸린다. 건기에는 물이 말라서 동굴 내부 일부구간에서 탑승객이 보트를 밀어야 하는 경우도 생긴다.

컴컴한 동굴 내부를 지날 때에는 손전등(매표소에서 대여 가능)이 유일한 빛이다. 동굴 내부에서 잠시 보트를 정차하고 색색의 조명으로 밝힌 동굴 내부를 살필 수 있다. 신비한 풍경을 만드는 다양한 모양의 종유석과 석순을 감상한 후 다시 보트에 올라타면 다시 깜깜한 어둠에 싸이는데, 출구의 밝은 빛이 다시 환하게 쏟아진다.

입장료 1만K, 오토바이 주차료 2천K 보트 이용료 최대 탑승 인원 3인, 보트 1대 1인 11만K, 2인 12만K, 3인 13만K(동행을 구해 비용을 나누는 것이 일반적이다.) 운영시간 08:00~16:00 귀띔 한마디 늦어도 오후 1시 전에는 동굴 입구에 도착해야 한다. 그 이후에 보트에 탑승하면 비용대비 탑승시간이 줄어든다. 찾아가기 콩로마을 가장 안쪽 길에 위치하며 외길 위에, 3km나 1km 등으로 이동거리를 알리는 표지판이 있어 이를 따라 직진하면 된다.

정글 속 풀벌레 소리가 우렁찬 ★★★★☆
콩로공원 Kong Lo Park

공식 명칭은 아니지만 일명 콩로공원으로 불리는 이곳은 열대나무가 하늘 높이 솟아 깊은 숲을 이루고 있어 입구에 들어서는 순간 힐링이 시작된다. 마을에서부터 이어진 외길을 걷다 보면 어느새 콩로공원에 다다르게 된다. 빽빽하게 들어찬 나무는 높이를 가늠하기 어려울 정도로 높고 나무의 둘레는 한아름을 훌쩍 넘길 만큼 굵직하다. 정글에서는 풀벌레가 귀가 아플 정도의 우렁찬 소리로 낯선 여행객을 반긴다.

입구를 통과해 안으로 들어가면 콩로동굴에서 흘러나온 물이 냇물을 이루는데, 테이블과 벤치가 놓인 자리에 앉아 풍경을 바라보며 쉴 수 있다. 물론 무더운 날씨에 수영을 즐기기에도 부족함이 없다. 단, 수영할 때는 비키니보다 라오스식으로 옷을 입는 것이 좋겠다. 콩로마을에서 약 1km 남짓의 거리에 자리하며 곳곳에 표지판이 있어 손쉽게 찾을 수 있다.

입장료 2천K **운영시간** 08:00~16:00 **귀띔 한마디** 탐콩로 운영시간과 별개로 공원을 개방한다. **찾아가기** 콩로동굴로 가는 길과 동일하며 마을 중간에 설치된 콩로동굴 표지판을 따라 그대로 직진한다.

Part 04

나만의 속도로 즐기는 ★★★★★
마을산책

카르스트지형으로 형성된 콩로마을을 찾은 이들은 하나같이 이곳의 비경에 놀란다. 마을 한가운데에서 바라보는 풍경은 드라마틱하여 마을 자체가 하나의 볼거리이다. 꾸밈없는 라오스사람들의 소박한 일상을 만날 수 있는 것 역시 콩로마을의 매력 중 하나이다.

포장되어 있지 않은 마을길을 따라 이른 아침에 산책을 나서보자. 맑은 공기와 어우러진 절경과 부지런한 농부의 부산함을 마주칠 수 있다. 마을길은 가로등이 없어 저녁 6시가 지나면 순식간에 어둠에 잠긴다.

대자연을 만나는 라오스 남부지역

Section 03
콩로마을의 맛집과 숙소

아직까지 많은 여행객이 머무는 곳은 아니기 때문에 숙소와 식당이 한정되어 있다. 그래도 여행객을 위한 소규모 숙소와 끼니를 해결할 만한 식당이 있다. 전통적인 라오스 가옥구조에 1층 혹은 2층으로 지어졌으며, 1층일수록 지붕이 높거나 기와를 올린 건물일수록 객실이 더 시원하다.

친절한 주인이 맞이하는 레스토랑 겸 게스트하우스 ★★★☆☆
콩로에코로지 Khonglor Eco-Lodge

콩로에코로지의 레스토랑에서는 라오스음식과 서양식, 간단한 음료 등 여행객을 겨냥한 메뉴를 갖추고 있다. 주문과 동시에 신속하게 음식을 준비하며, 볶음밥이나 프렌치프라이 등이 무난하다.

게스트하우스 건물은 1층은 석조, 2층은 나무로 지은 전형적인 라오스가옥 형태이다. 1층은 2층에서 열기를 막아주기 때문에 한결 시원하며 2층은 객실 앞에 탁자가 있어 여유공간을 누릴 수 있다. 객실 내부에서 콩로마을 풍경을 즐길 수 없는 것이 아쉽지만 마당이 넓고 새로 정비한 시설이 깨끗한 편이다.

문의 (856) 077 762 433
체크인/아웃 14:00/12:00
가격 볶음밥 등 단품메뉴 2만K/더블룸 6만K 찾아가기 콩로마을에서 가장 마을 안쪽에 위치한다. 우측에 간판이 선명하다.

청기와를 올려 지은 ★★★☆☆
쿤메레스토랑&게스트하우스 Khounmee Restaurant&Guesthouse

레스토랑과 게스트하우스가 길 건너편에 마주 보고 자리한다. 레스토랑은 볶음밥이나 덮밥, 국수 등의 메뉴를 갖추고 있으며, 와이파이가 제공되어 음료를 주문하고 카페처럼 이용하기에도 좋다. 저녁 늦게까지 문을 열어 간단하게 맥주를 즐기려는 여행객이 즐겨 찾는다. 게스트하우스는 6개의 객실을 보유하고 있다. 한눈에도 알아볼 수 있는 새로 지은 게스트하우스 건물은 열기를 막기 위해 지붕을 높이 하고 청기와를 올렸다. 객실 안 창문을 열면 마을풍경이 펼쳐지나 발코니가 없는 것이 다소 아쉽다.

문의 (856) 020 5879 0652 운영시간 06:30~21:00 체크인/아웃 14:00/12:00 가격 볶음밥 2만K, 치킨랍 3만K/숙박 6만K 귀띔 한마디 와이파이는 식당에서만 사용이 가능하다. 찾아가기 콩로마을 초입에서 더 안쪽으로 들어가면 마을길 중간 폰숙게스트하우스 옆에 위치한다.

콩로마을의 숨은 모던함. ★★★☆☆
폰숙게스트하우스 Phounsouk Guesthouse

6개의 객실을 갖춘 이곳은 새단장을 마쳐 모던한 시설을 갖추었다. 작은 크기지만 공간을 잘 활용한 객실과 욕실은 모던한 느낌이다. 2층 발코니에서는 탓로마을의 산세를 바라보며 조용한 시간을 보낼 수 있다. 마을 한가운데에 자리하며 주변은 온통 논으로 둘러싸여 있어 휴식을 취하기에 좋다.

문의 (856) 020 5933 4360 체크인/아웃 14:00/12:00 가격 6만K 찾아가기 콩로마을 초입에서 더 안쪽으로 들어가서 마을길 중간 쿤메게스트하우스 옆에 위치한다.

전망 좋은 마을의 전망 좋은 집 ★★★★☆
찬타하우스 Chantha House

전망 좋은 탓로마을에 꼭 어울리는 숙소이다. 전원적인 운치는 물론, 현대적인 시설을 갖추어 불편 없이 머물 수 있다. 탓로의 풍경을 한눈에 조망할 수 있는 마당 테라스와 객실의 발코니 등에서 여행지에서의 풍요로움을 넉넉히 즐길 수 있다. 특히 2층 발코니룸에서 바라보는 풍경은 절경이다. 조용한 마을 분위기와 어울리는 이곳은 친절한 직원과 마을 한가운데에 있는 위치적 장점 등으로 머무는 즐거움이 있다.

문의 (856) 020 2210 0002, (856) 020 2333 3639 체크인/아웃 14:00/12:00 가격 6만K 찾아가기 콩로마을 중간에 위치하며 2층 높이의 건물이 정원을 끼고 있어 쉽게 눈에 띈다. 고급스럽게 꾸며진 석조 간판이 선명하다. 이메일 Chanthahouse@hotmail.com

정갈한 카페를 끼고 있는 ★★★☆☆
싸이롬옌2 Saylomyen2

길 건너편 싸이롬옌과 구분되는 싸이롬옌2는 게스트하우스 입구에 식당을 겸한 카페가 자리한다. 싸이롬옌과 달리 목조건물은 아니지만 외관과 객실 바닥을 나무로 꾸며 아늑한 분위기를 자아낸다. 11개의 객실을 갖추고 있으며 객실에서 창문을 열면 탓로마을의 풍경을 볼 수 있으나 발코니는 따로 없다. 입구에 자리한 카페에서 풍경을 보는 것으로 아쉬움을 달랠 수 있다.

문의 (856) 020 5830 5391, (856) 020 9919 1518 체크인/아웃 14:00/12:00 가격 6만K 찾아가기 싸이롬옌 게스트하우스와 함께 콩로마을 초입에 위치한다. 싸이롬옌2라는 노란 간판이 선명하다.

Chapter 03

왓푸와 볼라웬의 관문, 팍세

Pakse

★★★★★
★★★★☆
★★★☆☆

팍세 혹은 빡세라고 불리는 이곳은 남부 여행의 기점으로 꼽힌다. 팍세를 중심으로 참파삭의 왓푸, 볼라웬고원 등을 둘러볼 수 있다. 가까운 탓로마을 쪽에는 가슴을 뻥 뚫어줄 수려한 폭포가 여행객을 기다린다.

팍세에서 이것만은 꼭 해보자

1. 왓푸 방문하여 크메르문화의 흔적 살피기
2. 용의 눈물이라 부르는 폭포 탓파인 방문하기
3. 해지는 시간에 왓루앙 뒤편으로 흐르는 쎄돈강의 노을빛 감상하기

대자연을 만나는 라오스 남부지역

사진으로 미리 살펴보는 팍세 베스트코스

팍세에서의 일정은 볼라웬고원으로 향하는 루트와 참파삭의 왓푸를 방문하는 루트로 나눌 수 있다. 두 지역이 반대방향이므로 하루에 한 지역을 중심으로 일정을 정하자. 여기서 소개하는 일정은 여행사의 일반적인 코스이다. 개인 여행자도 오토바이를 대여하여 하루나 이틀 동안 셀프투어를 진행하는 것이 일반적이다. 조금 편안한 일정을 원한다면 여행사에서 제공하는 한나절투어를 고려할 수 있다.

Go! 투어로 맛보는 탓로와 볼라웬루프 (예상 소요시간 약 7시간)

여행사 → 탓파인 40분 코스 → 커피&티 40분 코스 → 소수민족마을 30분 코스
(미니밴 40분) (미니밴 10분) (미니밴 30분) (미니밴 15분)

탓항&탓로 40분 코스 → 점심 1시간 코스 → 탓파수암 40분 코스 → 르파노라마 루프톱 30분 코스
(미니밴 10분) (미니밴 50분) (미니밴 30분)

Go! 고민 없이 즐기는 팍세 추천 동선 (예상 소요시간 약 6시간)

다오흐엉마켓 성태우터미널 → 왓푸 입구 10분 코스 → 박물관 및 왓푸 1시간 30분 코스 → 휴식 20분 코스
(성태우 40분) (도보 10분) (투어버스 10분) (성태우 40분)

다오흐엉마켓 30분 코스 → 식사 및 휴식 1시간 30분 코스 → 왓루앙 및 쎄돈강 30분 코스
(도보 또는 성태우 15분) (도보 10분)

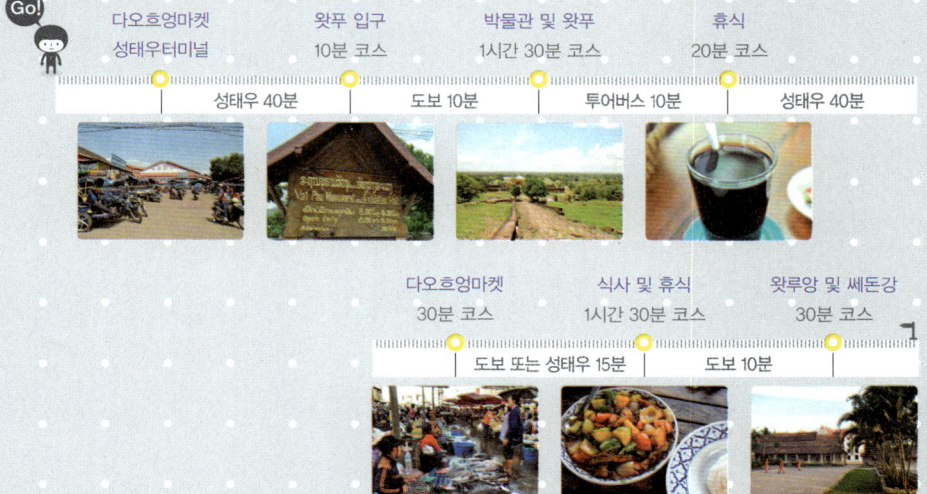

367

A

비다베이커리카페
Vida Bakery Cafe

Thanon 21

Thanon 24

자스민레스토랑
Jasmin Restaurant

캄퐁호텔
Kham Fong Hotel

타룽호텔 Thalung Hotel

르테라스 Le Terrasse

13번 국도 Highway Route 13

피다오호텔
Phi Dao Hotel

생아룬호텔
Sang Aroun Hotel

왕왕렌탈
Wang Wang Renta

더라오레스토랑&바
The Lao Restaurant&Bar

왓루앙
Wat Luang

참파디바이다오커피
Champady by Dao Coffe

BCEL은행

알리사호텔
Alisa Hotel

ATM

아테네레스토랑
Athens Restaurant

사바이디팍세레스토랑
Sabaidee Pakse Restaurant

쎄돈강
Xe Don River

Thanon 11

Thanon 10

Thanon 12

란캄호텔 Lan Kham Hotel
란캄쌀국수 Lankham Noodle Soup
피자보이 Pizza Boy
미스노이 Miss Noy
피다오카페&레스토랑
Phi Dao Cafe&Restaurant

Thanon 24

다오린레스토랑
Daolin Restaurant

그린디스커버리
Green Discovery

쌀라참파호텔
Sala Champa Hotel

포레스트호텔
Forest Hotel

Thanon 5

쑤언마이레스토랑
Xuanmai Restaurant

르파노라마
Le Panorama

카페씨눅
Cafe Sinouk

팍세호텔
Pakse Hotel

레지던스시숙
Residence Sisouk

Thanon 46

파리지앵카페
Parisien Cafe

여행자안내소

참파삭프라자
Champasak Plaza

칫파송버스터미널
Chitpasong Bus Terminal

팍세병원

Thanon 10

N
W E
S

Section 01
팍세를 잇는 교통편

라오스 남부의 거점이기도 한 팍세는 13번 도로를 따라 비엔티안에서 약 670km, 타켁에서 약 340km 떨어져 있다. 카르스트지형에 펼쳐진 초목이 빼어난 풍광을 자랑하므로 밤보다는 낮에 이동할 것을 권한다. 비교적 도로 포장상태가 좋아 편하게 이동할 수 있다.

• 출금 : ATM, 은행   • 환전 : 은행, 사설환전소

✎ 팍세공항

팍세국제공항Pakse International Airport은 씨엠립, 호치민시티, 방콕행 국제선과 비엔티안, 루앙프라방, 사반나켓행 국내선을 운항한다. 시내에서 2.5km 떨어져 있으며 썽태우를 타고 이동한다. 요금은 1인당 2만K 정도이며, 공항택시는 차량 1대에 $8가량이다.

✎ 여행사버스

많은 여행사가 버스편을 알선하고 예약·판매를 대행하여 거리가 먼 남부 혹은 북부버스터미널까지 오가는 수고를 할 필요가 없다. 픽업서비스를 제공하므로 여행사의 티켓 가격을 비교하고 픽업 여부를 확인하는 것이 가장 경제적으로 구입하는 방법이다.

도착지	픽업시간	예상 소요시간	요금
타켁 Thakek		5시간 30분	9만 5천K
사반나켓 Savanaket		4시간	8만 5천K
참파삭 Champasak	08:00	1시간 30분	5만 5천K
돈콩 Don Khong		2시간 30분	6만K
돈뎃 Don Det		3시간	6만K(보트비 포함)
돈콘 Don Khone		3시간	6만 5천K(보트비 포함)

✎ 팍세남부버스터미널

팍세남부버스터미널Pakse Southern Bus Station은 시내와 약 8km 떨어져 있다. 다른 지역으로 이동할 경우, 시내에서 티켓을 구입할 수 있으며 픽업서비스를 제공하여 숙소에서 정류장까지 편리하게 이동할 수 있다. 지정좌석제가 아니므로 되도록 먼저 자리를 잡도록 하자. 다음 표 이외의 시간에 버스를 타기 위해서는 숙소에서 터미널까지 썽태우로 이동해야 하며, 2만 5천~4만K의 비용이 따로 든다.

도착지	출발시간	예상 소요시간	요금
비엔티안 Vientiane	07:00~16:00(40분 간격)	15시간	11만K
타켁 Thakek		9시간	6만K
사반나켓 Savannakhet		5시간	4만K
아타프 Attapeu	07:00, 08:00, 09:00, 11:30, 16:00	4시간	4만 5천~5만 5천K
돈콩 Don Khong	08:00, 10:00, 11:30, 13:00, 14:30	3시간	5만K
반나가상 Ban Nagasang	08:00, 09:00, 10:00, 11:00, 12:00, 3:00, 14:00, 15:00, 16:00	3시간	5만K
살라완 Salavan	07:45, 09:15, 11:00, 16:00	2시간 30분	3만K

돈뎃이나 돈콩으로 이동하기

반나가상에 있는 보트선착장에서 08:00, 11:00에 돈뎃과 돈콩으로 가는 보트(2만K)를 이용할 수 있는데, 폭리를 취하는 경우가 많으므로 미리 팍세의 여행사에서 티켓을 구입하는 것이 합리적이다. 이때, 티켓의 도착지가 돈뎃(Don Det), 돈콘(Don Khon) 등으로 영문 표기가 분명하게 적혀 있는지 잘 확인해야 한다.

🖊 북부버스터미널

시내와 약 10km 떨어져 있다. 시내에서 티켓을 구입할 수 있으며 숙소에서 픽업서비스를 받아 정류장까지 이동한다. 지정좌석제가 아니므로 되도록 먼저 자리를 잡도록 하자.

🖊 칫파송버스터미널

칫파송버스터미널Chitpasong Bus Terminal은 나이트버스터미널이라고도 부르며, 라오스 북부로 바로 이동할 수 있다. 다만 저녁에 출발하여 차창 밖 풍경을 볼 수 없으며 사고위험이 다소 높다. 때문에 대부분의 여행자가 이 노선을 선호하지 않는다.

출발지	도착지	출발시간	예상 소요시간	요금
팍세	비엔티안	20:30	10시간 30분	17만K
	방비엥		14시간 30분	24만K
	루앙프라방		21시간	37만K

🖊 다오흐엉마켓 내 썽태우터미널

여행사를 통하지 않고 직접 참파삭의 왓푸로 찾아가려면 이곳에서 썽태우를 타야 한다. 팍세 시내와 1.5km 떨어져 있어 걸어서 찾아갈 수 있다. 아침 9시부터 오후 2시까지 운행하는데, 반대로 왓푸에서 팍세로 오는 썽태우는 아침 6시부터 8시까지만 운행하므로 주의해야 한다. 태국 국경 총멕Chong Mek으로 이동하는 썽태우도 운행한다.

출발지	도착지	출발시간	예상 소요시간	요금
팍세	왓푸	09:00~14:00	40분	2만K
팍세	총멕	06:00~18:00	40분	2만 5천K

Part 04

Section 02
팍세에서 둘러봐야 할 명소

팍세는 남부의 수도라고 불릴 만큼 중심지 역할을 한다. 여행자에게 익히 알려진 참파삭에 위치한 왓푸는 팍세에서 한나절코스로 삼아 다녀오기 적당하다. 또한 탓로 일대를 반시계방향으로 원을 그리며 돌아보는 볼라웬루프가 인기 있다. 볼거리가 많은 볼라웬루프는 오토바이로 둘러볼 수 있다.

크메르왕국의 흥망이 엿보이는 ★★★★★
왓푸 Wat Phu(Vat Phu)

팍세에서 약 45km, 참파삭에서 10km 떨어져 있는 왓푸 Wat Phu는 앙코르왕국의 사원이다. 앙코르왕국은 지금의 캄보디아 씨엠립을 중심으로 802년부터 1431년까지 동남아시아를 호령했으며 앙코르왓을 건축한 수리야바르만2세가 통치한 12세기에 전성기를 누렸다. 왓푸는 당시 앙코르왕국의 세력이 라오스 남부까지 끼칠 만큼 강성했다는 증거이기도 하다. 참파삭 Champasak에 위치한 왓푸는 2001년 유네스코 세계문화유산으로 등재되었으며, 팍세에서 멀지 않아 여행사를 통하거나 오토바이를 대여해 한나절일정으로 다녀가는 여행자가 많다. 지형이 완만한 라오스 남부에서 푸카오산 Phu Kao Mountain 한 자락을 끼고 자리해 중앙신전까지 오르면 가까이로는 인공호수 바라이와 멀리 메콩강까지 한눈에 내려다볼 수 있다. 중앙신전 뒤로 깎아질 듯 가파른 암벽이 마주 서 있어 영험한 기운이 느껴진다. 푸카오산 상층부에 남아 있는 사원 하나는 5세기에 건립되었고 그 이외 대부분의 사원은 11~13세기에 걸쳐 지어진 것으로 알려진다.
푸카오산 정상은 외부로 돌출된 링가의 형상을 하고 있어 특히나 더 신성시되었다. 링가 Linga는 남근의 상징적 형태이며 생명의 근원을 뜻하는 것으로 힌두유적에서 발견할 수 있는 특징 가운데 하나이다. 왓푸 매표소에서 산 정상의 모습이 선명하게 보인다. 왓푸의 사원은 홍토라고 하는 라테라이트, 사암과 층층이 쌓아 올린 벽돌 등 크메르사원의 특징을 그대로 간직하고 있다. 왓푸를 둘러보는 데 약 2시간 반가량이 소요된다.

입장료 5만K(매표소에서 왓푸 입구까지 운행하는 전동차 이용요금 포함) 운영시간 08:00~16:00 귀띔 한마디 입장권을 구입하면 무료 전동차를 타고 바라이를 지나 진입로 앞까지 손쉽게 이동이 가능하다. 입구에서 진입로까지 거리는 약 800m이지만 무더운 날에는 모자와 선크림, 생수는 필수이다. 찾아가기 다오흐엉마켓(Daoheuang Market)에서 썽태우 탑승 혹은 여행사 상품 이용할 수 있다. 다오흐엉마켓 썽태우터미널에서 썽태우의 출발시간을 참고하자. P. 371

대자연을 만나는 라오스 남부지역

왓푸 살펴보기

진입로

인공호수 바라이를 지나 들어서는 왓푸 진입로는 바닥이 돌로 다져져 포장되었고 양쪽으로 링가Linga가 일렬로 세워져 있다. 링가는 남성의 성기를 형상화한 돌조각으로 보통은 힌두교 시바신의 상징이다. 이는 다산과 풍요, 앙코르 왕국 왕실의 번영과 깊은 연관이 있다.

궁전

진입로를 지나 대칭으로 서 있는 두 건물을 궁전Palce이라고 하는데, 북쪽 궁전North Palace과 남쪽 궁전South Palce으로 불리며 각각 여성궁전과 남성궁전으로 구분된다고 알려진다. 이곳에서 눈여겨볼 것은 문틀 상단에 장식된 프론톤Fronton이다. 불꽃이 피어오르는 형상이어서 화염문장식이라고도 불리는데, 평면 프론톤을 2겹 혹은 3겹으로 배치하여 입체감과 화려함, 장엄함을 극대화했다. 궁전 입구로 들어서는 계단이 가파른 것도 특징이다.

중앙신전

중앙신전 내부에는 불상을 모시고 있으며 라오스인들이 향을 피우고 헌화하기 위해 찾는다. 13세기 중반에 라오스에 불교가 전해지면서 원래는 힌두 사원이던 왓푸에 불상이 함께 모셔져 힌두교와 불교가 혼재된 모습을 엿볼 수 있다. 궁전과 마찬가지로 중앙신전 역시 보존상태가 좋지 않다. 그러나 출입문을 중심으로 장식된 부조는 아직까지 미려하고 섬세하다. 머리 3개가 달린 코끼리에 앉은 기후, 전쟁을 다스리는 인드라Indra와 가루다를 탄 비쉬누Vishnu 등이 출입문 상단, 즉 린텔Lintel에 화려

하게 부조되어 있다. 또한 드바라팔라Dvarapala(신전을 지키는 수문장)와 데바타Devata(여신)가 출입구 좌우에 선명하게 조각되어 있다. 출입문 양옆에 붙임기둥 장식과 그 붙임기둥 하단의 명상하는 수도승 그리고 앞서 언급한 부조장식은 모두 캄보디아 앙코르왕국의 사원에서 찾을 수 있는 공통적인 특징이다. 머리 3개 달린 코끼리 아이라바타Airavata는 라오스 왕궁에서 발견되는 왕실의 문장에서 상징적으로 쓰인다.

악어암석&코끼리암석

중앙신전에서 약 110m 떨어진 곳에 자리한 악어암석과 코끼리암석이 선명하게 보인다. 이 암석은 왓푸의 신성함을 배가시키는데, 악어암석은 재물을 놓았던 곳으로 회자된다. 신전 뒤편에 화살표가 있어 길을 따라 걸어가면 찾을 수 있다.

고즈넉한 사원 ★★★★☆
왓루앙 Wat Luang

팍세 시내에서 걸어서 다녀갈 만한 사원으로 1935년에 건축되었다. 현재는 사원 내 일부 공간을 불교대학으로 사용한다. 사원 입구 쪽에는 납골탑이 늘어서 있으며 그중 규모가 가장 큰 하얀색 납골탑에는 혁명 전 총리의 골분이 안치되어 있다고 한다. 새로 지은 건물과 유서 깊은 불당이 함께 자리한 모습과 고즈넉한 사원 안마당을 거니는 승려를 만날 수 있다. 또한 해 질 녘에는 쎄돈 Xe Don 강에 비친 노을을 감상할 수 있다. 이른 아침의 탁밧행렬은 이곳에서 시작되어 골목골목으로 이어진다.

입장료 무료 운영시간 24시간 찾아가기 게스트하우스가 즐비한 메인도로(Road13)에서 쎄돈강이 만나는 길목에 자리한다.

팍세의 풍요가 한자리에 모인 ★★★☆☆
다오흐엉마켓(탈랏다오흐엉) Daoheuang Market(Talat Daoheuang)

다오흐엉마켓은 성태우터미널이 시장 초입에 위치해 여행자에게 잘 알려진 재래시장이다. 규모도 규모이지만 거래하는 상품의 가짓수도 많아 생선이나 고기, 각종 과일과 먹거리를 엿보는 재미가 쏠쏠하다. 상인들의 소박한 모습과 생기 있는 얼굴을 마주하는 즐거움도 덤으로 얻을 수 있다. 기념품으로 삼을 만한 물건을 찾기는 어렵지만 라오스의 평범한 하루를 만날 수 있다.

운영시간 상시 귀띔 한마디 시장 입구로 들어오면 성태우터미널과 연결된다. 찾아가기 팍세 시내의 메인도로(Road13)를 따라 1.5km 직진한다. 가는 도중에 사거리 교차로가 나오는데, 직진한다는 기분으로 우회전하거나 좌회전하지 말고 앞으로 계속 걸어가면 우측에 성태우가 많은 곳이 있으며 이곳에서 시장 입구와 연결된다.

집라인과 나무 위에서의 하룻밤. ★★★★☆
더트리탑 익스플로러 The Tree Top Explorer

그린디스커버리의 투어상품으로 1박 2일 코스이다. 집라인과 트레킹을 즐기고 정글 속 나무 위의 집에서 하룻밤을 묵는 이 투어상품은 인공적인 것들로부터

완전히 떨어져 꼬박 이틀 동안 진행된다. 반농루앙Ban Nongluang으로 이동하여 트레킹으로 일정을 시작하는데, 커피농장을 지나기도 하고 폭포에서 수영을 하며 더위를 식히기도 한다. 울창한 숲속 커다란 나무 위의 집에서 하룻밤을 보내고, 다음날 400m 집라인을 즐긴다. 발아래 펼쳐지는 정글과 폭포는 짜릿한 경험이 될 것이다.

문의 (856) 031 252 908, (856) 020 9782 3111 운영시간 08:00~20:00 가격 $240~260 귀띔 한마디 영어가이드와 참가인원에 따라 2~4명 전문인력이 따라붙는다. 찾아가기 메인도로(Road13)에서 왓루앙 부근 타논10번 도로로 두 블록 들어오면 모퉁이에 커다란 간판이 보인다. 홈페이지 www.greendiscoverylaos.com 이메일 boun@treetoplaos.com

여행자안내소 Tourist Information center

여행자안내소에서는 팍세를 중심으로 한 여러 지역의 지도를 비치하고 있다. 담당자가 영어로 설명을 하지는 않지만 지도를 구할 목적이라면 가볼 만하다. 타켁에서 다른 도시로 연결되는 버스편의 시간표와 라오스에어 항공편 시간표가 있다.

운영시간 08:00~12:00, 13:00~16:00 찾아가기 메인도로(Road13)에서 왓루앙이 있는 11번길(Thanon 11)로 꺾은 후 그 길을 따라 350m 걸어가면 우측 모서리에 여행자안내소 간판이 보인다.

 화산고원지대 ★★★★☆
볼라웬(볼라벤)고원 Bolaven Plateau

볼라웬고원은 특정한 여행지라기보다는 팍세의 서쪽 일대의 화산고원지대를 가리킨다. 해발 800~1,350m에 위치하며 베트남과 라오스에 걸쳐 완만한 오르막으로 연결된다. 지대가 높고 강수량이 적당하며 화산폭발로 인해 토양에 영양분이 많아 커피를 중심으로 한 농작물의 수확량이 많다.

여행객은 팍세를 출발하여 볼라웬고원을 따라 탓로마을까지 다녀오는 코스로 여정을 즐긴다. 손쉽게 여행사 투어상품을 통해 돌아보거나 오토바이를 대여해 직접 둘러볼 수 있다. 반시계방향으로 루트를 잡으면 탓이투, 탓탐참피, 탓파인, 탓그너앙 등의 폭포를 순서대로 방문할 수 있다. 좀 더 구체적인 정보는 Special 16의 볼라웬루프 P.376 를 참고하자.

홈페이지 www.bolaven.com

한나절 동안 탓로마을 둘러보기

여정이 빠듯하다면 팍세에 자리한 여행사 등을 통해 투어상품을 이용할 수 있다. 08:00에 출발해 17:00에 돌아오는 일정으로, 탓로를 포함한 폭포 3곳을 차례로 돌아본다. 폭포 입장료는 포함되지만 점심은 제공하지 않으므로 식사시간에 주변 식당에서 해결해야 한다. 투어 가격은 1인당 15만K 선이다.

Special 16
오토바이를 타고 즐기는 볼라웬루프 Bolaven Loop

팍세를 기점으로 볼라벤고원 일대를 달려 자유롭게 폭포를 구경하고 탓로마을에서 하루를 묵고 다시 팍세로 돌아가는 여정은 자유여행을 즐기는 이들의 로망이자 라오스 남부를 만끽하는 또 하나의 대안으로 떠오르고 있다. 루트에 따라 이틀을 할애할 수도 있고. 나흘 이상의 일정으로 꾸릴 수도 있다.

볼라웬(볼라벤)루프

무려 20개의 폭포가 볼라웬고원을 중심으로 팍세와 아타프 사이에 포진해 있다. 그중 2일 혹은 3일 일정으로 둘러보기 좋은 폭포는 10개 내외로 꼽힌다. 장대한 물줄기를 구경하면서 이가 시릴 정도로 차가운 물에서 수영을 즐기는 반나절일정은 결코 놓쳐서는 안 될 하이라이트이다. 시원하게 뻗은 길은 대형버스와 트럭이 달리기 때문에 야간에는 다소 위험하지만 이른 아침에는 폭포를 순례하는 여행자들이 오토바이로 질주하는 자유의 고갯마루이기도 하다. 완만하게 경사진 길은 고원 너머의 푸른 산세가 바라다보이는 최고의 전망을 제공한다.

버스로 이동하기

볼라웬고원 곳곳의 폭포를 방문하기 위해서는 오토바이가 필수이지만, 팍세에서 바로 탓로마을을 잇는 버스편을 팍세남부버스터미널에서 이용할 수 있다. 팍세남부버스터미널에서 매일 살라완행 버스가 운행하는데, 탓로마을 근처를 지나가는 본 버스를 이용하며 오토바이 없이 방문할 수 있다. **P. 371**

오토바이 대여하기

워낙 많은 여행객이 오토바이를 대여하므로 팍세에 도착한 날 예약해 두는 것이 중요하다. 오토바이의 1일 대여료는 오토매틱 10만K, 세미오토매틱 6~7만K이다. 매일 오후 6시에는 미스노이 Miss Noy에서 볼라웬루프에 대한 브리핑을 겸한 미팅(무료)을 진행한다. 자세한 루트 소개와 오토바이 안전수칙 등 맞춤 내용이므로 볼라벤루프를 계획한다면 참석하도록 한다. 팍세 시내에는 두 곳의 대여점이 있다. 최소 1박 여정으로 삼는 탓로마을에는 오토바이 대여점이 없다.

왕왕렌탈 Wang Wang Rental

타켁에 본점을 두고 있는 곳으로, 팍세점도 꾸준히 여행객이 찾는다. 지도를 제공하지만 확실하지 않은 구간이 있어 참고 정도만 해야 한다. 상태 좋은 헬멧은 일찍 모두 대여되기 때문에 서둘러 가는 것이 좋다.

문의 (856) 020 5993 9552 운영시간 07:00~19:30 가격 오토매틱 5~8만K, 125cc 9만K 찾아가기 메인도로(Road13)에서 왓탓루앙 반대 방향으로 다오린과 사바이디팍세레스토랑이 있는 24번길(Thanon 24)로 진입해 10m 내 좌측에 위치한다.

미스노이 Miss Noy

프랑스인이 운영하는 미스노이는 각국의 여행객이 즐겨 찾는 팍세 대표 대여점으로, 투어상품도 함께 취급한다. 지도를 배포하고 매일 오후 6시에 볼라벤고원에 대한 무료 브리핑을 진행하는 등 다양한 혜택을 제공한다.

문의 (856) 020 2227 2278 운영시간 07:30~20:30 가격 오토매틱 10만K, 세미오토매틱 6~7천K/왓푸(참파삭)투어 08:00~14:00 12~22만K(왓푸 입장료 3만 5천K 불포함, 인원수에 따라 가격 변동)/콘파펭-리피폭포(시판돈 투어) 08:00~18:00, 28만K(입장료 불포함)/탓파인 및 탓로마 볼라웬투어 08:00~17:00, 15만K/콘파펭-리피폭포(시판돈)투어 08:00~18:00, 28만K(입장료 불포함) 찾아가기 메인도로(Road13)에서 피다오호텔(Phidao Hotel) 옆에 위치한다.

주의사항

- 헬멧 착용은 필수이며, 분실하지 않도록 언제나 직접 보관하는 습관을 갖자. 숙소에서도 분실사고가 잇따르므로 항상 본인의 책임 하에 두도록 한다.
- 보통 폭포에 방문하면 주차비로 2~3천K을 내는데, 이를 피하기 위해 다른 곳에 오토바이를 세워두는 경우 종종 분실 사고가 발생한다. 메인도로 등에서도 분실 위험이 있으니 항상 경비가 있는 주차장에 요금을 내고 주차하자.
- 도로공사 구간에서는 갓길로 빠지지 말고 포장된 도로를 따라 달려야 한다.
- 주유는 하루 2만K이면 충분하며 볼라웬루프 곳곳에 주유소가 있어 언제나 주유할 수 있다. 그러나 일반 가게에서 페트병에 담아 판매하는 휘발유는 가격이 높으니 피하도록 한다.

볼라웬루프에서 만나는 명소

탓파수암 Tad Phasouam

리조트를 끼고 자리하는 탓파수암은 폭포를 둘러싼 열대림이 밀림처럼 울창하다. 가는 길을 잃지 않을 정도의 자그마한 표지판이 있어 화살표를 따라 이동하면 폭포를 중심으로 하늘로 치솟은 거대한 스펑나무를 어렵지 않게 찾을 수 있다. 나뭇잎이 하늘을 온통 뒤덮은 산책길에서 야생의 생명력을 만끽해 보자.

입장료 1만K, 오토바이 주차료 2천K 찾아가기 팍세에서 메인도로(Road13)를 따라 달리다 보면 20km 지점에서 두 갈림길이 나오는데, 우측(20번 도로)으로 가면 35km 지점 좌측에 탓파수암 사진이 실린 큰 간판을 찾을 수 있다. 대로에서 2km 남짓 포장도로를 지나면 입구가 나온다.

탓항 Tad Hang

탓항은 탓로마을을 끼고 다리 건너에 위치한다. 탓로에서 흘러온 물줄기가 탓항에서 완만한 경사를 이루지만 폭이 넓어 바위를 차고 뿜는 굉음이 우렁차다. 주변에 게스트하우스가 많으며, 강에서 물놀이를 즐기는 여행자

와 어린아이들을 볼 수 있다. 특히 해 질 녘 풍경이 장관이다.

입장료 없음 **찾아가기** 팍세에서 86km 떨어져 있는 탓로마을에 있다. 탓로마을 입구로 들어가서 2km 걸어가면 다리가 나오는데, 다리 건너 바로 좌측에 위치한다.

카두홈스테이&직물마을 Katu Homestay&Waving Village

수공예 직물을 전시하고 판매하는 이곳에서 라오스 남부에서 생산한 물건들을 엿볼 수 있다. 투박하지만 전통문양 특유의 독특함을 지녀 수공예품의 매력이 그대로 전해진다.

찾아가기 팍세에서 메인도로(Road13)를 따라 달리다 보면 20km 지점에서 두 갈림길이 나오는데, 우측(20번 도로)으로 가면 60km 지점 우측에 카투(Katu)라는 큰 간판을 찾을 수 있다.

탓로 Tad Lo

탓로는 탓로마을에서 3km 남짓 걸어가서 닿을 수 있다. 탓항에 비해 낙폭이 크고 폭포수가 작은 호수를 형성하여 수영을 즐기는 이들이 많다. 팍세 일대의 폭포 중에서 가장 많이 알려져 있어 많은 여행객이 찾지만, 여전히 현지인의 생활터전인 이곳의 소박한 풍경에 마음을 빼앗긴다. 보통 탓로마을에서 1박 이상 머물 경우 탓로까지 산책하듯 오가는 경우가 많다.

입장료 없음 **찾아가기** 팍세에서 86km 떨어져 있는 탓로마을에 있다. 탓로마을을 중심으로 오토바이를 타고 가거나 걸어서 갈 수 있는데, 화살표 표시가 잘 되어 있어 이를 따라가면 된다. 탓로마을에서 다리를 건너기 직전 좌측에 탓로로지(Tad Lo Lodge)로 가는 길을 따라 올라가면 방갈로 건너편으로 2km 전방에 탓로가 보인다. 혹은 탓로마을에서 다리를 건너가 비포장도로를 따라 커브길에 들어서면 화살표로 표시된 탓로 산책로를 찾을 수 있다. **P. 383**

콕풍타이 소수민족마을 Kok Pung Tai Ethnic Village

콕풍타이 소수민족마을은 여행자들이 자주 다녀가는 마을로, 소수민족의 가옥과 생활양식을 둘러볼 수 있다. 자세한 설명을 들을 수 없는 것이 아쉽지만, 팍송 일대에 자리해서 가옥 앞마당에 커피콩을 펼쳐놓는 모습이나 아이들이 뛰노는 모습을 쉽게 만날 수 있다.

찾아가기 팍세에서 86km 떨어져 있는 탓로마을을 기점으로 팍송 방향으로 14km 떨어진 곳에 위치한다.

탓그너앙 Tad Gneuang(Tad Yuang Gneuang)

힘찬 폭포수에서 흩어지는 물보라 세례가 얼굴을 온통 뒤덮다. 폭포 앞에 탐방로가 있어 손에 잡힐 듯 가까이에서 폭포를 마주할 수 있다. 연신 쏟아지는 물줄기와 물보라가 만나 빚어내는 무지개는 이곳을 찾는 이를 동심의 세계로 이끈다. 목재로 만든 탐방로가 물에 젖어 있어 다소 미끄러우니 안전에 주의하자.

입장료 1만K, 오토바이 주차료 5천K **찾아가기** 팍세에서 메인도로(Road13)를 따라가면 20km 지점에서 두 갈래길이 나오는데, 우측으로 가지 말고 계속 직진하면 40km 지점에 위치한다.

탓탐참피 Tad Thamchampy

탓은 폭포를, 탐은 동굴을 뜻하는데 폭포가 떨어지는 바위에 동굴이 자리해 폭포의 뒷면을 볼 수 있다. 매표소에서 화살표를 따라가다 가파른 나무 계단을 따라 내려가면 웅장한 폭포소리가 주위를 압도한다. 밧줄을 잡고 뗏목에 올라타 폭포 앞까지 다가가 담력을 시험하는 이들도 있다.

입장료 5천K 귀띔 한마디 명칭이 비슷한 탓참피(Tad Champee)와 혼동하지 않아야 한다. 탓탐참피(Tad Tham champy)를 축약해 탓참피(Tad Champi)로 부르기도 해서 헷갈리기 쉽다. 탓참피는 길이 험하고 수량이 많지 않아 추천하지 않는다. 찾아가기 팍세에서 메인도로(Road13)를 따라가면 20km 지점에서 두 갈림길이 나오는데, 우측으로 가지 말고 계속 직진하면 38km 지점에 위치한다. 탓파인에서 대로 건너편에 위치한다.

CPC커피&티 CPC Coffee&Tea

팍송 일대의 커피농장에서 재배한 커피콩을 소비자에게 직접 공급하는 공정거래 성격을 띤다. 맑은 공기에서 즐기는 커피라서 감미로운 맛과 풍부한 향이 배가된다. 도로에 바로 위치하여 커피나 차를 마시며 쉬어가기 좋다. 원두와 차를 소량으로 포장해서 판매한다.

문의 (856) 020 77571150, (856) 020 52806913 가격 카페라테, 에스프레소 등 1만 5천K 찾아가기 팍세에서 메인도로(Road13)를 따라가면 20km 지점에서 두 갈림길이 나오는데, 우측으로 가지 말고 계속 직진하면 38km 지점 우측에 탓파인 사진으로 된 큰 간판을 찾을 수 있다. 탓파인(Tad Fane) 가기 바로 전 길목 모퉁이에 위치한다. 이메일 southlaos@hotmail.fr

탓파인 Tad Fane

두 줄기로 떨어지는 폭포 탓파인은 120m 높이에서 내리쳐 보는 이를 압도한다. 때문에 접근이 제한되어 있는데 멀찍이 떨어져 있는 전망대에서도 아찔함이 전해진다. '용의 눈물'이라는 별칭이 있는 탓파인은 정글을 헤치고 폭포수를 이루는 모습이 압권이다. 우기와 건기의 수량이 확연히 다른데, 낙차로 인한 물보라가 큰 우기에 더 멋진 모습을 보인다. 전망대 앞에는 작은 카페가 있어 라오스 남부에서 재배한 커피를 즐길 수 있다.

입장료 5천K 오토바이주차료 3천K 찾아가기 팍세에서 메인도로(Road13)를 따라가다가 20km 지점에서 갈림길이 나오는데, 우측으로 가지 말고 계속 직진하면 38km 지점 우측에 큰 간판이 있다. 대로에서 1km 남짓 오솔길로 들어가면 입구가 나온다.

탓파인리조트 Tad Fane Resort

탓파인폭포에서 하룻밤을 보낼 수 있는 가장 완벽한 곳이다. 탓파인을 끼고 자리한 목조 방갈로는 작은 오솔길을 따라 늘어서 있다. 독채로 구성되어 있는 쾌적한 방갈로 앞에는 발코니가 있어 풍경을 즐기기에 좋다. 싱글룸, 더블룸, 트윈룸, 패밀리룸 등 객실도 다양하게 갖추고 있다. 전망대 바로 앞에 위치한 카페 Koffie's Coffee에서 카페라테 등의 커피를 마시며 탓파인 풍경을 감상할 수도 있다.

문의 (856) 020 5553 1400, (856) 030 0989 8688, (856) 030 5669 3366 **가격** 디럭스싱글룸 $30, 더블·트윈룸 $35, 패밀리싱글룸 $40, 패밀리트윈·더블룸 $45, 패밀리트리플룸 $50/조식 포함 **체크인/아웃** 14:00/12:00 **귀띔 한마디** 07:30~10:00에 조식이 제공된다. 탓파인 주변 트레킹투어는 1인당 인원수에 따라 $5~8에 참여할 수 있다. **찾아가기** 입장권을 구입해 탓파인전망대까지 들어오면 그 앞에 위치한다. **홈페이지** www.tadfaneresort.com

탓이투 Tad Etu(Tad Itou)

폭포수가 웅장하게 뿜어내는 물소리 덕분에 시원하기 그지없다. 폭포가 형성한 너른 소(沼)의 절경이 일품인데, 나무 계단을 따라 내려가면 소를 만날 수 있다. 규모가 크지만 가까이 접근할 수 있으며, 탓이투리조트를 끼고 있어 카페에 앉아 풍경을 감상할 수 있다.

입장료 7천K **귀띔 한마디** 들어가는 길이 비포장도로인데다가 오르막과 내리막길로 이어져 있어 오토바이로 이동 시 주의가 필요하다. **찾아가기** 팍세에서 메인도로(Road13)를 따라가면 20km 지점에서 두 갈림길이 나오는데, 우측으로 가지 말고 계속 직진하면 35km 지점에 탓이투 사진으로 된 큰 간판을 찾을 수 있다.

반이투워터폴리조트 Baan E-Tu Waterfall Resort

탓이투를 중심으로 설계된 이 리조트는 이름이 아깝지 않은 시설을 갖추고 있다. 석조방갈로 형태로 항상 쾌적한 상태이며 넓은 객실은 고급스러운 조명으로 장식했다. 방갈로로 가는 산책로를 밝힌 조명에서 세심한 서비스와 안목이 돋보인다. 탓이투의 거친 물소리가 그대로 들리는 곳에 카페 겸 식당이 자리한다.

문의 (856) 020 2834 7766, (856) 020 2326 8908 **가격** 스탠더드 $33, 수피리어 $40, 디럭스 $50 **체크인/아웃** 14:00/12:00 **찾아가기** 탓이투 입구를 통해 들어가면 리셉션 건물이 자리한다. **홈페이지** baanetuwaterfallresort.com **이메일** etu35paksong@gmx.com

Special 17

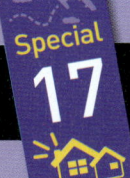

탓로마을에 머물기 Tad Lo Village

오토바이를 타거나 로컬버스를 타고 탓로까지 이동하여 한적한 탓로마을에서 머무는 이들이 많다. 찾아가기 쉽지 않아 외부의 발길이 뜸하지만 라오스사람들의 푸근한 눈길을 마을 곳곳에서 마주칠 수 있다. 산책로를 따라 탓항에서 탓로 그리고 옆 마을로 향할 수 있다. 이 길을 따라 가면 라오스의 일상을 고스란히 볼 수 있다. 여행객을 위한 숙소는 식당을 겸하고 있어 머무는 데 부족함이 없다.

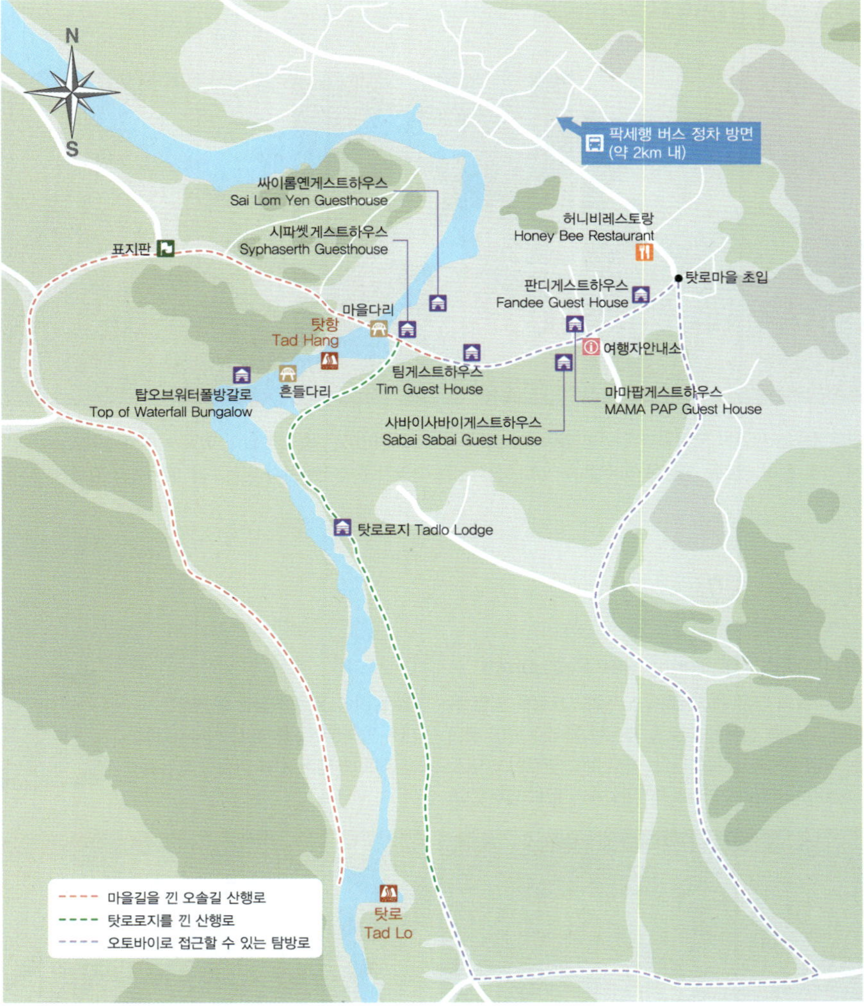

▲ 탓로마을 산책로

버스편

팍세 남부버스터미널에서 출발하는 탓로행(살라완행)버스를 이용할 수 있다. 본 버스의 종착역은 살라완이다. 노선 중간 지점에 탓로마을 근처를 지나가는데 승차시간이 정해져 있지만 승객이 찰 때까지 기다리곤 한다. 요금은 탓로마을 인근까지 3만K, 소요 시간은 2시간 30분가량이다. 오전 8시에서 오후 4시까지 이용할 수 있으며 탑승할 때 목적지를 말하면 하차할 장소를 알려준다. 버스 하차 지점에서 탓로마을까지는 2km 떨어져 있는데, 배낭 등 짐이 있다면 툭툭 등을 1만K에 이용할 수 있다. 탓로마을에서 나올 때 역시 살라반에서 팍세로 가는 버스편(07:40, 09:20, 10:00, 11:00, 15:00, 16:30)을 이용할 수 있는데, 정차시간에 변동이 많으므로 출발 전에 숙소에 문의해 확인해야 한다.

탓로마을 산책하기

탓로마을은 편안한 오솔길과 쉴만한 물가 그리고 시원스레 쏟아지는 폭포가 있어 어떻게 루트를 짜고 걷느냐에 따라 전혀 새로운 풍경을 마주할 수 있다. 산책길을 따라가면 호젓하면서 한가로운 여유까지 함께 누릴 수 있다.

맛집과 숙소

허니비레스토랑 Honey Bee Restaurant

콩로마을의 다른 게스트하우스가 레스토랑을 겸업하는 것과 달리 이곳은 식당만 운영하는 곳이다. 그만큼 신선한 재료를 사용한 음식은 맛이 좋은 편이다. 입소문이 자자해서 식사시간에는 여행객이 제법 모여든다. 현지 맛 그대로인 라오스요리를 비롯해 햄버거 등 다양한 메뉴를 선보이며 비어라오와 시원한 과일주스 등도 판매한다.

문의 (856) 030 954 8243 운영시간 08:00~22:00 가격 볶음밥 1만 5천K, 비어라오 1만 2천K 찾아가기 여마을 초입을 기준으로 할 때, 여행자안내소를 등지고 좌측 편에 자리한다.

탓로로지 Tadlo Lodge

탓로를 끼고 넓은 부지에 조성되어 있는 탓로로지는 레스토랑을 함께 운영한다. 쾌적한 시설과 서비스 그리고 오래 기억하고 싶은 풍경 덕분에 칭찬이 자자한 곳이다. 독립형 방갈로 형태의 숙소는 공간이 넓어 여유롭다. 최고의 전망을 제공하는 레스토랑은 고급스러운 분위기에 비해 저렴한 편이다.

문의 (856) 031 218 889 가격 스탠더드 싱글 $45, 스탠더드더블 $50, 스위트더블 $120 체크인/아웃 14:00/12:00 귀띔 한마디 코끼리라이딩도 즐길 수 있다. 찾아가기 이동수단을 타고 찾아갈 경우, 여행자안내소가 있는 탓로마을로 진입하지 말고 마을 초입에서 포장도로를 따라 위쪽으로 200m가량 가면 탓로로지 입구에 닿을 수 있다. 걸어갈 경우 탓로마을에서 안쪽으로 들어와서 탓통 앞 다리를 건너기 전 좌측 표지판을 따라 오르막길을 따라가면 탓로로지 안쪽으로 바로 들어가게 된다. 이메일 souriyavincent@yahoo.com

탑오브더워터풀방갈로 Top of the Waterfall Bangalow

최고의 경치, 최고의 분위기가 압권인 이곳은 예약이 불가능하여 직접 찾아가야 한다. 탓로마을에서 가장 쾌적한 숙소로, 조금 일찍 도착해 찾아가는 수고를 마다치 않는다면 하룻밤의 기억이 풍성해진다. 발코니에서 내려다보는 풍경이 훌륭하며, 객실은 깔끔한 침구로 채워져 있다.

가격 방갈로 $25 체크인/아웃 14:00/12:00 귀띔 한마디 탓로로지와 가까워 레스토랑을 이용하기 용이하며, 객실 문의도 탓로로지(Tadlo Lodge)에서 가능하다. 찾아가기 탓로로지를 경유해야 하며, 탓로로지 리셉션에 문의하면 친절한 안내를 받을 수 있다. 바로 위의 탓로로지 찾아가기를 참고하자.

시파쎗 게스트하우스 Syphaserth Guesthouse

탓로마을 안쪽, 탓항이 이루는 강변을 마주 볼 수 있는 혜택이 있으나 침구 등의 시설은 아쉽다. 석조건물인 만큼 가격이 주변에 비해 약간 더 비싸다. 체크인 전에 객실 발코니에서 강변을 볼 수 있는지 살피도록 하자. 함께 운영하는 식당에서는 비교적 신선한 음식을 제공한다.

문의 (856) 030 9841 075 가격 가든뷰 6만K, 리버뷰 9만K 체크인/아웃 14:00/12:00 찾아가기 탓로마을 초입에서 여행자안내소가 있는 안쪽으로 들어와서 탓항 앞 마을다리를 건너기 전에 우측 하늘색 석조 건물이다.

싸이롬옌게스트하우스 Sai Lom Yen Guesthouse

목조 방갈로의 운치가 짙게 배어나는 이곳은 탓항의 물줄기를 볼 수 있는 전망을 갖추었다. 빼어난 전망을 놓치지 않으려는 이들이 선호하는데, 객실 내의 시설은 상당히 낡은 상태이다. 가격은 저렴한 편이며, 식당을 운영하지는 않지만 주변의 식당을 오가는 데 어려움은 없다.

가격 5만K(강변뷰), 3만K(가든뷰) 체크인/아웃 14:00/12:00 찾아가기 탓로마을 초입에서 여행자안내소가 있는 안쪽으로 들어와서 탓항 앞 다리를 건너기 전에 우측 하늘색 건물이 있는 시파쎗게스트하우스 입구에서 더 안족으로 들어간 곳에 위치한다.

팀게스트하우스 Tim Guesthouse

깔끔한 침구와 시설을 갖춘 팀게스트하우스는 다른 곳에 비해 주인의 배려가 돋보인다. 강변을 바라볼 수 없는 것이 아쉽지만, 마을 중간에 있어 오가기 쉽고 주인에게 주변 정보와 이동편에 대한 조언을 구할 수 있다. 시설 대비 적당한 가격이며 다른 곳에 비해 조용한 편이다. 식당에서 잡히는 와이파이가 비교적 안정적이고 음식도 평균 이상이지만 때때로 기름질 수 있다.

문의 (856) 020 5534 3071 가격 트윈룸 4만K, 더블룸 5만K, 트리플룸 7만 5천K 체크인/아웃 14:00/12:00 귀띔 한마디 식당 운영시간은 07:00~22:00이다. 찾아가기 탓로마을 초입에서 여행자안내소가 있는 안쪽으로 들어와서 탓항 방향으로 직진하다가 여행자안내소를 지나서 50m 우측에 위치한다. 입구는 식당이며 앞에 Tim이라는 글자가 선명하다. 이메일 soulidet@gmail.net

마마팝게스트하우스 MAMA PAP Guesthouse

탓로마을에서 저렴한 숙소 중 하나이다. 현지식 주택의 2층을 숙소로 개조한 형태로, 도미토리이지만 개인 매트리스가 주어지고 모기장이 설치되어 독립된 공간을 활용할 수 있다. 다소 어둡고 허름한 분위기이지만 저렴하여 주머니가 가벼운 여행객이 다녀간다. 식당도 함께 운영하고 있다.

문의 (856) 030 933 0575 **가격** 도미토리룸 2만 5천K **체크인/아웃** 14:00/12:00 **찾아가기** 탓로마을 초입에서 여행자안내소가 있는 안쪽으로 들어와서 우측에서 판디게스트하우스를 지난 곳에 위치한다. 노란 간판이 선명하다.

사바이사바이게스트하우스 Sabai Sabai Guesthouse

게스트하우스 입구는 소박한 카페로 꾸며져 있다. 객실은 작은 공간으로 구분된 곳에 도미토리룸와 싱글룸, 더블룸으로 나뉘어 있어 혼자 여행하는 이들이 머물만하다. 카페를 겸한 공간은 늘 오픈되어 있어 여행자들이 책을 보거나 이야기를 꽃을 피운다.

  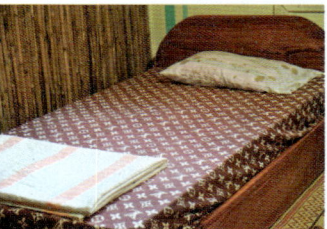

문의 (856) 020 9199 1091 **가격** 도미토리룸 1만 5천K, 싱글룸 2만 5천K, 더블룸 3만 5천K **체크인/아웃** 14:00/12:00 **귀띔 한마디** 성태우/택시서비스를 제공(유료)한다. **찾아가기** 탓로마을 초입에서 여행자안내소가 있는 안쪽으로 들어와서 약 30m 걸어서 좌측에 위치한다.

판디게스트하우스 Fandee Guesthouse

탓로마을 초입에 자리 잡은 판디게스트하우스는 깔끔한 외관으로 시선을 사로잡는다. 6동의 목조방갈로와 함께 식당을 운영한다. 편안한 분위기에서 휴식을 취하기에 좋은 이곳은 페이스북을 통해 예약문의를 할 수 있으나 답장이 늦는 편이다. 레스토랑에서는 직접 만든 향긋한 빵과 맛 좋은 피자를 즐길 수 있다.

가격 6만K **체크인/아웃** 14:00/12:00 **찾아가기** 탓로마을로 들어서는 초입 우측에 자리한다. **홈페이지** www.fandee-guesthouse.com **페이스북** /FandeeGuestHouse

Section 03

팍세에서 가볼 만한 맛집

빛바랜 사진 속 잊히지 않는 장면 같은 도시 팍세에는 나름대로 특색을 가진 맛집이 옹기종기 모여 있다. 지역 커뮤니티를 위한 작은 베이커리카페에서부터 루프톱까지 선택의 폭도 넓다. 가격도 부담 없는 편이므로 여유 있는 식사를 즐겨보자.

360도 파노라마 풍경을 즐기는 ★★★★★
르파노라마 Le Panorama

팍세호텔Pakse Hotel의 루프톱레스토랑으로, 해가 지는 시간에는 유난히 평화로운 풍경이 펼쳐진다. 따라서 낭만적인 분위기에 젖어 하루를 마무리하기에 좋다. 칵테일은 물론 생과일주스 등을 부담 없는 가격으로 즐길 수 있으며 음료와 주류, 볶음밥, 스프링롤 등의 현지음식과 피자, 스테이크 등의 서양식도 맛이 뛰어나다.
넉넉한 좌석은 테이블석과 바좌석으로 나뉘어 있으며, 어디에서든 탁 트인 전망을 즐길 수 있다. 호텔 입구에서 엘리베이터를 타고 꼭대기로 올라와 한 층 정도 계단을 오르면 르파노라마 입구와 이어진다.

문의 (856) 031 212 131 가격 마가리타 등 기본 피자 6~7만 5천K, 음료 1만 5천K, 칵테일 4만K 영업시간 17:30~22:00
찾아가기 메인도로(Road13)에서 10번 도로(Thanon 10)로 세 블록 들어온 후, 바로 오른쪽으로 들어서면 5m 내에 위치한다. 홈페이지 www.paksehotel.com

푸짐한 베트남식 쌀국수 ★★★★★
란캄쌀국수 Lankham Noodle Soup

란캄호텔에서 운영하는 쌀국수집으로, 아침부터 점심시간까지만 문을 연다. 베트남식 쌀국수는 국물이 깔끔하고, 한 그릇 푸짐하게 담겨 나온다. 고기를 넣은 것과 고기를 넣지 않는 것, 고기의 익힌 상태를 구분해서 주문할 수 있다. 속 재료가 꽉 찬 바게트 샌드위치도 맛이 좋고, 연유를 넣은 라오스식 커피도 판매한다.

문의 (856) 031 213 314 가격 쌀국수 2~2만 5천K 운영시간 07:00~14:00 귀띔 한마디 차를 무료로 제공한다. 찾아가기 메인도로(Road13)에서 생아룬호텔(Sangaroun Hotel) 건너편으로 우측 10m 내에 자리한다.

동남아시아음식을 제대로 요리하는 ★★★★☆
아테네레스토랑 Athens Restaurant

이름만 봐서는 지중해음식을 취급할 것 같지만 거의 모든 메뉴는 라오스, 태국요리 그리고 버거와 스파게티 등 서양식을 아우른다. 메뉴가 너무 많아서 전문적인 인상은 없지만 어떤 음식을 주문해도 실망하지 않을 만한 맛을 보장한다. 여행객을 겨냥한 메뉴지만 고추 등도 아낌없이 사용해서 매콤한 메뉴는 제대로 맵다. 실내외가 널찍하고 화사한 조명 덕분에 분위기도 좋은 편이며 메인도로에 위치해서 손쉽게 찾아갈 수 있다.

문의 (856) 020 2278 6786 가격 덮밥 등 단품메뉴 2만K~ 운영시간 07:30~22:30 찾아가기 메인도로(Road13)에서 생아룬호텔(Sangaroun Hotel) 건너편에 자리한다.

팍세에서 무난한 식당을 꼽는다면 ★★★★☆
참파디바이다오커피 Champady by Dao Coffee

세련되지는 않았지만 현지인이 찾아와 점심을 먹을 만큼 잘 알려진 식당이다. 식당 안쪽은 조금 어둡고 답답하지만 노천 테이블은 바람이 불어서 앉아 있기 좋다. 서양식과 라오스식을 두루 요리하는데 라오스음식 맛이 월등히 뛰어나며 라오스에서 재배된 커피는 다소 싱겁지만 부드러운 맛이 좋다. 노천석에 앉아도 차량이 드물어 소란하지 않은 것도 이곳만의 장점이다.

문의 (856) 030 534 8999 가격 카푸치노 1만 4천K, 볶음밥 1만 8천K~ 운영시간 08:00~21:00 찾아가기 메인도로(Road13)에 있는 피다오카페(Phi Dao Cafe)을 끼고 좌회전한 후, 10m 거리 내 좌측에 위치한다.

인도음식과 망고라씨로 향긋한 ★★★★☆
자스민레스토랑 Jasmin Restaurant

인도음식을 주로 취급하는 편안한 분위기의 식당이다. 인도인 주인이 직접 요리하기 때문에 제대로 된 인도풍 맛을 기대해도 좋다. 간단한 생과일주스와 라씨도 맛이 좋다. 세련된 인테리어는 아니지만 메인도로에 위치해 오다가다 들르기 편하다.

문의 (856) 031 251 002 가격 도사(Dosa), 짜파티 1만 5천K, 라씨(Lassi) 2만K~ 운영시간 07:30~22:00 찾아가기 메인도로(Road13)에서 생아룬호텔(Sangaroun Hotel)과 BFL은행 사이에 자리한다.

르테라스 Le Terrasse
음식 맛보다는 분위기가 좋은 ★★☆☆☆

콜로니얼풍 건물 한 모퉁이에 자리한 르테라스는 거리 조명등과 식당 내부의 허름한 분위기가 조화를 이룬다. 단순하면서도 이국적인 분위기가 느껴지는데 음식 맛보다는 분위기가 좋아 맥주 등을 간단히 마시기 좋다. 여행객을 대상으로 하기 때문에 로컬식당에 비해 가격대가 조금 높은 편이다. 메인도로에서 벗어나 있어 조용하다.

문의 (856) 020 9756 6413 가격 스프링롤 2만K~, 커피 1만K 운영시간 08:30~22:00 찾아가기 메인도로(Road13)에서 다오린레스토랑과 사바이디팍세레스토랑이 있는 24번길(Thanon 24)로 들어선 후 첫 번째 블록 왼쪽 모퉁이에 위치한다.

더라오레스토랑&바 The Lao Restaurant&Bar
맛있는 현지음식을 즐기려는 사람들로 북적이는 ★★★★☆

조명 덕분이 편안한 분위기가 느껴지는 더라오는 작은 규모지만 맛 좋은 음식으로 항상 손님이 끊이지 않는 곳이다. 서양식메뉴도 있지만 라오스음식이 맛이 좋고 신선하다. 식당 내부는 조금 더운 편이라 대체로 노천 테이블이 붐빈다. 가격 대비 가장 만족스러운 곳으로 꼽힌다.

문의 (856) 030 575 2733 가격 치킨랍 등 2만 5천K~ 운영시간 07:00~22:00 찾아가기 메인도로(Road13)에서 다오린레스토랑과 사바이디팍세레스토랑이 있는 24번길(Thanon 24)로 들어선 후 40m 걸어가서 왼쪽에 위치한다.

라오스의 손맛이 느껴지는 ★★★★☆
쑤언마이레스토랑 Xuanmai Restaurant

여행객 사이에서 오랫동안 입소문으로 알려진 쑤언마이는 현지식을 저렴한 가격으로 판매한다. 식당 간판에 쑤언마이와 함께 쌈마이레스토랑 Sommay Restaurant이라고도 쓰여 있다. 메뉴에 라오스음식과 베트남음식 등을 구분해서 표기해 놓아 골라먹는 재미도 있다. 전체적으로 요리가 신선한 편이지만 손님이 몰리는 시간대에 다소 오래 기다려야 한다.

문의 (856) 020 5848 5684 운영시간 07:00~21:00 가격 랍치킨 2만K, 샐러드 3만K~, 생과일주스 1만K 찾아오기 메인도로(Road13)에서 왓루앙과 가까운 10번길(Thanon 10)로 진입해 세 번째 블록 모퉁이에 위치한다.

여행자에 의한, 여행자를 위한 ★★★☆☆
사바이디팍세레스토랑 Sabaidee Pakse Restaurant

메인도로 모퉁이에 자리한 레스토랑으로 밤늦게까지 문을 연다. 여행객이 선호하는 메뉴를 갖추고 있어 선택의 폭이 넓다. 재료 등이 신선하며, 태국인이 경영해서 여행자의 취향을 고려한 무난한 맛이다. 보통 오전 시간대에 픽업서비스를 기다리는 여행객으로 붐빈다.

문의 (856) 020 2213 9990, (856) 020 5656 6638 가격 과일샐러드 등 2만K~ 운영시간 06:00~22:00 찾아가기 메인도로(Road13)에서 왓루앙 반대 방향 24번길(Thanon 24)로 가는 길목 모퉁이에 위치한다. 다오린레스토랑 옆이다.

노천 의자가 제법 멋스러운 ★★★☆☆
피다오카페&레스토랑 Phi Dao Cafe&Restaurant

프랑스 노천카페가 연상되는 피다오는 심플한 인테리어가 돋보인다. 여행객이나 라오스인 모두 즐겨 찾으며 피다오호텔 입구라서 호텔 투숙

객이 주로 이용한다. 메인도로에 있음에도 화분으로 파티션을 놓아 한적함을 누릴 수 있다. 무엇보다 풍성한 거품을 얹은 카페라테 등 라오스산 커피가 신선하다.

문의 (856) 031 215 588 가격 볶음밥 등 단품메뉴 2만K~ 운영시간 07:30~22:00 찾아가기 메인도로(Road12)에서 왓루앙과 가까운 12번길(Thanon 12)로 향하는 모퉁이에 자리한다.

풍성한 한 끼를 즐기는 ★★★☆☆
피자보이 Pizza Boy

메인도로에 자리 잡은 식당으로 실내좌석보다 노천테이블이 더 붐비는 편이다. 피자를 비롯해 샌드위치와 똠양꿍 등 다양한 메뉴를 선보인다. 전반적으로 맛이 좋은 편으로, 피자와 함께 풍성한 저녁을 먹고 싶다면 가볼 만하다. 생과일주스도 신선한 맛이 좋다.

문의 (856) 031 255 255 가격 2만K~ 운영시간 08:00~22:00 찾아가기 메인도로(Road13)의 피다오호텔 옆에 위치한다.

시내 모퉁이의 노란 간판집 ★★★☆☆
다오린레스토랑 Daolin Restaurant

노란색으로 잘 정돈한 내부가 깔끔한 인상을 준다. 모퉁이에 위치해 여행객이 몰리는데 음식에 대한 만족도는 복불복이다. 스프링롤이나 기본적인 음식은 깔끔한 편으로, 위치가 좋아 오다가다 식사시간에 찾는 이들이 많다. 인스턴트커피가 나오기 때문에 라오스풍 커피를 찾는다면 주문하지 않는 것이 좋다.

문의 (856) 020 5573 3199 가격 바게트&오믈렛 2만K~, 스프링롤 2만K~ 운영시간 07:00~22:30 찾아가기 메인도로(Road13)에서 왓루앙을 등지고 걸어가다 BCEL은행을 지나 24번길(Thanon 24)로 가는 코너에 위치한다. 사바이디팍세레스토랑 바로 옆이다.
이메일 jin1974@gmail.com

달콤한 빵 맛이 그립다면 ★★★☆☆
파리지엥카페 Parisien Cafe

대형 베이커리 분위기가 느껴지는 파리지엥은 실내에 시원한 에어컨을 가동해 더위를 식히기 좋은 곳이다. 우리에게 익숙한 빵을 맛볼 수 있으며 커피도 무난하다. 외부에는 반짝이는 조명으로 도시적인 분위기를 더했다.

문의 (856) 020 9131 0407, (856) 030 594 7270 가격 파배기 8천K, 소시지도넛 1만K 운영시간 07:00~22:00 찾아가기 메인도로(Road13)에서 왓루앙과 가까운 11번길(Thanon 11)로 들어와서 보이는 카페씨눅 바로 건너편에 위치한다.

차분한 분위기와 세련된 공간이 편안한 ★★★★☆
비다베이커리카페 Vida Bakery Cafe

차분한 분위기를 갖춘 비다 베이커리는 라오스의 빵을 맛볼 수 있는 곳이다. 문을 연지 얼마 되지 않은 곳이지만 코코넛이 첨가된 빵과 바삭한 크루아상 등 신선한 빵이 맛있고 점심시간을 겨냥한 런치세트도 풍성한 편이다. 메인도로에서 벗어나 있으나 찾아가기는 쉽다.

문의 (856) 020 2925 6672 가격 1만K~ 운영시간 월~목 06:30~20:15, 금 06:30~03:30, 토·일 휴무 찾아가기 메인도로(Road13)에서 왓루앙 가까이 있는 자스민레스토랑 부근 12번길(Thanon 12)에 들어서서 세 블록 걸어가서 왼쪽에 위치한다. 메인도로에서 200m 거리이다.

신선한 커피향이 그득한 ★★★★☆
카페씨눅 Cafe Sinouk

라오스 커피의 대표 브랜드인 카페씨눅 1호점이다. 메인도로에서 벗어나 있어 차분한 분위기이다. 시원한 냉방시설 덕분에 알음알음 찾아오는 여행객이 자리를 채운다. 자체적으로 팍송에서 커피콩을 생산하여 신선한 맛이 단연 빼어나다. 아라비카 200g(4만 5천K) 등 선물용으로 예쁘게 포장된 커피콩도 구입할 수 있다.

문의 (856) 030 955 8960 가격 카페라테 2만K, 아이스카페라테 2만 5천K 운영시간 06:30~21:00 찾아오기 메인도로(Road13)에서 왓루앙과 가까운 11번길(Thanon 11)로 진입한 후, 200m 거리에 여행자안내소가 있는데, 그 길 건너편에 자리한다. 홈페이지 www.sinouk-cafe.com

Section 04
팍세의 추천 숙소

몇몇 고급 호텔이 눈에 띄지만 전반적으로 창문이 없거나 전망이 좋지 않은 경우가 많다. 대부분의 숙소는 메인도로를 따라 즐비하게 늘어서 있는데 비교하면서 결정하는 것이 좋다. 이른 아침에는 투숙객이 체크아웃하기 전이기 때문에 빈방이 없다는 대답이 돌아올 수 있으나 투숙객은 보통 오전 8시를 전후해서 다른 도시로 이동하므로 그 시간 이후에 다시 문의하는 것이 좋다.

프랑스풍 디테일과 라오스식 클래식의 만남 ★★★★★
팍세호텔 Pakse Hotel

평범한 이름의 호텔이지만 위치가 좋고 시설이 고급스럽다. 호텔 건물은 참파삭의 마지막 왕자였던 차오분옴Chao Boon Oum이 지은 것으로, 1962년에는 영화관과 카지노로 사용되기도 했다. 넉넉한 크기의 객실은 원목가구로 깔끔하게 꾸몄으며, 따뜻한 조명으로 편안함을 강조했다. 하지만 창문이 없는 객실도 있으니 체크인 전 미리 확인하는 것이 좋다. 옥상에는 팍세의 풍경을 조망할 수 있는 루프톱레스토랑 르파노라마Le Panorama가 있어 팍세에서 특별한 밤을 보낼 수 있다.

문의 (856) 031 212 131 가격 스탠더드 $30, 수피리어 $40, 파노라마 $55, 미니스위트룸 $75, VIP스위트 $96 체크인/아웃 14:00/12:00 찾아가기 메인도로(Road13)에서 왓루앙과 가까운 10번길(Thanon 10)로 세 블록 들어온 후, 바로 오른쪽으로 들어서면 5m 내에 있다. 홈페이지 www.paksehotel.com 이메일 info@hotelpakse.com, info@paksehotel.com

세련되고 격조 있는 분위기가 예사롭지 않은 ★★★★★
레지던스시숙 Residence Sisouk

차분한 분위기의 입구와 라오스 일상을 담은 그림 몇 점에서 레지던스시숙만의 매력이 엿보인다. 객실 내부도 디테일하고 감각적인 라오스스타일로 꾸몄다. 원목가구를 배치한 객실은 아늑하고 몇몇 객실은 발코니가 있어 여유를 즐기기에 좋다. 콜로니얼풍의 건물은 1950년대 지은 것으로, 리모델링한 내부가 상당히 쾌적하다. 호텔 옆 함께 운영하는 카페시눅은 라오스 커피로 이름나 있다.

문의 (856) 031 214 716 **가격** 스탠더드룸 $50, 수피리어발코니 $70, 디럭스발코니 $100 **체크인/아웃** 14:00/12:00 **귀띔 한마디** 호텔 꼭대기 층에 자리한 바는 18:30에 문을 연다. **찾아가기** 왓루앙과 가까운 11번길(Thanon 11)로 약 300m 걸어가면 좌측에 위치한다. 여행자안내소 바로 건너편에 있으며 1층 카페씨눅(Cafe Sinouk)과 같은 건물이다. **홈페이지** www.residence-sisouk.com **이메일** contact@residence-sisouk.com

칭찬이 자자한 숙소 ★★★☆☆
알리사호텔 Alisa Hotel

대리석으로 장식한 깔끔한 입구에서부터 편안함이 묻어난다. 객실 내부는 별다른 꾸밈 없이 침대만 갖춰 단순하다. 깔끔한 시설과 친절한 직원 덕분에 쾌적한 숙소로 손꼽힌다. 제한된 예산으로 머물 때 가격대비 만족스러운 숙소이다.

문의 (856) 031 251 555 **가격** 더블트윈룸 16만K, 트리플룸 18만K **체크인/아웃** 14:00/12:00 **찾아가기** 메인도로(Road13)에 위치한다. 왓루앙과 가까운 12번길(Thanon 12) 근처이다. **홈페이지** www.alisa_guesthouse.com **이메일** alisa_guesthouse@hotmail.com

평범하지만 조용하게 머물기 충분한 ★★★★☆
쌀라참파호텔 Sala Champa Hotel

여러 숙소가 메인도로를 중심으로 분포해 있는데 창문이 도로를 향하는 경우, 자동차 소음 때문에 아침잠을 설치는 경우가 많다. 이를 피하고자 한다면 쌀라참파를 고려할 만하다. 시설은 다소 낡은 인상을 주지만 넓은 공간과 복고적인 분위기가 나름 매력적이다. 작은 마당과 여행객이 앉을 수 있는 편안한 자리가 곳곳에 비치되어 있어 휴식을 취하기 좋다.

문의 (856) 031 212 273 , (856) 020 2224 7286 가격 더블룸 20~25만K/조식 포함, 싱글룸 15만K/조식 불포함 체크인/아웃 14:00/12:00 이메일 salachampa@yahoo.com 찾아가기 메인도로(Road13)에서 왓루앙 근처 10번길(Thanon 10)로 들어와서 두 블록 지나 좌측에 위치한다. 쑤언마이식당 대각선 건너편에 있다.

작지만 깔끔한 ★★★☆☆
피다오호텔 Phi Dao Hotel

객실 크기가 작지만 모던하게 꾸며져 있다. 안쪽 객실은 환기 문제로 답답할 수 있으니 도로쪽 객실을 선택하자. 리모델링한 욕실을 비롯해 전체적으로 깔끔한 인상이다. 호텔 1층에는 카페가 자리해 오전에는 다소 붐빈다.

문의 (856) 031 215 588 가격 트윈룸 13~15만K 체크인/아웃 14:00/12:00 귀띔 한마디 호텔 입구에는 카페를 겸한 피다오레스토랑이 있는데 편안한 의자와 원목 소재의 탁자가 놓여 있어 편안한 분위기를 낸다. 찾아가기 메인도로(Road13)에서 왓루앙 근처 12번길(Thanon 12)로 가는 길목에 위치한다. 이메일 phidaohotel@gmail.com

80년대 분위기가 강렬한 ★★★☆☆
생아룬호텔 Sang Aroun Hotel

88개의 객실을 갖추고 있는 중급호텔이다. 메인도로에 위치해 찾기 쉬우며 객실이 넓고 깨끗한 편이다. 조식을 제공하며 욕실에는 욕조도 구비되어 있다. 하지만 인테리어는 다소 투박하여 호텔 수준의 분위기를 기대한다면 실망할 수 있다.

문의 (856) 031 252 111, (856) 031 252 333 가격 주니어스탠더드룸 16만K, 스탠더드룸 20만K, 수피리어룸 22만 5천K~25만K, 디럭스룸 27만 5천K/조식포함 체크인/아웃 14:00/ 12:00 찾아가기 메인도로(Road13)에서 왓루앙으로부터 약 300m 거리에 있다. 메인도로에 있는 4층 건물로 눈에 쉽게 띈다.

비교적 깔끔한 시설을 갖춘 ★★★☆☆
캄퐁호텔 Kham Fong Hotel

문을 연 지 얼마 되지 않은 곳으로, 깨끗한 시설이 눈에 띈다. 접근성이 좋고 소음이 적은 것이 장점이며 내부 공간도 넓은 편이다. 고급호텔 풍으로 호텔을 꾸몄으나 세련된 느낌은 아니며, 팍세의 다른 숙소에 비해 약간 비싼 편이다.

문의 (856) 031 213 117, (856) 020 5401 444, (856) 020 9984 4882 가격 13만 5천K 체크인/아웃 14:00/12:00 찾아가기 메인도로(Road13)에서 24번길(Thanon 24)로 들어선 후 첫 번째 사거리에서 좌측으로 50m 걸어가면 길 좌측 중간에 위치한다.

체크인 전에 창문이 있는 확인해야 할 ★★★☆☆
타룽호텔 Thalung Hotel

마당을 끼고 있는 숙소로, 메인도로에서 한 블록 안쪽으로 들어와 자리한다. 시설도 단순하고 조명도 세련된 편이

대자연을 만나는 라오스 남부지역

아니라서 다소 실망스럽지만 객실이 많은 편이다. 창문이 없는 경우 답답할 수 있으므로 되도록 창문을 갖춘 객실을 선택하자.

문의 (856) 031 251 399 가격 더블룸 8~15만K 체크인/아웃 14:00/11:30 찾아가기 메인도로(Road13)에서 24번길(Thanon 24)로 들어선 후 첫 번째 블록 지나서 바로 왼쪽 모퉁이에 위치한다.

다양한 투어서비스를 문의할 수 있는 ★★★☆☆
란캄호텔 Lan Kham Hotel

전체적으로 노후한 느낌이지만 기본적인 시설을 잘 갖춘 무난한 숙소이다. 창문이 없는 방은 습하기 때문에 창문이 있는 방이 좋지만 다소 소음이 있다는 점을 감안해야 한다. 팍세에서 다른 지역으로 이동하는 교통편과 투어상품을 전문적으로 운영하는 사무실이 1층에 자리한다.

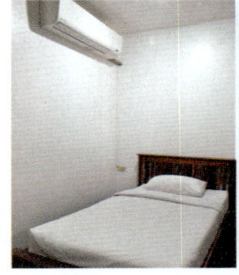 

문의 (856) 031 213 314 , 251 888 가격 도미토리 4만K, 더블룸 6만K(팬룸), 더블룸 10만K(AC룸) 체크인/아웃 14:00/12:00 찾아가기 메인도로(Road13)에서 생아루호텔 건너편에 자리한다.

도미토리의 고급 버전 ★★★☆☆
포레스트호텔 Forest Hotel

포레스트호텔은 문을 연 지 이제 2년 된 곳이라 인지도는 떨어지지만 도미토리를 구할 수 있어 혼자 여행한다면 고려할 만하다. 도미토리 이외에 더블룸과 트윈룸은 조식을 포함한 가격에 $30선이라 다소 부담스러울 수 있다. 성수기에는 메인도로에 위치한 숙소에서 빈방을 찾기 어려운데, 포레스트는 적당한 위치에 있으면서도 빈방을 구하기 쉽다는 것이 장점이다. 침구와 시설이 깔끔한 편이다.

문의 (856) 020 5865 2620, (856) 030 2828 972 가격 도미토리 8만K, 트윈룸·더블룸 $35~45/조식 포함 체크인/아웃 11:00/12:00 찾아가기 메인도로(Road13)에서 10번길(Thanon 10)을 따라 두 블록 직진하면 그린디스커버리가 보인다. 그린디스커버리를 왼쪽에 두고 두 블록 직진하면 좌측에 위치한다. 홈페이지 ptphotel.jimdo.com/english

Special 18 커피향이 넘실대는 볼라웬고원, 라오스의 커피

라오스 커피는 동남아시아 여행을 다녀본 사람들 사이에서 조금씩 이름이 알려졌다. 세계 2위의 커피 생산국인 베트남과 양적인 면에서는 비교할 수 없지만 라오스 남부의 볼라웬고원 일대에서 재배하는 커피는 '오가닉'이라는 타이틀을 달고 그 인지도를 높이는 중이다.

라오스에 커피가 소개된 시기는 프랑스 점령기로 거슬러 올라간다. 라오스에 첫 커피나무가 식재된 것은 1915년이다. 그러나 커피나무가 라오스 북부 기후에 적응하지 못해 수확에 실패한 후, 라오스 남부 지역으로 그 재배지를 변경하였지만 실패를 거듭한다. 라오스 토질 및 기후에 대한 이해 부족으로 여러 차례 실패의 고배를 마신 끝에 1930년대에 가서야 5,000톤의 커피를 수확할 수 있었다. 그러나 그 이후에도 갑작스럽게 찾아온 병충해와 이상기후, 라오스를 휩쓴 전쟁 탓에 여러 해 동안 커피 재배의 단계적인 성장이 멈춰버렸다. 1975년까지 정체되어 있던 커피 재배는 그 이후 쿠바와 구 동독에서 온 커피 관계자를 통해 아라비카 품종을 다시 소개받고, 1990년대에 들어서야 커피 생산의 재가동이 시작되었다.

현재 라오스 커피 생산량은 25,000~30,000톤으로 안정된 수준이다. 2011년에 로부스타(15,000톤)와 아라비카(5,000톤)를 합친 라오스 연간 총 커피생산량은 20,000톤으로 집계되었다. 이후 계속적인 품종 계량과 기술 혁신으로 2013년에 라오스 연간 총 커피생산량은 30,000톤 이상이라는 괄목할 만한 성장을 이루었다. 로부스타와 아라비카가 압도적으로 재배되는데, 다디단 연유와 함께 마시는 라오스식 커피에 주로 사용되는 로부스타(Rotusta)는 쓴맛이 강한 것이 특징이며 병충해에 강해서 볼라웬에서 주요 재배되는 품종이다. 볼라웬에서 두 번째로 많이 생산되는, 풍미가 좋은 아라비카(Arabica)는 에스프레소 등 커피 본연의 맛을 음미하려는 이들의 고급스러운 취향을 사로잡는다. 아라비카 원두 200g은 보통 4만 5천K~5만 5천K($7~8)에 판매된다.

라오스에서 가장 널리 이름난 커피 브랜드는 카페씨눅(Cafe Sinouk)이다. 팍세가 고향인 씨눅이 자신의 이름을 따서 브랜드화했다. 라오스인으로 프랑스에서 성장한 씨눅은 다시 라오스로 귀향해서 의미 있는 사업을 고민하다가 팍세를 중심으로 한 커피 생산을 발판으로 커피 가공과 판매를 통해 사업적 기반을 다졌다. 해마다 라오스의 커피 생산량은 눈에 띄는 상승폭을 자랑하는데, 그 기저에는 대량생산보다는 친환경 재배와 생산을 기초로, 지속가능한 커피 생산에 주안점을 두는 차별화된 경영방침이 있었다.

길게 뻗은 라오스에서 남부 볼라웬고원으로 형성된 팍송 일대에서 라오스 커피의 거의 대부분이 생산(전체 수확량의 90% 이상을 차지)된다고 할 수 있다. 해발 800~13,000m의 고원이기 때문에 평균기온 15도가 유지되는 서늘한 기후와 연중 충분한 일조량과 풍부한 강수량, 유기물이 함유된 화산토는 커피 생산에 이상적인 조건을 두루 충족시킨다. 특히 중소농가에서 소규모로 생산되는 것이 라오스 커피산업의 특징으로 꼽힌다. 지형과 기후의 혜택을 바탕으로 소수민족을 비롯한 팍송의 농가에서는 커피 생산을 주요 수입원으로 삼고 있다.

그런 이유로 인해 팍세에서 탓로마을로 가는 팍송 지역과 그 일대에 흩어져 있는 폭포 주변에서 손쉽게 커피나무를 만날 수 있다. 작은 울타리 너머에서는 커피나무가 시기에 따라 색깔을 달리하며 화산토의 영양분을 머금고 익어간다. 각 집 마당에는 수확한 커피콩을 햇볕에 말리는 모습이 너무나 자연스럽다.

현재 라오스는 라오커피어소시에이션과 커피위원회 등 조직적인 기구를 갖추었고, 2014년에는 라오스 커피축제를 개최하는 등 커피 호황의 에너지를 힘차게 이어가고 있다. 라오스에서 고민없이 기념품으로 집어 드는 라오 커피는 맑은 공기 속에서 휴가를 보내고 돌아오는 이의 유쾌한 정성으로 전달될 수 있다. 한국으로 돌아가서 맡아보는 커피 향은 추억으로 되살아날 수도 있겠다. 어쨌거나 라오스 남부를 찾는다면 커피 한잔의 여유를 잊지 말자. 사시사철 커피열매가 무르익는 팍세에서라면 거리를 걷다가 은은한 커피향에 취하는 상상도 가능하지 않을까.

홈페이지 www.laocoffeeassociation.org 이메일 laocoffeeassociation@gmail.com

코피스커피 Koffie's coffee

탓파인 전망대 앞에서 네덜란드인이 운영하는 카페이다. 매일 오후 2시에 참가자를 모아 커피투어와 커피워크숍을 진행한다. 1인당 참가비는 커피투어 5만K, 워크숍 18만K이며 2시간가량 진행된다. 홈페이지를 통해 일정에 대한 자세한 정보를 확인할 수 있다.

문의 (856) 020 2276 0439 운영시간 10:00~17:00 가격 카페라테 1만 3천K, 아라비카원두 300g 5만K 찾아가기 탓파인(Tad Fane) 내에 위치한다. 팍세에서 메인도로를 따라가다가 20km 지점에서 두 갈림길이 나오는데, 우측으로 가지 말고 계속 직진하면 38km 지점 우측에 탓파인 사진으로 된 큰 간판을 찾을 수 있다. 대로에서 1km 남짓 오솔길로 들어가면 탓파인 입구가 나온다. 홈페이지 www.paksong.info 페이스북 /KoffiesCoffee

씨눅커피농장&리조트 Sinouk Coffee Plantation&Resort

씨눅커피는 라오스 커피의 대명사로 불린다. 1995년 커피생산의 기틀을 만들고 농장을 확장하면서 2003년 브랜드를 런칭했다. 라오스에서 수확하고 가공하는 자체생산으로 비엔티안과 팍세에 커피숍을 운영하고 있다. 리조트 앞 정원을 지나 커피재배농장을 산책하며 커피 열매와 나무 등을 살필 수 있다.

문의 (856) 030 955 8960 찾아가기 팍세에서 86km 떨어져 있는 탓로마을을 기점으로 팍송 방향으로 18km 떨어진 곳에 위치한다. 홈페이지 www.sinouk-cafe.com 이메일 sinouk@laopdr.com

Chapter 04

사천 개의 섬 위에서 하룻밤, 시판돈

Si Phan Don

★★★★★
★★★☆☆
★★☆☆☆

메콩강의 생명력이 섬과 섬 사이를 흐르는 시판돈은 사천 개의 섬으로 이름나 있다. 건기에는 짙은 물빛을, 우기에는 거친 강물의 활력을 뿜어내는 이곳은 배낭여행자들의 순례지로 여겨진다. 사천 개의 섬 중 여행자가 찾는 섬은 돈뎃과 돈콘, 돈콩으로 각 섬에서 호젓한 시간을 보낼 수 있다.

시판돈에서 이것만은 꼭 해보자

1. 콘파팽폭포에서 메콩강의 힘찬 물줄기 바라보기
2. 리피폭포 방문하여 대나무숲길 걷기
3. 자전거 빌려 타고 섬의 오솔길 누비기
4. 돈뎃-돈콘다리에서 노을 감상하기

대자연을 만나는 라오스 남부지역

사진으로 미리 살펴보는 시판돈 베스트코스

주요관광지는 콘파팽폭포와 리피폭포이다. 메콩강을 중심으로 시간 조율을 얼마나 빡빡하게 혹은 느슨하게 계획하느냐에 따라 일정은 천차만별로 짤 수 있다. 콘파팽폭포는 숙소나 현지여행사를 통해 반나절투어로 다녀올 수 있고, 리피폭포는 자전거를 타고 직접 돈콘을 찾아 둘러보는 것이 일반적이다.

돈뎃 혹은 돈콘에서 계획하는 하루코스

Go! → 보트선착장 → 콘파팽폭포 3시간 코스 → 숙소 1시간 코스 → 리피폭포 2시간 코스

(보트 40분) (보트 40분) (자전거 30분) (자전거 20분)

증기기관차 30분 코스 → 돈뎃-돈콘다리 20분 코스 → 메콩강 노을 30분 코스 → 저녁식사 1시간 코스

(자전거 10분) (자전거 10분) (자전거 20분)

돈콩에서 하룻밤, 돈콘에서 하룻밤 보내는 시판돈 알짜 동선

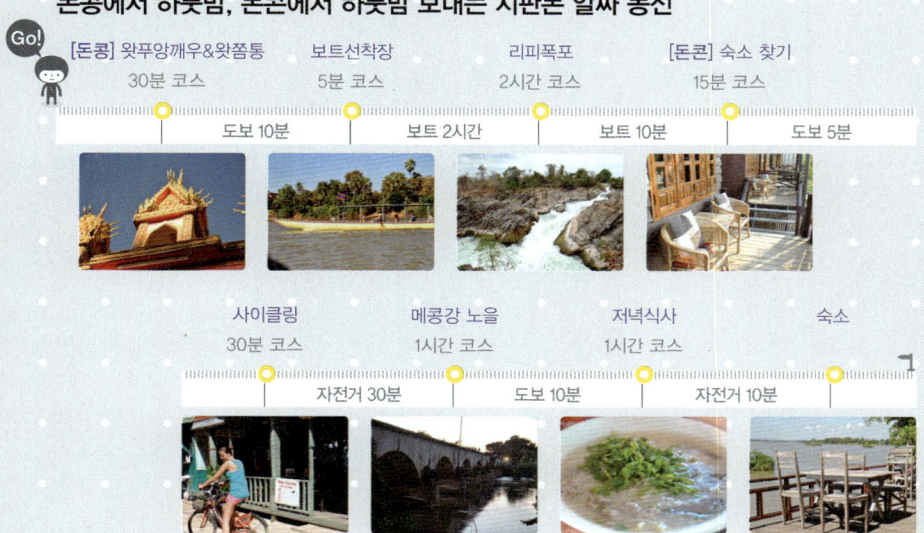

Go! → [돈콩] 왓푸앙깨우&왓쫌퉁 30분 코스 → 보트선착장 5분 코스 → 리피폭포 2시간 코스 → [돈콘] 숙소 찾기 15분 코스

(도보 10분) (보트 2시간) (보트 10분) (도보 5분)

사이클링 30분 코스 → 메콩강 노을 1시간 코스 → 저녁식사 1시간 코스 → 숙소

(자전거 30분) (도보 10분) (자전거 10분)

시판돈

A
- 콩뷰게스트하우스 Khong View
- 폰아레나호텔 Pon Arena Hotel & Restaurant
- 폰즈게스트하우스&레스토랑 Pon's Guesthouse & Restaurant
- 쏙싸바이게스트하우스 Souksabai Guesthouse & Restaurant
- 돈콩보트선착장 Don Khong Boat Station
- ATM
- 돈콩게스트하우스&레스토랑 Don Khong Guesthouse & Restaurant
- 왓푸앙깨우 Wat Phuang Kaew
- 콩마니호텔&레스토랑 Kongmany Hotel & Restaurant

B
- 반나가상버스터미널 Ban Nagasang Bus Station
- ATM
- BCEL은행
- 시장
- 사설환전소
- 반나가상보트선착장 Ban Nagasang Boat Station

지도 지명
- 메콩강 Mekong River
- 돈콩 Don Khong
- 왓쫌통 Wat Chom Thong
- 반핫사이쿤 Ban Hat Xai Khun
- 므앙쌘 Muang Sean
- 버스 정차 후 썽태우 연계 위치
- 반훼이 Ban Huay
- 반핫 Ban Hat
- 돈콩다리 Don Khong Bridge
- 메콩강 Mekong River
- 라오스
- 반나가상 Ban Nagasang
- 돈타오 Don Tao
- 돈뎃 Don Det
- 메콩강 Mekong River
- 돈콘 Don Khon
- 돈파펭 Don Phapheng
- 콘파팽폭포 Khon Phapheng Waterfall
- 캄보디아

Section 01
시판돈을 잇는 교통편

여행자가 말하는 시판돈은 흔히 돈콩과 돈뎃 그리고 돈콘을 가리킨다. 메콩강이 둘러싸고 있는 이들 섬 중 돈콩은 육지와 연결되는 다리가 있어 버스나 썽태우로 이동할 수 있다. 육지에서 돈뎃이나 돈콘으로 가려면 보트를 타야하며 돈뎃과 돈콘을 연결하는 다리가 있어 두 섬을 오갈 수 있다. 시판돈으로 들어가기 전, 보트선착장이 있는 반나가상에서 출금과 환전을 해 두는 것이 좋다.

- 출금 : 돈콩-ATM, 은행/ 돈뎃-불가능/돈콘-불가능
- 환전 : 돈콩-은행, 사설환전소/ 돈뎃-사설환전소/ 돈콘-불가능

🖊 돈콩으로 들어오고 나가기

다리가 놓이면서 이제는 버스와 썽태우를 연계한 교통편을 이용하는 것이 일반적이다. 따라서 반핫사이쿤$^{Ban\ Hat\ Xai\ Khun}$에서 보트를 타고 메콩강을 가로질러 돈콩의 므앙콩으로 들어가는 보트 운행 횟수가 줄어드는 추세이다. 팍세에서 돈콩으로 들어갈 때는 버스와 썽태우 요금을 합친 6만K에 티켓을 구매한다. 썽태우를 타고 반핫$^{Ban\ Hat}$에서 반나$^{Ban\ Na}$를 잇는 다리를 건너 숙소가 밀집한 돈콩(므앙콩)으로 들어간다.

출발지	도착지	출발시간	예상 소요시간	요금
팍세 Pakse	돈콩 Don Khong	08:00	3시간	6만K
돈콩 Don Khong	팍세 Pakse	07:30 11:30	3~4시간	7만K

🖊 돈뎃, 돈콘 들어오고 나가기

팍세에서 출발해 돈뎃이나 돈콘까지 미니밴과 보트를 연계하여 이동한다. 돈뎃과 돈콘으로 들어가기 위해서는 반드시 보트를 타야 하므로 보트선착장이 있는 반나가상$^{Ban\ Nagasang}$을 거쳐야 한다. 목적지의 영문(Don Det 혹은 Don Khone)이 표기되어 있는지 반드시 확인하자. 또한 티켓 구입 시 보트 요금이 포함된 것을 구입하는 것이 편리하다. 만약 보트 요금을 개인적으로 흥정하거나 개인 보트를 승차해야 하는 경우에는 막대한 금액을 부르는 경우가 많다.

출발지	도착지	출발시간	예상 소요시간	요금
팍세 Pakse	돈뎃/돈콘 Don Det/Don Khone	08:00	3시간	6만K/6만 5천K
돈뎃/돈콘 Don Det/Don Khone	팍세 Pakse	11:00	3시간	5만K

돈뎃, 돈콘에서 다른 도시로 이동할 때도 역시 반나가상을 거친다. 반나가상보트선착장에서 버스터미널까지 걸어서 이동해 팍세나 참파삭행 버스를 탈 수 있다. 반나가상버스터미널 주변에는 은행과 ATM 그리고 재래시장이 자리한다.

출발지	도착지	출발시간	예상 소요시간	요금
반나가상 버스터미널 Ban Nagasang Bus Station	팍세 Pakse	12:00	2시간 30분	6만K
	참파삭 Champasak		1시간 40분	6만K
	타켁 Thakek		9시간 30분	13만K
	비엔티안 Vientiane		18시간	20만K
	방비엥 Vang Vieng		23시간	29만K
	루앙프라방 Luang Prabang		28시간	39만K

📝 돈뎃과 돈콘을 잇는 돈뎃-돈콘다리

프랑스다리French Bridge라고도 불리는 돈뎃-돈콘다리Don Det-Don Khon Bridge는 통행티켓(3만 5천K)을 끊어야 오갈 수 있다. 하지만 한 번 티켓을 구입하면 하루 내내 유효하기 때문에 생각보다 부담이 덜하다. 또한 오후 4시 이후에는 티켓을 판매하지 않으며 섬을 오가는 데 제재를 하지 않는다.

📝 돈콘-돈뎃 드나들기

조금씩 다른 매력을 지닌 3곳의 섬 중 한 곳에만 머물기 아쉬워하는 여행자가 있다. 한적한 돈콘에서 머물고 왁자한 돈뎃과 흥미진진한 돈콘까지 둘러보는 일정은 어떻게 계획할 수 있을까? 돈뎃과 돈콘은 다리로 연결되어 있기 때문에 둘 중 한 곳에 숙소를 정하면 두 섬을 모두 둘러보는 것은 어렵지 않다. 따라서 두 섬에서 다소 떨어져 있는 돈콩에 먼저 짐을 풀었다면, 보트를 타고 돈콩에서 돈뎃, 돈콘으로 찾아가는 루트를 선택해야 한다.

돈콩에서는 매일 08:30에 돈뎃으로 향하는 보트를 이용할 수 있다. 하루에 한 대 있는 이 노선의 승차요금 1인당 편도 4만K이고 돈뎃까지 2시간이 걸린다. 물론 같은 보트는 돈콩에서 돈뎃을 거쳐 돈콘까지 운항하기 때문에 돈콘까지 가고자 해도 같은 금액과 비슷한 시간이 걸린다. 2시간 동안 보트에 앉아 메콩강 물줄기를 즐기는 이 여정은 짧게나마 낭만적인 보트투어 기분을 낼 수 있어 일거양득이다.

Special 19
돈콩, 돈뎃, 돈콘 매력 비교

흔히 시판돈이라고 말하는 돈콩과 돈뎃 그리고 돈콘은 각각 숙박시설을 갖추고 있으며 취향에 따라 섬에서 짐을 풀고 폭포를 방문하거나 자전거투어를 하거나 튜빙 등으로 더위를 식히며 여행을 즐긴다. 점차 시판돈을 찾는 여행자가 많아지면서 돈뎃에만 몰려있던 게스트하우스가 이제는 세 섬에 고르게 포진해 있다. 돈뎃과 돈콘은 다리로 연결되어 있으며 돈콩은 보트로 2시간 떨어진 곳에 위치한다. 각 섬의 특징을 파악해 호젓한 시간을 계획해 보자.

돈콩 Don Khong

718m의 탄탄하게 뻗은 다리를 통해 진입할 수 있는 돈콩은 세 섬 중 가장 큰 크기를 자랑한다. 또한 세 섬 중 라오스사람들의 일상을 가장 가까이서 엿볼 수 있는 섬이다. 섬은 크게 여행객이 주로 머무는 므앙콩(동북쪽)Muang Khong과 그 반대쪽에 위치한 므앙쌘(서남쪽)Muang Sean으로 나뉘며, 자전거를 대여해 므앙콩에서 므앙쌘까지 남부순환도로를 달리는 코스가 인기가 있다. 여행객을 태워 나르는 차량이 종종 지나가기도 하지만 25km를 달리는 내내 농촌 풍경과 라오스의 일상을 엿볼 수 있다. 므앙콩에서 멀지 않은 사원 2곳, 왓푸앙깨우Wat Phuang Kaew와 왓쫌통Wat Chom Thong 역시 차분하게 라오스인들의 불심을 느껴볼 수 있는 곳이다. 고만고만한 게스트하우스 앞으로 평화로운 메콩강이 내다보여 번잡하지 않은 시간을 보낼 수 있다.

돈뎃 Don Det

시판돈의 세 섬 가운데 여행자가 가장 선호하는 곳이며 따라서 밤늦게까지 문을 여는 바와 클럽까지 갖춘 파티장소이기도 하다. 반나가상Ban Nagasang에 도착한 사람들은 우르르 돈뎃행 보트에 몸을 싣는 경우가 많다. 따라

서 선착장에서부터 여행객이 현지인보다 월등히 많고, 선착장을 따라 이어진 길에는 촘촘히 식당과 게스트하우스, 투어업체가 늘어서 있다. 때문에 섬마을의 평화로운 모습이 아니라 여행객의 떠들썩한 풍경이 이어지고 외국인을 사무적으로 상대하는 라오스인들의 무표정한 얼굴이 앙상블을 이룬다.

돈콩의 10분 1에 못 미치는 크기이지만 여기저기에 새로 문을 여는 게스트하우스가 많다. 때문에 숙소를 정할 때도 인근에 공사 중인 곳이 없는지 살펴야 소음을 피할 수 있다. 그러나 선착장 인근에서 벗어나 돈콩으로 향하는 길(돈뎃-돈콩 다리 부근)에는 섬마을의 정취가 살아 있다. 돈뎃에 머물면 자전거를 타고 돈콩으로 드나들 수 있으며 메콩강 풍경 역시 다른 두 섬에 비해 뒤지지 않는다. 다만 돈뎃보트선 창작 주변은 어디를 가나 여행객으로 북적여 한적한 곳이 드물다.

돈콘 Don Khon

돈콘은 시판돈의 섬 중 깍두기 섬으로 취급받곤 한다. 오랫동안 시판돈의 여행자를 독식해 온 돈뎃과 새로운 주자로 떠오르는 돈콩 사이에서 여행자는 돈콘에 가기를 망설인다. 하지만 10년 전 돈뎃의 모습이 돈콘의 오늘이라고 할 수 있을 정도로 제법 규모를 키워, 이제는 다른 섬에 비해 더 쾌적한 수준의 게스트하우스가 더 저렴한 가격대에 여행객을 기다리고 있다.

돈콘의 가장 큰 매력은 리피폭포가 위치한다는 사실이다. 폭포를 둘러싼 일대가 공원처럼 조성되어서 산책길과 폭포 주변의 풍광을 즐기며 온종일 시간을 보내도 지겹지 않다. 리피폭포에서는 메콩강의 물길이 폭포를 이루는 장관을 여유 있게 만끽할 수 있다.

Section 02

섬마을의 일상을 엿보는 돈콩 Don Khong

시판돈의 세 개의 섬 중에서 가장 크기가 크지만 상대적으로 외국인이 많이 다녀가지 않아 라오스의 일상을 엿볼 수 있는 곳이다. 돈콩의 숙소는 강변을 따라 쭉 이어져 있어 그 가운데에서 고르는 것이 일반적이다. 돈콩의 장점을 최대한 느끼기 위해서는 강변을 바라볼 수 있는 방을 구하는 것이 좋은데, 대부분의 숙소가 강변 쪽에 위치하며 함께 식당을 운영하고 있다. 숙소에서 운영하는 식당의 메뉴와 수준은 비슷한 편이다.

• 출금 : ATM, 은행　• 환전 : 은행

돈콩에서 둘러보는 섬마을 불교사원 ★★☆☆☆
왓푸앙깨우 Wat Phuang Kaew

라오스사람들의 불심은 섬마을이라고 비껴가지 않는다. 므앙콩 중심에 위치한 왓푸앙깨우Wat Phuang Kaew는 18개의 계단을 놓고 또 쌓아 올린 단 위에 초록색을 입히고, 그 위에 금빛 불상을 안치했다. 동쪽을 향하고 있는 이 불상은 사원 안쪽에 자리하지만 그 크기와 화려함 때문에 멀리서도 한눈에 들어온다. 사원 입구로 들어서면 바로 우측으로 사리탑이 늘어서 있고 사원을 감싼 담장 위나 본당 입구로 들어가는 계단 난간에는 나가상이 화려하게 장식되어 있다.

불상 뒤편에는 머리가 7개인 나가Naga(힌두교와 불교에서 신성하게 여겨지는 뱀)가 불상을 보위해 그 화려함이 돋보인다. 사원 앞마당은 독참파 등의 꽃나무가 있어 차분히 걸으면서 둘러보기에 좋다. 왓푸앙깨우는 접근성이 높아 돈콩을 찾은 여행객이 한번쯤 다녀가는 사원이며, 돈콩보트선착장 앞에 위치해 이정표 역할도 한다. 왓푸앙깨우Wat Phuang Kaew는 왓칸콩Vat Kan Khong이라고도 불린다.

입장료 무료 **운영시간** 24시간 **귀띔 한마디** 오전 이른 시간에는 일상적으로 불당에서 시주하는 사람들을 볼 수 있다. **찾아가기** 게스트하우스가 밀집한 므앙콩의 돈콩보트선착장을 기준으로 메콩강을 등졌을 때 좌측으로 200m 거리에 있다.

19세기에 지은 독특한 사원 ★★☆☆☆
왓쫌통 Wat Chom Thong

왓쫌통은 프랑스 건축양식으로 지은 아치형태가 독특한 사원으로 돈콩에서 가장 오래된 사원이다. 차오아누웡왕(King Chao Anouvong 1805~1828년)의 집권기에 지어졌다고 전해진다. 하얀색으로 칠한 아치문은 해의 기울기에 따라 다른 빛깔로 보여 라오스 전통 불교 사원과 대조를 이룬다. 본당은 라오스 전통양식에 콜로니얼양식이 가미되어 묘한 형태이다. 메콩강이 바로 내다보이며 사원 여기저기에 야자수가 빼곡히 우거져 있어 빼어난 풍광을 자랑한다.

입장료 무료 **운영시간** 24시간 **찾아가기** 게스트하우스가 밀집한 므앙콩의 돈콩보트선착장을 기준으로 메콩강을 등졌을 때 우측으로 1km 내에 위치한다.

대저택에서 메콩강을 바라보는 품격 있는 숙소 ★★★★☆
콩마니호텔&레스토랑 Kongmany Hotel&Restaurant

메콩강의 풍경은 물론이고 싱그러운 정원까지 함께 누릴 수 있는 콩마니는 돈콩에서 비교적 고급 숙소에 해당한다. 넓은 부지를 최대한 활용하여 넉넉하게 공간을 편성하였으며 세련된 시설을 갖추어 호화로운 분위기를 누릴 수 있다. 전체적으로 가격대비 훌륭한 서비스와 쾌적한 객실을 자랑한다. 호텔에 투숙하지 않아도 레스토랑에서는 개별적으로 조식(8만K)을 즐길 수 있다.

문의 (856) 031 212 077 **가격** 스탠더드룸 $55, 디럭스룸 $60, 수피리어 $65/조식 포함 **체크인/아웃** 12:00/14:00 **찾아가기** 므앙콩의 돈콩보트선착장을 기준으로 메콩강을 등지고 왼쪽 방향, 즉 왓푸앙깨우 방향으로 300m 떨어져 있다. **홈페이지** www.kongmany-hotel.com **이메일** kongmany.hotel@gmail.com

투어업체와 식당까지 함께 운영하는 ★★☆☆☆
돈콩게스트하우스&레스토랑 Don Khong Guesthouse&Restaurant

가장 기본적인 수준의 숙소이다. 므앙 콩 초입에 위치하며 티켓 판매 등 다양한 서비스를 제공한다. 숙소는 기본적인 수준이며 1층이 시원한 편인데, 2층은 발코니에서 강변 전망을 감상할 수 있다. 사람이 많이 지나다니는 길목이지만 여행객이 많지 않아 조용한 편이다. 레스토랑의 음식은 평범한 라오스식이 주를 이룬다.

문의 (856) 020 220 1777 가격 더블룸 8만K(팬룸), 12만K(AC룸) 귀띔 한마디 가족이 운영하지만 친절함을 느끼기가 어려운 점이 아쉽다. 찾아가기 돈콩보트선착장 바로 앞에 위치한다.

시판돈의 호젓함이 루프톱에 넘실대는 ★★★★☆
콩뷰게스트하우스 Khong View

돈콩선착장에서 바라볼 때 가장 끝에 위치하지만 발품을 팔아서라도 갈 만한 숙소이다. 강변을 볼 수 있는 객실과 발코니를 갖춘 객실이 깔끔하게 관리되어 있다. 주인할머니가 상당히 친절한 편이며 2층에 널찍하게 있는 루프톱 형태의 공간이 이곳의 큰 장점이다. 객실 가운데 창문이 없는 경우가 있으니 체크인 전에 내부를 살펴보는 것이 좋다. 다른 곳보다 유독 더 조용한 편이다.

문의 (856) 020 5848 2221, (856) 020 5599 5700 가격 더블·트윈룸 8~10만K 찾아가기 돈콩보트선착장에서 메콩강을 등졌을 때, 오른쪽 방면으로 직진해 300m 떨어져 있다.

휴양을 누리는 정석 ★★★★☆
폰아레나호텔 Pon Arena Hotel&Restaurant

돈콩의 숙소 가운데 가장 고급스러운 곳으로 건물 자체가 다른 곳과 차별된다. 강변이 바라보이는 건물과 마을 안쪽에 자리한 건물로 구분되는데, 스위트메콩뷰 객실에서만 강변뷰를 즐길 수 있다. 강변에 레스토랑도 함께 운영해서 쾌적한 분위기를 차분히 만끽하는 이가 많다. 조식을 먹는 동안 레스토랑에서 신선한 아침을 맞는 기분이 상쾌하다. 칵테일 등 주류를 주문해 저녁시간에 앉아 있기 좋다.

대자연을 만나는 라오스 남부지역

문의 (856) 031 515 081, (856) 020 2227 0037 가격 스탠더드룸 $50, 디럭스룸$60, 스위트메콩뷰 $90 귀띔 한마디 투숙객이 아니어도 조식만 따로 주문할 수 있다. 찾아가기 돈콩보트선착장에서 메콩강을 등졌을 때 오른쪽 방향으로 200m가량 직진한다. 홈페이지 www.ponarenahotel.com 이메일 pon_arena@hotmail.com, pon_arena@yahoo.com

캐주얼한 숙소에서 유유자적 ★★★★☆
폰즈게스트하우스&레스토랑 Pon's Guesthouse&Restaurant

돈콩의 게스트하우스 가운데 가장 쾌적한 곳으로 꼽히는 폰즈게스트하우스는 가격도 저렴한 편이다. 팬룸과 에어컨 룸으로 구분하며 각각 8만K, 10만K이다. 발코니에 의자를 놓아두어 편안하게 풍경을 즐기며 시간을 보내기 좋다. 직원이 친절한 편이며 객실 관리를 잘해서 기본적인 시설임에도 편안하다. 레스토랑에서는 라오스음식을 주메뉴로 하며 전체적으로 깔끔한 편이다.

문의 (856) 031 214 037, (856) 020 5540 6798 가격 더블룸 $25 찾아가기 돈콩보트선착장에서 메콩강을 등지고 오른쪽으로 150m 직진한다. 홈페이지 www.ponarenahotel.com 이메일 pon_arena@hotmail.com

여유 공간이 넉넉한 ★★★☆☆
속싸바이게스트하우스 Souksabai Guesthouse & Restaurant

돈콩에서 가장 많은 객실을 보유한 곳이다. 객실이 많다 보니 선택의 폭이 넓은 편이다. 기존 건물과 새로 지은 건물로 구분되는데, 기존 건물 2층 객실은 상당히 덥고 낡은 인상이 강하다. 새로 지은 건물은 1층에 위치하며 작은 뜰에 타일로 만든 테이블 등을 놓아 한결 여유 있다. 강변이 보이지는 않지만 여유 공간을 사용하고 싶다면 고려할 만하다.

문의 (856) 031 214 122, (856) 020 2227 7470 가격 더블룸 8만K~ 찾아가기 돈콩보트선착장에서 메콩강을 등지고 오른쪽으로 150m 직진해 우측에 위치한다. 커다란 간판이 앞에 세워져 있다. 이메일 BL_souksabay@yahoo.com

Special 20
급류가 굽이치는 콘파팽폭포 Khon Phapheng waterfall

라오스 남부는 동굴과 폭포의 향연이다. 그 중 콘파팽폭포는 그 향연의 클라이맥스라 해도 부족함이 없다. 수량과 낙폭이 빚어내는 웅장한 소리와 날이 선 바위를 덮는 하얀 포말은 여행객의 마음을 단번에 사로잡는다. 일행을 모아 한나절코스로 다녀올 수 있는 곳으로, 시판돈의 아름다움을 만끽할 수 있다.

동남아시아에서 가장 큰 폭포인 콘파팽은 메콩강의 그 많은 수량이 협곡으로 모여들면서 거친 물살을 일으킨다. 바위를 차고 폭포수를 이루며 웅장한 소리와 함께 힘찬 물줄기가 쏟아져 보는 이를 압도한다. 콘파팽폭포는 라오스와 캄보디아 국경에 위치하며 급류가 줄잡아 9.7km에 이르고, 가장 큰 낙폭은 21m에 달하는 규모이다. 7~10월 우기에는 월등히 많은 수량을 자랑한다.

폭포 주위에는 식당과 카페가 자리하며 탐방로를 조성해 놓았다. 폭포를 정면으로 볼 수 있는 지점에는 전망대 형태의 건물이 있어 앉아서 풍경을 즐기기에 좋다. 공원처럼 조성된 콘파팽폭포 입구에는 신성하게 여겨지는 마니홋나무Manikhot Tree가 유리관 안에 전시되어 있다. 거친 물살 속에 자리했던 마니홋나무는 사람의 손길이 닿지 않은 곳에 자리해 날아다니는 새들만 접근할 수 있었다고 한다. 전해지는 이야기에 따르면 이 나무 가지에서 열리는 첫 번째와 두 번째 열매를 먹으면 무병장수를 하고 큰 복이 따르는데, 세 번째 열매를 먹으면 불운해지고 원숭이로 변한다고 한다.

돈뎃이나 돈콘에 머물 경우, 업체를 통해 투어(18만K)로 다녀올 수 있다. 업체를 이용할 경우 콘파팽폭포 방문과 함께 카야킹이 포함되며, 오전 8시에 출발해 오후 4시에 마무리하는 하루일정으로 삼을 수 있다. 한편, 개인보트를 통해 보트 1대(1인당 15만K)를 예약해서 당일에 이용하는 것도 좋다. 수로와 육로이동을 해야 하는 번거로움을 피하고 섬에서 바로 보트를 타고 이동하기 때문에 볼거리도 많고, 오가는 길의 피로가 덜하다.

입장료 5만 5천K **찾아가기** 13번 국도에 자리하기 때문에 섬에서 보트를 타고 나간 후, 다시 반나가상에서 툭툭(왕복 12만K)을 타고 가는 방법이 있다. 이동 거리는 9km이다. 교통편을 계속 갈아타야 하는 만큼 번거롭고 피곤해서 보트편으로만 가는 방법을 추천한다. 숙소나 여행사를 통해 보트를 예약하면 섬에서 보트를 타고 메콩강을 따라 바로 콘파팽폭포로 갈 수 있다. 현지인이 물길을 헤치고 콘파팽폭포와 가까운 지점에 내려주고, 거기서 약 500m가량 걸어서 폭포 입구로 들어가게 된다. 보통 아침 08:00에 출발해 15:00 무렵에 돌아오는 일정이다. 폭포 입장료는 불포함이며 1인당 15만K 선이다.

대자연을 만나는 라오스 남부지역

Section 03

세계각지의 여행자로 흥겨운 돈뎃 Don Det

돈뎃은 가장 번화한 곳인 만큼 여행객을 겨냥한 레스토랑이 많은 편이다. 숙소도 천차만별인데 소음이 없고 강변이 가까운 곳을 선택하는 것이 좋다. 조용한 휴식을 위해서라면 강변으로 숙소를 잡는 것이 현명한 선택이다. 메콩강 전망 여부를 필히 확인하자.

• 출금 : 불가능 • 환전 : 일부 식당에서 가능

돈뎃과 돈콘을 잇는 ★★★★☆
돈뎃-돈콘다리 Don Det-Don Khon Bridge

프랑스다리(프렌치브릿지)French Bridge 혹은 프렌치콜로니얼브릿지French Colonial Bridge라고도 불리는 돈뎃과 돈콘을 잇는 다리로, 1910년에 지었다. 길이는 158m로, 난간이 없다고 할 정도로 낮으며 성태우 한 대가 겨우 지나갈 만큼 좁은 편이다. 다리를 건너기 위해서는 티켓을 구입해야 하는데, 한 번 구입하면 하루 동안 자유롭게 오갈 수 있다.

증기기관차가 달리던 철로의 흔적이 다리 위에 고스란히 남아 있어 색다르다. 다리 위에서는 메콩강의 풍경을 한눈에 바라볼 수 있고, 돈뎃이나 돈콘에서 다리 밑을 흐르는 메콩강 전경을 보는 것도 근사하다. 해가 지는 5시 이후 무렵에는 석양에 물들어 시시각각 변하는 메콩강을 눈에 담으려는 이들이 많이 찾는다.

통행료 3만 5천K 입장시간 08:00~16:30 귀띔 한마디 다리통행 티켓은 같은 날에 한해 리피폭포입장권으로 사용이 가능하다. 찾아가기 돈뎃과 돈콘 사이에 위치하며 돈뎃에서는 선착장 반대편으로 2.7km 떨어져 있다.

증기기관차 Locomotive

오래된 칙칙폭폭 기관차의 추억을 느낄 수 있는 ★★★★☆

과거 돈뎃과 돈콘을 연결했던 증기기관차는 라오스가 프랑스 식민기에 콘파펭의 급류를 피하여 화물을 운송하기 위해 건설하였다. 처음 철로는 1893년 돈콘에 설치되었다가 1910년 돈뎃까지 확장하였다. 돈뎃-돈콘다리(프랑스다리)에 서면 사람들이 지나다니는 흙길에서 선명한 철로의 흔적을 발견할 수 있다. 철로는 2차세계대전 시 일본군이 이용하다가 1949년에 완전히 멈춰 섰다. 증기기관차는 지나는 길에 개방되어 있으므로 별도의 입장료 없이 둘러볼 수 있다.

입장료 무료 귀띔 한마디 본 전시물에 대한 설명도 함께 게시해 놓았다. 찾아가기 돈뎃-돈콘다리에서 돈콘으로 넘어간 후, 20m 거리 내에 오른편에 위치한다.

미즈닝 Ms.Ning

평범하지만 그래서 더 즐겨 찾는 ★★★★☆

목이 좋은 자리에 위치하는 장점도 있지만 음식 자체가 신선하고 맛이 좋아 많은 여행자가 찾는 곳이다. 간단한 디저트에서부터 라오스음식까지 다양한 메뉴를 갖추고 있으며 시설도 쾌적한 편이다. 사방이 개방되어 있는 내부에는 넉넉한 공간에 스텐딩석과 테이블석, 마루좌식석 등이 마련되어 있다.

문의 (856) 020 9740 1065 가격 랍요리 등 2만K~ 운영시간 07:00~23:30 찾아가기 돈뎃보트선착장에서 직진해서 여행자 거리 거의 끝 지점에 자리한다.

그린파파야샐러드가 생각날 때, ★★★★☆
다롬레스토랑 Dalom Restaurant

비교적 깔끔한 식당으로 편안하게 앉아서 시간을 보낼 수 있다. 시내랄 것도 없는 돈뎃에서 비교적 중심가에 위치해서 오다가다 쉬어가기 좋다. 그린파파야샐러드(땀막훙)가 신선하며, 등받이가 있는 누빔방석에 앉아 비어라오를 즐길 수 있다. 환전을 할 수 있어 알아두면 유용한 곳이다.

문의 (856) 030 9551 099 가격 2만K~ 운영시간 07:00~22:00 귀띔 한마디 레스토랑과 함께 게스트하우스를 운영한다. 찾아가기 돈뎃보트선착장에서 직진해서 여행자거리가 끝나고 두 갈림길로 나눠지는 지점에 위치한다. 워낙 간판이 커서 쉽게 알아볼 수 있다.

키치한 스타일이 돋보이는 ★★★☆☆
스트릿뷰레스토랑 Street View Restaurant

맛있는 음식과 친절한 서비스로 소문난 식당이다. 메인도로에서 벗어나 있지만 소문을 듣고 찾는 이가 많다. 치킨, 돼지, 소고기 등의 바비큐메뉴가 인기가 좋고 버거나 감자튀김 등의 서양식메뉴가 준비되어 있다. 다른 곳에 비해 비싼 편이나 양이 많으며 강변에 자리하여 메콩강을 바라보며 식사를 즐길 수 있다.

문의 (856) 020 9877 9177 가격 2만K~ 운영시간 07:30~22:00 찾아가기 돈뎃보트선착장에서 직진해서 여행자거리가 거의 끝나는 지점에서 다롬레스토랑 좌측의 강변 쪽으로 200m 들어가면 위치한다.

지글지글 고기뷔페 ★★★☆☆
아담스 Adam's

돈뎃에서 잘 알려진 식당이다. 저녁에 뷔페를 운영하여 푸짐한 식사를 즐기려는 사람들이 찾는다. 식당 앞에서 고기를 굽고 다양한 메뉴를 선보여 식욕을 자극한다. 테이블석과 마루좌석으로 구분되어 있으며 늘 붐비는 편이다.

문의 (856) 020 9951 9525 가격 뷔페 5만K 운영시간 18:30~23:00 찾아가기 돈뎃보트선착장에서 40m 직진해서 여행자거리 중간 왼편으로 위치한다.

자유로운 영혼이 모여드는 ★★★★☆
킹콩 Kingkong

사람들의 발길이 뜸한 돈뎃-돈콘다리 가까이에 위치하지만 편안한 분위기 덕분에 자전거를 타고 돈뎃과 돈콘을 오가는 이들이 쉬어간다. 강변을 바로 접하고 있어 간단한 음료와 비어라오 한잔을 기울이며 시간을 보내는 이들이 많다.

단연 돈뎃의 호젓함을 누리기에 으뜸이라고 할 정도로 차분한 것이 매력인데 메콩강을 바라보며 음악을 듣거나 소일하는 이들이 즐겨 찾는다. 돈뎃 선착장에서 많이 떨어져 있어 보통은 한산하다.

문의 (856) 020 5535 6483 가격 주메뉴 2만K~ 운영시간 07:30~23:00 찾아가기 돈뎃보트선착장에서 2.7km 떨어져 있는 돈뎃-돈콘다리와 더 가깝다. 돈뎃-돈콘다리에서 500m 거리에 위치한다.

대자연을 만나는 라오스 남부지역

레게 열기로 후끈한 ★★★★☆
원러브레게바 One Love Reggae Bar

레게음악을 들으며 식사나 주류를 즐길 수 있다. 낮에는 조용한 편이지만 저녁 시간에는 음악 볼륨을 높여 흥겨운 분위기이다. 입구에서 안쪽으로 들어서면 넓은 자리에 창가 쪽 마루가 눈에 띄는데, 메콩강이 바라다보여 편안하게 앉아 쉬기 좋다. 생과일주스가 맛이 좋은 편이다.

문의 (856) 020 5606 0743 가격 비어라오 등 주류 1만 2천K~ 운영시간 07:00~23:30 찾아가기 돈뎃보트선착장에서 직진해서 여행자거리로 약 80m 걸어가면 왼쪽에 위치한다.

시끌벅적하게 한잔할 수 있는 ★★★☆☆
4000아일랜드바 4000 Island Bar

요란한 록음악이 흥겨운 이곳은 맛 좋은 생과일음료와 비어라오를 즐길 수 있는 곳이다. 각국에서 온 여행자와 수다를 떨며 정보를 나누는 장이 되기도 한다. 특히 저녁에는 즐거운 시간을 보내려는 여행자들로 북적인다. 석양을 바로 바라볼 수는 없지만, 석양빛으로 시시각각 변하는 빛의 흐름을 감상하기엔 그만이다.

문의 (856) 020 5460 0307 가격 볶음밥 1만 5천K, 비어라오 1만 2천K~ 운영시간 07:00~23:30 찾아가기 돈뎃보트선착장에서 직진해서 여행자거리로 약 60m 걸어가면 위치한다.

한가롭게 조식을 즐기는 ★★★☆☆
조니레스토랑&바 Johnny Restaurant&Bar

선착장 바로 옆에 위치해 튜빙을 즐기는 사람들과 오가는 사람들의 모습이 한눈에 들어온다. 보통 돈뎃을 떠나기 전 아침식사를 해결하려는 여행자로 붐비는데, 가볍게 차나 커피를 마시며 전망을 즐기기에도 좋다. 전망을 제외하면 만족도가 높은 곳은 아니다.

문의 (856) 020 5804 8900 가격 팬케이크 1만 5천K, 비어라오 1만 2천K 운영시간 07:00~23:00 찾아가기 돈뎃보트선착장에서 직진해서 여행자거리로 들어가면 바로 오른쪽에 작은 간판이 보인다.

메콩강을 배경으로 즐기는 우아한 디저트, ★★★★☆
마마로아레스토랑&게스트하우스
Mama Leuah Restaurant&Guesthouse

게스트하우스와 함께 운영하는 마마로아레스토랑은 쾌적하고 넓어서 자전거를 타고 돈뎃과 돈콘을 오가는 길 중간에 쉬어가기 좋다. 입구가 세련되어 유독 눈에 띄는데, 식당 내부에서도 편안함이 묻어난다. 메콩강이 내려다보는 풍경 역시 평화롭다. 게스트하우스 역시 메인도로에서 벗어나 있어 차분하게 쉴 수 있다. 독립된 방갈로는 깔끔하게 정돈되어 있으며, 테라스에 해먹이 있어 한가로운 시간을 보낼 수 있다.

문의 (856) 020 5907 8792 가격 6만K(팬룸), 디저트 1만 8천K~ 체크인/아웃 14:00/12:00 귀띔 한마디 이름이 비슷한 마마로아선셋게스트하우스와 혼동하지 않도록 한다. 찾아가기 돈뎃보트선착장에서 직진해서 여행자거리 거의 끝 지점 다롬레스토랑 좌측 강변길로 들어선 후 다시 1km가량 더 걸어간다. 돈콘으로 가는 길 중간에 위치한다. 홈페이지 www.mamaleuah-dondet.com

대자연을 만나는 라오스 남부지역

해 지는 노을빛에 물드는 ★★★★☆
리틀에덴 Little Eden

잘 정돈된 정원과 탁 트인 강변 풍경으로 여유로운 휴가를 만끽할 수 있는 곳이다. 무엇보다 아름다운 일몰 풍경을 즐길 수 있어 만족도가 높다. 라오스인과 결혼한 벨기에인이 운영하는 곳으로, 객실도 깔끔하게 관리되고 있다. 쾌적한 침구와 모던한 인테리어가 돋보인다. 전망이 훌륭한 레스토랑도 함께 운영한다.

문의 (856) 020 7773 9045, (856) 020 5581 6872 가격 스탠더드룸 $55/조식 포함 체크인/아웃 14:00/12:00 찾아가기 돈뎃보트선착장에서 직진해서 여행자거리로 들어가 5m 거리에 슈퍼를 낀 오른쪽 골목으로 들어오면 바로 보인다. 길가에 커다란 표지판을 달아놓아 찾기가 쉽다. 귀띔 한마디 팍세 공항을 이용할 경우, 픽업 서비스를 문의할 수 있다.

지극히 평범한 ★★★☆☆
마마로아선셋게스트하우스 Mama Leuah Sunset Guesthouse

목조방갈로가 대부분인 돈뎃에서 석조건물인 마마로아선셋은 단연 눈에 띈다. 넓은 객실은 특별난 것은 없지만 에어컨을 갖춘 객실이 있는 것이 특징이다. 2층보다 1층이 시원한 편이며, 2층에는 발코니가 마련되어 있다. 휑한 객실이라서 아늑한 분위기가 부족한 것이 아쉽다.

문의 (856) 020 5904 9900 가격 팬룸 10만K, 에어컨룸 15만K 체크인/아웃 14:00/12:00 찾아가기 돈뎃보트선착장에서 직진해서 여행자거리 거의 끝 지점 다롬레스토랑까지 걷는다. 거기서 바로 오른쪽 골목길로 들어서서 50m 정도 걸어간 갈림길에서 다시 좌측으로 3m 걸어가면 바로 간판이 보인다.

Part 04

 해먹에 누워 메콩강을 바라보는 ★★★☆☆
선셋방갈로 Sunset Bungalow

삐걱대는 나무 데크를 따라 강변에 맞닿아 있는 선셋방갈로는 저렴한 가격에 온수까지 제공한다. 서향으로 지은 단층 방갈로는 오후가 되면 다소 덥지만 문을 열면 눈앞에 펼쳐지는 메콩강이 더위도 잊게 한다. 함께 운영하는 식당 겸 카페가 바로 옆에 있어 음료와 식사를 해결할 수 있다.

문의 (856) 020 9877 2978 가격 팬룸 10만K 체크인/아웃 14:00/12:00 찾아가기 돈뎃보트선착장에서 직진해서 여행자거리 거의 끝 지점 다롬레스토랑에서 오른쪽 골목길로 들어서서 50m 정도 걸어간 후 갈래길에서 좌측으로 5m 걸어가면 간판이 보인다.

 에어컨이 있는 평범한 숙소 ★★☆☆☆
레비주게스트하우스 Lebijou Guesthouse

말끔하게 새로 지은 게스트하우스로, 쾌적한 공간에서 머물고 싶다면 추천할 만하다. 비교적 저렴한 가격에 저가 호텔에 버금가는 시설에서 머물 수 있다. 객실은 전체적으로 라오스식 통나무를 틀로 꾸며 제법 운치 있는 분위기이다. 깨끗하게 정돈된 침대 등 기본에 충실하다.

문의 (856) 020 5570 5173 가격 AC룸 15만K, 팬룸 10~12만K 체크인/아웃 14:00/12:00 찾아가기 돈뎃보트선착장에서 직진해서 여행자거리로 약 30m 걸어가면 오른쪽에 위치한다.

 돈뎃에서 찾은 작은 나만의 발코니 ★★★★☆
바바게스트하우스 Baba Guesthouse

선착장에서 가까운 바바는 지은 지 얼마 되지 않아 깔끔하고 모던한 외관이 눈에 띈다. 객실은 소박한 원목가구를 배치하여 편안하다. 단순한 형태이지만, 풍경이 한눈에 들어오는 창문과 쾌적한 침대 등 기본 시설만으로도 안락함이 느껴진다. 무엇보다 강이 내다보

이는 발코니가 있어 호젓한 시간을 보내기에 좋다.

문의 (856) 020 9889 3943 가격 더블룸 20~25만 K(AC룸) 체크인/아웃 14:00/12:00 찾아가기 돈뎃보트선착장에서 직진해서 여행자거리 거의 끝 지점 다롬레스토랑에서 좌측으로 다시 강변길이 이어지는데 그 초입에 위치한다. 홈페이지 www.dondet.net

작지만 매력적인 게스트하우스 ★★★☆☆
크레이지게코 Crazy Gecko

투박하지만 감각적인 분위기가 느껴지는 게스트하우스로 독특한 분위기 덕분에 인기 있는 숙소이다. 객실 앞 넓은 발코니에는 해먹이 걸려 있어 여유를 더해준다. 객실 수가 많지는 않지만 3베드룸이 마련되어 있다. 1층에는 숙박객이 자유롭게 이용할 수 있는 당구대가 있으며, 강 풍경을 즐길 수 있는 레스토랑도 함께 운영한다.

문의 (856) 020 9719 3565 가격 팬룸 15만K 체크인/아웃 14:00/12:00 찾아가기 돈뎃보트선착장에서 직진해서 여행자거리 거의 끝 지점 다롬레스토랑에서 좌측으로 다시 강변길이 이어지는데 그곳에서 다시 30m가량 더 걸어간다. 홈페이지 www.crazygecko.ch 이메일 info@crazygecko.ch

친절한 주인이 반겨주는 ★★★☆☆
마마피앙 MAMA Piang

알록달록한 빛깔의 간판을 단 마마피앙은 아담한 분위기가 특징이다. 2층 건물의 게스트하우스는 단순한 편으로 창문을 열면 강이 손에 잡힐 듯 가깝다. 가격 대비 시설이 깔끔한 편이며, 투박한 나무 바닥이 깔린 공용 발코니가 있어 여유로운 시간을 보내기에 충분하다.

문의 (856) 020 9181 6479 가격 팬룸 6만K 체크인/아웃 14:00/12:00 찾아가기 돈뎃보트선착장에서 직진해서 여행자거리 거의 끝 지점 다롬레스토랑에서 좌측으로 다시 강변길이 이어지는데 그곳에서 100m 거리에 있다.

Part 04

Section 04

시판돈의 떠오르는 여행지, 돈콘 Don Khon

돈콘에서 제대로 된 휴식을 누리고 싶다면, 강변을 볼 수 있는 전망 좋은 객실에 머물자. 보통 객실 앞 발코니에 해먹이 있어 느긋한 시간을 보내기에 그만이다. 메콩강 전망을 볼 수 없는 숙소는 정원을 끼고 있으며 차분한 분위기이다. 식당이 밀집한 구역에서 벗어날수록 숙소의 가격도 비례해서 저렴해진다. 돈콘은 다른 두 섬에 비해 가격 대비 시설이 조금 더 쾌적한 편이고, 다른 섬과 마찬가지로 게스트하우스에서 식당도 겸업하는 것이 일반적이다.

• 출금 : 불가능 • 환전 : 일부 식당에서 가능

옥색 물빛으로 황홀해지는 ★★★★★
리피폭포(솜파핏폭포) Liphi Waterfall(Somphamit Waterfall)

높은 산에 자리하는 대부분의 폭포와는 달리 리피폭포는 평야를 한참 지나야 발견할 수 있다. 따라서 폭포를 올려다보는 것이 아니라 내려다보는 이색적인 경험을 할 수 있다. 악마의 회랑 Devil Corridor이라고도 불리는 리피는 '악령'이라는 뜻을 담고 있는데, 거친 물길에 나쁜 기운이 같이 떨어진다고 믿는다. 폭포 앞에는 추락 위험을 알리는 표지판이 많으니 그 너머로 들어가지 않도록 주의하자.

건기에는 청아한 옥색 물빛을 볼 수 있으며, 우기에는 수량이 풍성하지만 진흙이 많이 섞여 약간 탁한 물빛을 보인다. 우기에는 주변이 온통 대나무 잎으로 뒤덮여 있어 산책을 즐기기에도 좋다. 또한 폭포 앞에는 벤치가 자리해 휴식을 취할 수 있다.

입장료 3만 5천K(돈뎃-돈콘다리 통행티켓을 구입(3만 5천K)했다면 티켓을 제시하여 무료로 입장할 수 있다.)
찾아가기 돈뎃-돈콘다리를 등지고 오른쪽 방향으로 가야 한다. 다리를 건넜다면 돈콘에 진입해 계단이 아닌 오솔길을 따라 계속 가면 오른편에 증기기관차 전시 공간이 나오는데 이를 끼고 돌아나가서 작은 세 갈래 길에서 다시 왼쪽으로 향해 비포장 메인도로를 따라 약 1.2km를 가야 한다. 중간 중간에 표지판이 있어 방향을 잡을 수 있다. 귀띔 한마디 모자, 선크림, 생수를 꼭 챙기고 간식도 가져가는 것이 좋다.

대자연을 만나는 라오스 남부지역

파사이레스토랑 Fasai Restaurant
식사보다는 생과일주스를 맛볼 만한 ★★★☆☆

섬의 규모가 작다 보니 손꼽히는 맛집을 찾기 어려운 것이 사실이다. 파사이는 돈콘에서 생과일주스가 맛있는 곳이며 식당 안쪽 자리에서 강변을 볼 수 있기도 하다. 망고와 수박주스 등 신선한 과일주스로 더위를 식힐 수 있다. 주스 외에도 볶음밥, 국수 등의 현지식 메뉴와 서양식메뉴도 준비되어 있다.

문의 (856) 020 9114 7831 **가격** 생과일주스 1만 5천K~ **귀띔 한마디** 주스는 설탕을 과하게 넣을 수 있으니 주문할 때 조용하자. **찾아가기** 돈뎃-돈콘다리에서 메콩강을 등졌을 때, 좌측으로 150m 지점 좌측에 위치한다. 솜파밋게스트하우스 옆이다.

라오롱레스토랑 Lao Long Restaurant
돈콘에서 규모가 큰 ★★★☆☆

소규모 숙소와 식당이 대다수인 돈콘에서 눈에 띄는 규모를 자랑한다. 높이 솟은 지붕과 깔끔한 테이블셋팅 등이 시선을 사로잡는다. 테이블석과 방석이 놓인 마루좌석으로 구분되며, 마루좌석은 공간이 넓어서 등을 기대 앉아 있기에 좋다. 음식은 다소 느끼하며 생과일주스는 주문할 때 설탕량을 조율해야 지나치게 단맛을 피할 수 있다.

문의 (856) 020 9942 6110, (856) 020 9928 941 **가격** 망고셰이크 1만K, 팟타이 2~2만 5천K, 파파야샐러드 1만 5천K **운영시간** 06:00~23:00 **찾아가기** 돈뎃-돈콘다리에서 메콩강을 등졌을 때, 좌측으로 200m 지점 좌측에 위치한다. **이메일** noy.dokhone@gmail.com

생아룬레스토랑&리조트 Sengahloune Restaurant&Resort

건강한 맛과 낭만적인 분위기를 즐기는 ★★★★★

돈뎃-돈콘다리 바로 옆에 위치하는 이곳은 최고의 강 풍경을 조망할 수 있는 곳이다. 특히 해가 질 무렵, 다리를 배경으로 펼쳐지는 노을 지는 풍경은 낭만의 절정이다. 분위기와 더불어 깔끔한 음식도 일품이다. 주변의 다른 식당에 비해 약간 비싼 편이지만 환상적인 풍경과 훌륭한 맛으로 호평을 받고 있다.

한 동씩 지은 목조 방갈로는 강물을 바라보고 있지만 한낮에도 비교적 덥지 않다. 투박하지만 멋스러운 라오스식 인테리어 소품이 아기자기하다. 생아룬리조트와 별도로 생아룬빌라도 새로 오픈했다. 생아룬빌라는 돈콘 보트선착장 앞에 위치하며 새로 지은 건물답게 깔끔한 석조건물에 현대적인 시설을 자랑한다.

문의 (856) 020 5573 5009 가격 더블룸 $48(AC룸)/조식포함, 치킨랍 3만K, 주스 2만K 운영시간 07:00~22:30 귀띔 한마디 생아룬빌라의 더블룸(AC룸)은 $40이며 www.sengahlounevilla.com에서 예약 가능하다. 찾아가기 돈뎃-돈콘다리에서 메콩강을 등지고 우측 20m에 위치한다. 홈페이지 www.sengahlouneresort.com

파카게스트하우스 Pakha Guesthouse

메콩뷰가 낭만적인 ★★★★☆

돌고래를 뜻하는 파카는 넉넉한 공간을 갖춘 가든뷰객실과 메콩강을 바라볼 수 있는 리버뷰객실을 갖추고 있다. 리버뷰는 목조방갈로 형태로, 객실이 복도식으로 이어져 있어 발코니를 공유하는 구조이다. 가든뷰는 기와를 쌓아 올린 목조건물로, 에어컨을 갖추고 있다. 레스토랑을 함께 운영하고 있어 와이파이를 사용하며 식사를 즐길 수 있다.

문의 (856) 031 260 939 가격 팬룸 8만K, AC룸 12만K 찾아가기 돈뎃-돈콘다리에서 메콩강을 등졌을 때, 좌측으로 900m 거리에 위치한다.

콜로니얼스타일이 빛나는 ★★★★☆
살라돈콘 Sala Done Khone

쾌적한 환경을 제공하는 살라돈콘은 세련된 숙소를 선호하는 사람들이 즐겨 찾는 곳이다. 작은 풀장을 갖추어 독립된 공간에서 수영까지 즐길 수 있다. 아늑한 조명과 원목 가구를 배치한 객실은 각기 콜로니얼풍과 라오스스타일 등으로 특징을 살려 꾸몄다. 저녁에는 적절한 조명을 밝힌 강변 레스토랑 살라돈콘에서 가벼운 칵테일이나 맥주를 즐기며 식사를 하는 것도 좋다. 2박 머물 경우에는 $5, 3박 머물 경우에는 $10 할인 혜택이 주어진다.

문의 (856) 031 260 940 **가격** 반라오클래식 $60, 프렌치헤리티지 $80 **귀띔 한마디** 비수기(5~9월)에는 반라오룸은 $40부터 시작하며, 2박 이상 머물 경우 하루 $5 할인 프로모션을 누릴 수 있다. **찾아가기** 돈뎃-돈콘다리에서 메콩강을 등졌을 때, 좌측으로 800m 거리에 위치한다. **홈페이지** www.salalaoboutique.com **이메일** saladonekhone@gmail.com

차분하게 가꾼 정원 속 숙소, ★★★☆☆
농삭게스트하우스 Nongsak Guesthouse

비교적 최근에 문을 열어 전체적으로 시설이 깔끔하다. 6개의 방갈로를 갖춘 소규모 게스트하우스이지만 가격 대비 깨끗한 시설이 만족스럽다. 침대를 기본으로 하는 객실도 비교적 넓다. 주인이 친절하며 작은 정원도 끼고 있어 돈콘에 머무는 장점을 최대로 누릴 수 있는 곳이다. 목조방갈로에는 작은 발코니가 있어 가든뷰를 바라볼 수 있다. 대각선 건너편에는 함께 운영하는 농삭레스토랑이 자리한다. 라오스음식이 주메뉴이며 깔끔한 분위기와 저렴한 가격 덕에 여행자의 발길이 이어진다.

문의 (856) 02 5531 9066 **가격** 팬룸 8만K, AC룸 10만K **찾아가기** 돈뎃-돈콘다리에서 메콩강을 등졌을 때, 좌측으로 100m 거리에 위치한다. **이메일** nongsak@yahoo.com

메콩강을 바라보며 누리는 호사, ★★★☆☆
판플레이스 Pan's Place

정원을 끼고 자리하는 판플레이스는 무더운 라오스 날씨에도 시원하게 머물 수 있다. 객실 내부는 넓은 편은 아니지만 침구와 바닥 등이 깔끔하게 관리되어 있으며, 객실 앞에는 편안한 의자와 해먹도 설치되어 있어 있다. 가든뷰와 리버뷰로 나뉘며 에어컨이 있어 가격은 좀 높은 편이다.

문의 (856) 020 5552 5345, (856) 5563 1437 가격 AC룸 15만K 귀띔 한마디 마을길에 식당도 운영하지만 전망이 좋지 않고 가격도 비교적 비싼 편이다. 찾아가기 돈뎃-돈콘다리에서 메콩강을 등졌을 때, 좌측으로 600m 거리에 위치한다.

연두색 나무 방갈로의 추억, ★★★★☆
솜파밋게스트하우스 Somphamit Guesthouse

오래전부터 자리를 지켜온 솜파밋이 강변 쪽으로 공간을 확장하였다. 게스트하우스가 밀집한 곳에 자리하지만 객실이 강변을 향하고 있어 조용하다. 새로 지은 방갈로는 객실에서 바로 강 풍경을 즐길 수 있으며 조금 더 쾌적한 시설을 갖추고 있다. 방갈로 앞 테라스에는 해먹이 걸려 있어 여유를 부리기에 좋다.

문의 (856) 020 5526 2491 가격 팬룸 6만K, AC룸 10~15만K 찾아가기 돈뎃-돈콘다리에서 메콩강을 등졌을 때, 좌측으로 600m 거리에 위치한다.

돈콘의 가장 끝머리에 자리한 ★★★☆☆
선셋파라다이스방갈로 Sunset Paradise Bangalow

돈콘에서 외따로 떨어져 있는 이곳은 차분함 속에서 제대로 휴식을 취할 수 있는 곳이다. 객실에서 메콩강을 바로 내다볼 수는 없지만, 정원의 싱그러움이 그대로 전해진다. 소규모로 운영되는 목조방갈로는 선풍기만 있는 팬룸이며 침대만 있는 가장 단순한 형태이다.

문의 (856) 030 574 9315 가격 팬룸 5~8만K 귀띔 한마디 반 나가상에서 보트를 타고 올 때 게스트하우스 이름을 말하면 가까 운 곳에 하차할 수 있다. 찾아가기 돈뎃-돈콘다리에서 메콩강을 등졌을 때 좌측으로 300m 걸어가면 자리한다.

싱그러운 정원 속 숙소. ★★★☆☆
프라사야 사이몬트리빌리지 게스트하우스
Prasaya Xaymountry Village Guesthouse

돈콘 시내에서 비교적 넓은 정원을 끼고 자리한 숙소이다. 메콩강을 볼 수 없으나 정원을 갖추고 저렴하여 배낭여행자가 많이 찾는다. 객실은 다소 협소하며 소박한 편이다. 공동으로 사용하는 발코니는 넉넉한 편이며 가장 저렴한 트윈룸은 공동화장실을 사용한다.

문의 (856) 020 5526 2491 가격 팬룸 5만K, AC룸 10~15만K 찾아가기 돈뎃-돈콘다리에서 메콩강을 등졌을 때, 좌측으로 600m 거리에 위치한다.

시판돈의 매력이 발코니 앞에서 넘실대는 ★★★★☆
독참파게스트하우스 Dokchampa Guesthouse

4개의 방갈로를 운영하는 독참파는 아늑한 객실에 시설이 깔끔하여 쾌적하게 머물 수 있다. 무엇보다 객실과 바로 연결되는 발코니에 걸린 해먹에 누워 메콩강을 내려다볼 수 있는 것이 장점이다. 주변이 조용하고 차분하며, 은은한 조명과 목조로 채운 바닥 등이 견고하면서 아늑하다. 소규모인 만큼 옆 객실의 소음 없이 조용히 머물기에 이상적이다.

문의 (856) 020 5547 6921 가격 AC룸 10만~12만K 찾아가기 돈뎃-돈콘다리에서 메콩강을 등졌을 때, 좌측으로 200m 지점 좌측에 위치한다.

Special 21 돈뎃&돈콘에서 즐기는 액티비티

메콩강이 둘러싼 섬 돈뎃과 돈콘에서는 물을 즐길 수 있는 소소한 액티비티가 늘고 있다. 그러나 물살이 세차기 때문에 스스로 안전에 대한 준비를 하는 것이 좋다. 바가지를 쓰지 않기 위해서는 투어 신청 전에 일행을 모으고 가격을 비교해야 한다.

시판돈에서 맛보는 유유자적,

튜빙 Tubing

방비엥만큼이나 돈뎃에서도 튜빙은 인기 있는 액티비티이다. 호젓한 강물을 따라 튜브에 올라 풍경을 감상하며 더위를 식히는 것은 여행객의 일과처럼 여겨진다. 한낮에는 햇볕이 따가우므로 어깨를 가리는 옷을 입거나 선크림을 듬뿍 바르는 것이 좋다. 더위를 먹지 않도록 모자도 꼭 준비하도록 한다. 돈뎃으로 들어오는 선착장 길목에 튜브대여점이 줄지어 있다. 튜브대여 비용은 1만K이고 추가 비용을 지불하면 보트를 타고 선착장에서 조금 떨어진 곳까지 이동을 도와준다.

메콩강의 물살을 제대로 느끼는

카야킹 kayaking

시판돈에서 즐기는 카야킹은 보통 오전 8시 30분에 시작한다. 지정 장소에 모인 후 걸어서 카야킹 장소까지 이동한 후 간단한 설명을 듣고, 구명조끼와 기본장비를 지급받은 후 카야킹을 시작한다. 2인 1조이며 돈뎃의 서쪽을 향해 노를 저어 가는데 중간중간 수초가 쌓인 섬들을 지나게 된다. 정해진 시간 동안 카야킹한 후 점심식사를 마친 다음에는 하류로 다시 노를 저어 메콩강 물길을 따라 간다. 이라와디 민물

돌고래가 있다고 하지만 볼 수 있는 확률은 낮은 편이다. 카야킹 투어상품에는 콘파팽폭포가 포함되어 미니버스를 타고 폭포까지 이동한 후 다시 반나가상을 거쳐 출발지로 되돌아온다. 일일투어 참가비용은 1인당 18만K이며 점심과 생수, 교통편 비용을 모두 포함한다. 숙소나 여행사를 통해 개인보트를 대여해서 반나절일정으로 콘파팽폭포를 다녀오는 것도 카야킹의 대안이다. **P. 414**

시판돈 올레길에 남기는 바퀴자국.

사이클링 cycling

섬이라는 특성상 자동차가 드물기 때문에 비포장도로이지만 한적하게 자전거를 타고 페달을 밟는 여유를 마음껏 누릴 수 있다. 돈콩에서 머물 때에는 남부순환도로를 따라가거나 므앙콩에서 므앙쌘을 잇는 도로를 따라 달릴 수 있다. 돈뎃과 돈콘에서는 리피폭포(솜파핏폭포)를 목표점으로 삼거나 가까이에 있는 돈뎃–돈콩다리를 둘러보는 코스가 무난하다. 특히 다리 옆길로 빠져서 강변을 끼고 달리는 오솔길은 운치가 느껴지는 정겨운 풍경이다. 자전거 일일 대여 비용은 1만K이다.

조금 럭셔리하게 즐기는

선셋투어 Sunset Tour

작은 섬에서는 서향을 찾기만 한다면 석양빛과 그 빛에 물드는 강물을 하염없이 바라볼 수 있다. 시판돈 어디에서든 오후 5시가 지난 시간부터는 기울어진 햇살이 시시각각 메콩강을 물들이는 풍경을 볼 수 있다. 나른하고 여유로운 분위기 속에서 즐기는 해넘이 풍경은 여행의 입체감을 배가시킨다. 조금 더 특별한 석양빛을 감상하고 싶다면 오후 4시 30분에 있는 선셋투어에 참여할 수 있다. 일정 인원을 모아 진행하며 보트에 탑승해서 메콩강을 둘러보며 즐길 수 있는 짧은 크루즈이다. 1인당 5~6만K이고 두 시간이 소요된다. 이 시간대에는 모기가 많을 수 있으니 모기퇴치제를 준비하자.

INDEX

기타

3 Nagas	224
4000 Island Bar	419

A

AccuWeather	35
Adam's	418
Adam's Climbing School	149
Alisa Hotel	396
Along the Namtha	305
Amandra Villa	312
Amigo's	156
Ammata Guesthouse	232
Amphone	111
Anakha	219
Anoulack Khen Lao Hotel	253
Ansara Hotel	127
Arounsiri Guesthouse	313
Athens Restaurant	389
ATM	40

B

Baan E-Tu Waterfall Resort	382
Baba Guesthouse	422
Balloon	153
Bamboo Bridge	299
Bamboo Lounge	309
Bamboo Tree Bar&Cafe	158
Bamboo Tree Cooking School	212
Bamboozle Restaurant&Bar	248
Bana	280
Ban Nagasang	406
BAP Guesthouse	331
Bar How?	326
Bee Tree Food&Bar	284
Big Tree Cafe	201
Bilguun Yoon	35
Blue Lagon	140
Blue Lagoon	199
Bokeo Cafe	328
Bolaven Loop	376
Bolaven Plateau	375
Bor Pen Nyang	118
Boun Ok Pansa	64
Bridg	260
Buddha Cave	342
Buddha Park	107
Buggy Car	152
Burasari Heritage	230

C

Cafè de Lao	209
Cafè Sinouk	114, 394
Caf Toui Cooking from the Heart	213
Camacrafts	122
Caruso Lao	222
Champady by Dao Coffee	390
Champa Spa	125
Chanh Tha Phone Guesthouse	234
Chantha House	365
Chao Anouvong Park	104
CHEZ MATT	216
Chokdee Cafè	119
City Inn	131
Climbing	148
CoCo Cafè	113
Coco Home Restaurant	267
Coconut Garden	204
Commen Ground	114
COPE Vientiane	108
Couleur Cafe Restaurant	206
CPC Coffee&Tea	381
Craters	250
Crazy Gecko	423
CT Restaurant	266
Cycling	150, 431

D

Daauw Home	329
Daauw Home Restaurant	324
Dalom Restaurant	417
Dao Fa Bistro	205
Daoheuang Market	374
Daolin Restaurant	393
D.D.Bistro&Cafe	352
Deen Restaurant	264
DEET	48
Delilah	268
Dhavara Hotel	131
Dokchampa Guesthouse	429
Domon Guesthouse	172
Don Det	408, 415
Don Det-Don Khon Bridge	415
Don Khon	409, 424
Don Khong	408, 410
Don Khong Guesthouse&Restaurant	412
Dream Bakery	327

E

Earth Bar	163
Elephant Cave	342

F

Fandee Guesthouse	387
Fasai Restaurant	425
Forest Hotel	399
Forest Retreat Laos	304
Fort Carnot	322
Fountain Square	341
French Institute	106
Fresh Food Market	245
Friends 'N' Stuff	122
Friendship Guesthouse 2	333
Fruit Heaven	115

G

Gary's Irish Bar	165
Gateway Villa Guesthouse	330
Gecko	288
Grand View Guesthouse	171
Green discovery	196
Green Discovery	153, 263, 305
Grill Duck Restaurant Street	351

432

H

Haw Kham	192
Haw Pha Kaew	102
Herbal Sauna&Massage	323
Hiking	151
Hive Bar&Club	268
Hive Bar&Restaurant	217
Honey Bee Restaurant	384
Hotel Riveria	354
House Restaurant	215
Huay Bo	280
Huay Sen	280
Huay Xai	314

I

I-Beam	117
ICON Klub	215
Indigo Cafe	207
Indigo House Hotel	226
Indigo Terrace	216
Inthira Hotel	169, 353

J

Jade	219
Jaidee's Bar	165
Jasmin Restaurant	390
Jazzy Brick	118
Jewel Travel Laos	196, 261
Johnny Restaurant&Bar	420
Joma Bakery Cafè	116, 208
Joy's Restaurant	266
Jungle Party	162

K

Kangaroo Sunset Bar	166
Kasikam Market	245
Katu Homestay&Waving Village	379
Kaupjai Guesthouse	332
kayaking	430
Kayaking	150
Khaiphaen	204
Kham Fong Hotel	398
Khammouane Inter Guesthouse	355
Khamphone Hotel&Guesthouse	170
Khao Soi	202
Khaosoi Noodle Shop	325
Khmu Tribe Discovery	306
Khongkham Villa	233
Khonglor Eco-Lodge	363
Khong View	412
Khon Phapheng Waterfall	414
Khop Chai Due	110
Khounmee Restaurant&Guesthouse	364
Kingkong	418
Kiridara Villa Ban Kili	225
Koffie's coffee	401
Kok Pung Tai Ethnic Village	380
Kongkeo Guesthouse	253
Kong Lo Cave	360
Kong Lo Park	361
Konglo Village	356
Kongmany Hotel&Restaurant	411
Kuangsi Waterfall	181
Kuru Thai Fast Food	310

L

La Casa Lao	205
L'adresse Cuisine by Tinay	111
LaLa Land	164
Lane Xang Avenue	106
Lan Kham Hotel	399
Lankham Noodle Soup	388
Lanten Ethnic Village	300
Lao Ethnic Cafe and Dining	200
Lao Falang Restaurant	249
Lao Lao Garden	217
Lao Long Restaurant	425
Lao National Museum	108
Laos Outdoor	197, 262
Lao Textile Nature Dyes	223
Lao Textiles	123
Lao Wooden House	233
Lao Youth Travel	282
Lattanavongsa Guesthouse	289
Lattanavongsa Restaurant	284
Le Banneton	116
Lebijou Guesthouse	422
Le Bouton D'or Boutique Hotel	354
Le Bouton D'or Restaurant	352
Le Cafè Ban Vat Sene	209
Le Cafe De Paris	156
L'Elephant	203
Le Panorama	388
Lertkeo Sunset Guesthouse	290
Le Terrasse	391
L'etranger Books&Tea	210
Le Trio Coffee	114
Lieyphi Guesthouse	252
Liphi Waterfall	424
Little Eden	421
Locomotive	416
Longtail Boat	150
Lotus Villa	235
Luang Namtha	292
Luang Namtha Museum	302
Luang Namtha Night Market	308
Luang Prabang	174
Luang Prabang Artisans Cafe	200
Luang Prabang Bakery	161
Luang Prabang Night Market	184
Luang Prabang River Lodge	235
LV City Riverine Hotel	130

M

Mad Monkey Motorbike	348
MAG(Mines Advisory Group)	244
Makphet	109
Mama Leuah Restaurant&Guesthouse	420
Mama Leuah Sunset Guesthouse	421
MAMA PAP Guesthouse	387
MAMA Piang	423
Mandarina Massage	124
Manikong Bakery Cafe	309
Manorom Boutique Hotel	130

Manychan Restaurant	310	
Ma te sai	222	
Maylyn Guesthouse	172	
Meem Restaurant	287	
Mekong Holiday Villa	233	
Mekong Residence	326	
Mekong River	320, 341	
Mekong River Cruise	321	
Mingmeaung Restaurant	326	
Minority Restaurant	307	
Miss Noy	378	
Mittaphab Sindat	160	
Mixay Paradise Guesthouse	130	
Morning Market	121, 145, 185, 308	
Motorbike Riding	151	
Mr.Black Coffee	350	
Ms.Ning	416	
Ms. Tang	349	
Muang Ngoi Adventure	282	
Muang Ngoy	272	
Mueang Nuea	324	
Mylaohome Boutique Hotel	227	
My Laos	327	

N

Naga Creation	221
Namchai Guesthouse	251
Nam Dee Waterfall	298
Nam Ha National Protected Area	299
Nam Houn Riverside Guesthouse	271
Nam Ou	276
Nam Phou Coffee	113
Namsong Garden Restaurant	160
Namtha	299
Namtha Ecoguide Services	306
Nazim Restaurant	161
Nice Guesthouse	252
Nicksa's Place	290
Night Food Market	208
Niny Backpacker Hotel	129
NK Adventure	262
NK어드벤쳐	262

Nong Khiaw	254
Nong Kiau Riverside	269
Nongsak Guesthouse	427
Noodle Shop	160, 325
Norkeo Restaurant	157
Nyui Waterfall	141

O

Oasis	124
Ock Pop Tok Plagship Store	218
OK100Restaurant	288
One Love Reggae Bar	419
Opera House	216
Orange Tree	220
Organic Farm	157, 173
Other Side Guesthouse	173
Oudomphone Guesthouse	333
Oui's Guesthouse	227
Ou River	276

P

Pakha Guesthouse	426
Pakou Cave	182
Pakphon Sabai Books&Art	286
Pakse	366
Pakse Hotel	395
Palace Museum	192
PANINOTECA IL NURAGHE Couleur Cafe Restaurant	208
Pan's Place	170, 428
Parisien Cafe	394
Patuxai	100
Phanoi Guesthouse	270
Pha Tok Cave	259
Phetdavanh Restaurant	287
Phi Dao Cafe&Restaurant	392
Phi Dao Hotel	397
Phonekeo Restaurant	249
Phonsavan	240
Phou Iu III Bungalows	311
Phounsouk Guesthouse	364
Pho Zap	112
Phu Kao Mountain	372
Phu Si	184

Pi Mai Lao	64
Pizza Boy	393
Pizza Luka	155
Plain of Jars	246
Pon Arena Hotel&Restaurant	412
Pon's Guesthouse& Restaurant	413
Prasaya Xaymountry Village Guesthouse	429
Presidential Palace	105
Pricco Cafè	115

R

Rainbow Guesthouse	291
Rainbow Restaurant	286
Residence Sisouk	396
Riverside Boutique Resort	167
Riverside Houaysai Restaurant	328
Riverside Houyxay Hotel	330
Riverside Palace Hotel	129
Riverside Restaurant	285
River Sunset Bar&Restaurant	159
River View Bungalows	171
ROOM101	164
Rosella Fusion Restaurant	202

S

Sabaidee Pakse Restaurant	392
Sabaidee Restaurant	201
Sabai Sabai Guesthouse	387
Sabaydee Guesthouse	332
Saffron Espresso Coffee	210
Sai Lom Yen Guesthouse	386
Sakura Bar	166
Sala Champa Hotel	397
Sala Done Khone	427
Salt and Pepper	203
Sandwich Street Food	207
Sang Aroun Hotel	398
Santi Boutique	221
Satri Lao	123
Saylom Guesthouse	290
Saylomyen2	365

Saynamkhan Hotel	230	Tad Yuang Gneuang	380	Thong Hai Hin	246		
Sayo River	231	TAEC Boutique	222	Thoulasith Guesthouse	312		
Sengahloune Restaurant&Resort	426	TAEC(Traditional Art & Ethnology Centre)	194	Tiger Trail	263		
Sengdao Guesthouse	270	Talat Daoheuang	374	Tim Guesthouse	386		
Settha Palace Hotel	126	Talat Sao	121, 145, 185, 308	Top of the Waterfall Bangalow	385		
Simmary	250	Tamarind	198	T Shop Lai Gallery	121		
Sinouk Coffee Plantation& Resort	401	Tamarind Cooking School	212	Tubing	148, 430		
Si Phan Don	402	Tamnak Lao	198				
Slow Boat	150	Tamnak Lao Cooking Class	211	**U**			
Sokdee Residence	237	Tangor	206				
Sombounsob Guesthouse	331	Tha Falang	343	Utopia	214		
Somphamit Guesthouse	428	Thakek Travel lodge	355				
Somphamit Waterfall	424	Tha khaek	336	**V**			
Souksabai Guesthouse & Restaurant	413	Tha khek Loop	346				
Sport Guesthouse	129	Thalung Hotel	398	Vang Vieng	132		
Sticky Fingers Restaurant&Bar	119	Tham Hoi	144	Vanphaxai Restaurant	159		
Street Food Shop	285	Tham Jang	143	Vat Phu	372		
Street Restaurant	351	Tham Kang	277	Vayakorn Guesthouse	128		
Street View Restaurant	417	Tham Kong Lo	360	Vayakorn Inn	128		
Sua Pao Guesthouse	291	Tham Loup	144	Veranda Restaurant	283		
Sunrise Bungalow	271	Tham Nam	142	Via Via Restaurant	112		
Sunset Bungalow	422	Tham Nang Aen	345	Vida Bakery Cafe	394		
Sunset Guesthouse	270	Tham Pha Fa	342	Vieng Tara Villa	169		
Sunset Paradise Bangalow	428	Tham Pha Inh	344	Vientiane	94		
Sunset Tour	431	Tham Pha Kaew	277	Vientiane Night Market	120		
Sutthida Guesthouse	354	Tham Phu Kham	140	View Khemkhong Guesthouse	236		
Syphaserth Guesthouse	386	Tham Xang	143, 342	View Khem Khong Restaurant	204		
		Tham Xieng Liab	344	View Point	144, 258		
T		That Dam	103	View the Top	144		
		That Foun	247	Vilayvong Hotel	170		
Tad Etu	382	That Luang	104	Villa Ban Lakkham	237		
Tad Fane	381	That Luang Festival	64	Villa Champa	231		
Tad Fane Resort	382	That Luang Namtha	300	Villa Deux Rivieres Hotel	232		
Tad Gneuang	380	That Phum Phuk	301	Villa Laodeum Namkhan View	228		
Tad Itou	382	That Saphone Guesthouse	236	Villa Santi Hotel	228		
Tad Lo	379	Thavisouk Hotel and Resort	168	Villa Somphong	229		
Tadlo Lodge	385	The Apsara	225	Vinat Restaurant	267		
Tad Lo Village	383	The Elephant Crossing	158	Violet	220		
Tad Phasouam	378	The Elephant Crossing Hotel	168	VIP버스	78		
Tad Sae Waterfall	183	The Gibbon Experience	323	VIVA	162		
Tad Thamchampy	380	The Kitchen	158, 350	Vongkhamsene Hotel	127		
		The Lao Restaurant&Bar	391	Vongmany Restaurant	265		
		The Sanctuary Hotel	229				
		The Tree Top Explorer	374				

W

Wang Wang Rental	347, 377
Wat Aham	190
Wat Bansophoun	260
Wat Chom Khao Manirat	322
Wat Chom Thong	411
Wat Haw Pra Bang	194
Wat Ho Xieng	188
Wat Kang	145
Wat Luang	374
Wat Luang Khon	302
Wat Mai	187
Wat Manorom	191
Wat Nongkiaw	260
Wat Okad Sayaram	278
Wat Phia Wat	244
Wat Phu	372
Wat Phuang Kaew	410
Wat Saen Sukharam	189
Wat Samakyxay	300
Wat Sene Gallery	223
Wat Si Mixay Yaham	145
Wat Si Muang	103
Wat Sisaket	101
Wat Si Sou Mang	145
Wat Souvanna Khili	189
Wat That	145, 188
Wat Wisunalat	190
Wat Xieng Muan	192
Wat Xieng Thong	186
White Elephant Adventures Tours	197
White Lotus	125
Wonderful Tour	153

X

Xang Khoo Restaurant	110
Xieng Khouang	240
Xieng Khuan	107
Xieng Muan Guesthouse	234
Xieng Tong Noodle Soup	202
Xuanmai Restaurant	392

Y

Yommala Saa Paper	220
Yuranan Guesthouse	312

Z

Zip Line	152
Zuela Guesthouse	313

ㄱ

강변노점	351
게리스아이리시바	165
게이트웨이 빌라게스트하우스	330
게코	288
공항리무진버스	66
공항철도	67
공휴일	64
교통편	77
구글맵	35
그랜드뷰게스트하우스	171
그린디스커버리	153, 196, 263, 305
그릴 노점	328
그릴덕식당가	351
근현대사	29
기차	79
김해국제공항	68
까무안인터게스트하우스	355
꽝시폭포	181

ㄴ

나가크리에이션	221
나이스게스트하우스	252
나짐레스토랑	161
날씨	36
남디폭포	298
남쏭가든레스토랑	160
남우	276
남짜이게스트하우스	251
남타	299
남푸커피	113
남하국립공원	299, 304
남하에코 가이드서비스	306
남훈리버사이드 게스트하우스	271
노께오레스토랑	157
농삭게스트하우스	427
농키아우	254
농키아우리버사이드	269
누들숍	160, 325
니니백팩커호텔	129
닉사플레이스	290

ㄷ

다롬레스토랑	417
다바라호텔	131
다오린레스토랑	393
다오파비스트로	205
다오흐엉마켓	374
다우홈	329
다우홈레스토랑	324
대나무다리	299
대통령궁	105
더기번익스피리언스	323
더라오레스토랑&바	391
더생추어리호텔	229
더압사라	225
더엘리펀트크로싱	158
더엘리펀트크로싱호텔	168
더키친	158, 350
더트리탑 익스플로어	374
데이터	46
델릴라	268
뎅기열	47
도몬게스트하우스	172
도착비자	75
독참파게스트하우스	429
돈뎃	408, 415
돈뎃-돈콘다리	415
돈콘	409, 424
돈콩	408, 410
돈콩게스트하우스&레스토랑	412
드림베이커리	327
디디비스트로&카페	352
딘레스토랑	264
딸랏싸오	145, 185, 308

딸랏싸오몰	121	루앙프라방리버로지	235	메이린게스트하우스	172
땃세폭포	183	루앙프라방베이커리	161	메콩강	49, 320, 341
		루앙프라방아티산스카페	200	메콩강크루즈	50, 180, 321
ㄹ		루앙프라방야시장	184	메콩레지던스	226
		룸101	164	메콩홀리데이빌라	233
라라랜드	164	르바네통	116	면세점	70
라오라오가든	217	르부통더허레스토랑	352	명절	65
라오롱레스토랑	425	르부통더허부티크호텔	354	모기퇴치제	47
라오스관광청	34	르엘레팡	203	모토바이크라이딩	151
라오스국립박물관	108	르카페드파리	156	므앙노이	324
라오스아웃도어	197, 262	르카페반왓쌘	209	므앙응오이	272
라오스어	41	르테라스	391	므앙응오이어드벤쳐	282
라오스어 한국어 영어		르트리오커피	114	미니밴	78
길라잡이 7200	35	르파노라마	388	미스노이	378
라오스인민민주공화국	31	리버뷰방갈로	171	미스터블랙커피	350
라오스 커피	400	리버사이드레스토랑	285	미싸이파라다이스게스트하우스	130
라오애스닉카페&다이닝	200	리버사이드부티크리조트	167	미즈닝	416
라오우든하우스	233	리버사이드팰리스호텔	129	미즈탕	349
라오유스트래블	282	리버사이드 훼이싸이레스토랑	328	미타팝신닷	160
라오텍스타일	123	리버사이드 훼이싸이호텔	330	민속학센터	194
라오텍스타일 내추럴다이	223	리버선셋바&레스토랑	159	밈레스토랑	287
라오파랑레스토랑	249	리틀에덴	421	밍매옹레스토랑	326
라운지	72	리피게스트하우스	252		
라카사라오	205	리피폭포	424	**ㅂ**	
라타나웽사게스트하우스	289				
라타나웽사레스토랑	284	**ㅁ**		바바게스트하우스	422
란쌍대로	106			바야콘게스트하우스	128
란쌍왕조	29	마노롬부티크호텔	130	바야콘인	128
란캄쌀국수	388	마니콩베이커리카페	309	바이올렛	220
란캄호텔	399	마마로아레스토랑		바하우?	326
레비주게스트하우스	422	&게스트하우스	420	반나	280
레인보우게스트하우스	291	마마로아선셋게스트하우스	421	반나가상	406
레인보우레스토랑	286	마마팝게스트하우스	387	반이투워터폴리조트	382
레지던스시숙	396	마마피앙	423	반파싸이레스토랑	159
렌텐소수민족마을	300	마을다리	260	발권	68
렛케오선셋게스트하우스	290	마을장터	278	밤부트리바&카페	158
로밍서비스	46	마이너리티레스토랑	307	밤부트리 쿠킹스쿨	212
로젤라퓨전레스토랑	202	마이라오스	327	밤브라운지	309
로터스빌라	235	마이라오홈부티크호텔	227	밤브즐레스토랑&바	248
롱테일보트	150	마이찬레스토랑	310	방비엥	132
루앙남타	292	마테사이	222	버기카	152
루앙남타박물관	302	막펫	109	베란다레스토랑	283
루앙남타야시장	308	만다리나마사지	124	보빼양	118
루앙프라방	174	매드몽키모토바이크	348	보안검색	69
루앙프라방국제공항	35, 76	맵스미	35		

보케오카페	328	사요리버	231	싸이롬옌2	365
보트	79	사이클링	150, 431	싸이롬옌게스트하우스	386
볼라웬고원	375	사쿠라바	166	쌀라참파호텔	397
볼라웬루프	376	사트리아오	123	쌍쿠레스토랑	110
봉마니레스토랑	265	산티부티크	221	쏙디카페	119
봉캄센호텔	127	살라돈콘	427	쏨분쏨게스트하우스	331
부다케이브	342	샌드위치 노점	155	쑤언마이레스토랑	392
부다파크	107	샌드위치노점	207	쓰리나가스	224
부라사리헤리티지	230	생다오게스트하우스	270	씨눅커피농장&리조트	401
분옥판사	64	생아룬레스토랑&리조트	426	씨엥무안게스트하우스	234
뷰더탑	144	생아룬호텔	398	씨엥통누들수프	202
뷰켐콩게스트하우스	236	샤프란에스프레소커피 2호점	210	씨티레스토랑	266
뷰켐콩레스토랑	204	선라이즈방갈로	271		
뷰포인트	144, 258	선셋게스트하우스	270	**ㅇ**	
블루라군	140, 199	선셋방갈로	422	아나카	219
비낫레스토랑	267	선셋투어	431	아누락켄라오호텔	253
비다베이커리카페	394	선셋파라다이스방갈로	428	아담스	418
비밀전쟁	31	성태우	77	아담스클라이밍스쿨	149
비바	162	세관검사	75	아더사이드게스트하우스	173
비아비아레스토랑	112	세관신고	69	아드레스퀴진 바이티나이	111
비엔티안	94	세이남칸호텔	230	아룬씨리게스트하우스	313
비엔티안야시장	120	세타팰리스호텔	126	아만드라빌라	312
비엠타라빌라	169	셰맷	216	아미고스	156
비자	37	소수민족	32	아이빔	117
비자 연장	75	속디레지던스	237	아이콘클럽	215
비트리푸드&바	284	속싸바이게스트하우스	413	아침노점	285
빅트리카페	201	솔트&페퍼	203	아침시장	121, 145, 185, 308
빌라듀리비에레스호텔	232	솜파밋게스트하우스	428	아침쌀국수식당	160
빌라라오돔남칸뷰	228	솜파핏폭포	424	아테네레스토랑	389
빌라반락캄	237	수아파오게스트하우스	291	안사라호텔	127
빌라산티호텔	228	수티다게스트하우스	354	알리사호텔	396
빌라솜퐁	229	수하물 찾기	75	암마타게스트하우스	232
빌라참파	231	스트릿뷰레스토랑	417	암폰	111
빌레이봉호텔	170	스티키핑거스	119	야시장먹자거리	208
빠뚜싸이	100	스포츠게스트하우스	129	어룡더남타	305
빡우동굴	182	슬로우보트	150, 180	얼스바	163
삐마이라오	64	시엥쿠안	107	에트랑제북스&티	210
		시엥쿠앙	240	여권	37
ㅅ		시티인	131	여권분실	43
사바이디게스트하우스	332	시파쎗게스트하우스	386	여행자보험	44
사바이디레스토랑	201	시판돈	402	열기구	153
사바이디팍세레스토랑	392	심마리	250	예산	62
사바이사바이게스트하우스	387	싸이롬게스트하우스	290	오가닉팜	157, 173

오렌지트리	220	원더풀투어	153	ㅋ	
오아시스	124	원러브레게바	419	카놋요새	322
오우이스게스트하우스	227	유라난게스트하우스	312	카두홈스테이&직물마을	379
오케이100레스토랑	288	유심칩	46	카루소라오	222
오토바이	151	유이폭포	141	카마크래프트	122
오토바이 셀프투어	146	유토피아	214	카시캄마켓	245
오페라하우스	216	인디고카페	207	카야킹	150, 430
옥폽톡	218	인디고테라스	216	카오소이	202
왓농키아우	260	인디고하우스호텔	226	카오소이노점식당	325
왓따이국제공항	35, 76	인천국제공항	66	카이팬	204
왓루앙	374	인티라호텔	169, 353	카페드라오	209
왓루앙콘	302	입국심사	75	카페뚜이 쿠킹프롬더하트	213
왓마노롬	191			카페씨눅	114, 394
왓마이	187	ㅈ		캄폰호텔&게스트하우스	170
왓반솜훈	260	자스민레스토랑	390	캄퐁호텔	398
왓삼마키싸이	300	자이디바	164	캥거루선셋바	166
왓시므앙	103	자전거	77	커먼그라운드	114
왓사사켓	101	재지브릭	118	컵짜이게스트하우스	332
왓쌘갤러리	223	정글파티	162	컵짜이더	110
왓쌘수카람	189	제이드	219	코끼리동굴	342
왓쑤완나키리	189	조니레스토랑&바	420	코코넛가든	204
왓씨미싸이야함	145	조마베이커리카페	116, 208	코코카페	113
왓씨수망	145	조이스레스토랑	266	코코홀레스토랑	267
왓씨엥무안	192	주라오스 대한민국영사관	42	코피스커피	401
왓씨엥통	186	주변국가	80	콕퐁타이 소수민족마을	380
왓아함	190	주얼트래블라오스	196, 261	콘파팽폭포	414
왓오깟사야람	278	주엘라게스트하우스	313	콥비엔티안	108
왓위쑨나랏	190	증기기관차	416	콩로공원	361
왓쫌팻	411	짐 꾸리기	45	콩로동굴	360
왓촘카우마니랏	322	집라인	152, 153	콩로마을	356
왓캉	145			콩로에코지	363
왓탓	145, 188	ㅊ		콩마니호텔&레스토랑	411
왓푸	372	차오아누웡공원	104	콩뷰게스트하우스	412
왓푸앙깨우	410	찬타폰게스트하우스	234	콩캄빌라	233
왓피아왓	244	찬타하우스	365	콩케오게스트하우스	253
왓호씨엥	188	참파디바이다오커피	390	쿠루타이패스트푸드	310
왓호파방	194	참파스파	125	쿤메레스토랑&게스트하우스	364
왕궁박물관	192	축제	65	쿨라카페레스토랑	206
왕왕렌탈	347, 377	출국심사	69	크레어터스	250
요말라사페이퍼	220	출입국카드	74	크레이지게코	423
우강	276	치안	44	크루즈	79
우기	36			크무족디스커버리	306
우돔폰게스트하우스	333			클라이밍	148

키리다라빌라 반킬리	225	
킹콩	418	

ㅌ

타롱호텔	398	
타마린드	198	
타마린드 쿠킹스쿨	212	
타비숙호텔&리조트	168	
타이거트레일	263	
타켁	336	
타켁광장	341	
타켁루프	346	
타켁트래블로지	355	
타파랑	343	
탁밧	195	
탈랏다오흐엉	374	
탐낙라오	198	
탐낙라오 쿠킹클래스	211	
탐남	142	
탐낭엔	345	
탐롭	144	
탐시엥리압	344	
탐쌍	143, 342	
탐짱	143	
탐캉	277	
탐콩로	360	
탐파깨우	277	
탐파인	344	
탐파파	342	
탐푸캄	140	
탐호이	144	
탑승수속	68	
탑오브더워터풀방갈로	385	
탓그너양	380	
탓담	103	
탓로	379	
탓로로지	385	
탓로마을	383	
탓루앙	104	
탓루앙남타	300	
탓루앙축제	64, 103	
탓사폰게스트하우스	236	

탓이투	382
탓탐참피	380
탓파수암	378
탓파인	381
탓파인리조트	382
탓푼	247
탓품푹	301
탕고	206
태사랑	34
텅하이힌	246
툭툭	77
툴라싯게스트하우스	312
튜빙	148, 430
트레킹	153
트레킹 투어	303
티숍라이갤러리	121
팀게스트하우스	386

ㅍ

파노이게스트하우스	270
파니노테카 일누라체	208
파리지엥카페	394
파사이레스토랑	425
파카게스트하우스	426
파톡동굴	259
팍세	366
팍세호텔	395
팍폰싸바이 북스앤아트	286
판디게스트하우스	387
판플레이스	170, 428
퍼쌥	112
펫다반레스토랑	287
포레스트 리트리트라오스	304
포레스트호텔	399
포우Ⅲ방갈로	311
폰네케오레스토랑	249
폰사반	240
폰숙게스트하우스	364
폰아레나호텔	412
폰즈게스트하우스&레스토랑	413
푸시	184
푸카오산	372

프라사야 사이몬트리빌리지 게스트하우스	429
프랑스문화원	106
프랜드십게스트하우스2	333
프렌즈앤스터프	122
프루트헤븐	115
프리코카페	115
피다오카페&레스토랑	392
피다오호텔	397
피자루카	155
피자보이	393

ㅎ

하우스레스토랑	215
하이브바&레스토랑	217
하이브바&클럽	268
하이킹	151
한똔딤섬국수	112
항공	79
항공권 예매	38
항아리평원	246
해외안전여행	35
허니비레스토랑	384
허브사우나&마사지	323
현지화폐	39
호캄	192
호텔리베리아	354
호파캐우	102
호프라캐우	102
화이트로터스	125
화이트엘리펀트 어드벤처투어	197
환전	39
훼이보	280
훼이센	280
훼이싸이	314